多部件系统维修与备件库存联合决策模型与方法

张晓红 著

本书得到国家自然科学基金项目（71701140）的资助

科学出版社
北京

内 容 简 介

本书主要介绍了多部件系统的联合劣化状态空间划分建模方法，以及基于该方法的多部件系统视情机会维修决策、维修与备件库存联合决策的模型与方法。主要包括由相同部件组成的多部件系统、不相同部件组成的多部件系统、可修多部件系统的联合劣化状态空间建模方法，视情机会维修决策建模方法及维修与备件库存联合决策建模方法。最后还补充了多部件系统的联合寿命空间划分模型及维修决策模型。

本书可供从事设备可靠性理论、预测与健康管理、维修决策、库存管理决策等相关领域的研究人员，以及从事可靠性工作的专业技术人员、管理人员阅读参考，亦可以作为高等学校有关可靠性专业的大学本科生和研究生的教学参考书。

图书在版编目（CIP）数据

多部件系统维修与备件库存联合决策模型与方法/张晓红著. —北京：科学出版社，2020.5

ISBN 978-7-03-064068-0

Ⅰ. ①多… Ⅱ. ①张… Ⅲ.①设备管理-库存模型-研究 Ⅳ.①F273.4

中国版本图书馆 CIP 数据核字（2020）第 023210 号

责任编辑：郝 悦 / 责任校对：贾娜娜

责任印制：张 伟 / 封面设计：无极书装

科 学 出 版 社 出版

北京东黄城根北街 16 号

邮政编码：100717

http://www.sciencep.com

北京建宏印刷有限公司 印刷

科学出版社发行 各地新华书店经销

*

2020 年 5 月第 一 版 开本：720 × 1000 B5

2020 年 5 月第一次印刷 印张：15 1/2

字数：320 000

定价：146.00元

（如有印装质量问题，我社负责调换）

前　言

制造业直接体现了一个国家的生产力水平，制造业的发展直接影响到国民经济的发展。制造业的发展与生产系统的稳定运行息息相关。随着设备自动化和智能化程度的不断提高，生产系统越来越复杂，系统的可靠性和完全性问题严重制约着系统高效经济地工作运转。为减少因设备的安全性问题造成的经济损失，设备运行阶段的最优维修问题成为工业界关注的重要问题之一。中华人民共和国国务院制定的《国家中长期科学和技术发展规划纲要（2006—2020年）》和国家自然科学基金委员会工程与材料科学部编著，科学出版社出版的《机械工程学科发展战略报告（2011~2020）》，均将重大产品和重大设施运行可靠性、安全性、可维护性关键技术列为重要的研究方向。

设备的最优维修决策的目的就在于为特定系统选取合适的维修方式，安排合理的维修计划，确保系统具有高可靠性和可用度的同时降低系统的运行与维修成本。维修备件是设备维修活动中不可或缺的组成部分，合理的库存可以为设备的维修和更换提供必要的服务和支持，备件的短缺必然导致维修活动的中止及设备的停机和不必要的生产损失。在设备运行期间适当地储备一定数量的备件可以有效地缩短设备的维修停机时间。设备的维修与维修备件的库存管理相互影响和相互制约，将二者集成方能取得全局最优的策略。

本书围绕多部件系统的最优维修与备件库存决策问题，以联合劣化状态空间划分为基础理论，针对相同多部件、不相同多部件及可修多部件系统分别阐述了其联合劣化状态空间划分模型，以及以此为基础的维修决策模型和维修与备件库存联合决策模型与方法，为多部件系统的维修决策问题建立了一套较完整的方法体系，对系统可靠性领域的研究以及复杂系统的维修决策具有一定的参考意义，从而为系统决策制定者和相关的科研工作者提供参考。

全书分为12章。第1章，绪论。介绍多部件系统最优维修决策、多部件系统维修与备件库存联合决策研究提出的背景意义、目的和方法，以及国内外的研究现状。第2章，阐述了多部件系统联合劣化状态空间划分建模思想。第3章、第4章、

第9章、第12章分别介绍了如何将多部件系统联合劣化状态空间划分思想应用到相同多部件系统、不相同多部件系统、可修多部件系统、多部件系统联合寿命空间划分的模型中。第5章、第6章、第10章分别介绍了基于联合劣化状态空间划分的相同多部件系统、不相同两部件系统、可修多部件系统的视情机会维修决策模型及方法。第7章、第8章、第11章分别介绍了相同多部件系统、不相同两部件系统、可修多部件系统的维修与备件库存联合决策模型及方法。

本书的完成得到了中北大学副校长曾建潮教授的鼎力支持和帮助。曾建潮教授引导我进入了设备故障预测与健康管理领域，使我拥有了人生中最宝贵的科研经历和学术财富。曾建潮教授严谨务实的学术作风、孜孜不倦的工作态度、虚怀若谷的人格魅力使我明白了科学工作者应具备的品德和修养，受用终身。感谢曾建潮教授对我的悉心指导和无微不至的关怀。本书的完成还得到了太原科技大学工业与系统工程研究所、经济与管理学院各位同仁的大力支持。研究生张云正、王玉亮、石冠男、张欣等在本书的完成过程中也提供了许多帮助，在此一并致以诚挚的谢意。

太原科技大学工业与系统工程研究所依托所承担的国家自然科学基金项目（71701140）、山西省青年基金项目（201601D021082）、山西省高等学校科技创新项目（201802091）、山西省高等学校科学研究优秀成果培育项目（2019SK028）等，对多部件系统的最优维修及备件库存联合决策及其应用问题进行深入的分析与研究，取得了一系列的研究成果。这些成果构成了本书的主要内容。本书的研究工作还得到了山西省重点研发计划项目（201703D111011）及山西人文社科重点研究基地装备制造业创新发展研究中心的资助，在此表示深深的感谢。

由于作者水平有限，书中难免有不妥之处，恳请各位专家和广大读者给予批评指正。

张晓红

2019年12月

目　录

第1章　绪论 …… 1
1.1　问题的提出 …… 1
1.2　主要研究方法 …… 5
1.3　国内外的研究现状 …… 7
1.4　本书的主要内容 …… 15
第2章　多部件系统联合劣化状态空间划分建模思想 …… 17
2.1　多部件系统机会维修策略 …… 17
2.2　联合劣化状态空间划分思想 …… 19
2.3　本章小结 …… 26
第3章　相同多部件系统联合劣化状态空间划分建模 …… 28
3.1　系统定义 …… 28
3.2　维修需求组合的概率计算 …… 29
3.3　联合劣化状态稳态概率密度函数 …… 35
3.4　数值实验分析 …… 41
3.5　本章小结 …… 47
第4章　不相同多部件系统联合劣化状态空间划分建模 …… 49
4.1　系统定义 …… 49
4.2　维修需求分组的概率计算 …… 50
4.3　联合劣化状态稳态概率密度函数 …… 55
4.4　联合劣化状态稳态概率密度函数的数值解法 …… 60
4.5　数值实验分析 …… 62
4.6　本章小结 …… 65
第5章　相同多部件系统视情机会维修决策 …… 67
5.1　系统描述 …… 67
5.2　考虑维修方式的联合劣化状态空间划分 …… 69

5.3 维修决策建模 …… 73
5.4 数值实验分析 …… 75
5.5 本章小结 …… 81
第6章 不相同两部件系统视情机会维修决策 …… 82
6.1 系统描述 …… 83
6.2 考虑维修方式的联合劣化状态空间划分 …… 85
6.3 维修决策建模 …… 87
6.4 数值实验分析 …… 91
6.5 本章小结 …… 96
第7章 相同多部件系统维修与备件库存联合决策 …… 97
7.1 系统描述 …… 97
7.2 费用率模型 …… 99
7.3 备件库存状态概率 …… 104
7.4 模型求解 …… 107
7.5 模型应用 …… 108
7.6 本章小结 …… 118
第8章 不相同两部件系统维修与备件库存联合决策 …… 119
8.1 系统描述 …… 119
8.2 维修与备件库存组合状态空间划分建模 …… 121
8.3 维修与备件相关概率计算 …… 126
8.4 组合状态的稳态概率密度函数 …… 130
8.5 费用率模型 …… 140
8.6 数值实验 …… 142
8.7 应用研究 …… 151
8.8 本章小结 …… 153
第9章 可修多部件系统联合劣化状态空间划分建模 …… 154
9.1 系统定义 …… 154
9.2 考虑非完美维修的联合劣化状态空间划分 …… 156
9.3 非完美维修效果建模 …… 157
9.4 考虑非完美维修的可修多部件系统稳态概率密度函数定义 …… 159
9.5 稳态概率密度函数的数值求解 …… 162
9.6 本章小结 …… 167
第10章 可修多部件系统视情机会维修决策 …… 168
10.1 系统描述 …… 168
10.2 维修决策建模 …… 169

10.3　联合劣化状态空间划分模型 …… 170
10.4　维修决策模型数值实验 …… 176
10.5　本章小结 …… 177
第11章　可修多部件系统视情更换式维修与备件库存联合决策 …… 179
11.1　系统劣化定义 …… 179
11.2　系统维修与备件策略 …… 180
11.3　模型建立 …… 182
11.4　模型求解 …… 183
11.5　数值实验分析 …… 191
11.6　本章小结 …… 193
第12章　多部件系统联合寿命空间划分建模及维修决策 …… 194
12.1　系统定义 …… 194
12.2　联合寿命空间划分 …… 195
12.3　维修组合概率的计算 …… 197
12.4　联合寿命分布 …… 200
12.5　费用率模型 …… 203
12.6　数值实验分析 …… 206
12.7　本章小结 …… 208
参考文献 …… 209
附录 …… 219
附录A …… 219
附录B …… 220
附录C …… 223
附录D …… 223
附录E …… 224
附录F …… 231
附录G …… 236
附录H …… 236
附录I …… 237
附录J …… 239

第1章　绪　　论

“工欲善其事，必先利其器。”在当前全球竞争加剧的时代，先进的设备和高端的装备是一个企业乃至一个国家保持核心竞争力的重要战略之一。随着经济的持续发展和科学技术的不断进步，各类工业生产设备、军事装备、医疗设备及基础设施等系统大量采用了各种高新技术、新型材料和复杂工艺，系统朝着高度自动化、集成化和大型化的方向发展。同时，随着工业化进程的不断推进和社会的不断发展，各类系统的使用强度也不断提升。为保证系统可以稳定、安全、可靠地执行其既定的功能，系统的运行性能成为设计者、生产厂商和使用者共同关注的焦点问题。

一个实际的系统随着不断的使用逐渐发生老化、磨损、腐蚀和蠕变等劣化现象，其性能必然不断下降。维修是改善系统性能，减少和防止意外故障的最有效途径。然而，随着各类系统集成度和复杂度的不断提升，系统的维修保障也不再单纯靠人力加强，维修需求和维修技术变得日益复杂，维修成本也随之增加，甚至占据了生产总成本的主要部分，导致了生产成本不断攀升[1]。早在1981年，美国国内工厂针对重要设备的维护费用就达到了6000亿美元，20年内该数字又增长了20倍[2]；德国在维修方面的花费占到其国内生产总值（gross domestic product，GDP）的13%~15%[3,4]，荷兰为14%[4]；我国设备年维修费用约占资产总额的7%~9%[5]，由此可见维修对国民经济的影响不容忽视[3]。各类企业的维修成本可以达到总支出的15%~70%[4-6]，因此，在借助维修确保系统安全可靠地运行的同时，降低维修成本也是各类企业降低生产成本的首要任务之一。

1.1　问题的提出

1.1.1　系统最优维修决策

维修是确保设备有效运行的一种动态服务过程[7]，包括在设备生命周期内为维持、改善或恢复其预期运行功能所进行的所有活动[8]。其主要目的在于维持系统的正常运行，保障系统使用中的安全性和可靠性，降低系统退化速度，延长其使用寿命，提高系统可用性[9]。

维修可以分为修复性维修(corrective maintenance, CM)和预防性维修(preventive maintenance，PM) 两类[10]。修复性维修是在设备发生故障之后所进行的非计划性维修活动，其主要目的在于消除故障，恢复系统功能。预防性维修则是在系统发生故障之前对系统进行的检查、清洁、润滑、调整、耗材添加、修理甚至是替换等用于维持、改善或恢复其运行状态的维护、维修活动，其主要目的在于预防和阻止故障的发生[11]。

据调查，设备的维护费用中由突发故障引起的维修占到了总维修成本的60%[12]。在航空、航天、核工业、轨道交通等高新技术领域及现代化大型工业生产系统中，大型复杂装备担当着重要角色[13]，某一关键设备的故障通常会导致整个生产系统瘫痪，此类系统的故障往往会造成巨大的经济损失[13]，甚至更为严重的安全性和环境性后果[5]。长期的工程实践使人们越来越认识到系统可靠、安全、有效运行的重要性[13]，尤其是军事武器装备、重大机械装备等重要设备领域，对系统的可靠性与安全性提出了更高的要求[14]。为了避免故障的发生，系统地制订合理有效的预防维修计划便成为企业追求利润的新方式。

预防性维修可以降低故障风险和成本，但是随着系统复杂度的增强，各类系统的维修技术含量和维修成本亦不断增加，过于频繁的预防性维修也会招致高昂的维修成本，包括巨大的维修停机损失和对维修人力和物力等资源的使用成本，也会给企业带来巨大的经济压力，因此，一个好的维修方案应该是在尽量避免系统发生故障的前提下对其执行最少的预防性维修[15]。

过去数十年内，大量的专家和学者们投入了许多的精力来研究最优的预防维修间隔与预防性维修任务的调度问题，即研究系统的最优维修决策问题。其目的就在于为特定系统选取合适的维修方式，安排合理的维修计划，确保系统具有高可靠性和可用度的同时降低系统的运行与维修成本[6]。该研究的基本原理是权衡系统的故障损失成本与预防性维修成本，寻找既能保证系统安全可靠运行又经济的最优维修方案。图1-1显示了维修决策建模的基本原理。

1.1.2　多部件系统最优维修决策

在过去数十年，随着工业技术和生产工艺的日益发展，各类系统的复杂度不断提升，结构化和模块化的设计使得系统通常可以从功能和结构上划分为多个关键子系统或部件。一般而言，若系统中的各子系统相互独立，则各个子系统的性能最优即可保证系统的整体性能最优。然而，实际情况却并非如此，各类现代化

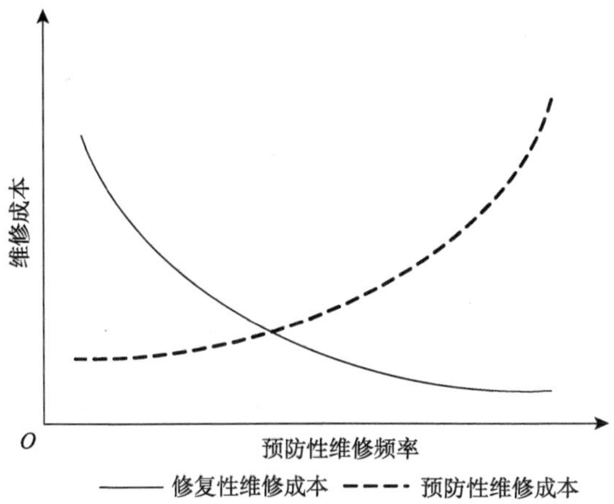

图 1-1　维修决策建模的基本原理

的复杂系统中，部件之间往往存在各种各样的依赖关系。

1986年，Thomas[16]将多部件系统中部件间的依赖关系划分并定义为结构依赖（structural dependence）、随机依赖（stochastic dependence）和经济依赖（economic dependence）三种。其中，结构依赖是指由于部件之间的结构关系，对某个故障部件维修的同时必须对其相关部件进行维修；随机依赖表示某个部件的劣化或故障直接导致或影响着其他部件的劣化或故障；经济依赖则表示多个部件的同时维修比单个部件的独立维修更加经济。

结构依赖的存在致使一个部件的故障可能导致整个系统的维修，大大增加了维修的成本和复杂度；随机依赖则增加了部件及系统的劣化和失效特性的分析与建模难度；经济依赖在诸如炼油、化工和批量生产系统中，以及风力发电、煤矿等地理位置偏远、维修资源调度困难、维修启动成本很高的工业生产系统中普遍存在。

为了使系统最优维修决策的结果更加符合实际，最大限度地提高系统的可靠度，降低系统的维修成本，各部件之间的依赖关系是进行多部件系统最优维修决策建模时不可忽略的影响因素[17]。

近年来，分析技术的逐渐改进和计算能力的不断提高为复杂系统的建模与计算提供了必要的条件，考虑部件间的依赖关系研究多部件系统的全局最优维修决策的建模与优化问题成为系统维修决策研究领域的一个挑战和热点，受到越来越多的专家学者和工程师的青睐。

1.1.3　系统最优维修与备件库存联合决策

维修备件是设备维修活动中必需的各种配件资源，如替换原有部件的模块、组件及原件，或维修活动所必需的工具，甚至可以是一个维修技术人员或维修团队[8]。维修备件为设备的维修和更换提供必要的支持与服务，是设备维修维护活动中一个重要组成部分。合理的维修备件库存储备可有效缩短设备修理停歇时间。

从满足维修需求的角度出发，充足的备件储备是满足维修需求的必要保障。然而，受备件价格和持有成本的限制，过早和过多储备备件必然会带来高额的订购和持有成本。特别是价格高、交付周期长、持有成本高的定制类非标备件。据统计，各类系统中备件的投资占到生产总成本的5%~15%[11]。如一个年产量820万吨的钢厂每年的轧辊备件成本高达1.5亿元，所以避免备件过剩，可以大幅度降低企业的生产投资[11]。而考虑到备件订购的交付时间，过少的库存又势必会增加维修时备件不足、设备停机等待的风险和损失，因此最优的备件库存策略需要在备件过量和不足带来的收益与损失之间做一个权衡。其决策原理如图1-2所示。

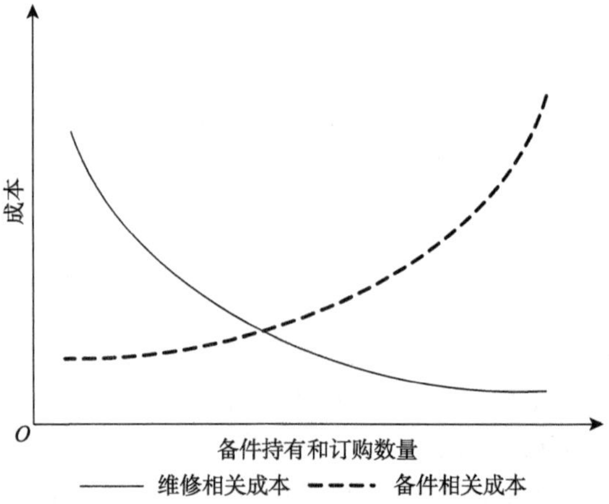

图 1-2　维修与备件库存联合决策的基本原理

设备的劣化情况决定了需要对其实施的维修活动，维修活动又将产生维修备件的需求，而在维修活动的实施过程中又将改变备件的库存状态，备件的库存状态反过来又影响和制约维修活动的及时开展。即设备的劣化是维修及其备件需求产生的根源，在维修实施过程中，设备的维修与备件的库存管理之间又互相影响和制约，因此只有从设备的劣化特征出发，研究系统真正的维修需求以及随之产生的备件需求，权衡设备的预防性维修成本、设备的停机损失成本以及备件的订购和库存成本，研究系统全局最优的维修方案和与之匹配的备件库存和订购方案，方能保证系统整体目标最优。将维修需求与备件库存进行联合建模和决策，寻找全局的最优联合策略，也已成为维修决策领域的一个重要研究方向[18,19]。

1.1.4 多部件系统最优维修与备件库存联合决策

在多部件系统维修决策研究中，备件对维修活动的制约和影响同样是不可忽略的。而且，受系统部件数量之多及部件间各种依赖关系的影响，多部件系统中维修与备件库存之间的这种影响和制约关系亦变得尤为复杂。首先，多部件系统中各部件功能各异，劣化和故障特性各异，致使其维修需求和备件需求各异。其次，多部件系统结构复杂、备件种类繁多，部件与备件之间可能呈现一对一、一对多、多对一、多对多等多种组合对应关系，且系统中任意一个备件的库存不足均可能影响到整个系统的正常运行。再次，各类备件的供应和库存特征各异，如供应商、制造周期、库存条件等，加之不同的维修需求，致使不同备件需要采用不同的库存策略，增加了库存策略研究的复杂性。最后，部件间的各种依赖关系进一步增加了各部件维修需求和备件需求的相关性。

由以上复杂性分析可见，从系统整体优化的角度出发，综合考虑多部件系统中部件的相关性、维修特性、备件特性研究多部件系统维修和备件库存联合决策的建模与优化问题方能真正解决系统的最优维修决策问题，得到符合系统运行实际且满意的维修与备件库存策略。

1.2 主要研究方法

1.2.1 最优维修决策

自20世纪60年代以来，国内外的学者和专家针对维修决策建模与优化问题进行了大量的研究。总结前期的研究方法，可归纳出系统最优维修决策研究的基本流程及其研究要素，如图1-3所示。其主要研究步骤如下。

（1）选定研究对象。维修决策研究的对象不同，其研究所要考虑的因素也不同。按照所关注系统的部件数，可将系统分为单部件系统和多部件系统两类。其中，单部件系统的决策建模相对简单，是多部件系统决策研究的基础。多部件系统的研究中需要考虑系统中部件的结构关系，如串联、并联、冗余等，以及部件是否相同与相似，部件之间的经济、随机、结构等可能对部件的最优维修决策带来影响的相关性问题。此外，无论是单部件系统还是多部件系统，在维修决策时均可能受到其他因素的影响和制约，如维修备件的充足与否、维修能力的大小、生产计划和生产调度对维修时间和维修计划安排的影响等，此类因素往往需要作为维修决策的一个或多个约束条件进行处理或与维修问题一起建模进行联合决策。

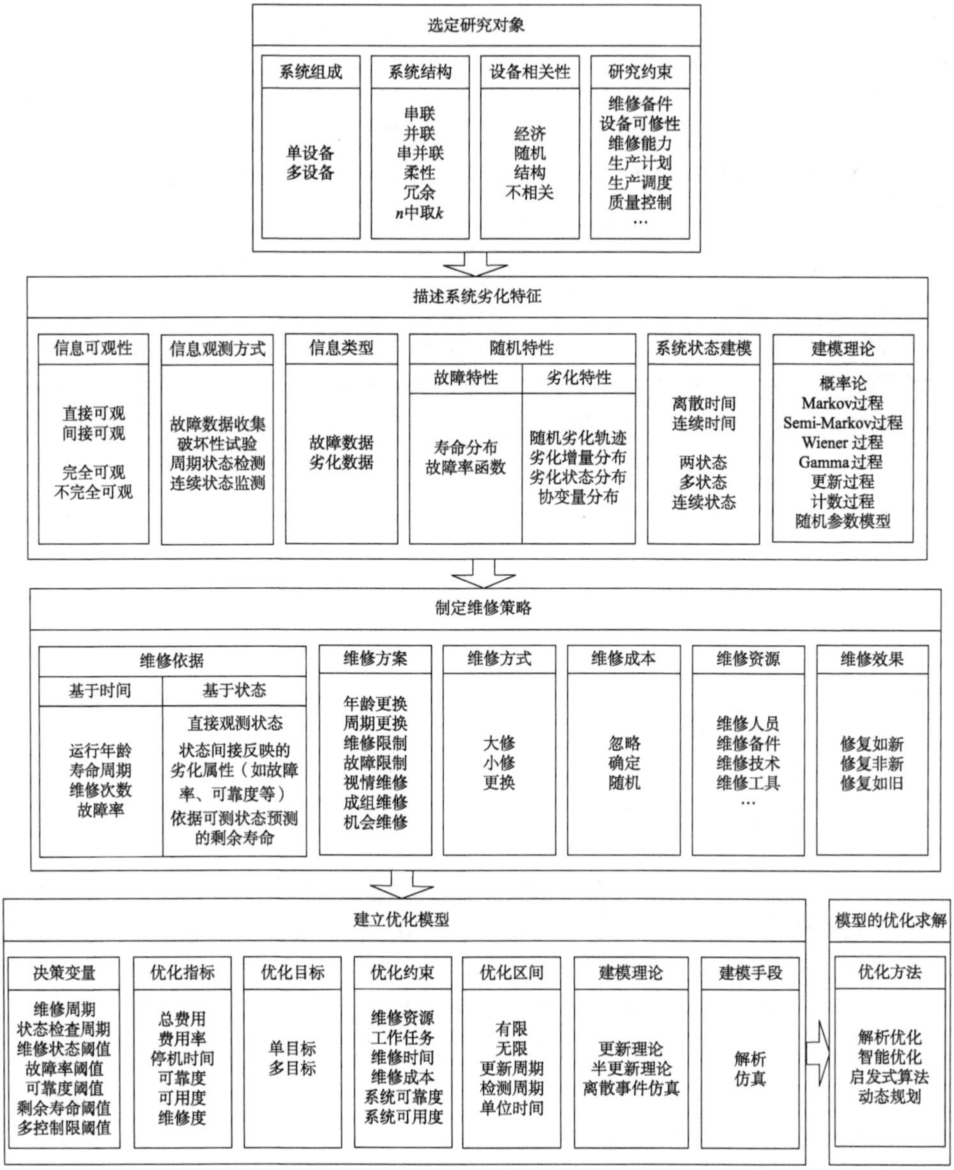

图 1-3　系统最优维修决策研究的基本流程及其研究要素

（2）描述系统劣化特征。设备的故障主要是由系统的劣化导致的，故而对系统劣化特征准确的表征建模研究是最优维修决策研究的基础。在系统劣化特征的建模研究中，需要考虑的因素有系统劣化的信息可观性、信息观测方式、信息类型及具体的建模方法和理论等。

（3）制定维修策略。在确定了系统劣化特征的基础上，需要为系统制定符合其劣化特征的维修策略，包括选择维修依据和制订维修方案等，维修方案的制订中又包括选择不同条件下的维修方式，对各种维修方式可能的维修成本、维修资源和维修效果的评估和建模等。

（4）建立优化模型。维修决策建模的目的就在于将已经制订的维修方案确定化，给出具体的执行方式，即选定影响方案执行性能的决策参数、合理的优化指标和可行的建模理论和方法，建立目标与决策变量之间的优化模型。

（5）模型的优化求解。通常所建立的维修决策模型比较复杂，需要分析模型的具体特征，选择或设计与之匹配的优化方法进行求解。

1.2.2 最优维修与备件库存联合决策

库存控制理论与方法就通用的库存问题已经取得了较为全面的研究成果。维修备件库存管理作为通用库存管理的一个特例，在分析与建模中需要考虑以下几个要素。

（1）备件的需求模式。设备的劣化和故障特性及为其制定的维修策略共同决定了设备的维修需求，设备的维修需求又进一步确定了维修备件的需求模式，因此备件的需求研究需以设备的劣化建模和维修策略的制定与建模为基础。

（2）备件的订购特性。维修备件可分为通用备件和特制备件两类，或称标准备件和专业备件。通常通用备件供应商多、供货充足、交付时间稳定；而特制备件往往只有单一的供应商，交付时间受运输距离和订货量等多种因素的影响往往极不稳定，因此备件的最优库存研究中需要从备件的特征分析出发，对备件的订购方式、交付时间等要素进行分析与建模。

（3）备件的库存临界。备件的库存临界包括安全库存临界和最大库存临界，其中，安全库存临界控制备件的可得率，指导备件的订购时间和订购数量，以减少因备件缺货而导致的维修等待和设备停机；最大库存临界控制备件的库存数量，以减少备件库存成本。维修备件的库存临界很大程度上受系统中设备数量的影响和限制。

（4）备件的相关成本。受备件的供需特性、物理特性及搭载设备特性等条件制约，研究维修备件的库存策略时需要从设备的运行特性出发考虑备件的订购、持有和缺货等成本以权衡和控制备件的订购量和库存量。

1.3 国内外的研究现状

1960年，Barlow和Hunter[20]首次提出最小维修模型，完成了维修建模和优化技术研究的开创性工作，之后关于劣化系统的维修模型和策略的研究得到了众多学者的广泛关注。

1.3.1 单部件系统维修决策

单部件系统维修策略的建模与优化决策是多部件系统维修优化研究的基础，因此多数维修模型和策略首先针对单部件系统提出，然后再进一步扩展延伸至多部件系统。

前期的研究中提出了许多维修管理的概念，如以可靠性为中心的维修（reliability-centered maintenance，RCM）、以业务为中心的维修（business-centered maintenance，BCM）、基于风险的维修（risk-based maintenance，RBM）、全员生产维修（total-productive maintenance，TPM）、工业维护管理中心的概念框架（centre for industrial management maintenance concept framework）等[21]。但是，真正用于解决维修决策问题的科学建模技术可归结为基于时间的维修（time-based maintenance，TBM）和基于状态的维修两类[21]。

1. 基于时间的维修

基于时间的维修依据系统运行时间或失效情况做出维修决策，它以传统的统计可靠性理论为建模依据，基于设备的故障数据对系统故障的统计特性，如依据故障时间分布、故障率函数等进行建模，再以此为依据建立系统最优维修策略的数学优化模型[21]。此类维修优化模型的目的在于寻找系统最优的预防维修时间或维修间隔。

常见的基于时间的维修策略有：在设备工作年龄达到 T 时或发生故障时对其进行更换的年龄更换策略（age replacement policy，ARP）[20]；每隔一个确定的周期 T 对设备进行一次预防性更换，并在设备故障时进行故障后更换的定期更换策略（periodic replacement policy，PRP）[10]，与ARP不同的是，PRP定义的更换周期 T 是与历史失效记录无关的常数[10]；当PRP中的 T 为变量时，定期维修变为非定期维修，或称之为顺序维修策略（sequential maintenance policy）[22,23]；以设备失效率等可靠性指标为维修依据的故障限制策略（failure limit policy）[10]；以维修成本限制策略（repair cost limit policy）、维修时间限制策略（repair time limit policy）或维修次数累计策略（repair number counting policy）等为限制条件的维修限制策略（repair limit policy）[10]。

基于时间的维修所依据的失效率、可靠性等概念针对的是一类设备，在单个设备上往往很难估计，而且许多复杂设备和部件因试验周期过长、成本过高或无法完成破坏性试验而缺乏故障数据和维修事件记录，模型经常会做出一些不符合实际的假设，从而无法优化得到有效的维修间隔[21]。此外，此类建模技术未考虑周围环境对系统的影响，忽视系统的个体差异，劣化建模与实际系统偏差较大，易造成欠维修或过维修现象[24]，维修不当的情况下甚至可能损坏设备。

先后有许多学者从不同角度对基于时间的维修决策模型和策略进行了综述总结。Pierskalla和Voelker[25]综述了劣化设备的最优检测、修复、更换决策模型。Valdez-Flores和Feldman[26]在Pierskalla和Voelker[25]的基础上综述了1976年之后的单部件维修决策模型，将其分为检测模型、小修模型、冲击模型和其他更换模型。Pham和Wang[27]从维修效果建模的角度出发，将设备的维修效果分为完美修复、小修、非完美修复、不良修复和最差修复，并讨论了(p,q)、$(p(t),q(t))$、改善因子、虚拟年龄、冲击模型、(α,β)、多重(p,q)等多种基于非完美维修效果的建模方法和优化策略。Vatn等[28]总结了建立基于时间的维修解析优化模型的基本框架。Vatn[29]从决策理论的角度讨论了维修优化模型。Scarf[30]讨论了维修模型的发展及维修信息管理系统的研究。Rausand[31]系统地研究了以可靠性为中心的维修模型框架。Dekker和Scarf[32]从应用案例和决策支持系统方面讨论了维修优化模型的研究与应用。Wang[10]对单部件的年龄更换维修策略、周期维修策略、故障限制维修策略、顺序维修和维修限制策略，以及多部件系统的成组维修和机会维修策略进行了分类讨论与总结比较。Frangopol等[33]讨论了劣化系统生命周期内的性能维护和优化的概率模型。Nakagawa和Mizutani [34]讨论了有限时间范围内的维修决策研究模型。van Noortwijk[35]综述了采用伽马（Gamma）过程建模设备劣化过程的维修模型，并对Gamma过程的估计、逼近和仿真方法进行了讨论。Gorjian等[36]综述了基于可靠性分析的退化模型。van Horenbeek等[37]从优化目标的角度综述了前期的维修优化模型。

2. 基于状态的维修

基于状态的维修是20世纪70年代以来，随监控手段和网络技术的迅速发展而得到广泛研究和应用的一类先进维修技术。基于状态的维修强调根据具体系统的实际劣化程度（或称“健康”水平）安排维修工作[4,38]，其维修决策建立在对系统状态进行实时监测或周期检测、诊断、评估和建模的基础之上，只有在系统状态信息直接或间接地反映出系统需要或接近故障时才进行维修决策和服务[21]，避免了维修过早或过晚的现象，不仅可以减少不必要的维修工作及维修成本，也能够充分提高系统的安全性、可靠性和可用度，合理有效地权衡了安全和经济之间的矛盾。

基于状态的维修决策建模是以设备的状态为基础的，可以是根据前期检测或监测到的状态，或根据现有的状态信息预测到的后续运行阶段可能的设备状态[39,40]或剩余使用寿命（remaining useful life，RUL）[41]等可以反映设备当前或将来的劣化程度的退化量。依据此劣化程度为设备安排或计划合理的维修活动是基于状态的维修决策研究的最终目的。设备劣化状态的表征模型不同，其决策建模研究的方法也不同。设备劣化状态的表示模型从状态的连续性角度可分为离散和连续两种建模方式，常见的建模方法有马尔可夫（Markov）过程、维纳（Wiener）过程、Gamma过程、随机系数增长模型和综合考虑年龄和状态两种因素的比例风险模型等。

也有学者将基于状态的维修区分为视情维修（on condition maintenance，OCM）、狭义的CBM和增强的CBM（condition-based maintenance plus，CBM+）。OCM侧重于根据检测结果安排维修；狭义的CBM更强调实时或接近实时的维修方式；增强的CBM又称为状态预测维修（condition-based predictive maintenance，CBPM）[42]，强调通过评估和预测系统确切的故障率预测故障的发生时刻和需要的维修活动。在多数现有的研究中，对以上策略不做区分，直接将基于状态的维修称为视情维修或状态维修，其英文表述也统称为condition-based maintenance，简称CBM。

Jardine等[38]将视情维修决策的步骤总结为数据获取、数据处理和维修决策三步，并随视情维修决策研究的关键问题——诊断与预测，从模型、算法和技术角度进行了分析总结。王凌等[43]以视情维修为重点，对维修决策模型理论的各个研究要素进行了综述。Meng和You[44]对视情维修决策过程中的剩余寿命预测和预防维修调度的相关工作进行总结和分类。Si等[41]综述了状态与健康管理技术中剩余寿命的预测方法。Sharma等[45]从优化方法的角度综述了不同的维修模型及其相关案例。Ahmad[46]将视情维修决策方法分为基于现有监测状态和未来预测状态两类，系统地回顾了这些方法的应用、技术及案例。Ahmad和Kamaruddin[21]综述并比较了基于时间和基于状态两类维修建模技术的建模机制和近期的研究成果。Goyal和Pabla[47]对视情维修中用于状态测量的振动测量和信号处理技术进行综述总结。Tahan等[48]对燃气涡轮发动机的健康性能监测、评估、诊断与预测方法及视情维修领域的相关研究进行了综述总结。de Jonge等[49]对TBM与CBM维修决策进行了比较，从系统的退化模型、故障的严重性、维修准备时间、状态测量准确性和故障阈值度量的随机性等多个方面讨论了CBM的研究模型，并通过数值实验分析了这些因素对CBM维修决策的影响，以确定CBM应用中需要重点考虑哪些因素。Alaswad和Xiang[50]对CBM维修决策的数学模型优化方法进行了综述总结，对CBM建模中的优化准则、检测频率、维护程度和求解方法等方面进行重点分析，同时对多部件系统的CBM维修决策模型也进行了简要总结。

虽然先进的技术为维修决策提供了必要的理论支撑，但是目前企业中采用的维修策略仍偏向于越少越好和越多越好两个极端，其主要原因包括缺乏理论研究需要的数据，缺乏理论研究人员和从业人员之间的有效沟通，缺乏有效的验证方法，设计、技术、业务和人员的频繁变更而导致实施困难[21]。正如Ahmad和Kamaruddin[21]在其文献中得出的研究结论一样，CBM比TBM更切合实际，更具有应用价值，未来的研究中视情维修仍需要考虑更多的实际因素展开进一步的研究，特别是视情维修在多部件系统维修决策中的应用与研究。

1.3.2 多部件系统维修决策

Cho和Parlar[51]指出，多部件维修模型研究的是由相互独立或相互依赖的多个机器或设备组成的系统最优维修策略。然而，对于相互关联的多个设备而言，单个设备最优维修策略的叠加无法保证系统的维修最优。

从维修策略的角度讲，多部件系统维修策略是在单部件维修策略的基础上确定多个部件的维修成组原则，主要有成批更换模型（block replacement models）、成组维修模型（group maintenance models）和机会维修模型（opportunistic maintenance models）三种[52]。

成批更换策略及其变体[53,54]以单部件定期维修为基础，定期地或在某部件故障时维修或更换系统中的所有部件，而不考虑部件本身的年龄和状态。

成组维修策略[55,56]则是在系统运行确定的时间间隔 T 之后或发生 m 次修复性维修或更换系统中所有的部件，该策略适当考虑了系统的年龄和故障状态，并将其作为维修的依据，通常可分为T-age、m-failure和 (m,T) 三种[52,57]。

机会维修策略是依据多个部件同时维修比单个部件的独立维修更加经济的事实，利用计划性停机或部件维修时的停机等机会对未发生故障的部件同时进行动态成组维修，以节省维修时间和维修成本[52]。机会维修成组的依据随部件基础策略的不同可以是部件的年龄，也可以是具体的劣化状态等。

Nowakowski和Werbińka[52]在综述文献中详尽地总结了成组和成批多部件维修决策模型的研究发展和演化过程及2009年之前的相关研究。早期的成组维修多数采用固定成组[58]原则研究其最优更换时间，近年来考虑各种维修条件的动态成组成为新的研究途径，如Do van等[59]研究了有限维修能力和可用度约束下的成组维修计划，Do van等[60]提出了针对不同维修机会的动态成组实时更新算法。成批和成组维修策略在实际中简单易施，但对于一个复杂的多部件系统，仅仅由一个或部分部件的故障就更换整个系统的做法是非常浪费的。

早期的机会维修策略多数以基于时间的维修策略作为基础策略，在预防更换时间阈值的基础上增加了对机会维修时间阈值的定义和优化。如Radner和Jorgenson[61]为存在经济依赖的部件组成的系统定义了一种 (n,N) 年龄机会更换策略。van der Duyn Schouten和Vanneste[62]将 (n,N) 策略扩展到了两部件串联系统中。Zhang等[63,64]又将该策略应用到了具有随机依赖的多部件系统维修决策研究之中。Berg[65]针对两个相同部件组成的系统提出了一种年龄机会维修策略。Pham和Wang[66]针对k-out-of-n：G系统提出了一种 (τ,T) 年龄机会维修策略。胡瑾秋和张来斌[67]针对复杂油气开放生产系统建立了一种故障超前防御的全局优选年龄机会维护模型。Zheng和Fard[68,69]针对k个不同部件组成的系统，提出了基于故障率限制的机会维修策略。Laggoune等[70]针对连续运行的n部件串联系统，在考虑经济依赖的条件下提出了一种年龄机会更换策略，并依据更新理论建立了系统的费用率模型，以确定最优的预防维修时刻和相应的机会维修分组，同时给出了蒙特卡洛仿真与限定范围的信息搜索相结合的模型求解方法。之后，Laggoune等又在此研究的基础上考虑了数据信息不足[71]和非零的维修时间[72]条件。

近年来，随着各类复杂系统状态监测技术的不断发展，以视情维修为部件基础策略的多部件维修决策研究逐渐增多。Cheng [73]在采用人工神经网络进行剩余寿命预测的基础上构建了基于条件故障概率阈值的多部件系统视情维修优化方法。Zhu等[74]针对连续劣化多部件系统提出了一种视情维修策略，并进行最优决策的建模优化分析。Wang和Chen[75]对多部件系统的视情维修决策中的退化建模和维修策略进行了分类、比较和综述。Machado和Haskins[76]讨论了视情维修优化工业应用的可行方案、实施及关键因素等。Rasmekomen和Parlikad[77]研究了考虑随机退化相关的多部件系统视情维修优化问题。Duan等[78]研究了考虑经济依赖的多部件系统的多级视情维修策略。Keizer等[79]提供了一个扩展的多部件系统相关分类，除传统的经济、结构和随机依赖之外，增加了资源依赖，如共享备件、工具或维护人员等，并从技术和性能两个角度区分了结构依赖概念，分析了不同依赖关系对多部件系统最优CBM决策的影响。

将视情维修与机会维修相结合应用于多部件系统最优维修决策的研究也有专家陆续涉足。Wijnmalen和Hontelez[80]首次提出了以部件实际劣化状态为衡量指标的视情机会维修策略，为每一个部件定义了一个强制维修的状态上限和若干个机会维修的状态下限。Barbera等[81]在已知部件劣化增量分布的基础上讨论了两部件串联系统的视情机会维修决策问题。Castanier等[82]针对存在经济依赖的两部件系统，提出了多控制限的视情机会维修策略，以两部件系统联合劣化状态的稳态概率密度函数的建模与计算为基础建立了基于半更新理论的最小费用率模型。Zhu等[83]针对具有高维修启动成本的多部件连续劣化系统，研究了其最优视情维修策略，建立了系统最小费用率模型，并给出了顺序求解维修间隔和更换阈值的嵌套枚举优化方法，最后以风力涡轮机中的三部件串联系统为例验证了策略的优越性及算法的有效性。Tian和Liao[84]将基于比例风险模型的视情维修策略扩展到了相同多部件系统的机会维修中，建立了基于更新理论的费用率模型，并给出了模型的数值解法，应用轴承劣化数据验证了策略和模型的有效性。随后，Tian等又进一步研究了多部件系统的视情机会仿真模型及其在风力涡轮机中的应用[85]。Qian[86]研究了与Tian和Liao[84]采用相同策略的仿真建模与优化。Koochaki等[87]以一个三部件串联仿真系统为例，通过调整采用视情维修策略的部件数量（其余部件采用年龄更换策略）、机会维修区域大小、成组维修的成本效益、预防维修间隔内故障发生的机会等参数分析了视情维修在采用机会维修的多部件系统中的有效性。近年来，利用预测信息进行维修决策的预测与健康管理（prognostics and health management，PHM）技术成为视情维修研究中研究较多的一种新方法，随之提出的维修策略被称为预测视情维修（predictive condition-based maintenance，PCBM）[2,42,88,89]，van Horenbeek和Pintelon[89]、Bian和Gebraeel[90]均研究了基于剩余寿命预测的多部件视情维修模型。Nguyen等[88]研究了基于可靠度预测的多部件机会维修模型。

也有许多学者考虑其他维修要素对多部件系统机会维修优化问题进行了研究。如Zhou等[91]在考虑非完美维修与短期优化集成条件下研究了多部件串联系统的动态机会规划算法。Zhou等[92]研究了考虑车间调度变化的动态机会维修模型。Zhang等[64]在考虑受环境影响的系统劣化的基础上研究了多部件系统的机会维修优化问题。

从部件依赖关系的研究角度来看，目前针对多部件系统最优维修问题的研究大多仅考虑部件之间经济依赖或随机依赖关系展开。如Golmakani和Moakedi[93]研究了随机依赖两部件可修系统的周期检测优化模型。Hong等[94]在考虑部件随机依赖的条件下研究了多部件视情维修模型。Bian和Gebraeel[90]研究了考虑随机依赖的多部件系统剩余寿命预测。Tian和Liao[84]、Wang和Pham[95]均研究了考虑经济依赖环境下的多部件系统维修优化问题。Nguyen等[88]同时考虑了随机和经济两种依赖关系对多部件系统的维修优化问题进行了研究。

1.3.3　维修与备件库存联合决策

将维修与备件库存策略进行联合优化，确保维修时刻备件可得率的问题也已经有许多学者提出并研究。早在1986年，Acharya等[96]就研究了成批更换策略与(R,S)备件库存策略的联合优化模型，模型以预期总成本最小为目标确定了联合最优的更换周期、备件订购周期和最大库存水平。Chelbi和Aït-Kadi[97]将Acharya的模型扩展到了更一般的生命周期分布。Al-Bahi[98]研究了具有恒定故障率的k个同时工作的相同组件系统的维修与(s,Q)备件库存联合决策的建模与优化问题，模型旨在在不降低备件可用度的基础上确保库存成本最小。Sarker和Haque[7]研究了独立相同多部件系统的成批更换与(s,S)库存订购策略的联合仿真优化模型，模型以系统成本最小为目标，确定了最优的更换和库存参数，灵敏度分析结论表明订购阈值s对停机时间的影响最明显。Brezavscek和Hudoklin[1]针对n个相同且独立的组件构成的系统，在考虑确定的备件交付时间条件下研究了成批更换与基于周期检查的(R,S)备件库存策略的联合随机优化模型，模型以单位时间内的期望成本最小为目标确定了系统的最优更换周期和最大库存水平。Huang等[99]在

Brezavscek和Hudoklin[1]的基础上考虑了随机的备件交付时间。Vaughan[100]研究了由定期预防维修和随机修复性维修引发的备件需求及对应的库存策略，致力于用统一的方式表述两种不同的需求。Diallo等[101]针对易损设备研究了预防维修与(s,Q)备件库存策略的联合优化模型，并以成本预算约束下系统可用度最大为目标确定了最优维修间隔和备件订购参数。Wang[102]引入延迟时间模型，研究了定期预防维修和备件库存策略的联合优化问题，建立了以维修与备件随机总成本最小为目标求解有限时间范围内的系统最优维修间隔、订购间隔和订购量的解析模型，并给出了基于随机动态规划的枚举算法。陈晓慧等[103]在区分随机失效部件的更换需求和隐患部件的预防更换需求的基础上，针对指数寿命型部件建立了基于等周期预防维修策略的备件需求模型，并以系统役龄内备件相关总成本最小为目标分别决策了存在备件初始库存和订货前置期两种订货策略的最优订货次数，给出了相应的仿真优化算法。Kabir和Al-Olayan[104,105]研究了年龄更换与基于连续检查的(s,S)备件库存策略的联合仿真优化模型，模型以单位时间内维修和备件总成本最小为目标确定了系统的联合最优更换年龄和库存参数，并通过仿真实验验证了对更换策略和备件库存策略的独立优化不能保证系统整体的成本最优。陈童等[106]以多个相同部件组成的系统为研究对象，研究了基于PH寿命分布的马尔可夫备件需求过程及以此为基础的(s,S)备件库存模型。司书宾[107]基于神经网络、模糊数学、多目标优化和遗传算法等知识和技术对批量装备的故障预测和维修备件的协同库存控制优化问题进行了深入的研究。de Smidt-Destombes等[108-110]在其系列文献中针对可修的k-out-of-n系统，在维修与备件库存联合优化的同时考虑了系统的维修能力对维修和备件库存与订购的影响，先后建立了基于视情维修[110]、成批更换[108]以及视情与成批结合策略[109]的维修、备件与维修能力三者的集成优化模型。2002年，Kennedy等[111]总结了维修备件的特征及其相关要素，并对备件库存管理方面的研究进行了综述。2013年，van Horenbeek等[19]从库存策略、维修特征、延迟、多梯队备件网络、单/多部件设备、目标函数和优化技术等多个方面对不可修设备的维修与备件库存联合优化模型进行了综述。以上研究均将基于时间的维修决策模型与备件库存决策进行联合建模。

20世纪90年代以来，随着视情维修决策研究的增多，视情维修与备件库存联合决策问题的研究也随之增多。2008年，Wang等[24]为连续劣化的单设备系统建立了视情维修与备件库存策略的联合优化解析模型，模型以部件的劣化和备件库存的组合状态的概率密度计算为基础，推导了系统的费用率与设备的维修阈值及备件参数之间的函数表达式，并给出了模型的优化求解方法。之后，Wang等[112]又以多个独立的相同多设备系统为对象研究了基于周期检查的视情维修和(s,S)备件订购联合策略的最优决策问题，并假设设备的劣化过程为Gamma过程，在考虑确定的备件交付时间的条件下，以平均费用率最小为目标，采用蒙特卡洛仿真与遗传算法相结合的方法求解了系统的最优检查周期、预防维修阈值及最大和最小库存水平。Elwany和Gebraeel[113]将应用传感器检测到的直接状态进行剩余寿命预测的方法与设备的更换和备件库存联合决策模型进行了集成，以确保随着设备状态的改变，动态更新其更换和备件库存策略。Lanza等[114]基于受负载影响的可靠度模型研究了系统的维修与备件库存联合随机优化算法。Rausch和Liao[115]在考虑生产批量和生产日期限制的条件下，研究了单设备生产系统基于控制限的视情维修与基准备件库存控制策略的联合建模和优化问题，模型在以尽量减少生产成本的前提下提高备件服务水平为目标确定了最优备件基准库存水平和维修阈值，并提出了基于约束最小二乘法和仿真优化相结合的两阶段求解方法。Chien和Chen[116]在考虑备件的加急订购和故障设备寿命残值的基础上研究了维修与备件库存策略的优化问题。Louit等[117]针对昂贵设备的单个关键部件，提出了在周期检测时刻依据系统的年龄和连续监测的协变量状态共同预测的剩余寿命进行备件订购决策的策略，并在考虑随机备件交付时间的基础上建立了相应的决策模型。Lin等[118]针对含有相同关键部件的一组设备，研究了基于马尔可夫劣化过程的视情维修与备件库存联合策略的最优决策问题。Zhou等[119]针对因运行数目少、生命周期长且持有成本很高而不适合设立安全库存的特殊备件的单设备单备件连续劣化系统，在假设预防维修是不需要备件的非完美维修，且维修费用随维修次数递增、最大维修次数受限的基础上，研究了视情维修与备件库存的协同优化模型，模型采用解析方式，在备件交付时间确定的条件下，以生命周期内的预期平均费用率最小为目标确定了最大预防维修次数、备件的订购状态阈值和更换的成本阈值的最优解。Yu等[120]在考虑随机交付时间和广义修理时间的基础上研究了基于故障次数的设备更换和备件订购策略的联合优化问题。Nguyen等[121]研究了受技术革新及备件库存水平影响的维修决策建模问题。Tracht等[122]针对海上风电基地维修受限的问题，研究了相应的备件库存计划，以确保维修备件的低成本可靠供应。2015年，van Horenbeek和Pintelon[123]首次在考虑各种依赖关系的前提下研究了基于剩余寿命预测的多部件系统动态预防维修与备件库存的联合优化问题，在假设各部件的劣化为Gamma过程的基础上，建立了以系统长期平均费用率为目标进行维修与备件参数联合决策的优化模型，并给出了将多部件维修问题分解为多个单部件问题的优化求解方法。Keizer等[124]研究了基于马尔可夫决策过程的多部件系统视情维修与备件库存联合决策建模。

1.4　本书的主要内容

本书主要内容分为12章，在总结国内外研究现状的基础上，介绍了研究团队在多部件系统维修决策、维修与备件库存研究建模领域所做的主要工作，具体介绍如下。

第1章，绪论。介绍多部件系统最优维修决策、多部件系统维修与备件库存联合决策研究提出的背景意义、目的和主要研究方法，以及国内外的研究现状。

第2章，多部件系统联合劣化状态空间划分建模思想。在对基于不同基础策略的机会维修策略的共同特征进行分析和抽象的基础上，介绍一种多部件系统通用的联合劣化状态空间划分建模方法。

第3章，相同多部件系统联合劣化状态空间划分建模。介绍如何将多部件系统劣化状态空间划分建模应用到相同多部件系统的研究中。

第4章，不相同多部件系统联合劣化状态空间划分建模。介绍如何将多部件系统劣化状态空间划分建模应用到不相同多部件系统的研究中。

第5章，相同多部件系统视情机会维修决策。以系统联合劣化状态建模为基础，为存在经济依赖的多个相同部件组成的系统建立系统长期平均费用率模型。

第6章，不相同两部件系统视情机会维修决策。在不相同两部件系统劣化状态空间划分模型的基础上，为系统建立视情机会维修策略费用率模型。

第7章，相同多部件系统维修与备件库存联合决策。针对多个随机独立却存在经济依赖的相同部件组成的系统，在定义备件库存状态概率的基础上，建立同时考虑维修和备件总成本的系统平均费用率模型。

第8章，不相同两部件系统维修与备件库存联合决策。针对连续劣化的两部件系统，在定义系统劣化与备件库存组合状态稳态概率密度的基础上，建立同时考虑维修和备件成本的系统长期平均费用率模型。

第9章，可修多部件系统联合劣化状态空间划分建模。利用劣化状态空间划分思想对考虑非完美维修的多部件系统维修进行统一建模。

第10章，可修多部件系统视情机会维修决策。在可修多部件系统联合劣化状态空间划分建模的基础上，建立该系统基于周期检测的视情机会维修策略费用率模型。

第11章，可修多部件系统视情更换式维修与备件库存联合决策。针对可修多部件系统，定义周期性视情更换式维修与连续检查的备件订购联合优化策略，并考虑了维修能力与维修策略、库存策略之间的权衡关系，建立维修与备件库存联合决策的费用率模型。

第12章，多部件系统联合寿命空间划分建模及维修决策。将退化状态空间划分方法应用到多部件系统联合寿命空间的建模研究中。

第2章 多部件系统联合劣化状态空间划分建模思想

在考虑部件相关性的多部件系统维修决策研究中，任意部件的维修需求除了由部件自身的劣化状态决定外，还受到其余相关部件的劣化状态及维修活动的影响，而且需要从系统的角度对各部件的维修需求组成的系统维修需求组合进行集中权衡处理。但是，受部件相关性和系统维修策略的影响，很难全面分析并给出所有可能的系统维修需求组合，尤其是部件数量较多时，即使枚举也极易出现遗漏。因此，在多部件系统维修决策建模中，需要从系统整体的角度出发，给出其维修需求组合的分析与建模方法，并分析和推导系统联合劣化状态的概率分布及转移特性，作为系统维修需求分析及其概率计算的基础。

多部件系统联合劣化状态空间划分建模方法是在对基于不同基础策略的多部件系统机会维修策略共同特征进行分析和抽象的基础上，应用对系统劣化状态空间进行多级控制限划分的思想，构建的一种多部件系统通用的联合劣化状态空间分析与建模方法。该方法给出了对多部件系统维修需求组合的通用表示模型和概率计算通式，并给出了系统联合劣化状态的稳态概率密度函数的计算模型和求解方法，为维修决策建模中维修需求概率计算提供了依据。本章介绍了多部件系统联合劣化状态空间划分建模思想。

2.1 多部件系统机会维修策略

相较于成组维修和成批维修，机会维修策略更为经济合理，而且该策略既适用于经济依赖建模[87]，又适用于随机依赖建模[63]，因此成为多部件系统中研究和应用较多的维修策略之一[87,125-129]。

多部件系统的维修策略是在单个部件的维修策略基础上进行定义的。可以按照单部件基础策略的不同将现有研究中的机会维修策略总结为以下几种。

2.1.1 年龄更换机会维修策略

Radner和Jorgenson[61]针对由 M 个状态可测，1个状态不可测且存在经济依赖的部件组成的系统定义了一种 (n_i, N) 机会更换策略，其中 $n_i\,(i=1,2,\cdots,M)$ 和 N 分别为状态不可测部件对应于其余M个部件的机会更换年龄和该部件的预防更换年龄。van der Duyn Schouten和Vanneste[62]将该策略应用到了两部件串联系统的研究中。Wang和Pham[95]在该策略的基础上考虑了非完美维修效果的建模。近期，Zhang等[63]又将该策略应用到了具有随机依赖的多部件系统维修决策研究之中。

Berg[65]针对两个相同部件组成的系统提出了一种机会维修策略：当一个部件的年龄超过 T 或故障时单独对其进行更换；若其中一个部件故障的同时另一个部件的年龄超过 L 或者任意一个部件的年龄超过 S 时，两个部件全部被更换，该策略中 L 同样表示了部件的机会维修阈值，而 T 为其预防维修阈值。

Pham和Wang[66]针对k-out-of-n：G系统提出了一种 (τ, T) 机会维修策略：若累积有 m 个部件发生故障，在对该 m 个部件修复性维修的同时对所有年龄超过 τ 的非故障部件进行预防维修，否则在部件运行年龄超过 T 时才对其进行预防维修。该策略中 τ 是部件的机会维修年龄，而 T 是部件的预防维修年龄。

2013年，胡瑾秋和张来斌[67]针对复杂油气开放生产系统提出了一种故障超前防御的全局优选机会维护模型，同样为系统中的每个部件 i 设定了机会维修役龄 T_w^i 和预防更新役龄 T_p^i 。

2.1.2 故障率限制机会维修策略

Zheng和Fard[68,69]针对多个不同部件组成的系统，提出了基于故障率限制的机会维修策略，策略为所有部件定义了预防维修阈值 L 和机会维修阈值 $L-u$ ，任何部件在发生故障或其故障率超过 L 时维修，同时对其他故障率落在区间 $(L-u,\ L)$ 之间的所有部件进行机会维修。

2.1.3 基于状态控制限的视情机会维修策略

Wijnmalen和Hontelez[80]首次提出了以部件实际劣化状态为衡量指标的视情机会维修策略，并为每一个部件定义了一个强制维修的状态上限和若干个机会维修的状态下限。Barbera等[81]在已知部件劣化增量分布的基础上讨论了两部件串联系统的视情机会维修决策问题。Castanier等[82]为存在经济依赖的两部件系统定义了基于多控制限的视情机会维修策略，策略为每个部件 i 分别定义了故障阈值 L_i 、预防性维修阈值 ξ_i 和机会维修阈值 ς_j ，根据周期性检测得到的部件 i 的劣化值 x_i 所属范围的不同，对其实施不同的维修活动：当$x_i \in [0,\xi_i)$时，不做任何维修；$x_i \in [\xi_i, L_i)$时，预防性维修部件i；当$x_i \in [L_i,\infty)$时，修复性维修部件i；在部件i预防性维修或修复性维修的同时，若部件$j(j \neq i)$的劣化值满足$x_j \in [\varsigma_j, \xi_j)$，则机会维修部件$j$。

2.1.4 基于比例风险模型的视情机会维修策略

Tian和Liao[84]将基于PHM的视情维修策略扩展到了多个相同部件组成的多部件系统的机会维修之中，策略为每个部件定义了风险阈值d_1和机会维修阈值d_2，当部件发生故障时，立即对其进行修复性维修；在周期性检测时刻，若部件i的故障率$K \cdot h_i > d_1$，则对该部件实施预防维修；在任意部件i维修时，对其余所有故障率满足$K \cdot h_l > d_2$条件的部件$l(l \neq i)$同时进行机会维修。Qian[86]研究了与Tian和Liao[84]相同策略的仿真建模与优化。

2.1.5 基于预测的视情机会维修策略

Nguyen等[88]研究了基于可靠度预测的多部件机会维修策略，策略定义：在有部件需要修复性维修或系统因其他原因停机时，若预测到某部件的可靠度小于阈值H_i就对其同时进行预防性维修。H_i即为部件的机会维修可靠度阈值。

2.2 联合劣化状态空间划分思想

纵观以上五种机会维修策略，不难发现，无论是基于年龄或故障率的维修策略，还是视情机会维修策略，所有的机会维修策略均为部件定义了一个机会维修控制限，如役龄控制限n_i和τ、故障率控制限$L-u$、状态控制限ς_j和可靠度控制限d_2和H_i等，该控制限与部件原有的预防维修控制限之间形成了一个机会维修区域。各种控制限指标均直接或间接地反映系统的运行劣化状态特征，并以此作为不同维修活动的划分依据。即机会维修建模实际是运用控制限的思想，对系统的劣化状态空间进行区域划分。

单个部件的多个状态控制限将其劣化状态空间划分为了多个不同的区域，每个区域对应不同的部件状态，均反映了不同的维修需求，如不做任何处理、机会维修、预防性维修和修复性维修等。

设系统由M个部件组成，任意部件$i(i=1,2,\cdots,M)$的劣化过程均建模为一个连续非减的随机过程$X_i(t)$，该过程具有如下特征。

（1）t时刻部件i的劣化状态表示为随机变量$x_t^{(i)}$。

（2）$t=0$时刻，部件i初始运行，状态全新，$x_0^{(i)}=0$。

（3）存在确定的故障阈值 $D_f^{(i)}$，当 $x_t^{(i)} \geqslant D_f^{(i)}$ 时，部件 i 发生故障。

系统整体的劣化过程为 M 维的联合随机过程 $X(t)=(X_1(t),\cdots,X_M(t))$，$t$ 时刻的系统联合状态可表示为 $(x_t^{(1)},\cdots,x_t^{(M)})$。为简化表示，以下将不区分具体时间的联合状态表示为 $(x_1,\cdots,x_M)$。

若对任意部件 $i(i=1,2,\cdots,M)$ 同时考虑机会维修、预防性维修和修复性维修三种维修活动，分别定义机会维修、预防性维修和修复性维修阈值 $D_o^{(i)}$、$D_p^{(i)}$、$D_f^{(i)}$，它们可以是某个年龄、故障率、劣化状态或可靠度等劣化指标，其具体的取值含义由部件所采用的基础维修策略确定。通常认为，$0<D_o^{(i)}<D_p^{(i)}<D_f^{(i)}$。在每一个维修决策点，将检测到的各部件的劣化状态与其维修阈值进行比较，确定需要对其实施的维修活动，具体策略如下。

（1）若 $x_i \geqslant D_f^{(i)}$，部件 i 需要修复性维修。

（2）若 $D_p^{(i)} \leqslant x_i < D_f^{(i)}$，部件 i 需要预防性维修。

（3）在任意部件 i 进行修复性维修或预防性维修时，若部件 j 的劣化状态满足 $D_o^{(j)} \leqslant x_j < D_p^{(j)}(j \neq i)$，部件 j 同时需要机会预防性维修。

（4）不符合以上条件的部件不采取任何措施。

部件 i 的劣化示意过程及维修活动区域划分如图2-1所示。图2-1中部件 i 的三条维修阈值线将其劣化状态空间划分为四个不同的区域：正常运行区、机会维修区、预防性维修区和修复性维修区。在维修决策点，当检测到的部件状态落在不同的区域，将对应不同的维修活动，分别为不做任何处理、机会维修、预防性维修和修复性维修。

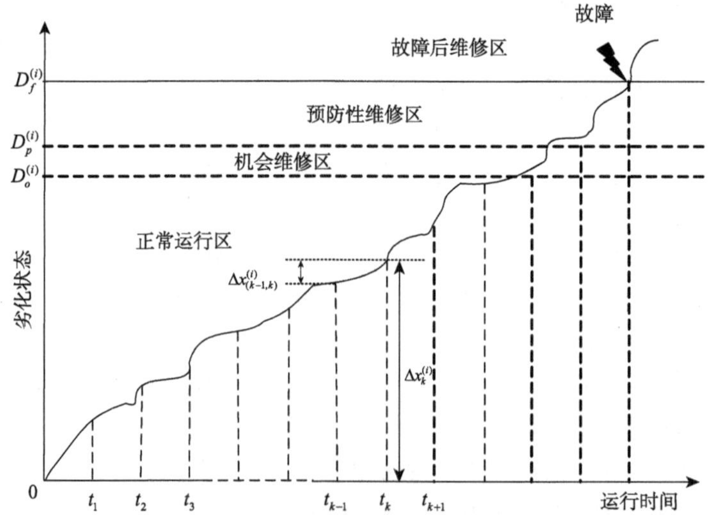

图 2-1　部件 i 的劣化及维修示意图

若用$U_k(k=0,1,\cdots,M)$表示系统中有k个等待机会维修的部件，P表示预防性维修，C表示修复性维修。单个部件的劣化状态区域与维修需求的对应关系简化表示为图2-2所示的劣化状态空间划分形式。

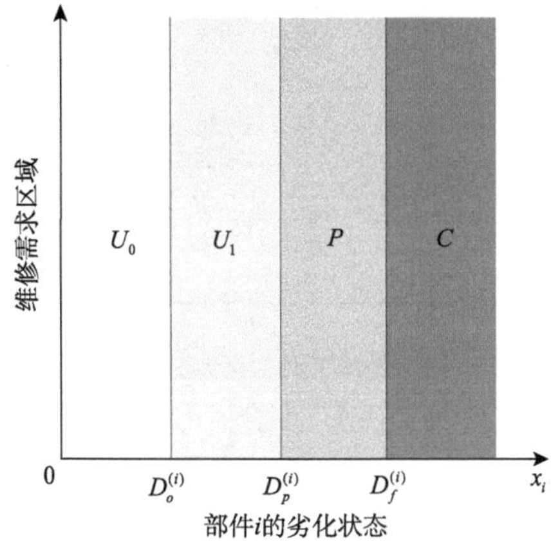

图 2-2　部件i劣化状态空间划分

多部件系统中，各个部件的维修阈值线相互交叉，将其联合劣化状态空间划分成更多的区域，不同的区域对应不同的维修分组和维修活动。

2.2.1　相同多部件系统联合劣化状态空间划分

在M个相同部件组成的系统中，由于各部件的维修性质相同，每次维修时只需要考虑有多少个部件需要同时维修，需要进行哪一类维修，无须区分是哪一个部件需要维修。若用C_iP_j表示一次维修活动中，有i个部件需要修复性维修，j个部件需要预防性维修（包括机会预防性维修），剩余$M-i-j$个部件不需要维修，则有$0\leqslant i+j\leqslant M$成立。

图2-3和图2-4分别给出了$M=2,3$时的多部件系统联合劣化状态空间划分结果。图2-2~图2-4中采用分解形式表示了C_iP_j维修需求组合，如C_0P_1表示为P；C_1P_1表示为PC；C_2P_1简化表示为PCC。

不难总结出，在机会维修策略下，各部件的劣化状态空间的维修需求满足式（2-1）所示的叠加规则。

$$\begin{aligned}&U_i+U_j=U_{i+j},\quad U_i+P_j=P_{i+j},\quad U_i+C_j=C_jP_i\\&P_i+P_j=P_{i+j},\quad P_i+C_j=C_jP_i\\&C_i+C_j=C_{i+j}\end{aligned}\tag{2-1}$$

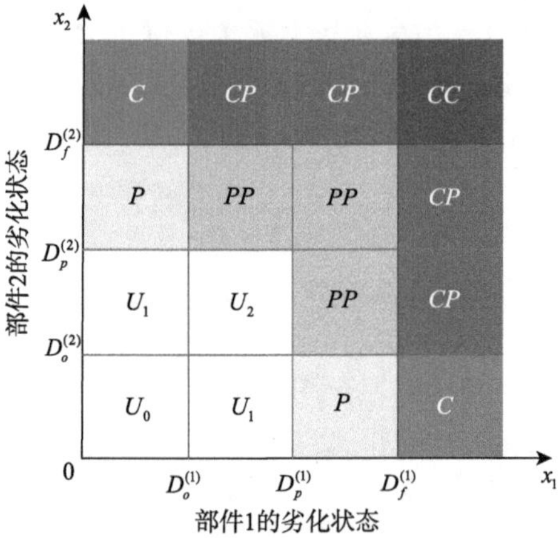

图 2-3　两部件系统联合劣化状态空间划分

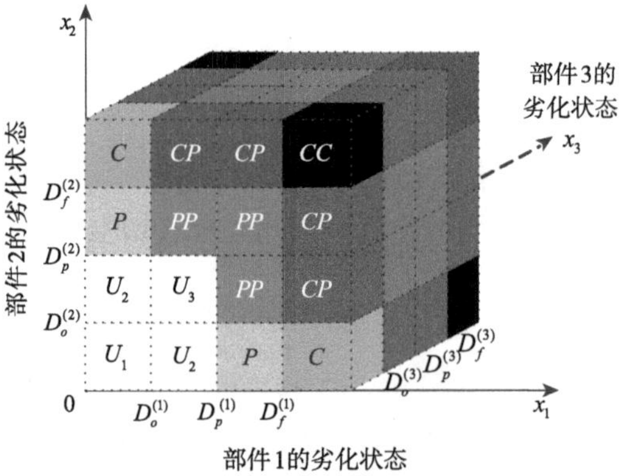

（a）$x_3 \in [0, D_o^{(3)})$

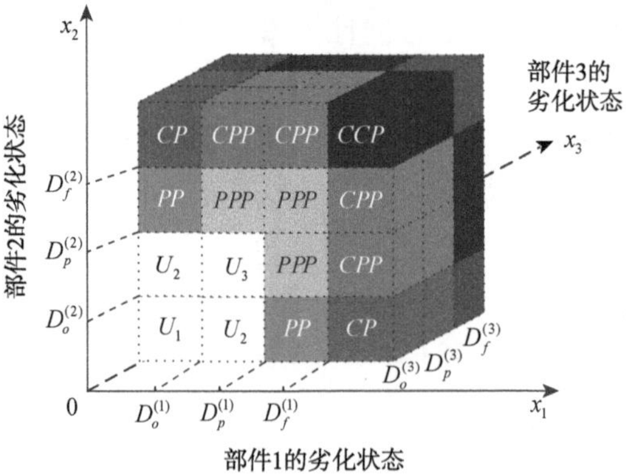

（b）$x_3 \in [D_o^{(3)}, D_p^{(3)})$

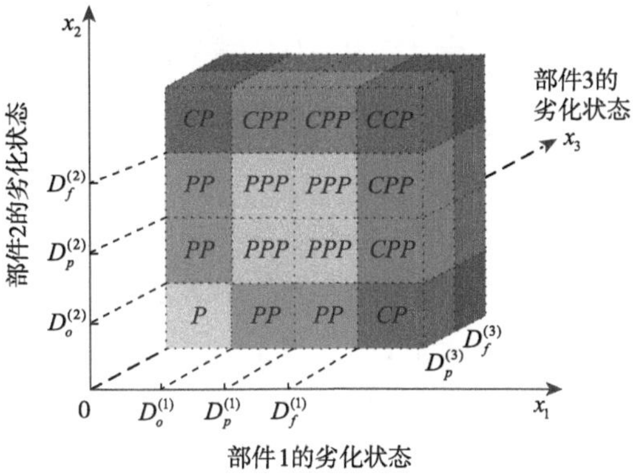

（c） $x_3 \in [D_p^{(3)}, D_f^{(3)})$

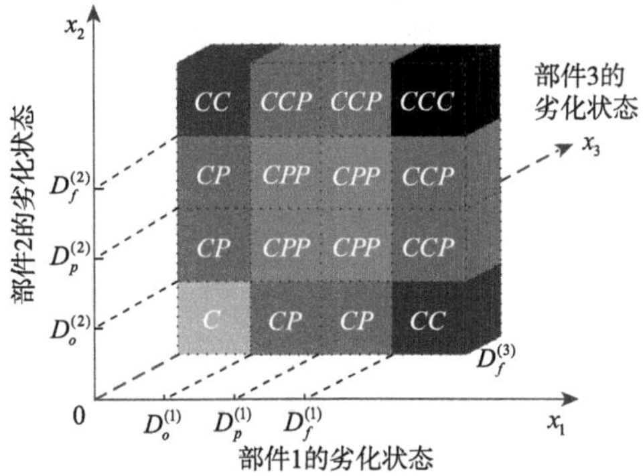

（d） $x_3 \in [D_f^{(3)}, \infty)$

图 2-4 相同三部件系统联合劣化状态空间划分

任意 $M(M=1,2,\cdots)$ 部件系统所有可能的维修活动矩阵 $\boldsymbol{Q}_M$ 可表示为

$$\boldsymbol{Q}_M = \begin{bmatrix} C_0P_0 & C_1P_0 & \cdots & C_iP_0 & \cdots & C_{M-j}P_0 & \cdots & C_{M-1}P_0 & C_MP_0 \\ C_0P_1 & C_1P_1 & \cdots & C_iP_1 & \cdots & C_{M-j}P_1 & \cdots & C_{M-1}P_1 & 0 \\ \vdots & \vdots & & \vdots & & \vdots & & 0 & 0 \\ C_0P_j & C_1P_j & \cdots & C_iP_j & \cdots & C_{M-j}P_j & 0 & 0 & 0 \\ \vdots & \vdots & & \vdots & & 0 & 0 & 0 & 0 \\ C_0P_{M-i} & C_1P_{M-i} & \cdots & C_iP_{M-i} & 0 & 0 & 0 & 0 & 0 \\ \vdots & \vdots & & 0 & 0 & 0 & 0 & 0 & 0 \\ C_0P_{M-1} & C_1P_{M-1} & 0 & 0 & 0 & 0 & 0 & 0 & 0 \\ C_0P_M & 0 & 0 & 0 & 0 & 0 & 0 & 0 & 0 \end{bmatrix} \quad (2\text{-}2)$$

也就是说，M 部件系统所有可能的维修活动有 $M(M+1)/2$ 种。其中，当系统中没有需要维修的部件，即 C_0P_0 事件发生时，可能有 $k(k=0,1,\cdots,M)$ 个部件在等待机会维修，但由于没有维修机会而被搁置。因而有

$$C_0P_0 = \bigcup_{k=0}^{M} U_k \tag{2-3}$$

2.2.2 不相同多部件系统联合劣化状态空间划分

若系统由N个不相同部件组成，由于各部件的维修性质各异，每次维修决策时均需要具体区分哪些部件需要维修，哪些部件不需要维修，故系统所有可能的维修分组是集合$\{1,2,\cdots,N\}$的所有子集$G_1,\cdots,G_m(m=2^N)$。设集合$G_s(s=1,2,\cdots,m)$中有$q(q=0,1,\cdots,N)$个元素，记作$G_s=\{i_1,i_2\cdots,i_q\}$，用$M^N(G_s)$或$M^N(i_1,i_2\cdots,i_q)$表示在$N$个不同部件中仅集合$G_s$中的$q$个部件$i_1,i_2\cdots,i_q$同时需要维修。

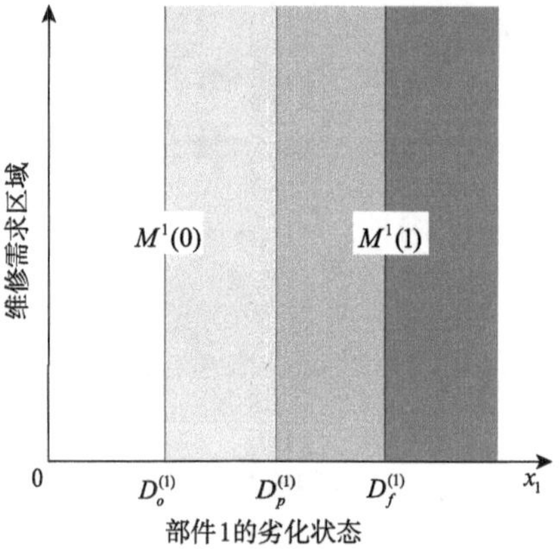

图 2-5 单部件系统的劣化状态空间划分

图2-5显示了单部件系统的劣化状态空间划分，其中$M^1(0)$表示部件不需要维修，部件状态覆盖的区间为$[0,D_p^{(1)})$；$M^1(1)$表示部件需要维修，部件状态覆盖的区间为$[D_p^{(1)},\infty)$。由于是单部件系统，不存在机会维修问题，$M^1(1)$对应的状态区域只包含预防维修区域$[D_p^{(1)},D_f^{(1)})$和修复性维修区域$[D_f^{(1)},\infty)$两部分。

两个不同部件组成的多部件系统的劣化状态空间划分如图2-6所示。同样，$M^2(0)$表示系统中没有部件需要维修，该维修需求所覆盖的区域为$\left\{(x_1,x_2)\mid x_1\in[0,D_p^{(1)}),x_2\in[0,D_p^{(2)})\right\}$；$M^2(1)$表示只有部件1需要维修，所覆盖的区域为$\left\{(x_1,x_2)\mid x_1\in[D_p^{(1)},\infty),x_2\in[0,D_o^{(2)})\right\}$；$M^2(2)$表示只有部件2需要维修，所覆盖的区域为$\left\{(x_1,x_2)\mid x_1\in[0,D_o^{(1)}),x_2\in[D_p^{(2)},\infty)\right\}$；$M^2(1,2)$则表示部件1和部件2同时需要维修，其中覆盖的区域包括部件1维修的同时对部件2机会维修的区域$\left\{(x_1,x_2)\mid x_1\in[D_p^{(1)},\infty),x_2\in[D_o^{(2)},D_p^{(2)})\right\}$、部件2维修的同时对部件1进行机会维修的

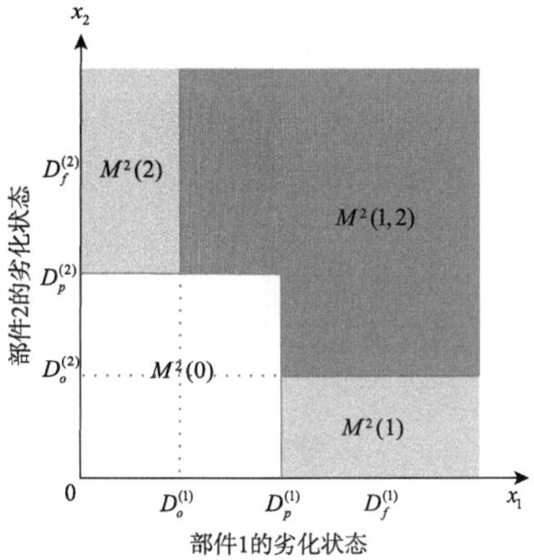

图 2-6　不同两部件系统联合劣化状态空间划分

区域$\left\{(x_1,x_2)\mid x_1\in[D_o^{(1)},D_p^{(1)}),x_2\in[D_p^{(2)},\infty)\right\}$和部件1与部件2同时超过预防性维修阈值的区域$\left\{(x_1,x_2)\mid x_1\in[D_p^{(1)},\infty),x_2\in[D_p^{(2)},\infty)\right\}$三部分。

类似地，三部件系统的劣化状态空间划分示意图如图2-7所示。

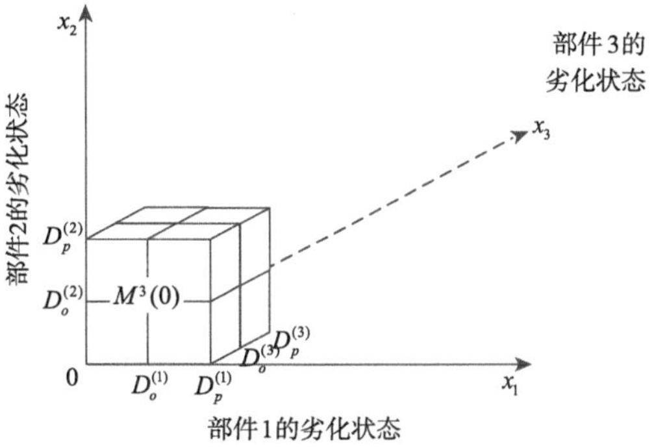

（a）没有需要维修的部件

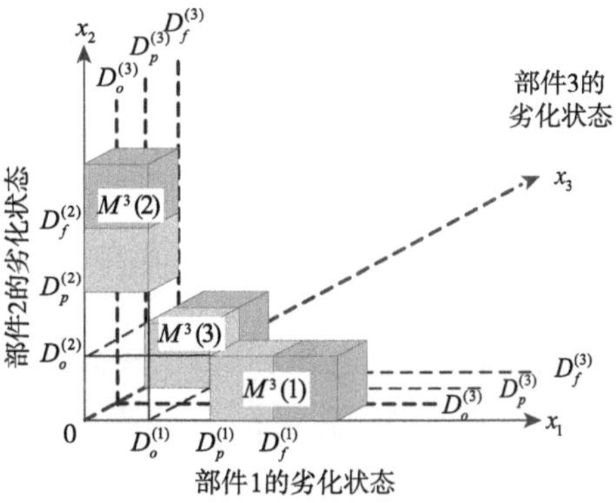

（b）有一个部件需要维修

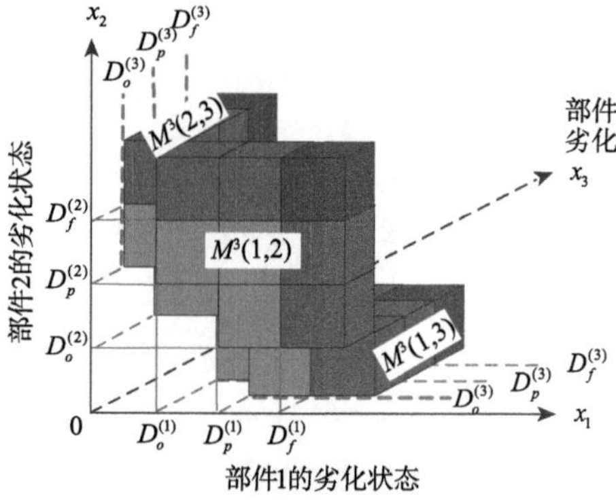

（c）有两个部件需要维修

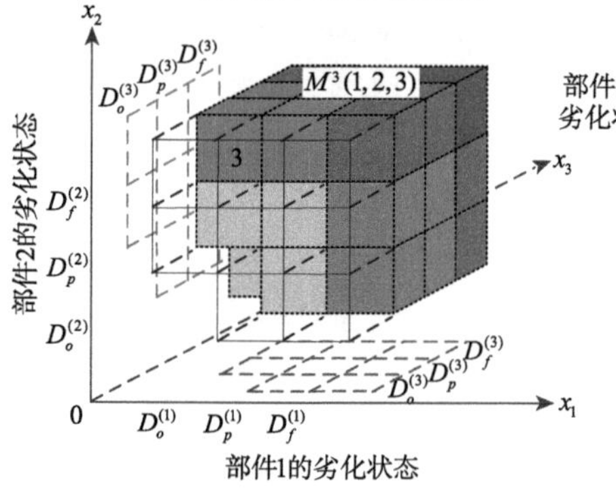

（d）有三个部件需要维修

图 2-7　不同三部件系统联合劣化状态空间划分

图2-2~图2-7所示的相同和不相同多部件系统联合劣化状态空间划分图建立了不同的维修需求组合与其状态空间区域之间的一一对应关系，为多部件系统维修决策建模中所需的维修需求模型及其概率计算模型提供了分析依据。

2.3　本章小结

本章在对基于控制限的多部件系统机会维修策略的共同特征进行抽象与分析的基础上，介绍了任意多部件系统通用的联合劣化状态空间划分建模方法，对多部件系统的联合劣化状态空间划分进行了统一的描述和建模，建立了系统联合劣化状态空间区域与之维修需求组合的划分及关系模型。

在具体的维修优化建模问题中，研究者关注的是诸如系统的可靠性、可用度或费用率等某一个或多个具体的优化目标，而要建立这些优化目标与决策变量之间的解析表达式时，真正需要考虑和计算的是由系统状态 $(x_1,\cdots,x_M)$ 确定的各种可能的维修组合和该维修组合发生的概率，而系统状态的概率密度函数又是计算维修概率的基础。后续章节将分析针对相同和不同部件组成的多部件系统分别讨论其维修需求概率的计算模型及系统联合状态的稳态概率密度计算方法。

第3章　相同多部件系统联合劣化状态空间划分建模

由多个相同设备或部件组成的系统是工业生产、军事和医疗等行业中较为常见的一类系统，如风力涡轮机组、相同型号卡车组成的运输车队、军用战舰舰队、相同信息终端组、LED（light emitting diode，发光二极管）显示屏、有源相控阵雷达系统[110]等均由多个相同或相似设备或部件组成。本书将此类由多个相同部件组成的系统简称为相同多部件系统。对应地，由多个不相同部件组成的系统简称为不相同多部件系统。

许多研究认为相同多部件系统可以看作是不相同多部件系统的一种特例，适用于不相同多部件系统的策略通常可以直接简化应用于此类系统，或者适用于单部件系统的最优策略可以直接升级到相同多部件系统[80]。然而，相同多部件系统有其特有的属性，如系统中各部件通常劣化相似且随机独立，部件维修性质相似，具有相同的维修准备工作、维修备件等，充分分析、研究并利用这些特性，可以得到更适合此类系统的最优策略。因此需对其进行独立的建模与讨论。

本章在第2章给出的联合劣化状态空间划分模型的基础上，重点讨论了相同多部件系统的维修需求组合概率的计算通式及系统联合劣化状态稳态概率密度函数的建模与计算方法，并通过数值实验验证了稳态概率密度函数的定义及其解法的正确性和有效性，分析了该方法对后续维修决策建模的有效性。

3.1　系统定义

本章以由 M 个部件组成的相同多部件系统为对象进行分析。系统中所有部件的劣化过程相同且独立。任意部件 i 的劣化过程定义同2.2节中随机过程 $X_i(t)$ 。每个部件定义相同的机会维修阈值 D_o 、预防性维修阈值 D_p 和修复性维修阈值 D_f ，一般认为$0 \leqslant D_o \leqslant D_p \leqslant D_f$，具体的维修策略同2.2节中所定义维修策略。用$C_iP_j$表示一次维修活动中，有$i$个部件需要修复性维修，$j$个部件需要预防性维修（包括机会预防性维修），剩余$M-i-j$个部件不需要维修的维修需求组合。其联合劣化状态空间划分如图2-2~图2-4所示。

3.2　维修需求组合的概率计算

用$P_{C_iP_j}^M$表示M个相同部件中维修组合需求C_iP_j发生的概率，该概率值的大小与检测到的系统状态$\boldsymbol{X}=(x_1,x_2,\cdots,x_M)$相关。用$\pi(x_1,x_2,\cdots,x_M)$表示在考虑维修干预情况下的系统状态为$(x_1,x_2,\cdots,x_M)$的概率密度函数，可以将该分组的维修概率表示为如式（3-1）所示的函数：

$$P_{C_iP_j}^M(\boldsymbol{X})(i,j \in M; 0 \leqslant i+j \leqslant M) \tag{3-1}$$

3.2.1　单部件系统维修需求概率计算

单部件系统中，系统状态向量$\boldsymbol{X}=(x_1)$。由图2-2所示的劣化状态空间划分可知，单部件系统中，没有部件需要维修时，即$i=0, j=0$时，部件状态x_1落在$[0,D_p)$区间中，其中包括有0个部件等待机会维修的区间$[0,D_o)$和有1个部件等待机会维修的区间$[D_o,D_p)$两部分。若用$\pi(\boldsymbol{X})=\varOmega(x_1)$表示在维修干预后部件状态为$x_1$的概率密度函数，则维修需求组合$C_0P_0$发生的概率可表示为

$$\begin{aligned} P_{C_0P_0}^1(\boldsymbol{X}) &= P_{U_0}^1(x_1)+P_{U_1}^1(x_1) \\ &= \int_0^{D_o}\varOmega(x_1)\mathrm{d}x_1+\int_{D_o}^{D_p}\varOmega(x_1)\mathrm{d}x_1 \\ &= \int_0^{D_p^{(1)}}\varOmega(x_1)\mathrm{d}x_1 \end{aligned} \tag{3-2}$$

其中

$$P_{U_0}^1(x_1)=\int_0^{D_o}\varOmega(x_1)\mathrm{d}x_1$$

$$P_{U_1}^1(x_1)=\int_{D_o}^{D_p}\varOmega(x_1)\mathrm{d}x_1$$

当$i=0, j=1$时，即部件需要预防性维修时，部件的劣化状态落在$[D_p,D_f)$区间内，维修需求组合C_0P_1发生的概率表示为

$$P_{C_0P_1}^1(\boldsymbol{X})=\int_{D_p}^{D_f}\varOmega(x_1)\mathrm{d}x_1 \tag{3-3}$$

当$i=1, j=0$时，部件需要修复性维修，其劣化状态落在区间$[D_f,\infty)$内，维

修需求组合 C_1P_0 发生的概率表示为

$$P_{C_1P_0}^1(\boldsymbol{X}) = \int_{D_f}^{\infty} \Omega(x_1)\mathrm{d}x_1 \tag{3-4}$$

3.2.2　两部件系统维修需求概率计算

系统中有两个部件时，系统状态向量 $\boldsymbol{X}=(x_1,x_2)$，其劣化状态空间划分如图2-3所示。由于部件相同且劣化独立，考虑维修干预情况下的系统状态劣化分布的联合概率密度函数满足 $\pi(\boldsymbol{X})=\pi(x_1,x_2)=\Omega(x_1)\Omega(x_2)$。

当 $i=0, j=0$ 时，系统中没有部件需要维修，维修需求组合 C_0P_0 覆盖的区域包括没有部件等待机会维修的 U_0 区域 $\{(x_1,x_2)\,|\,x_1\in[0,D_o),x_2\in[0,D_o)\}$，有一个部件等待机会维修的 U_1 区域 $\{(x_1,x_2)\,|\,x_1\in[0,D_o),x_2\in[D_o,D_p)\}\cup\{(x_1,x_2)\,|\,x_1\in[D_o,D_p),x_2\in[0,D_o)\}$，以及有两个部件等待机会维修的 U_2 区域 $\{(x_1,x_2)\,|\,x_1\in[D_o,D_p),x_2\in[D_o,D_p)\}$ 三部分，因此其维修概率可表示为

$$\begin{aligned}
P_{C_0P_0}^2(\boldsymbol{X}) &= P_{U_0}^2(\boldsymbol{X})+P_{U_1}^2(\boldsymbol{X})+P_{U_2}^2(\boldsymbol{X})\\
&= \int_0^{D_o}\int_0^{D_o}\Omega(x_1)\Omega(x_2)\mathrm{d}x_1\mathrm{d}x_2+\int_0^{D_o}\int_{D_o}^{D_p}\Omega(x_1)\Omega(x_2)\mathrm{d}x_1\mathrm{d}x_2\\
&\quad+\int_{D_o}^{D_p}\int_0^{D_o}\Omega(x_1)\Omega(x_2)\mathrm{d}x_1\mathrm{d}x_2+\int_{D_o}^{D_p}\int_{D_o}^{D_p}\Omega(x_1)\Omega(x_2)\mathrm{d}x_1\mathrm{d}x_2\\
&= \left[P_{U_0}^1(x_1)+P_{U_1}^1(x_1)\right]\cdot\left[P_{U_0}^1(x_2)+P_{U_1}^1(x_2)\right]\\
&= P_{C_0P_0}^1(x_1)\cdot P_{C_0P_0}^1(x_2)
\end{aligned} \tag{3-5}$$

其中

$$P_{U_0}^2(\boldsymbol{X})=\int_0^{D_o}\int_0^{D_o}\pi(\boldsymbol{X})\mathrm{d}x_1\mathrm{d}x_2=P_{U_0}^1(x_1)P_{U_0}^1(x_2)$$

$$\begin{aligned}
P_{U_1}^2(\boldsymbol{X})&=\int_0^{D_o}\int_{D_o}^{D_p}\pi(\boldsymbol{X})\mathrm{d}x_1\mathrm{d}x_2+\int_{D_o}^{D_p}\int_0^{D_o}\pi(\boldsymbol{X})\mathrm{d}x_1\mathrm{d}x_2\\
&=P_{U_1}^1(x_1)P_{U_0}^1(x_2)+P_{U_0}^1(x_1)P_{U_1}^1(x_2)
\end{aligned}$$

$$P_{U_2}^2(\boldsymbol{X})=\int_{D_o}^{D_p}\int_{D_o}^{D_p}\pi(\boldsymbol{X})\mathrm{d}x_1\mathrm{d}x_2=P_{U_1}^1(x_1)P_{U_1}^1(x_2)$$

只有1个部件需要预防性维修的维修需求组合 C_0P_1 覆盖的区域包括只预防性维修部件1的区域 $\{(x_1,x_2)\,|\,x_1\in[D_p,D_f),x_2\in[0,D_o)\}$ 和只预防性维修部件2的区域 $\{(x_1,x_2)\,|\,x_1\in[0,D_o),x_2\in[D_p,D_f)\}$，其维修概率可表示为

$$\begin{aligned}
P_{C_0P_1}^2(\boldsymbol{X})&=\int_0^{D_o}\int_{D_p}^{D_f}\pi(\boldsymbol{X})\mathrm{d}x_1\mathrm{d}x_2+\int_{D_p}^{D_f}\int_0^{D_o}\pi(\boldsymbol{X})\mathrm{d}x_1\mathrm{d}x_2\\
&=P_{C_0P_1}^1(x_1)\cdot P_{U_0}^1(x_2)+P_{U_0}^1(x_1)\cdot P_{C_0P_1}^1(x_2)
\end{aligned} \tag{3-6}$$

有2个部件需要预防性维修的维修需求组合覆盖的区域包括部件1预防性维修，部件2机会维修的区域$\{(x_1,x_2)\mid x_1\in[D_p,D_f),x_2\in[D_o,D_p)\}$、部件2预防性维修，部件1机会维修的区域$\{(x_1,x_2)\mid x_1\in[D_o,D_p),x_2\in[D_p,D_f)\}$和部件1和部件2均预防性维修的区域$\{(x_1,x_2)\mid x_1\in[D_p,D_f),x_2\in[D_p,D_f)\}$三部分，其维修概率表示为

$$\begin{aligned}P_{C_0P_2}^2(\boldsymbol{X})&=\int_{D_p}^{D_f}\int_{D_o}^{D_p}\pi(\boldsymbol{X})\mathrm{d}x_1\mathrm{d}x_2+\int_{D_o}^{D_p}\int_{D_p}^{D_f}\pi(\boldsymbol{X})\mathrm{d}x_1\mathrm{d}x_2+\int_{D_p}^{D_f}\int_{D_p}^{D_f}\pi(\boldsymbol{X})\mathrm{d}x_1\mathrm{d}x_2\\&=P_{U_1}^1(x_1)\cdot P_{C_0P_1}^1(x_2)+P_{C_0P_1}^1(x_1)\cdot P_{U_1}^1(x_2)+P_{C_0P_1}^1(x_1)\cdot P_{C_0P_1}^1(x_2)\end{aligned}\tag{3-7}$$

只有1个部件需要修复性维修的维修需求组合C_1P_0覆盖的区域包括故障后只维修部件1的区域$\{(x_1,x_2)\mid x_1\in[D_f,\infty),x_2\in[0,D_o)\}$和故障后只维修部件2的区域$\{(x_1,x_2)\mid x_1\in[0,D_o),x_2\in[D_f,\infty)\}$，维修概率为

$$\begin{aligned}P_{C_1P_0}^2(\boldsymbol{X})&=\int_0^{D_o}\int_{D_f}^{\infty}\pi(\boldsymbol{X})\mathrm{d}x_1\mathrm{d}x_2+\int_{D_f}^{\infty}\int_0^{D_o}\pi(\boldsymbol{X})\mathrm{d}x_1\mathrm{d}x_2\\&=P_{C_1P_0}^1(x_1)\cdot P_{U_0}^1(x_2)+P_{U_0}^1(x_1)\cdot P_{C_1P_0}^1(x_2)\end{aligned}\tag{3-8}$$

有2个部件需要修复性维修的维修需求组合C_2P_0覆盖的区域只有$\{(x_1,x_2)\mid x_1\in[D_f,\infty),x_2\in[D_f,\infty)\}$，维修概率为

$$P_{C_2P_0}^2(\boldsymbol{X})=\int_{D_f}^{\infty}\int_{D_f}^{\infty}\pi(\boldsymbol{X})\mathrm{d}x_1\mathrm{d}x_2=P_{C_1P_0}^1(x_1)\cdot P_{C_1P_0}^1(x_2)\tag{3-9}$$

有1个部件需要修复性维修，而另一个部件需要预防性维修的维修需求组合C_1P_1覆盖的区域有部件1修复性维修，部件2机会或预防性维修的区域$\{(x_1,x_2)\mid x_1\in[D_f,\infty),x_2\in[D_o,D_p)\cup[D_p,D_f)\}$和部件2修复性维修，部件1机会或预防性维修的区域$\{(x_1,x_2)\mid x_1\in[D_o,D_p)\cup[D_p,D_f),x_2\in[D_f,\infty)\}$，因此，维修概率为

$$\begin{aligned}P_{C_1P_1}^2(\boldsymbol{X})&=\int_{D_o}^{D_p}\int_{D_f}^{\infty}\pi(\boldsymbol{X})\mathrm{d}x_1\mathrm{d}x_2+\int_{D_p}^{D_f}\int_{D_f}^{\infty}\pi(\boldsymbol{X})\mathrm{d}x_1\mathrm{d}x_2\\&\quad+\int_{D_f}^{\infty}\int_{D_o}^{D_p}\pi(\boldsymbol{X})\mathrm{d}x_1\mathrm{d}x_2+\int_{D_f}^{\infty}\int_{D_p}^{D_f}\pi(\boldsymbol{X})\mathrm{d}x_1\mathrm{d}x_2\\&=P_{C_1P_0}^1(x_1)\cdot P_{U_1}^1(x_2)+P_{C_1P_0}^1(x_1)\cdot P_{C_0P_1}^1(x_2)\\&\quad+P_{U_1}^1(x_1)\cdot P_{C_1P_0}^1(x_2)+P_{C_0P_1}^1(x_1)\cdot P_{C_1P_0}^1(x_2)\end{aligned}\tag{3-10}$$

3.2.3　三部件系统维修需求概率计算

进一步地，可以继续从图2-4所示的劣化状态空间划分结果中推导出三部件系统各维修需求组合的维修概率。三部件系统的劣化状态向量为$\boldsymbol{X}=(x_1,x_2,x_3)$，系统中所有可能的维修需求分组的维修概率可总结为式（3-11）~式（3-20）

（1）当 $i=0, j=0$ 时，

$$P_{C_0P_0}^3(\boldsymbol{X}) = P_{U_0}^3(\boldsymbol{X}) + P_{U_1}^3(\boldsymbol{X}) + P_{U_2}^3(\boldsymbol{X}) + P_{U_3}^3(\boldsymbol{X}) = P_{C_0P_0}^2(x_1,x_2)P_{C_0P_0}^1(x_3)$$

其中

$$P_{U_0}^3(\boldsymbol{X}) = P_{U_0}^2(x_1,x_2)P_{U_0}^1(x_3) \tag{3-11}$$
$$P_{U_1}^3(\boldsymbol{X}) = P_{U_1}^2(x_1,x_2)P_{U_0}^1(x_3) + P_{U_0}^2(x_1,x_2)P_{U_1}^1(x_3)$$
$$P_{U_2}^3(\boldsymbol{X}) = P_{U_2}^2(x_1,x_2)P_{U_0}^1(x_3) + P_{U_1}^2(x_1,x_2)P_{U_1}^1(x_3)$$
$$P_{U_3}^3(\boldsymbol{X}) = P_{U_2}^2(x_1,x_2)P_{U_1}^1(x_3)$$

（2）当 $i=0, 1 \leqslant j \leqslant 3$ 时，

$$P_{C_0P_1}^3(\boldsymbol{X}) = P_{C_0P_1}^2(x_1,x_2)P_{U_0}^1(x_3) + P_{U_0}^2(x_1,x_2)P_{C_0P_1}^1(x_3) \tag{3-12}$$

$$P_{C_0P_2}^3(\boldsymbol{X}) = P_{C_0P_2}^2(x_1,x_2)P_{U_0}^1(x_3) + P_{C_0P_1}^2(x_1,x_2)P_{U_1}^1(x_3) + P_{U_1}^2(x_1,x_2)P_{C_0P_1}^1(x_3) + P_{C_0P_1}^2(x_1,x_2)P_{C_0P_1}^1(x_3) \tag{3-13}$$

$$P_{C_0P_3}^3(\boldsymbol{X}) = P_{C_0P_2}^2(x_1,x_2)P_{U_1}^1(x_3) + P_{U_2}^2(x_1,x_2)P_{C_0P_1}^1(x_3) + P_{C_0P_2}^2(x_1,x_2)P_{C_0P_1}^1(x_3) \tag{3-14}$$

（3）当 $1 \leqslant i \leqslant 3, j=0$ 时，

$$P_{C_1P_0}^3(\boldsymbol{X}) = P_{C_1P_0}^2(x_1,x_2)P_{U_0}^1(x_3) + P_{U_0}^2(x_1,x_2)P_{C_1P_0}^1(x_3) \tag{3-15}$$

$$P_{C_2P_0}^3(\boldsymbol{X}) = P_{C_2P_0}^2(x_1,x_2)P_{U_0}^1(x_3) + P_{C_1P_0}^2(x_1,x_2)P_{C_1P_0}^1(x_3) \tag{3-16}$$

$$P_{C_3P_0}^3(\boldsymbol{X}) = P_{C_2P_0}^2(x_1,x_2)P_{C_1P_0}^1(x_3) \tag{3-17}$$

（4）当 $0<i<3, 0<j \leqslant 3-i$ 时，

$$P_{C_1P_1}^3(\boldsymbol{X}) = P_{C_1P_1}^2(x_1,x_2)P_{U_0}^1(x_3) + P_{C_1P_0}^2(x_1,x_2)P_{U_1}^1(x_3) + P_{C_1P_0}^2(x_1,x_2)P_{C_0P_1}^1(x_3) + P_{U_1}^2(x_1,x_2)P_{C_1P_0}^1(x_3) + P_{C_0P_1}^2(x_1,x_2)P_{C_1P_0}^1(x_3) \tag{3-18}$$

$$P_{C_1P_2}^3(\boldsymbol{X}) = P_{C_1P_1}^2(x_1,x_2)P_{U_1}^1(x_3) + P_{C_1P_1}^2(x_1,x_2)P_{C_0P_1}^1(x_3) + P_{C_0P_2}^2(x_1,x_2)P_{C_1P_0}^1(x_3) + P_{U_2}^2(x_1,x_2)P_{C_1P_0}^1(x_3) \tag{3-19}$$

$$P_{C_2P_1}^3(\boldsymbol{X}) = P_{C_2P_0}^2(x_1,x_2)P_{U_1}^1(x_3) + P_{C_2P_0}^2(x_1,x_2)P_{C_0P_1}^1(x_3) + P_{C_1P_1}^2(x_1,x_2)P_{C_1P_0}^1(x_3) \tag{3-20}$$

3.2.4 多部件系统维修需求概率计算通式

一般地，在含有 $M(M=1,2,\cdots)$ 个相同部件的系统中，用 $P_{C_iP_j}^M(\boldsymbol{X})$ 表示维修需求分组 C_iP_j 的维修概率。

在含有$M(M\geqslant 2)$个相同部件的系统中，其M维劣化状态空间是在$M-1$个相同部件组成的系统的$M-1$维劣化状态空间的基础上继续叠加第M个部件的劣化空间，即将$M-1$维劣化状态空间分别与第M个部件的正常运行区U_0、机会等待区U_1、预防性维修区C_0P_1和修复性维修区C_1P_0进行叠加。

1. 与U_0区域叠加

与该区域的叠加不会增加维修部件的数量，原$M-1$部件系统中的维修需求分组C_iP_j转换为了M部件系统中的维修需求分组C_iP_j，原$M-1$部件系统中等待机会维修的维修需求分组U_k转换为了M部件系统中的维修需求分组U_k，因此有

$$P_{C_iP_j}^{M}(X)=I_{(0\leqslant i+j\leqslant M-1)}P_{C_iP_j}^{M-1}(x_1,x_2,\cdots,x_{M-1})P_{U_0}^{1}(x_M) \tag{3-21}$$

$$P_{U_k}^{M}(\boldsymbol{X})=I_{(0\leqslant k\leqslant M-1)}P_{U_k}^{M-1}(x_1,\cdots,x_{M-1})P_{U_0}^{1}(x_M) \tag{3-22}$$

2. 与U_1区域叠加

（1）若原$M-1$部件系统中的维修需求分组C_iP_j中至少有一个部件进行预防性维修或修复性维修，即$i+j\geqslant 1$时，与该区域叠加之后，第M个部件可以被机会预防性维修，因此$M-1$部件系统中的维修需求分组C_iP_j转换为M部件系统中的维修需求分组C_iP_{j+1}，因此有

$$P_{C_iP_{j+1}}^{M}(X)=I_{(1\leqslant i+j\leqslant M-1)}P_{C_iP_j}^{M-1}(x_1,x_2,\cdots,x_{M-1})P_{U_1}^{1}(x_M) \tag{3-23}$$

（2）否则，若原$M-1$部件系统中的维修需求分组C_iP_j中没有部件进行维修，即$i+j=0$时，与U_1区域的叠加只会增加等待机会维修的部件数量，即将$M-1$部件系统中的维修等待需求U_k转换为M部件系统中的维修等待需求U_{k+1}。

$$P_{U_{k+1}}^{M}(\boldsymbol{X})=I_{(0\leqslant k\leqslant M-1)}P_{U_k}^{M-1}(x_1,\cdots,x_{M-1})P_{U_1}^{1}(x_M) \tag{3-24}$$

3. 与C_0P_1区域叠加

（1）当$i+j\geqslant 1$时，与该区域的叠加也会使得需要预防性维修的部件数量加1，原$M-1$部件系统中的维修需求分组C_iP_j转换为M部件系统中的维修需求分组C_iP_{j+1}，所以有

$$P_{C_iP_{j+1}}^{M}(\boldsymbol{X})=I_{(1\leqslant i+j\leqslant M-1)}P_{C_iP_j}^{M-1}(x_1,x_2,\cdots,x_{M-1})P_{C_0P_1}^{1}(x_M) \tag{3-25}$$

（2）若$i+j=0$，即原$M-1$部件系统中没有部件需要维修，但第M个部件的预防性维修为原来等待机会维修的部件提供了维修机会，因此，可以将原$M-1$部件系统中的维修等待需求U_k转换为M部件系统中的维修需求分组C_0P_{k+1}，所以

$$P_{C_0P_{k+1}}^{M}(\boldsymbol{X})=I_{(0\leqslant k\leqslant M-1)}P_{U_k}^{M-1}(x_1,x_2,\cdots,x_{M-1})P_{C_0P_1}^{1}(x_M) \tag{3-26}$$

4. 与 C_1P_0 区域叠加

（1）当 $i+j \geqslant 1$ 时，与该区域的叠加会使需要修复性维修的部件数量加1，原 $M-1$ 部件系统中的维修需求分组 C_iP_j 转换为 M 部件系统中的维修需求分组 $C_{i+1}P_j$，因此：

$$P_{C_{i+1}P_j}^{M}(\boldsymbol{X}) = I_{(1\leqslant i+j\leqslant M-1)}P_{C_iP_j}^{M-1}(x_1,x_2,\cdots,x_{M-1})P_{C_1P_0}^{1}(x_M) \tag{3-27}$$

（2）当 $i+j=0$ 时，第 M 个部件修复性维修同样为原来 $M-1$ 部件系统中等待机会维修的部件提供了维修机会，可以将原 $M-1$ 部件系统中的维修等待需求 U_k 转换为 M 部件系统中的维修需求分组 C_1P_k，所以：

$$P_{C_1P_k}^{M}(\boldsymbol{X}) = I_{(0\leqslant k\leqslant M-1)}P_{U_k}^{M-1}(x_1,x_2,\cdots,x_{M-1})P_{C_1P_0}^{1}(x_M) \tag{3-28}$$

总结以上四种情况，可将 M 个相同部件系统中维修需求分组 C_iP_j 的维修概率 $P_{C_iP_j}^{M}(\boldsymbol{X})$ 总结为式（3-29）~式（3-32）所示的递归表达式。

（1）当 $i=0, j=0$ 时，

$$\begin{aligned} P_{C_0P_0}^{M}(\boldsymbol{X}) &= P_{U_0}^{M}(\boldsymbol{X}) + P_{U_1}^{M}(\boldsymbol{X}) + \cdots + P_{U_{M-1}}^{M}(\boldsymbol{X}) + P_{U_M}^{M}(\boldsymbol{X}) \\ &= P_{C_0P_0}^{M-1}(x_1,\cdots,x_{M-1})P_{C_0P_0}^{1}(x_M) \end{aligned}$$

其中

$$\begin{aligned} P_{U_0}^{M}(\boldsymbol{X}) &= P_{U_0}^{M-1}(x_1,\cdots,x_{M-1})P_{U_0}^{1}(x_M) \\ P_{U_i}^{M}(\boldsymbol{X}) &= P_{U_i}^{M-1}(x_1,\cdots,x_{M-1})P_{U_0}^{1}(x_M) \\ &\quad + P_{U_{i-1}}^{M-1}(x_1,\cdots,x_{M-1})P_{U_1}^{1}(x_M)(0<i<M) \\ P_{U_M}^{M}(\boldsymbol{X}) &= P_{U_{M-1}}^{M-1}(x_1,\cdots,x_{M-1})P_{U_1}^{1}(x_M) \end{aligned} \tag{3-29}$$

（2）当 $i=0, 1\leqslant j\leqslant M$ 时，

$$\begin{aligned} P_{C_0P_j}^{M}(\boldsymbol{X}) &= I_{(1\leqslant j<M)}P_{C_0P_j}^{M-1}(x_1,\cdots,x_{M-1})P_{U_0}^{1}(x_M) \\ &\quad + I_{(1<j\leqslant M)}\left[P_{C_0P_{j-1}}^{M-1}(x_1,\cdots,x_{M-1})P_{U_1}^{1}(x_M) + P_{C_0P_{j-1}}^{M-1}(x_1,\cdots,x_{M-1})P_{C_0P_1}^{1}(x_M)\right] \\ &\quad + P_{U_{j-1}}^{M-1}(x_1,\cdots,x_{M-1})P_{C_0P_1}^{1}(x_M) \end{aligned} \tag{3-30}$$

其中，$I_A(x)$ 为指示函数，定义为 $I_A(x) = \begin{cases} 1 & x\in A \\ 0 & x\notin A \end{cases}$。

（3）当 $1\leqslant i\leqslant M, j=0$ 时，

$$\begin{aligned} P_{C_iP_0}^{M}(\boldsymbol{X}) &= I_{(i<M)}P_{C_iP_0}^{M-1}(x_1,\cdots,x_{M-1})P_{U_0}^{1}(x_M) + P_{C_{i-1}P_0}^{M-1}(x_1,\cdots,x_{M-1})P_{C_1P_0}^{1}(x_M) \\ &\quad + I_{(i=1)}P_{U_0}^{M-1}(x_1,\cdots,x_{M-1})P_{C_1P_0}^{1}(x_M) \end{aligned} \tag{3-31}$$

（4）当 $0<i<M, 0<j\leqslant M-i$ 时，

$$
\begin{aligned}
P_{C_iP_j}^{M}(\boldsymbol{X}) = & I_{(i+j<M)}P_{C_iP_j}^{M-1}(x_1,\cdots,x_{M-1})P_{U_0}^{1}(x_M)+P_{C_iP_{j-1}}^{M-1}(x_1,\cdots,x_{M-1})P_{U_1}^{1}(x_M) \\
& +P_{C_iP_{j-1}}^{M-1}(x_1,\cdots,x_{M-1})P_{C_0P_1}^{1}(x_M)+P_{C_{i-1}P_j}^{M-1}(x_1,\cdots,x_{M-1})P_{C_1P_0}^{1}(x_M) \\
& +I_{(i=1)}P_{U_0}^{M-1}(x_1,\cdots,x_{M-1})P_{C_1P_0}^{1}(x_M)
\end{aligned}
\tag{3-32}
$$

多部件系统的联合劣化状态空间划分模型确定了维修需求组合的劣化区域，而考虑维修干预情况下的系统状态为 $(x_1,x_2,\cdots,x_M)$ 的概率密度函数 $\pi(x_1,x_2,\cdots,x_M)$ 则是以上维修需求概率计算的关键。

3.3　联合劣化状态稳态概率密度函数

3.3.1　稳态概率密度函数的定义

由2.2节中对部件劣化特性的假设可知，在没有任何维修活动干预时，任意部件 i 的劣化过程为一个连续非减的随机过程 $X_i(t)$ 。用 $(X_i^{(k)})_{k\in N}$ 表示部件 i 在任意无穷多个离散时刻 $t_k=k\Delta t(k\in N)$ 检测到的劣化量的随机过程，将其简化表示为 $\{X_k\}_{k\in N}$ 。而在干预一定的维修活动之后，仍然可以用一个连续的随机过程 $\{\tilde{X}_k\}_{k\in N}$ 来描述部件劣化状态的演化过程。

假设所有的维修和更换效果均是完美的，即任意部件维修或更换后均恢复到初始状态，因此不难分析出，该演化过程具有再生特性，即在完成一次完全的系统部件更换之后，系统后续的劣化过程不再依赖于维修之前的历史状态，此类完全更换的时间点称为系统的更新点。

在单部件系统维修建模中经常利用该更新特性，采用更新理论进行建模。但是要准确描述多部件系统的一个更新周期是很困难的，特别是在机会维修策略中，每个维修决策时刻仅仅是部分满足条件的部件同时更换，而不是所有部件同时更换，致使系统中的部件状态不一定每次都同时恢复为初始状态。

设有多个顺序的离散维修决策点 $\{S_0,S_1,\cdots,S_{r-1},S_r,\cdots\}$ ，其中 S_0 点处系统处于全新状态，其余任意时刻 $S_r(r=1,2,\cdots)$ ，根据当时的系统状态 $(x_1^{S_r},x_2^{S_r},\cdots,x_M^{S_r})$ 安排需要的维修活动。由于维修后的系统劣化与维修前的系统状态不相关，我们可以将任意维修决策点 $S_r(r=1,2,\cdots)$ 视为系统劣化状态的半更新点[82]，两个连续维修决策点 $S_{r-1},S_r(r=1,2,\cdots)$ 之间的运行时间视为一个半更新周期，分析两个连续的维修决策点之间的系统劣化特征近似代替系统的半更新循环过程。

用离散的随机过程 $\{Y_r\}_{r\in N}=\{\tilde{X}_{S_r}\}_{r\in N}$ 表示每一个维修决策点维修前的部件状态随机特征，对于任意的 $r>0$ ，维修决策点维修前的系统状态可用随机过程 $Y_r=(\tilde{X}_{S_r}^{(1)},\cdots,\tilde{X}_{S_r}^{(M)})$ 来表征，其中 $\tilde{X}_{S_r}^{(i)},i=1,2,\cdots,M$ 表示维修决策点维修前第 i 个部

件的系统状态随机特征。$\{Y_r\}_{r\in N}$ 是半更新过程 $\{\tilde{X}_k\}_{k\in N}$ 的一个嵌入式马尔可夫链，可用该过程的稳态转移特性近似代替系统状态劣化过程 $\{\tilde{X}_k\}_{k\in N}$ 的稳态概率密度函数。

又因为各部件的劣化相同且独立，因此有 $\pi(x_1,\cdots,x_n)=\Omega(x_1)\Omega(x_2)\cdots\Omega(x_M)$，只需求出任意部件 i 的稳态概率密度 $\Omega(x_i)$ 即可表示系统的联合稳态概率密度函数 $\pi(x_1,\cdots,x_M)$。设系统的一个半更新周期长度为 t（t 由具体的维修策略确定，可以是一个检查周期，或是一个单位时间等）。用 $\boldsymbol{Y}=(y_1,y_2,\cdots,y_M)$ 和 $\tilde{\boldsymbol{Y}}=(\tilde{y}_1,\tilde{y}_2,\cdots,\tilde{y}_M)$ 分别表示一个半更新周期 t 开始时刻维修前和维修后的系统状态向量，$\boldsymbol{X}=(x_1,x_2,\cdots,x_M)$ 表示检测到的系统状态。

不同维修决策进行建模是在已知部件劣化分布的条件下进行的，因此需假设或拟合一种部件的劣化分布，如基于时间的维修决策建模中的故障时间分布、故障率分布等和视情维修决策建模中的劣化路径、状态分布和状态增量分布等。本书后续的章节中均以基于状态控制限的视情维修为基础策略分析多部件系统的最优机会维修问题，因此，本章对部件稳态概率密度函数的推导是在假设各部件劣化状态增量分布已知的条件下给出的。

设部件 i 单位时间内的劣化增量 $\Delta x^{(i)}$ 是非负稳定独立且服从概率密度函数为 $f(x)(i=1,2,\cdots,M)$ 的随机变量，则 t 个单位时间内部件 i 的累积劣化增量的概率密度函数为 $f(x)$ 的 t 次卷积 $f^{(t)}(x)(i=1,2,\cdots,M)$。遍历部件 i 的整个状态空间，分析其一个半更新周期内的劣化状态转移的全概率特性，即可推导出该劣化过程的稳态概率密度函数 $\Omega(x_i)$。

单部件系统中，$\boldsymbol{Y}=y_i$，$\tilde{\boldsymbol{Y}}=\tilde{y}_i$，$\boldsymbol{X}=x_i$。由于没有提供维修机会的其余部件，可以不考虑机会维修对稳态概率密度函数 $\Omega(x_1)$ 的影响。劣化状态的转移即表现为维修需求分组的变更。如图3-1所示，在一个半更新周期开始时部件 i 所有可能的维修情况有维修和未维修两种。

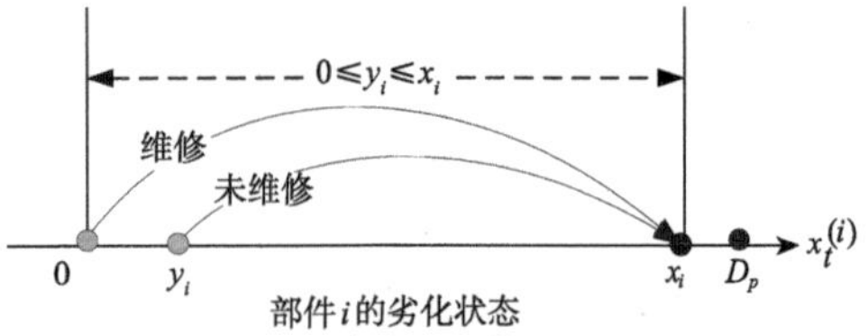

（a）$x_i<D_p$

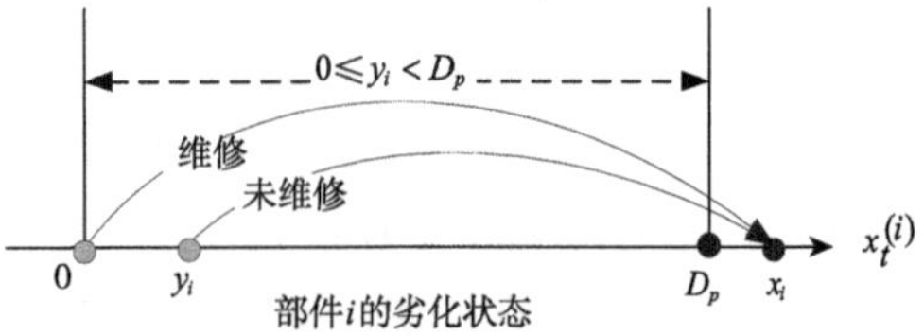

（b）$x_i\geqslant D_p$

图 3-1　部件 i 一个半更新周期内的劣化状态转换图

（1）若部件i被维修过，则其被维修过的概率由维修前的状态y_i确定，表示为$1-P^1_{P_0C_0}(y_i)=1-\int_0^{D_p}\Omega(y_i)\mathrm{d}y_i$，维修之后有$\tilde{y}_i=0$，$t$个单位时间后部件$i$的劣化状态为$x_i$的概率为$f^{(t)}(x_i)$。

（2）若部件i没有被维修，则有$\tilde{y}_i=y_i$成立：①当$x_i<D_p$时，由于其劣化过程是非减的，有$0\leqslant y_i=\tilde{y}_i\leqslant x_i$成立，在半更新周期开始时部件$i$不被维修的概率为$\int_0^{x_i}\Omega(y_i)\mathrm{d}y_i$；②当$x_i\geqslant D_p$时，由于上一次检测没有维修，有$0\leqslant y_i<D_p^{(i)}$成立，在半更新周期开始时部件$i$不被维修的概率为$\int_0^{D_p}\Omega(y_i)\mathrm{d}y_i$。

总之，部件i在半更新周期开始时没有被维修的概率可表示为$\int_0^{\min(x_i,D_p)}\Omega(y_i)\mathrm{d}y_i$，$t$个单位时间后，部件$i$的劣化状态为$x_i$的概率为$f^{(t)}(x_i-y_i)$。综合考虑以上所有情况，$\Omega(x_i)$可表示为

$$\Omega(x_i)=\left[1-\int_0^{D_p}\Omega(y_i)\mathrm{d}y_i\right]f^{(t)}(x_i)+\int_0^{\min(x_i,D_p)}\Omega(y_i)f^{(t)}(x_i-y_i)\mathrm{d}y_i \quad (3\text{-}33)$$

在多部件系统中，部件的维修需求除了受到自身的劣化状态影响外，也取决于其余部件是否能够为其提供维修机会，即与其余部件的劣化状态也相关。因而，需要分析一个半更新周期内系统整体的状态转移情况来计算部件的稳态概率密度函数。对于任意部件i，任意半更新周期开始时刻同样有维修和未维修两种可能的情况。

（1）部件i被维修，分是否有维修机会两种情况：①若其余$M-1$个部件没有提供维修机会，则部件i的劣化状态落入区间$[D_p,\infty)$时被维修；②若其余$M-1$个部件为其提供了维修机会，则部件i的劣化状态落入区间$[D_o,\infty)$时被维修。

维修之后，接下来的半更新周期t内部件i的状态由$\tilde{y}_i=y_i$劣化到x_i的概率为$f^{(t)}(x_i)$。

（2）部件i不被维修，也分为是否有维修机会两种情况：①若其余$M-1$个部件没有提供维修机会，则部件i的劣化状态落入区间$[0,D_p)$时不被维修；②若其余$M-1$个部件为其提供了维修机会，则部件i的劣化状态落入区间$[0,D_o)$时不被维修。

接下来的半更新周期t内部件i的状态由$\tilde{y}_i$劣化到x_i的概率为$f^{(t)}(x_i-y_i)$。

考虑到各部件随机独立，则其余$M-1$个部件均不被维修的概率$P^{M-1}_{\mathrm{no_main}}$可表示为

$$P_{\text{no\_main}}^{M-1} = \int_0^{D_p} \Omega(y_1)\mathrm{d}y_1 \cdots \int_0^{D_p} \Omega(y_{i-1})\mathrm{d}y_{i-1} \int_0^{D_p} \Omega(y_{i+1})\mathrm{d}y_{i+1} \cdots \int_0^{D_p} \Omega(y_M)\mathrm{d}y_M = \left[\int_0^{D_p} \Omega(y)\mathrm{d}y\right]^{M-1} \tag{3-34}$$

其余 $M-1$ 个部件均至少有一个被维修的概率为 $1-P_{\text{no\_main}}^{M-1}$。综合以上所有可能的情况，部件 i 的稳态概率密度函数 $\Omega(x_i)$ 可表示为

$$\begin{aligned}
\Omega(x_i) &= P_{\text{no_main}}^{M-1} \int_{D_p}^{\infty} \Omega(y_i) f^{(t)}(x_i)\mathrm{d}y_i + \left[1-P_{\text{no_main}}^{M-1}\right] \int_{D_o}^{\infty} \Omega(y_i) f^{(t)}(x_i)\mathrm{d}y_i \\
&\quad + P_{\text{no_main}}^{M-1} \int_0^{\min(x_i,D_p)} \Omega(y_i) f^{(t)}(x_i-y_i)\mathrm{d}y_i \\
&\quad + \left[1-P_{\text{no_main}}^{M-1}\right] \int_0^{\min(x_i,D_o)} \Omega(y_i) f^{(t)}(x_i-y_i)\mathrm{d}y_i \\
&= P_{\text{no_main}}^{M-1} \left[\int_{D_p}^{\infty} \Omega(y_i) f^{(t)}(x_i)\mathrm{d}y_i - \int_{D_o}^{\infty} \Omega(y_i) f^{(t)}(x_i)\mathrm{d}y_i \right.\\
&\quad \left. + \int_0^{\min(x_i,D_p)} \Omega(y_i) f^{(t)}(x_i-y_i)\mathrm{d}y_i - \int_0^{\min(x_i,D_o)} \Omega(y_i) f^{(t)}(x_i-y_i)\mathrm{d}y_i \right] \\
&\quad + \int_{D_o}^{\infty} \Omega(y_i) f^{(t)}(x_i)\mathrm{d}y_i + \int_0^{\min(x_i,D_o)} \Omega(y_i) f^{(t)}(x_i-y_i)\mathrm{d}y_i
\end{aligned} \tag{3-35}$$

将式（3-34）代入式（3-35），可得

$$\begin{aligned}
\Omega(x_i) &= \left[\int_0^{D_p} \Omega(y)\mathrm{d}y\right]^{M-1} \left[\int_{D_o}^{D_p} \Omega(y_i) f^{(t)}(x_i)\mathrm{d}y_i \right.\\
&\quad \left. + \int_0^{\min(x_i,D_p)} \Omega(y_i) f^{(t)}(x_i-y_i)\mathrm{d}y_i - \int_0^{\min(x_i,D_o)} \Omega(y_i) f^{(t)}(x_i-y_i)\mathrm{d}y_i \right] \\
&\quad + f^{(t)}(x_i)\left[1-\int_0^{D_o} \Omega(y_i)\mathrm{d}y_i\right] + \int_0^{\min(x_i,D_o)} \Omega(y_i) f^{(t)}(x_i-y_i)\mathrm{d}y_i
\end{aligned} \tag{3-36}$$

当 $M=1$ 时，有

$$\Omega(x_i) = f^{(t)}(x_i)\left[1-\int_0^{D_p} \Omega(y_i)\mathrm{d}y_i\right] + \int_0^{\min(x_i,D_p)} \Omega(y_i) f^{(t)}(x_i-y_i)\mathrm{d}y_i \tag{3-37}$$

这与式（3-33）的推导结果是一致的。

3.3.2　稳态概率密度函数的数值解法

对于单部件系统，为简化表示，令 $g(x)=f^{(t)}(x)$，对式（3-33）作变量代换可得

$$\Omega(x) = g(x) - g(x)\int_0^{D_p} \Omega(y)\mathrm{d}y + \int_0^{\min(x,D_p)} \Omega(y) g(x-y)\mathrm{d}y \tag{3-38}$$

当 $\min(x,D_p)=D_p$ 时，式（3-38）可化简为

$$\Omega(x) = \int_0^{D_p} \Omega(y)\left[g(x-y)-g(x)\right]\mathrm{d}y + g(x) \tag{3-39}$$

式（3-39）满足第二类Fredholm积分形式[130]。

当 $\min(x, D_p) = x$ 时，式（3-38）可化简为

$$\Omega(x) = \int_0^x \Omega(y) g(x-y) \mathrm{d}y + \left[1 - \int_0^{D_p} \Omega(y) \mathrm{d}y\right] g(x) \tag{3-40}$$

式（3-40）中的 $\int_0^{D_p} \Omega(y) \mathrm{d}y$ 是一个常量，因此该式满足第二类Volterra积分形式[130]。所以，式（3-38）是第二类Fredholm积分形式和第二类Volterra积分形式的综合。参考Fredholm和Volterra积分公式的求解方法，将式（3-41）的正交近似数值求解规则应用于式（3-38），可得式（3-42）。

$$\int_a^b y(s) \mathrm{d}s = \sum_{j=1}^{N} \omega_j y(s_j) \tag{3-41}$$

$$\Omega(x) = g(x) - g(x) h \sum_{j=1}^{q} \Omega(jh) + h \sum_{j=1}^{\min(p,q)} \Omega(jh) g(x - jh) \tag{3-42}$$

其中

$$p = x / h, \ \ q = D_p / h$$

每一个正交点的近似方程可表示为

$$\Omega(ph) = g(ph) - h \cdot \sum_{j=1}^{q} \Omega(jh) g(ph) + h \cdot \sum_{j=1}^{\min(p,q)} \Omega(jh) g(ph - jh) \tag{3-43}$$

若在数值计算时采用 $D_{\max}$ 对积分公式中的 ∞ 进行截尾，令 $i_{\max} = \lfloor D_{\max} / h \rfloor$，设要求解的向量为 $\Omega = (\Omega(h), \Omega(2h), \cdots, \Omega(i_{\max} h))'$，令 $\boldsymbol{g} = (g(h), g(2h), \cdots, g(i_{\max} h))'$，$\Omega_p$ 表示向量元素 $\Omega(ph)$，g_p 表示向量元素 $g(ph)$，矩阵 $\boldsymbol{K}_1 = \{K_{pj}^1\}_{i_{\max} \times i_{\max}}$ 和 $\boldsymbol{K}_2 = \{K_{pj}^2\}_{i_{\max} \times i_{\max}}$，其中：

$$K_{pj}^1 = \begin{cases} hg(ph) & p = 1, \cdots, i_{\max}; j = 1, \cdots, q \\ 0 & \text{否则} \end{cases} \tag{3-44}$$

$$K_{pj}^2 = \begin{cases} hg(ph - jh) & p = 1, \cdots, i_{\max}; j = 1, \cdots, \min(p, q) \\ 0 & \text{否则} \end{cases} \tag{3-45}$$

则式（3-43）的矩阵表示形式为

$$(\boldsymbol{I} + \boldsymbol{K}_1 - \boldsymbol{K}_2) \boldsymbol{\Omega} = \boldsymbol{g} \tag{3-46}$$

求解该线性方程组即可得 $\Omega(x)$ 的数值近似解。

对于任意多部件系统，式（3-36）所示的 $\Omega(x_i)$ 的表达式是一个非线性方程，同样很难求得其解析解。我们仍采用近似求积法则将其数值化，获得其近似数值解。将式（3-41）所示的近似求积法则应用于式（3-36），可得

$$\begin{aligned}\Omega(x) &= g(x) - g(x)h\sum_{j=1}^{i_o}\Omega(jh) + h\sum_{j=1}^{\min(i.i_o)}\Omega(jh)g(x-jh) + \\ &\left[h\sum_{j=1}^{i_p}\Omega(jh)\right]^{M-1}\left[g(x)h\sum_{j=i_o}^{i_p}\Omega(jh) + h\sum_{j=1}^{\min(i.i_p)}\Omega(jh)g(x-jh) - \right. \\ &\left. h\sum_{j=1}^{\min(i.i_o)}\Omega(jh)g(x-jh)\right]\end{aligned} \tag{3-47}$$

其中

$$i = |x/h|, i_o = |D_o/h|, i_p = |D_p/h|$$

将式（3-47）在每一个积分点展开：

$$\begin{aligned}\Omega(ih) &= g(ih) - g(ih)h\sum_{j=1}^{i_o}\Omega(jh) + h\sum_{j=1}^{\min(i.i_o)}\Omega(jh)g(ih-jh) + \\ &\left[h\sum_{j=1}^{i_p}\Omega(jh)\right]^{M-1}\left[g(ih)h\sum_{j=i_o}^{i_p}\Omega(jh) + h\sum_{j=1}^{\min(i.i_p)}\Omega(jh)g(ih-jh) - \right. \\ &\left. h\sum_{j=1}^{\min(i.i_o)}\Omega(jh)g(ih-jh)\right]\end{aligned} \tag{3-48}$$

其中

$$i = |x/h|, i_o = |D_o/h|, i_p = |D_p/h|$$

令 $\Omega = (\Omega(h), \Omega(2h), \cdots, \Omega(i_{\max}h))'$ 为方程的解向量 g_i 表示 $g(ih)$， A_{ij}^k $(k = 1, 2, \cdots, 6)$ 表示矩阵 $\boldsymbol{A}_{i_{\max}\times i_{\max}}^k$ 的分量，其中：

$$A_{ij}^1 = \begin{cases} hg(ih) & i = 1, \cdots, i_{\max}; j = 1, \cdots, i_o \\ 0 & \text{否则} \end{cases} \tag{3-49}$$

$$A_{ij}^2 = \begin{cases} -hg(ih-jh) & i = 1, \cdots, i_{\max}; j = 1, \cdots, \min(i, i_o) \\ 0 & \text{否则} \end{cases} \tag{3-50}$$

$$A_{ij}^3 = \begin{cases} h & i = 1, \cdots, i_{\max}; j = 1, \cdots, i_p \\ 0 & \text{否则} \end{cases} \tag{3-51}$$

$$A_{ij}^4 = \begin{cases} -hg(ih) & i = 1, \cdots, i_{\max}; j = i_o, \cdots, i_p \\ 0 & \text{否则} \end{cases} \tag{3-52}$$

$$A_{ij}^5 = \begin{cases} -hg(ih-jh) & i = 1, \cdots, i_{\max}; j = 1, \cdots, \min(i, i_p) \\ 0 & \text{否则} \end{cases} \tag{3-53}$$

$$A_{ij}^6 = \begin{cases} hg(ih-jh) & i = 1, \cdots, i_{\max}; j = 1, \cdots, \min(i, i_o) \\ 0 & \text{否则} \end{cases} \tag{3-54}$$

则式（3-48）的矩阵形式为

$$I\Omega + A_1\Omega + A_2\Omega + [A_3\Omega]^{M-1}[A_4\Omega + A_5\Omega + A_6\Omega] = G \tag{3-55}$$

令 $K_1 = I + A_1 + A_2$，$K_2 = A_4 + A_5 + A_6$，则式（3-55）可改写为

$$K_1\Omega + [A_3\Omega]^{M-1}K_2\Omega = G \tag{3-56}$$

当 $M=1$ 时，有 $K_1\Omega + K_2\Omega = G$，该方程为 $i_{\max}$ 维的线性代数方程组，可用标准数值解法求解。当 $M \geqslant 2$ 时，该方程为 $i_{\max}$ 维的非线性代数方程组，可用迭代法求解。

M 个相同部件组成的系统的联合劣化稳态概率密度可采用式 $\pi(x_1,\cdots,x_M) = \Omega(x_1)\Omega(x_2)\cdots\Omega(x_M) = \prod_{i=1}^{M}\Omega(x_i)$ 计算求得。

3.4 数值实验分析

为了验证上述理论方法的正确性，以Matlab为工具计算稳态概率密度函数的数值近似解。

3.4.1 稳态概率密度函数的数值求解

用于表征非减连续劣化过程的随机过程通常有Gamma过程[112,119]、指数过程[24,82]等，且Gamma分布和指数分布存在显式的概率密度函数，容易进行数学推导，因此，本章在假设部件 i 单位时间内的劣化增量 $\Delta x^{(i)}$ 服从指数分布和Gamma分布的条件下分别进行了数值实验。首先，设 $\Delta x^{(i)}$ 服从参数为 λ_i，概率密度函数为式（3-57）的指数分布 $\exp(\lambda_i)$，

$$f_i(z) = \begin{cases} \lambda_i e^{-\lambda_i z}, & z > 0 \\ 0, & z \leqslant 0 \end{cases} \tag{3-57}$$

则 t 个单位时间内的劣化增量 $\Delta x_t^{(i)}$ 的分布遵循厄尔兰法则，服从Gamma分布 $\Gamma(1,1/\lambda_i)$：

$$f_i^{(t)}(z) = \frac{\lambda_i e^{-\lambda_i z}(\lambda_i z)^{t-1}}{(t-1)!},\ z > 0 \tag{3-58}$$

单部件系统中，设 $t=3$，$D_p^{(i)} = 0.8$，$D_f^{(i)} = 1.2$，并采用 $10D_f^{(i)}$ 对 ∞ 进行截尾，将 $\left[0,10D_f^{(i)}\right]$ 分3000等份，即 $h = 0.004$，进行数值积分，求解式（3-46）所示的线性方程组可解得稳态概率密度函数 $\Omega(x_i)$ 的近似数值解。图3-2（a）显示了不同劣化参数 λ_i 对应的 $\Omega(x_i)$ 的近似解。

接下来，设部件 i 单位时间内的劣化增量 $\Delta x^{(i)}$ 服从概率密度函数为式（3-59）的 $\Gamma(\alpha_i,\beta_i)$ 分布，则 t 个单位时间内的累积增量服从 $\Gamma(t\alpha_i,\beta_i)$ 分布。

$$f_i\left(x \mid \alpha_i,\beta_i\right)=\frac{\beta_i^{\alpha_i}}{\Gamma(\alpha_i)}x^{\alpha_i-1}\mathrm{e}^{-\beta_i x},\ x \geqslant 0,\ \Gamma(\alpha_i)=\int_0^{\infty}x^{\alpha_i-1}\mathrm{e}^{-x}\mathrm{d}x,\ \alpha_i>0 \tag{3-59}$$

令$t=5$，$D_p^{(i)}=12$，$D_f^{(i)}=20$，用$5D_f^{(i)}$对积分上限∞截尾处理，进行数值积分并求解线性方程组可解得稳态概率密度函数$\Omega(x_i)$的近似数值解，图3-2（b）和图3-2（c）分别显示了$\beta_i=2$时对应不同α_i和$\alpha_i=1.4$时对应不同β_i的$\Omega(x_i)$的数值解。

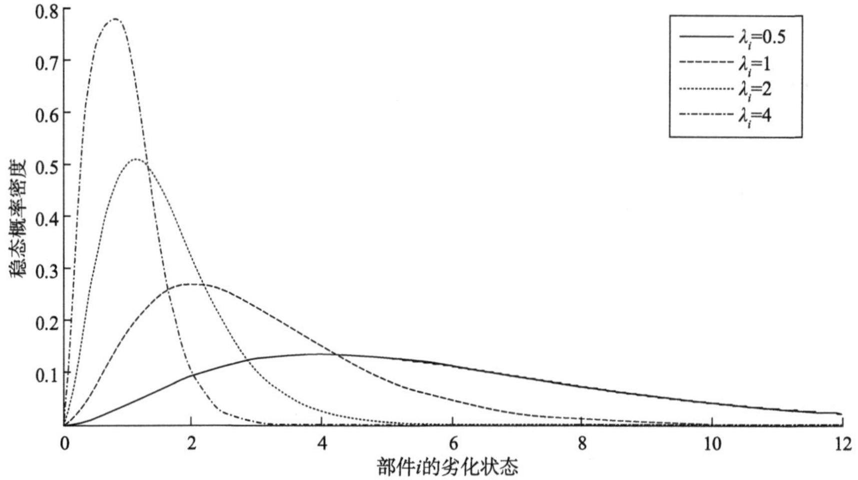

（a）$\Delta x^{(i)}$服从指数分布$\exp(\lambda_i)$

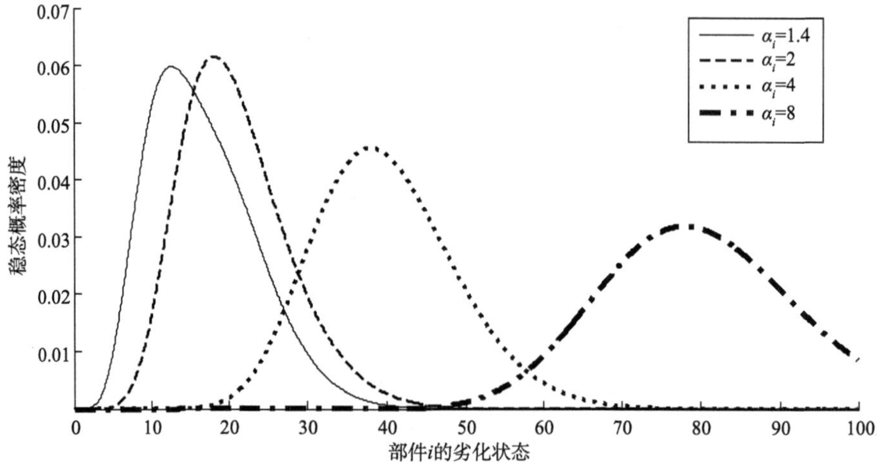

（b）$\Delta x^{(i)}$服从Gamma分布$\Gamma(\alpha_i,\beta_i)$且$\beta_i=2$

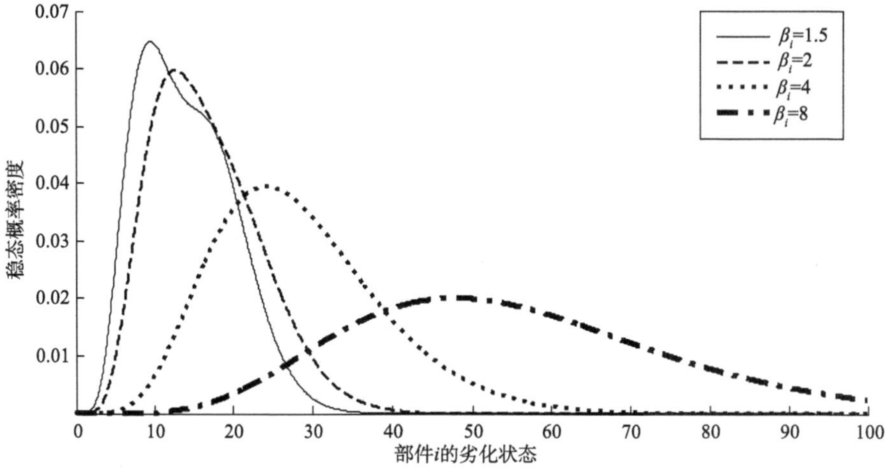

（c）$\Delta x^{(i)}$ 服从Gamma分布 $\Gamma(\alpha_i,\beta_i)$ 且 $\alpha_i=1.4$

图 3-2 部件 i 的稳态概率密度函数的数值近似解

多部件系统中，设任意部件的劣化增量服从形状参数 $\alpha=0.04$，尺度参数 $\beta=1.3$ 的Gamma分布，部件的稳态概率密度函数的近似解如图3-3所示。图3-3中，当 $M\geqslant 3$ 时，稳态概率密度函数的结果几乎完全重叠。这是由于 $\int_0^{D_p}\Omega(y)\mathrm{d}y$ 是一个小于1的概率值，该值的高次幂 $\left[\int_0^{D_p}\Omega(y)\mathrm{d}y\right]^{M-1}[\cdots]$ 随着 M 的增大会变得特别小，当 M 增大到一定程度时，该值表现为一个高阶无穷小，则式（3-36）近似等价于 $\Omega(x_i)=f^{(t)}(x_i)\left[1-\int_0^{D_o}\Omega(y_i)\mathrm{d}y_i\right]+\int_0^{\min(x_i,D_o)}\Omega(y_i)f^{(t)}(x_i-y_i)\mathrm{d}y_i$，这时稳态概率密度函数的解不再受 M 的影响。

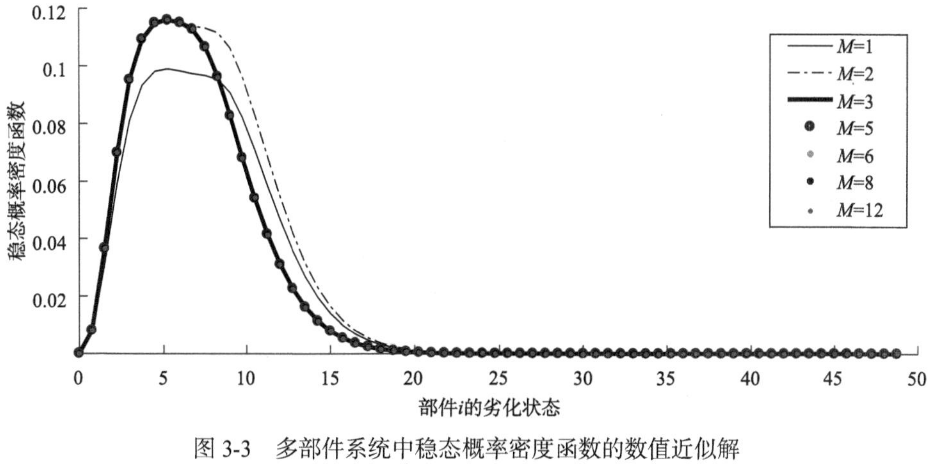

图 3-3 多部件系统中稳态概率密度函数的数值近似解

3.4.2　稳态概率密度函数数值解的正确性分析

作为劣化状态的稳态概率密度函数，$\Omega(x_i)$ 应具有概率密度函数的一般特性，即在整个状态空间内的积分为1。以单部件系统为例，令 $r_1 = \int_0^\infty \Omega(x)\mathrm{d}x$，表3-1显示了不同劣化参数对应的 r_1 的计算结果。不难发现，对应不同分布或不同参数下所有 r_1 的取值均接近1。由此可见，单个部件的稳态概率密度函数的定义及其数值解是正确的。

表3-1　不同劣化过程对应 $\Omega(x_i)$ 在整个状态区间内的积分 r_1

分布	劣化参数	r_1
指数分布	$\lambda_1 = 0.5$	0.937 698 127 364 440
	$\lambda_1 = 1$	0.999 458 689 517 828
	$\lambda_1 = 2$	0.999 999 973 356 117
	$\lambda_1 = 4$	0.999 999 829 419 991
Gamma分布	$\alpha_1 = 1.4$，$\beta_1 = 2$	0.999 999 999 999 899
	$\alpha_1 = 2$，$\beta_1 = 2$	0.999 999 999 991 821
	$\alpha_1 = 4$，$\beta_1 = 2$	0.999 999 517 001 160
	$\alpha_1 = 8$，$\beta_1 = 2$	0.935 214 437 686 943
	$\alpha_1 = 1.4$，$\beta_1 = 1.5$	0.999 999 999 999 998
	$\alpha_1 = 1.4$，$\beta_1 = 2$	0.999 999 999 999 899
	$\alpha_1 = 1.4$，$\beta_1 = 4$	0.999 992 706 263 454
	$\alpha_1 = 1.4$，$\beta_1 = 8$	0.965 338 181 785 732

对于 $M(M \geqslant 2)$ 个相同部件组成的多部件系统，其联合劣化状态 $(x_1, x_2, \cdots, x_M)$ 的联合稳态概率密度函数满足 $\pi(x_1, x_2, \cdots, x_M) = \Omega(x_1)\Omega(x_2)\cdots\ \Omega(x_M)$，由于 $r = \int_0^\infty \Omega(x)\mathrm{d}x = 1$，所以有

$$
\begin{aligned}
&\int_0^\infty \int_0^\infty \int_0^\infty \pi(x_1, x_2, \cdots, x_M)\mathrm{d}x_1\mathrm{d}x_2\cdots\mathrm{d}x_M \\
&= \int_0^\infty \int_0^\infty \int_0^\infty \Omega(x_1)\Omega(x_2)\cdots\Omega(x_M)\mathrm{d}x_1\mathrm{d}x_2\cdots\mathrm{d}x_M \\
&= 1
\end{aligned}
\tag{3-60}
$$

即 $\pi(x_1, x_2, \cdots, x_M)$ 在整个联合状态空间的积分也为1，满足概率密度函数的一般特性。

3.4.3　稳态概率密度函数数值解法的有效性分析

由图3-2（a）可知，当 $\Delta x^{(i)}$ 服从 $\exp(\lambda_i)$ 分布时，随着劣化参数 λ_i 的增大，其稳态概率密度函数的均值逐渐减小，系统很快到达稳定状态。而随着 λ_i 的逐渐减小，稳态概率密度函数的非零值对 x 轴的覆盖范围逐渐增大，此时需要增大截尾处理才能确保稳态概率密度函数数值解的精确度。然而，在积分步长不变的情况下，截尾数据的增大必然会导致数值积分分段数的增大，从而增加了数值计算的时间和空间复杂度。反之，当复杂度达到一定程度时，可以通过减小积分步长，降低精度的方式确保计算的准确性。由此可见，对于任意的 λ_i，本章所给出的稳态概率密度函数的数值求解方法均是可行的。

类似地，由图3-2（b）和图3-2（c）可知，当 $\Delta x^{(i)}$ 服从 $\Gamma(\alpha_i,\beta_i)$ 分布时，对不同的参数 α_i 和 β_i，同样可以采用改变计算精度和计算复杂度的方式进行处理，确保数值解的精确度。图3-4（a）和图3-4（b）分别显示了劣化过程为指数过程和Gamma过程时，数值积分分段数与数值积分在全状态空间内的积分 r 的关系，分段数越大，r 接近于1，$\Omega(x_i)$ 近似解的精确度越高，由此表明稳态概率密度函数的数值解法是有效的。

3.4.4　稳态概率密度函数在维修决策建模中的有效性分析

如前文所述，在具体的维修优化建模过程中，需要建立优化目标与决策变量之间的关系式，而系统各种可能的维修需求组合及其概率是建模的基础，系统状态的概率密度函数的求解又是计算维修概率的基础。通常系统的半更新周期长度和维修阈值被选定为优化的决策变量。由稳态概率密度函数的定义可知，不同的

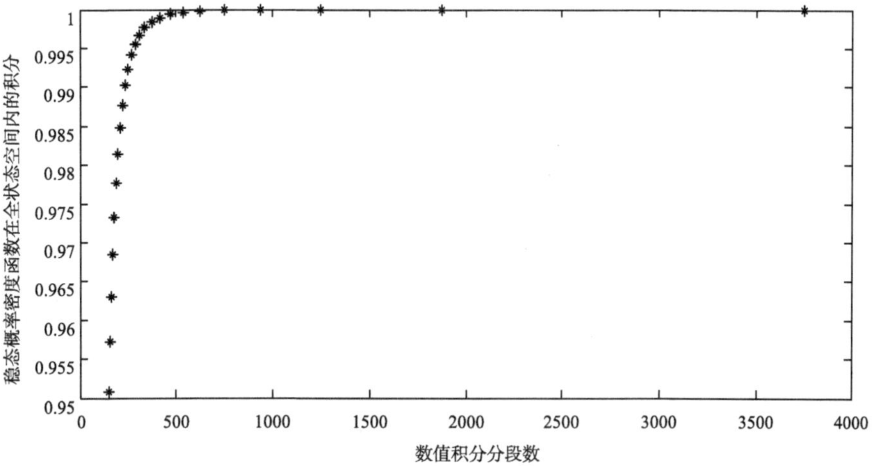

（a）指数过程

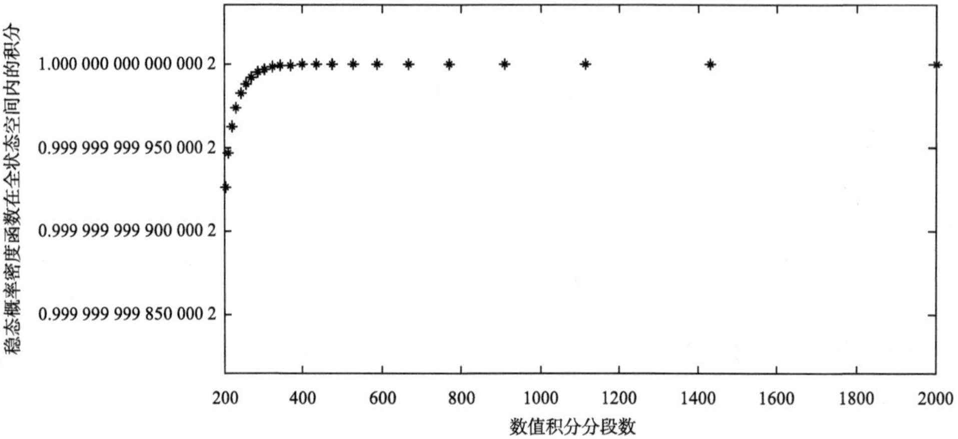

（b）Gamma过程

图 3-4　数值积分分段数 i_{max} 与 r 的关系

半更新周期长度和维修阈值将对应不同的稳态概率密度函数，进而影响维修需求组合概率的计算值和模型的目标值。由于部件的机会维修阈值 D_o 是通过维修策略直接影响优化目标的，接下来以Gamma示例劣化过程为例，分析半更新周期 t 与预防维修阈值 D_p 对稳态概率密度函数的影响程度。

图3-5显示了随着半更新周期 t 的改变稳态概率密度函数的变化情况。由图3-5可以看出，对半更新周期较小的调整均会导致稳态概率密度函数较为明显的变化。随着 t 的增大，t 时间段内的累积劣化增量的分布 $\Gamma(t\alpha_i, \beta_i)$ 的形状参数成倍增大，故稳态概率密度函数的均值明显右移，此时同样可以通过调整截尾数据及计算精度和复杂度来保证数值解的准确性。

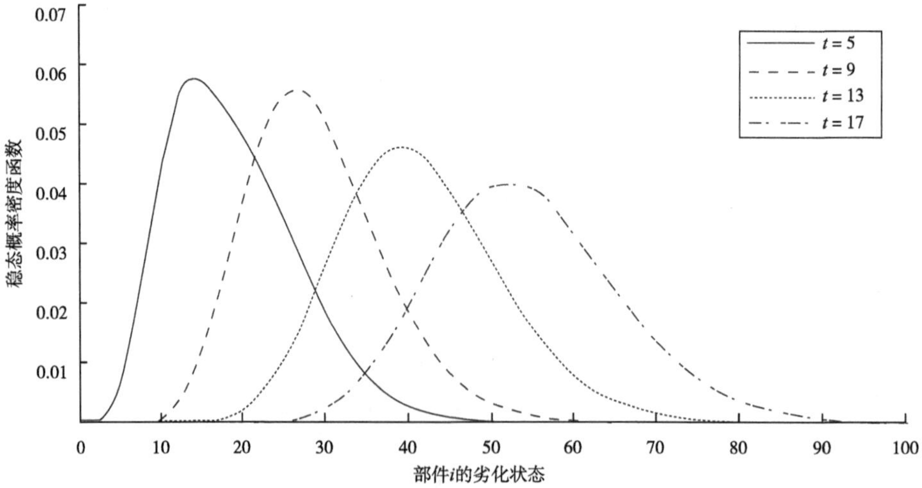

图 3-5　不同半更新周期长度对应的稳态概率密度函数

图3-6显示了 $D_f=20$，预防维修阈值分别为 $D_p=1,5,10,15$ 时不同的稳态概率密度函数的数值解，不难看出，对预防维修阈值的调整同样会导致稳态概率密度函数的变化，而其主要影响的是稳态概率密度函数的形状参数，对尺度参数的影响甚微。

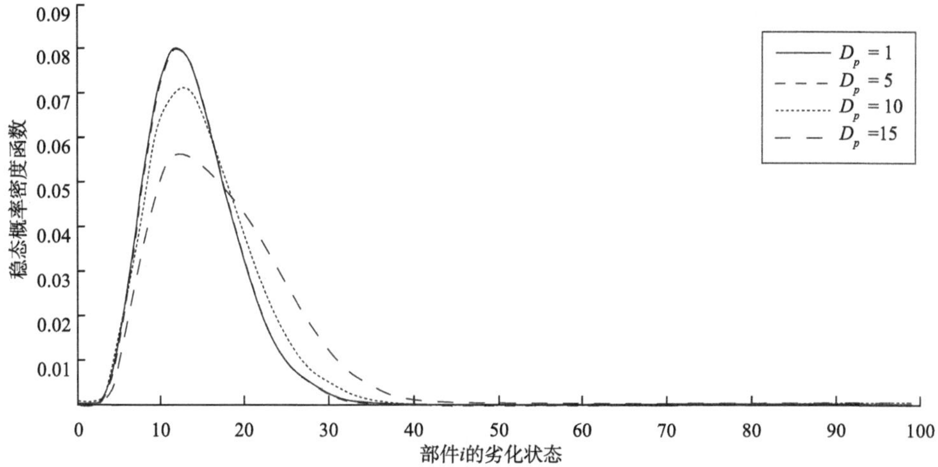

图 3-6　不同预防性维修阈值对应的稳态概率密度函数

总之，以上实验结果表明对半更新周期长度和维修阈值的调整均会影响到稳态概率密度函数的数值解，进而影响维修需求组合的概率和维修优化模型的目标值，即该理论方法对后续的维修优化建模是有效的。

3.5　本章小结

首先，本章在多部件系统的劣化状态空间划分模型的基础上分析并推导了相同多部件系统各维修需求组合的通用概率计算公式。其次，基于联合劣化状态空间划分模型分析了联合劣化状态的转移特性及维修活动之间的全概率模型，推导了联合劣化状态的稳态概率密度函数的通用表达式，并给出了数值解法。最后，通过数值实验验证了稳态概率密度函数的定义及其解法的正确性和有效性，并分析了该方法对后续维修优化建模的有效性。

本章所建立的联合劣化状态空间划分模型和推导的稳态概率密度函数的表达式及其数值解法、维修需求分组的概率计算通式可以为相同多部件系统的最优维修决策提供方法支持和理论依据。

此外，本章的研究主要针对的是劣化独立的相同部件组成的系统，所求得的各部件的稳态概率密度函数是相同的，因此系统联合劣化状态的稳态概率密度函数为 $\pi(x_1,\cdots,x_n)=\Omega(x_1)\Omega(x_2)\cdots\Omega(x_M)$。而若系统由多个不同部件组成，各部件劣化不同却相互独立时，其联合劣化状态的稳态概率密度函数仍然可表示为各部件稳态概率密度函数的乘积形式，唯一不同的是，各部件的稳态概率密度函数不同，即 $\pi(x_1,\cdots,x_M)=\Omega_1(x_1)\Omega_2(x_2)\cdots\Omega_M(x_M)$，故本章所有的模型和方法也适用于劣化独立的不相同多部件系统。

第4章　不相同多部件系统联合劣化状态空间划分建模

相较相同多部件系统，不同部件组成的多部件系统更为常见，是通常意义上所讲的一个系统中的多个部件。此类系统中各部件之间可能同时存在着结构、随机和经济等多种相关性，为表征这些相关性，研究系统各部件联合状态的分布是可行的方法之一。为了研究更一般的系统维修优化问题，为其构建一种统一的联合劣化状态空间分析与建模方法可作为后续建模优化研究的基础。

本章将第2章的多部件系统通用的联合劣化状态空间划分建模方法应用于不相同多部件系统统一的劣化状态空间模型构建问题，以及联合劣化状态稳态概率密度函数的建模与计算、维修需求组合概率的计算问题。

4.1　系统定义

本章以 N 个部件组成的不相同多部件系统为对象进行分析。系统中各部件相互关联且劣化各异，任意部件 i 的劣化过程定义同2.2节中随机过程 $X_i(t)$ 。为任意部件 $i(i=1,2)$ 分别定义了机会更换阈值 $D_o^{(i)}$ 、预防更换阈值 $D_p^{(i)}$ 和故障阈值 $D_f^{(i)}$ ，一般认为 $0 \leqslant D_o^{(i)} \leqslant D_p^{(i)} \leqslant D_f^{(i)}$ ，具体维修策略同2.2节定义。用 $M^N(G_s)$ 或 $M^N(i_1,i_2\cdots,i_q)$ 表示在 N 个不同部件中仅集合 G_s 中的 q 个部件 $i_1,i_2,\cdots,i_q$ 同时需要维修。其中，集合 $G_s(s=1,2,\cdots,m)$ 中有 $q(q=0,1,\cdots,N)$ 个元素，记作 $G_s=\{i_1,i_2,\cdots,i_q\}$ 。其联合劣化状态空间划分如图2-5~图2-7所示。

与相同多部件系统类似，确定各种可能的维修组合和该维修组合发生的概率是具体的维修优化建模的依据，而系统状态的概率密度函数的定义和求解又是维修概率计算的基础。接下来，在假设系统联合劣化状态 $(x_1,x_2,\cdots,x_N)$ 随机分布的概率密度函数为$\pi(x_1,x_2,\cdots,x_N)$的基础上，先结合劣化状态空间划分推导N个不同多部件系统中所有可能的维修组合的维修概率的通用计算公式，然后再进一步推导维修干预后系统联合劣化状态的概率密度函数的通用表达式。

4.2 维修需求分组的概率计算

将维修需求分组$M^N(G_s)(s=1,2,\cdots,m)$发生的概率，即N个部件中，只有集合$G_s(G_s\subset\{1,2,\cdots,N\})$中的所有部件同时需要维修的概率记为$P_{M^N(G_s)}$，$P_{M^N(G_s)}$是与系统状态$(x_1,x_2,\cdots,x_N)$相关的函数，若用向量$\boldsymbol{X}=(x_1,x_2,\cdots,x_N)$简化表示系统状态，$P_{M^N(G_s)}$可以表示为

$$P_{M^N(G_s)}(\boldsymbol{X})=P_{M^N(G_s)}(x_1,x_2,\cdots,x_N),G_s\subset\{1,2,\cdots,N\} \tag{4-1}$$

4.2.1 单部件系统维修需求概率计算

由图2-5所示状态空间划分可知，单部件系统中，部件劣化分布的概率密度函数可表示为$\pi(x_1)$。当部件的状态落在$[D_p^{(1)},\infty)$区间中时，部件需要维修，即维修需求分组$M^1(1)$发生的概率为

$$P_{M^1(1)}(x_1)=\int_{D_p^{(1)}}^{\infty}\pi(x_1)\mathrm{d}x_1 \tag{4-2}$$

为了使其与后面推导的N部件系统的维修概率通式表达一致，将式（4-2）等价改写为

$$P_{M^1(1)}(x_1)=\int_{D_o^{(1)}}^{\infty}\pi(x_1)\mathrm{d}x_1-\int_{D_o^{(1)}}^{D_p^{(1)}}\pi(x_1)\mathrm{d}x_1 \tag{4-3}$$

而当部件的状态落在$[0,D_p^{(1)})$区间中时，部件不需要维修，即维修需求分组$M^1(0)$发生的概率为

$$P_{M^1(0)}(x_1)=1-P_{M^1(1)}(x_1)=\int_0^{D_p^{(1)}}\pi(x_1)\mathrm{d}x_1 \tag{4-4}$$

4.2.2 两部件系统维修需求分组概率计算

系统中有两个部件时，系统状态$\boldsymbol{X}=(x_1,x_2)$联合分布的概率密度函数可表示为$\pi(x_1,x_2)$。由图3-2所示的劣化状态空间划分可知，只有部件1需要维修的区域为$\left\{(x_1,x_2)\mid x_1\in[D_p^{(1)},\infty),x_2\in[0,D_o^{(2)})\right\}$，所以维修需求分组$M^2(1)$的概率为

$$P_{M^2(1)}(x_1,x_2)=\int_0^{D_o^{(2)}}\int_{D_p^{(1)}}^{\infty}\pi(x_1,x_2)\mathrm{d}x_1\mathrm{d}x_2 \tag{4-5}$$

同样为了统一表示形式，将式（4-5）改写为

$$P_{M^2(1)}(x_1,x_2)=\int_0^{D_o^{(2)}}\left(\int_{D_o^{(1)}}^{\infty}\pi(x_1,x_2)\mathrm{d}x_1-\int_{D_o^{(1)}}^{D_p^{(1)}}\pi(x_1,x_2)\mathrm{d}x_1\right)\mathrm{d}x_2 \tag{4-6}$$

类似地，可以推导出两部件系统中其余维修需求分组的概率如式（4-7）~式（4-9）所示。

$$\begin{aligned}P_{M^2(2)}(x_1,x_2)&=\int_0^{D_o^{(1)}}\int_{D_p^{(2)}}^{\infty}\pi(x_1,x_2)\mathrm{d}x_2\mathrm{d}x_1\\&=\int_0^{D_o^{(1)}}\left(\int_{D_o^{(2)}}^{\infty}\pi(x_1,x_2)\mathrm{d}x_2-\int_{D_o^{(2)}}^{D_p^{(2)}}\pi(x_1,x_2)\mathrm{d}x_2\right)\mathrm{d}x_1\end{aligned} \tag{4-7}$$

$$P_{M^2(1,2)}(x_1,x_2)=\int_{D_o^{(2)}}^{\infty}\int_{D_o^{(1)}}^{\infty}\pi(x_1,x_2)\mathrm{d}x_1\mathrm{d}x_2-\int_{D_o^{(2)}}^{D_p^{(2)}}\int_{D_o^{(1)}}^{D_p^{(1)}}\pi(x_1,x_2)\mathrm{d}x_1\mathrm{d}x_2 \tag{4-8}$$

$$\begin{aligned}P_{M^2(0)}(x_1,x_2)&=1-P_{M^2(1)}(x_1,x_2)-P_{M^2(2)}(x_1,x_2)-P_{M^2(1,2)}(x_1,x_2)\\&=\int_0^{D_p^{(2)}}\int_0^{D_p^{(1)}}\pi(x_1,x_2)\mathrm{d}x_1\mathrm{d}x_2\end{aligned} \tag{4-9}$$

4.2.3　三部件系统维修需求分组概率计算

进一步地，可以继续从三部件系统状态空间划分的模型中推导出三部件系统中的各个维修需求分组的维修概率，将系统状态 $\boldsymbol{X}=(x_1,x_2,x_3)$ 联合分布的概率密度函数 $\pi(x_1,x_2,x_3)$ 简化表示为 $\pi(\boldsymbol{X})$，三部件系统中所有可能的维修分组的维修概率如式（4-10）~式（4-17）所示。

$$P_{M^3(1)}(\boldsymbol{X})=\int_0^{D_o^{(3)}}\int_0^{D_o^{(2)}}\left(\int_{D_o^{(1)}}^{\infty}\pi(\boldsymbol{X})\mathrm{d}x_1-\int_{D_o^{(1)}}^{D_p^{(1)}}\pi(\boldsymbol{X})\mathrm{d}x_1\right)\mathrm{d}x_2\mathrm{d}x_3 \tag{4-10}$$

$$P_{M^3(2)}(\boldsymbol{X})=\int_0^{D_o^{(3)}}\int_0^{D_o^{(1)}}\left(\int_{D_o^{(2)}}^{\infty}\pi(\boldsymbol{X})\mathrm{d}x_2-\int_{D_o^{(2)}}^{D_p^{(2)}}\pi(\boldsymbol{X})\mathrm{d}x_2\right)\mathrm{d}x_1\mathrm{d}x_3 \tag{4-11}$$

$$P_{M^3(3)}(\boldsymbol{X})=\int_0^{D_o^{(2)}}\int_0^{D_o^{(1)}}\left(\int_{D_o^{(3)}}^{\infty}\pi(\boldsymbol{X})\mathrm{d}x_3-\int_{D_o^{(3)}}^{D_p^{(3)}}\pi(\boldsymbol{X})\mathrm{d}x_3\right)\mathrm{d}x_1\mathrm{d}x_2 \tag{4-12}$$

$$P_{M^3(1,2)}(\boldsymbol{X})=\int_0^{D_o^{(3)}}\left[\int_{D_o^{(2)}}^{\infty}\int_{D_o^{(1)}}^{\infty}\pi(\boldsymbol{X})\mathrm{d}x_1\mathrm{d}x_2-\int_{D_o^{(2)}}^{D_p^{(2)}}\int_{D_o^{(1)}}^{D_p^{(1)}}\pi(\boldsymbol{X})\mathrm{d}x_1\mathrm{d}x_2\right]\mathrm{d}x_3 \tag{4-13}$$

$$P_{M^3(1,3)}(\boldsymbol{X})=\int_0^{D_o^{(2)}}\left[\int_{D_o^{(3)}}^{\infty}\int_{D_o^{(1)}}^{\infty}\pi(\boldsymbol{X})\mathrm{d}x_1\mathrm{d}x_3-\int_{D_o^{(3)}}^{D_p^{(3)}}\int_{D_o^{(1)}}^{D_p^{(1)}}\pi(\boldsymbol{X})\mathrm{d}x_1\mathrm{d}x_3\right]\mathrm{d}x_2 \tag{4-14}$$

$$P_{M^3(2,3)}(\boldsymbol{X})=\int_0^{D_o^{(1)}}\left[\int_{D_o^{(3)}}^{\infty}\int_{D_o^{(2)}}^{\infty}\pi(\boldsymbol{X})\mathrm{d}x_2\mathrm{d}x_3-\int_{D_o^{(3)}}^{D_p^{(3)}}\int_{D_o^{(2)}}^{D_p^{(2)}}\pi(\boldsymbol{X})\mathrm{d}x_2\mathrm{d}x_3\right]\mathrm{d}x_1 \tag{4-15}$$

$$P_{M^3(1,2,3)}(\boldsymbol{X})=\int_{D_o^{(3)}}^{\infty}\int_{D_o^{(2)}}^{\infty}\int_{D_o^{(1)}}^{\infty}\pi(\boldsymbol{X})\mathrm{d}x_1\mathrm{d}x_2\mathrm{d}x_3-\int_{D_o^{(3)}}^{D_p^{(3)}}\int_{D_o^{(2)}}^{D_p^{(2)}}\int_{D_o^{(1)}}^{D_p^{(1)}}\pi(\boldsymbol{X})\mathrm{d}x_1\mathrm{d}x_2\mathrm{d}x_3 \tag{4-16}$$

$$\begin{aligned}P_{M^3(0)}(\boldsymbol{X}) &= 1-P_{M^3(1)}(\boldsymbol{X})-P_{M^3(2)}(\boldsymbol{X})-P_{M^3(3)}(\boldsymbol{X}) \\ &\quad -P_{M^3(1,2)}(\boldsymbol{X})-P_{M^3(1,3)}(\boldsymbol{X})-P_{M^3(2,3)}(\boldsymbol{X})-P_{M^3(1,2,3)}(\boldsymbol{X}) \\ &= \int_0^{D_p^{(3)}}\int_0^{D_p^{(2)}}\int_0^{D_p^{(1)}}\pi(\boldsymbol{X})\mathrm{d}x_1\mathrm{d}x_2\mathrm{d}x_3\end{aligned} \tag{4-17}$$

4.2.4　多部件系统维修需求分组概率计算通式

一般地，在含有 $N(N=1,2,\cdots)$ 个不同部件的多部件系统中，设系统状态 $(x_1,x_2,\cdots,x_N)$ 联合分布的概率密度函数为 $\pi(x_1,x_2,\cdots,x_N)$，同样将其简化表示为 $\pi(\boldsymbol{X})$。根据系统的联合劣化状态空间划分可总结得到任意可能的维修分组 $G_s=\{i_1,i_2,\cdots,i_q\},G_s\subset\{1,2,\cdots,N\}$ 中的 q 个部件 $i_1,i_2,\cdots,i_q$ 同时需要维修的概率 $P_{M^N(G_s)}$ 的计算公式的统一表示形式为：如果 $G_s\subseteq\{1,2,\cdots,N\}$,

$$\begin{aligned}P_{M^N(G_s)}(\boldsymbol{X}) = \int_0^{D_o^{(j_1)}}\cdots\int_0^{D_o^{(j_p)}}\Bigg[&\int_{D_o^{(k_1)}}^{\infty}\cdots\int_{D_o^{(k_q)}}^{\infty}\pi(\boldsymbol{X})\mathrm{d}x_{k_1}\cdots\mathrm{d}x_{k_q} \\ &-\int_{D_o^{(k_1)}}^{D_p^{(k_1)}}\cdots\int_{D_o^{(k_q)}}^{D_p^{(k_q)}}\pi(\boldsymbol{X})\mathrm{d}x_{k_1}\cdots\mathrm{d}x_{k_q}\Bigg]\mathrm{d}x_{j_1}\cdots\mathrm{d}x_{j_p}\end{aligned} \tag{4-18}$$

其中

$$j_1,\cdots,j_p\notin G_s;\quad k_1,\cdots,k_q\in G_s;\quad p+q=N$$

如果 $G_s=\varnothing$,

$$P_{M^N(G_s)}(\boldsymbol{X}) = \int_0^{D_p^{(1)}}\cdots\int_0^{D_p^{(N)}}\pi(\boldsymbol{X})\mathrm{d}x_1\cdots\mathrm{d}x_N$$

接下来对 $N(N\geqslant 2)$ 个不同多部件组成的系统维修需求分组概率计算通式进行归纳证明。

假设式所表示的维修需求分组概率对含有 $N-1$ 个不同部件的多部件系统是成立的。在 $N-1$ 个不同部件的多部件系统中添加一个部件，即第 N 个部件后，所组成的 N 部件系统的劣化状态空间划分即为原来 $N-1$ 部件系统的劣化状态空间划分与第 N 个部件的不同劣化区域的叠加。第 N 个部件的维修需求可分为维修 $M^1(1)$ 和未维修 $M^1(0)$ 两种，其覆盖的劣化状态区域分别为 $[D_p^{(N)},\infty)$ 和 $[0,D_p^{(N)})$，又因为在 $N(N\geqslant 2)$ 的多部件系统中任一部件的维修可能是其他部件提供的维修机会而进行的机会维修，所以，可以继续将部件的非维修区域 $M^1(0)$ 分为非机会维修区域 $[0,D_o^{(N)})$ 和机会维修区域 $[D_o^{(N)},D_p^{(N)})$ 两部分。

对于 $N(N\geqslant 2)$ 部件系统的任意维修分组 G_s' $\left(G_s'\subset\{1,2,\cdots,N\}\right)$，其可能的组合情况如下。

（1）如果 $N-1$ 部件系统中没有部件需要维修，且第 N 个部件也无需维修时，即维修分组$G_s' = \varnothing$时，所有部件的劣化状态均分布在其非维修区域$[0, D_p^{(1)})$，$[0, D_p^{(2)}), \cdots, [0, D_p^{(N-1)}), [0, D_p^{(N)})$中，因此：如果 $G_s' = \varnothing$,

$$P_{M^N(G_s')}(\boldsymbol{X}) = \int_0^{x_p^{(1)}} \cdots \int_0^{x_p^{(N-1)}} \int_0^{x_p^{(N)}} \pi(\boldsymbol{X})\,\mathrm{d}x_1 \cdots \mathrm{d}x_{N-1}\mathrm{d}x_N \tag{4-19}$$

其中 $\boldsymbol{X} = (x_1, \cdots, x_N)$

（2）如果$N-1$部件系统中没有部件需要维修，但第N个部件需要维修时，即维修分组$G_s' = \{N\}$时，只有第N个部件的劣化状态分布在其维修区域$[D_p^{(N)}, \infty)$中，其余$N-1$个部件的劣化状态均分布在其非维修区域$[0, D_p^{(1)}), [0, D_p^{(2)}), \cdots$, $[0, D_p^{(N-1)})$中，因此：如果 $G_s' \neq \varnothing, G_s' = \{N\}$

$$\begin{aligned} P_{M^N(G_s')}(\boldsymbol{X}) &= \int_0^{D_p^{(1)}} \cdots \int_0^{D_p^{(N-1)}} \int_{D_p^{(n)}}^{\infty} \pi(\boldsymbol{X})\mathrm{d}x_1 \cdots \mathrm{d}x_{N-1}\mathrm{d}x_N \\ &= \int_0^{D_p^{(1)}} \cdots \int_0^{D_p^{(N-1)}} \left[\int_{D_o^{(N)}}^{\infty} \pi(\boldsymbol{X})\mathrm{d}x_N - \int_{D_o^{(N)}}^{D_p^{(N)}} \pi(\boldsymbol{X})\mathrm{d}x_N\right]\mathrm{d}x_1 \cdots \mathrm{d}x_{N-1} \end{aligned} \tag{4-20}$$

如果 $\boldsymbol{X} = (x_1, x_2, \cdots, x_N)$。

（3）如果$N-1$部件系统中至少有一个部件需要维修，但第N个部件不需要维修时，即$G_s' \neq \varnothing, G_s' \subseteq \{1, 2, \cdots, N-1\}$时，此时如果第$N$个部件的劣化状态分布在其非维修区域$x_n \in [0, D_o^{(N)})$中，$N$部件系统的维修分组与原$N-1$部件系统的维修分组相同，因此有：如果 $G_s' \neq \varnothing, G_s' \subseteq \{1, 2, \cdots, N-1\}$,

$$\begin{aligned} P_{M^N(G_s')}(\boldsymbol{X}) = \int_0^{D_o^{(N)}} \Bigg\{ \int_0^{D_o^{(j_1)}} \cdots \int_0^{D_o^{(j_p)}} \Bigg[& \int_{D_o^{(k_1)}}^{\infty} \cdots \int_{D_o^{(k_q)}}^{\infty} \pi(\boldsymbol{X})\mathrm{d}x_{k_1} \cdots \mathrm{d}x_{k_q} \\ & - \int_{D_o^{(k_1)}}^{D_p^{(k_1)}} \cdots \int_{D_o^{(k_q)}}^{D_p^{(k_q)}} \pi(\boldsymbol{X})\mathrm{d}x_{k_1} \cdots \mathrm{d}x_{k_q} \Bigg] \mathrm{d}x_{j_1} \cdots \mathrm{d}x_{j_p} \Bigg\} \mathrm{d}x_N \end{aligned} \tag{4-21}$$

其中，$j_1, \cdots, j_p \notin G_s'$；$k_1, \cdots, k_q \in G_s'$；$p + q = N-1$；$\boldsymbol{X} = (x_1, x_2, \cdots, x_N)$。

（4）如果$N-1$部件系统中至少有一个部件需要维修，第N个部件也需要维修时，即$G_s' \neq \varnothing, G_s' \subseteq \{1, 2, \cdots, N\}$时，$N$部件系统的维修分组是在原$N-1$部件系统的维修分组中添加了部件$N$，表示为$G_s' = G_s \cup \{N\}, G_s \subseteq \{1, 2, \cdots, N-1\}$，即$G_s' = G_s \cup \{N\}, G_s = \{i_1, i_2 \cdots, i_q\}, q \geqslant 1$，此时存在如下两种不同情况：①部件$N$的劣化状态均分布在机会维修区域$x_N \in [D_o^{(N)}, D_p^{(N)})$中时，该部件将被机会维修，因此有：如果 $G_s' = \varnothing, G_s' = G_s \cup \{N\}, G_s \subseteq \{1, 2, \cdots, N-1\}$,

$$\begin{aligned} P_{M^N(G_s')}(\boldsymbol{X}) = \int_{D_o^{(N)}}^{D_p^{(N)}} \Bigg\{ \int_0^{D_o^{(j_1)}} \cdots \int_0^{D_o^{(j_p)}} \Bigg[& \int_{D_o^{(k_1)}}^{\infty} \cdots \int_{D_o^{(k_q)}}^{\infty} \pi(\boldsymbol{X})\mathrm{d}x_{k_1} \cdots \mathrm{d}x_{k_q} \\ & - \int_{D_o^{(k_1)}}^{D_p^{(k_1)}} \cdots \int_{D_o^{(k_q)}}^{D_p^{(k_q)}} \pi(\boldsymbol{X})\mathrm{d}x_{k_1} \cdots \mathrm{d}x_{k_q} \Bigg] \mathrm{d}x_{j_1} \cdots \mathrm{d}x_{j_p} \Bigg\} \mathrm{d}x_N \end{aligned} \tag{4-22}$$

其中

$$j_1,\cdots,j_p \notin G_s;\quad k_1,\cdots,k_q \in G_s;\quad p+q=N-1;\quad q\geqslant 1$$
$$\boldsymbol{X}=(x_1,x_2,\cdots,x_N)$$

②部件 N 的劣化状态均分布在维修区域 $x_N\in[D_o^{(N)},D_p^{(N)})$ 中时，该部件将被预防或修复性维修，因此有：如果 $G_s'=\varnothing,G_s'=G_s\cup\{N\},G_s\subseteq\{1,2,\cdots,N-1\}$，

$$P_{M^N(G_s')}(\boldsymbol{X})=\int_{D_p^{(N)}}^{\infty}\left\{\int_0^{D_o^{(j_1)}}\cdots\int_0^{D_o^{(j_p)}}\left[\int_{D_o^{(k_1)}}^{\infty}\cdots\int_{D_o^{(k_q)}}^{\infty}\pi(\boldsymbol{X})\mathrm{d}x_{k_1}\cdots\mathrm{d}x_{k_q}\right.\right.$$
$$\left.\left.-\int_{D_o^{(k_1)}}^{D_p^{(k_1)}}\cdots\int_{D_o^{(k_q)}}^{D_p^{(k_q)}}\pi(\boldsymbol{X})\mathrm{d}x_{k_1}\cdots\mathrm{d}x_{k_q}\right]\mathrm{d}x_{j_1}\cdots\mathrm{d}x_{j_p}\right\}\mathrm{d}x_N \tag{4-23}$$

其中

$$j_1,\cdots,j_p \notin G_s;\quad k_1,\cdots,k_q \in G_s;\quad p+q=N-1;\quad q\geqslant 1$$
$$\boldsymbol{X}=(x_1,x_2,\cdots,x_N)$$

总结式（4-22）和式（4-23）可得

如果 $G_s'=\varnothing,G_s'=G_s\cup\{N\},G_s\subseteq\{1,2,\cdots,N-1\}$，

$$P_{M^N(G_s')}(\boldsymbol{X})=\int_{D_o^{(N)}}^{\infty}\left\{\int_0^{D_o^{(j_1)}}\cdots\int_0^{D_o^{(j_p)}}\left[\int_{D_o^{(k_1)}}^{\infty}\cdots\int_{D_o^{(k_q)}}^{\infty}\pi(\boldsymbol{X})\mathrm{d}x_{k_1}\cdots\mathrm{d}x_{k_q}\right.\right.$$
$$\left.\left.-\int_{D_o^{(k_1)}}^{D_p^{(k_1)}}\cdots\int_{D_o^{(k_q)}}^{D_p^{(k_q)}}\pi(\boldsymbol{X})\mathrm{d}x_{k_1}\cdots\mathrm{d}x_{k_q}\right]\mathrm{d}x_{j_1}\cdots\mathrm{d}x_{j_p}\right\}\mathrm{d}x_N \tag{4-24}$$

其中

$$j_1,\cdots,j_p \notin G_s;\quad k_1,\cdots,k_q \in G_s;\quad p+q=N-1;\quad q\geqslant 1$$
$$\boldsymbol{X}=(x_1,x_2,\cdots,x_N)$$

特别地，当所有部件的劣化状态均分在其机会维修区域中时，系统中也没有部件需要维修，此时有：如果 $G_s'=\varnothing,G_s'=G_s\cup\{N\},G_s\subseteq\{1,2,\cdots,N-1\}$，

$$P_{M^N(G_s')}(\boldsymbol{X})=\int_0^{D_o^{(j_1)}}\cdots\int_0^{D_o^{(j_p)}}\left[\int_{D_o^{(k_1)}}^{\infty}\cdots\int_{D_o^{(k_q)}}^{\infty}\int_{D_o^{(\mathrm{N})}}^{\infty}\pi(\boldsymbol{X})\mathrm{d}x_N\mathrm{d}x_{k_1}\cdots\mathrm{d}x_{k_q}\right.$$
$$\left.-\int_{D_o^{(k_1)}}^{D_p^{(k_1)}}\cdots\int_{D_o^{(k_q)}}^{D_p^{(k_q)}}\int_{D_o^{(N)}}^{D_p^{(N)}}\pi(\boldsymbol{X})\mathrm{d}x_N\mathrm{d}x_{k_1}\cdots\mathrm{d}x_{k_q}\right]\mathrm{d}x_{j_1}\cdots\mathrm{d}x_{j_p} \tag{4-25}$$

其中

$$j_1,\cdots,j_p \notin G_s;\quad k_1,\cdots,k_q \in G_s;\quad p+q=N-1$$
$$\boldsymbol{X}=(x_1,x_2,\cdots,x_N)$$

总结式（4-19）~式（4-25），可以将 $N(N\geqslant 2)$ 个不同多部件组成的系统的维修需求分组概率计算通式表示为式（4-18）。

4.3 联合劣化状态稳态概率密度函数

与相同多部件系统相似，不相同多部件系统中任意部件 i 的劣化过程为一个连续非减的随机过程 $X_i(t)$ ，用 $(X_i^{(k)})_{k\in N}$ 表示部件 i 在任意无穷多个离散时刻 $t_k = k\Delta t(k \in N)$ 检测到劣化量的随机过程，将其简化表示为 $\{X_k\}_{k\in N}$ 。在干预一定的维修活动之后，仍然可以用一个连续的随机过程 $\{\tilde{X}_k\}_{k\in N}$ 来描述部件劣化状态的演化过程。同样假设所有的维修和更换效果均是完美的，即任意部件维修或更换后均恢复到初始状态，故演化过程也具有再生特性。单部件系统可利用该更新特性，采用更新理论进行维修决策建模。多部件系统中，在任意多个顺序的离散维修决策点 $\{S_1\cdots S_{r-1}\cdots\}$ $S_r(r=1,2,\cdots)$ ，根据当时的系统状态 $(x_1^{S_r},\cdots,x_N^{S_r})$ 安排需要的维修活动。由于维修后的系统劣化与维修前的系统状态不相关，也可以将任意维修决策点 $S_r(r=1,2,\cdots)$ 视为系统劣化状态的半更新点[82]，两个连续维修决策点 $S_{r-1},S_r(r=1,2,\cdots)$ 之间的运行时间视为一个半更新周期，分析两个连续的维修决策点之间的系统劣化特征近似代替系统的半更新循环过程。

对于任意的 $r>0$ ，维修决策点维修前的系统状态可用随机过程 $Y_r = (\tilde{X}_{S_r}^{(1)},\cdots,\tilde{X}_{S_r}^{(N)})$ 来表征，其中 $\tilde{X}_{S_r}^{(i)}, i=1,2,\cdots,N$ 表示维修决策点维修前第 i 个部件的系统状态随机特征，用该过程的稳态转移特性近似代替系统状态联合劣化过程的稳态概率密度函数 $\pi(x_1,x_2,\cdots,x_N)$ 。

设系统的一个半更新周期长度为 t（ t 由具体的维修策略确定，可以是一个检查周期，或是一个单位时间等）。用 $\boldsymbol{Y}=(y_1,y_2,\cdots,y_N)$ 和 $\tilde{\boldsymbol{Y}}=(\tilde{y}_1,\tilde{y}_2,\cdots,\tilde{y}_N)$ 分别表示一个半更新周期 t 开始时刻维修前和维修后的系统状态向量，$\boldsymbol{X}=(x_1,x_2,\cdots,x_N)$ 表示该半更新周期结束时检测到的系统状态。本章对部件稳态概率密度函数的推导在假设各部件劣化状态增量分布已知的条件下进行。设 $f_i(x)(i=1,2,\cdots,N)$ 为单位时间内部件 i 的劣化增量的概率密度函数，则 t 个单位时间内部件 i 的累积劣化增量的概率密度函数为 $f_i(x)$ 的 t 次卷积 $f_i^{(t)}(x)(i=1,2,\cdots,N)$ 。遍历整个状态空间，分析一个半更新周期内系统劣化状态所有可能的转移情况，即为分析其所有可能的维修需求分组的变化情况。

接下来依次对单部件、两部件和三部件系统中两个连续的维修决策点之间的维修需求分组所有可能的变化进行分析，并推导出其系统劣化过程的稳态概率密度函数，然后归纳总结出任意的 $N(N=1,2,\cdots)$ 部件系统的联合劣化状态的稳态概率密度函数 $\pi(x_1,x_2,\cdots,x_N)$ 的通用表达式。

4.3.1　单部件系统稳态概率密度函数定义

单部件系统中，$\boldsymbol{Y}=y_1$，$\tilde{\boldsymbol{Y}}=\tilde{y}_1$，$\boldsymbol{X}=x_1$，如图4-1所示，此周期开始时部件所有可能的维修情况有部件被维修和未被维修两种。

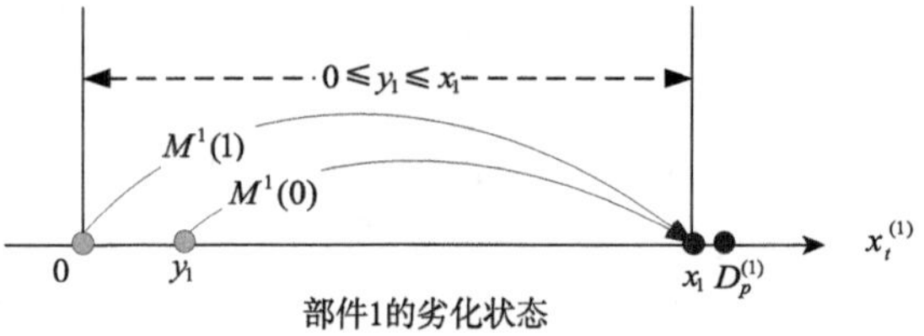

（a）$x_1<D_p^{(1)}$

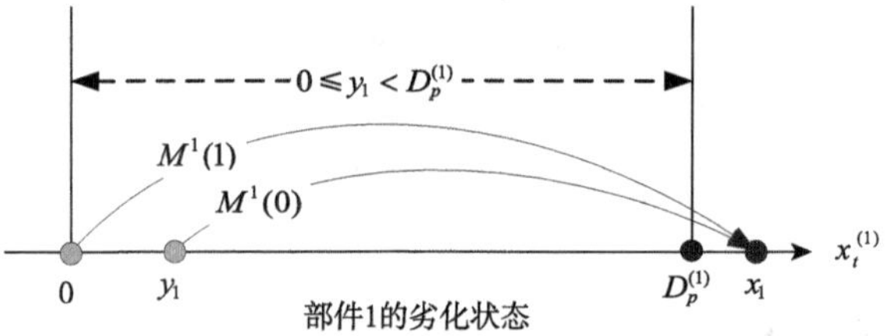

（b）$x_1 \geqslant D_p^{(1)}$

图 4-1　单部件系统的劣化状态转换图

（1）若部件1被维修，则其被维修的概率由维修前的状态 y_1 确定，可表示为式（4-26），维修之后有 $\tilde{\boldsymbol{Y}}=\tilde{y}_1=0$，之后的 t 时间段内部件的状态劣化到 x_1 的概率为 $f_1^{(t)}(x_1)$。

$$P_{M^1(1)}(y_1)=\int_{D_o^{(1)}}^{\infty}\pi(y_1)\mathrm{d}y_1-\int_{D_o^{(1)}}^{D_p^{(1)}}\pi(y_1)\mathrm{d}y_1 \tag{4-26}$$

（2）若部件1没有被维修，则必然有 $\tilde{y}_1=y_1$ 成立，有两种情况：①当 $x_1<D_p^{(1)}$ 时，由于其劣化过程是非减的，有 $0\leqslant y_1=\tilde{y}_1\leqslant x_1$ 成立，则部件1不被维修的概率如式(4-27)所示；②而当 $x_1\geqslant D_p^{(1)}$ 时，由于上一次检测没有维修，有 $0\leqslant y_1<D_p^{(1)}$ 成立，因此，部件1不被维修的概率如式（4-28）所示。

$$\int_0^{x_1}\pi(y_1)\mathrm{d}y_1 \tag{4-27}$$

$$\int_0^{D_p^{(1)}}\pi(y_1)\mathrm{d}y_1 \tag{4-28}$$

总之，部件1没有维修的概率可总结为式（4-29），之后的 t 时间段内部件的状态劣化到 x_1 的概率为 $f_1^{(t)}(x_1-y_1)$。

$$\int_0^{\min(x_1,D_p^{(1)})}\pi(y_1)\mathrm{d}y_1 \tag{4-29}$$

所以，综合考虑所有情况，可将 $\pi(x_1)$ 综合表示为式（4-30）。

$$\pi(x_1)=\left[\int_{D_o^{(1)}}^{\infty}\pi(y_1)\mathrm{d}y_1-\int_{D_o^{(1)}}^{D_p^{(1)}}\pi(y_1)\mathrm{d}y_1\right]f_1^{(t)}(x_1)+\int_0^{\min(x_1,D_p^{(1)})}\pi(y_1)f_1^{(t)}(x_1-y_1)\mathrm{d}y_1 \quad (4\text{-}30)$$

4.3.2　两部件系统稳态概率密度函数定义

两部件系统中，$\boldsymbol{Y}=(y_1,y_2)$，$\tilde{\boldsymbol{Y}}=(\tilde{y}_1,\tilde{y}_2)$，$\boldsymbol{X}=(x_1,x_2)$，半更新周期开始时所有可能的维修情况如图4-2所示，包括两个部件全部需要维修的维修需求组合$M^2(1,2)$，只需要维修部件1的维修需求组合$M^2(1)$或只需要维修部件2的维修需求组合$M^2(2)$和两个部件均不需要维修的维修需求组合$M^2(0)$四种情况。

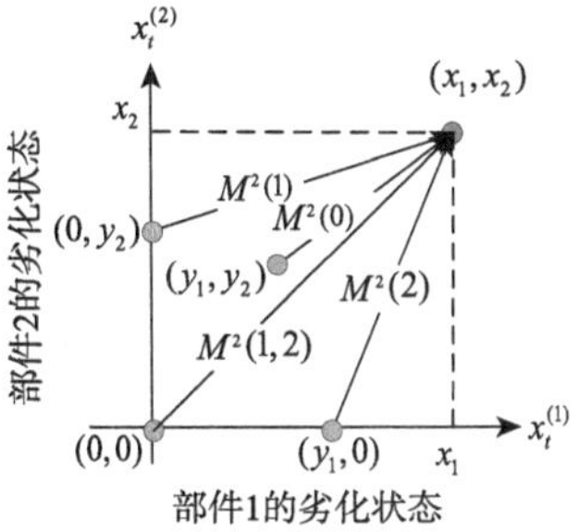

图 4-2　不相同两部件系统的劣化状态转换图

（1）半更新周期开始时刻两个部件全部需要被维修的概率为式（4-31），维修后的系统状态恢复为$\tilde{\boldsymbol{Y}}=(0,0)$，之后的$t$时间段内系统状态劣化为$(x_1,x_2)$的概率为$f_1^{(t)}(x_1)f_2^{(t)}(x_2)$；

$$P_{M^2(1,2)}(y_1,y_2)=\int_{D_o^{(2)}}^{\infty}\int_{D_o^{(1)}}^{\infty}\pi(y_1,y_2)\mathrm{d}y_1\mathrm{d}y_2-\int_{D_o^{(2)}}^{D_p^{(2)}}\int_{D_o^{(1)}}^{x_p^{(1)}}\pi(y_1,y_2)\mathrm{d}y_1\mathrm{d}y_2 \quad (4\text{-}31)$$

（2）半更新周期开始时刻只有部件1需要被维修，有两种情况：①当$x_2<D_o^{(2)}$时，由于劣化的非负性，有$0\leqslant y_2<x_2$成立，该维修需求的概率如式（4-32）所示；②当$x_2\geqslant D_o^{(2)}$时，由于上一次检测时部件2没有维修，所以有$0\leqslant y_2<D_o^{(2)}$成立，该维修需求的概率如式（4-33）所示。

$$P_{M^2(1)}(y_1,y_2)=\int_0^{x_2}\left(\int_{D_o^{(1)}}^{\infty}\pi(y_1,y_2)\mathrm{d}y_1-\int_{D_o^{(1)}}^{D_p^{(1)}}\pi(y_1,y_2)\mathrm{d}y_1\right)\mathrm{d}y_2 \quad (4\text{-}32)$$

$$P_{M^2(1)}(y_1,y_2)=\int_0^{D_o^{(2)}}\left(\int_{D_o^{(1)}}^{\infty}\pi(y_1,y_2)\mathrm{d}y_1-\int_{D_o^{(1)}}^{D_p^{(1)}}\pi(y_1,y_2)\mathrm{d}y_1\right)\mathrm{d}y_2 \quad (4\text{-}33)$$

总之，半更新周期开始时刻只有部件1需要被维修的概率为式（4-34），维修后的系统状态$\tilde{\boldsymbol{Y}}=(0,y_2)$，之后的$t$时间段内系统状态劣化为$(x_1,x_2)$的概率为$f_1^{(t)}(x_1)f_2^{(t)}(x_2-y_2)$。

$$P_{M^2(1)}(y_1,y_2)=\int_0^{\min(x_2,D_o^{(2)})}\left(\int_{D_o^{(1)}}^{\infty}\pi(y_1,y_2)\mathrm{d}y_1-\int_{D_o^{(1)}}^{D_p^{(1)}}\pi(y_1,y_2)\mathrm{d}y_1\right)\mathrm{d}y_2 \quad (4\text{-}34)$$

（3）相似地，半更新周期开始时刻只有部件2需要被维修的概率如式（4-35）所示，维修后的系统状态 $\tilde{\boldsymbol{Y}}=(y_1,0)$，之后的 t 时间段内系统状态劣化为 (x_1,x_2) 的概率为 $f_1^{(t)}(x_1-y_1)f_2^{(t)}(x_2)$。

$$P_{M^2(2)}(y_1,y_2)=\int_0^{\min(x_1,D_o^{(1)})}\left(\int_{D_o^{(2)}}^{\infty}\pi(y_1,y_2)\mathrm{d}y_2-\int_{D_o^{(2)}}^{D_p^{(2)}}\pi(y_1,y_2)\mathrm{d}y_2\right)\mathrm{d}y_1 \quad (4\text{-}35)$$

（4）半更新周期开始时刻两个部件均不需要被维修，可有两种情况：①当 $x_i<D_p^{(i)}$ 时，有 $0\leqslant y_i<x_i$ 成立，$i=1,2$；②当 $x_i\geqslant D_p^{(i)}$ 时，有 $0\leqslant y_i<D_p^{(i)}$ 成立，$i=1,2$，所以，半更新周期开始时刻两个部件均不需要被维修的概率为式（4-36），维修后的系统状态 $\tilde{\boldsymbol{Y}}=\boldsymbol{Y}=(y_1,y_2)$，之后的 t 时间段内系统状态劣化为 (x_1,x_2) 的概率为 $f_1^{(t)}(x_1-y_1)f_2^{(t)}(x_2-y_2)$。

$$P_{M^2(0)}(y_1,y_2)=\int_0^{\min(x_2,D_p^{(2)})}\int_0^{\min(x_1,D_p^{(1)})}\pi(y_1,y_2)\mathrm{d}y_1\mathrm{d}y_2 \quad (4\text{-}36)$$

综合以上四种情况，两部件系统的稳态概率密度函数 $\pi(x_1,x_2)$ 可综合表示为式（4-37）。

$$\begin{aligned}\pi(x_1,x_2)=&\left(\int_{D_o^{(2)}}^{\infty}\int_{D_o^{(1)}}^{\infty}\pi(y_1,y_2)\mathrm{d}y_1\mathrm{d}y_2-\int_{D_o^{(2)}}^{D_p^{(2)}}\int_{D_o^{(1)}}^{D_p^{(1)}}\pi(y_1,y_2)\mathrm{d}y_1\mathrm{d}y_2\right)f_1^{(t)}(x_1)f_2^{(t)}(x_2)\\&+f_1^{(t)}(x_1)\int_0^{\min(x_2,D_o^{(2)})}\left(\int_{D_o^{(1)}}^{\infty}\pi(y_1,y_2)\mathrm{d}y_1-\int_{D_o^{(1)}}^{D_p^{(1)}}\pi(y_1,y_2)\mathrm{d}y_1\right)f_2^{(t)}(x_2-y_2)\mathrm{d}y_2\\&+f_2^{(t)}(x_2)\int_0^{\min(x_1,D_o^{(1)})}\left(\int_{D_o^{(2)}}^{\infty}\pi(y_1,y_2)\mathrm{d}y_2-\int_{D_o^{(2)}}^{D_p^{(2)}}\pi(y_1,y_2)\mathrm{d}y_2\right)f_1^{(t)}(x_1-y_1)\mathrm{d}y_1\\&+\int_0^{\min(x_1,D_p^{(1)})}\int_0^{\min(x_2,D_p^{(2)})}\pi(y_1,y_2)f_1^{(t)}(x_1-y_1)f_2^{(t)}(x_2-y_2)\mathrm{d}y_2\mathrm{d}y_1\end{aligned} \quad (4\text{-}37)$$

4.3.3　三部件系统稳态概率密度函数定义

相应地，分析三部件系统在半更新周期开始时所有可能的维修情况，可以推导出该系统联合劣化状态的稳态概率密度函数的表达式如式（4-38）所示，式中 $\boldsymbol{X}$ 代表状态向量 (x_1,x_2,x_3)，$\boldsymbol{Y}$ 代表状态向量 (y_1,y_2,y_3)。

$$
\begin{aligned}
\pi(X)=&\left[\int_{D_o^{(3)}}^{\infty}\int_{D_o^{(2)}}^{\infty}\int_{D_o^{(1)}}^{\infty}\pi(Y)\mathrm{d}y_1\mathrm{d}y_2\mathrm{d}y_3-\int_{D_o^{(3)}}^{D_p^{(3)}}\int_{D_o^{(2)}}^{D_p^{(2)}}\int_{D_o^{(1)}}^{D_p^{(1)}}\pi(Y)\mathrm{d}y_1\mathrm{d}y_2\mathrm{d}y_3\right]\\
&\cdot f_1^{(t)}(x_1)f_2^{(t)}(x_2)f_3^{(t)}(x_3)+f_1^{(t)}(x_1)f_2^{(t)}(x_2)\\
&\cdot\int_0^{\min(x_3,D_o^{(3)})}\left[\int_{D_o^{(2)}}^{\infty}\int_{D_o^{(1)}}^{\infty}\pi(Y)\mathrm{d}y_1\mathrm{d}y_2-\int_{D_o^{(2)}}^{D_p^{(2)}}\int_{D_o^{(1)}}^{D_p^{(1)}}\pi(Y)\mathrm{d}y_1\mathrm{d}y_2\right]f_3^{(t)}(x_3-y_3)\mathrm{d}y_3\\
&+f_1^{(t)}(x_1)f_3^{(t)}(x_3)\int_0^{\min(x_2 D_o^{(2)})}\left[\int_{D_o^{(3)}}^{\infty}\int_{D_o^{(1)}}^{\infty}\pi(Y)\mathrm{d}y_1\mathrm{d}y_3-\int_{D_o^{(3)}}^{D_p^{(3)}}\int_{D_o^{(1)}}^{D_p^{(1)}}\pi(Y)\mathrm{d}y_1\mathrm{d}y_3\right]\\
&\cdot f_2^{(t)}(x_2-y_2)\mathrm{d}y_2+f_2^{(t)}(x_2)f_3^{(t)}(x_3)\int_0^{\min(x_1,D_o^{(1)})}\left[\int_{D_o^{(3)}}^{\infty}\int_{D_o^{(2)}}^{\infty}\pi(Y)\mathrm{d}y_2 dy_3\right.\\
&\left.+\int_{D_o^{(3)}}^{D_p^{(3)}}\int_{D_o^{(2)}}^{D_p^{(2)}}\pi(Y)\mathrm{d}y_2\mathrm{d}y_3\right]f_1^{(t)}(x_1-y_1)\mathrm{d}y_1+f_1^{(t)}(x_1)\int_0^{\min(x_3,D_o^{(3)})}\int_0^{\min(x_2,D_o^{(2)})}\left(\int_{D_o^{(1)}}^{\infty}\pi(Y)\mathrm{d}y_1\right.\\
&\left.-\int_{D_o^{(1)}}^{D_p^{(1)}}\pi(Y)\mathrm{d}y_1\right)f_2^{(t)}(x_2-y_2)f_3^{(t)}(x_3-y_3)\mathrm{d}y_2\mathrm{d}y_3+f_2^{(t)}(x_1)\\
&\cdot\int_0^{\min(x_3,D_o^{(3)})}\int_0^{\min(x_1,D_o^{(1)})}\left(\int_{D_o^{(2)}}^{\infty}\pi(Y)\mathrm{d}y_1-\int_{D_o^{(2)}}^{D_p^{(2)}}\pi(Y)\mathrm{d}y_2\right)f_1^{(t)}(x_1-y_1)f_3^{(t)}(x_3-y_3)\mathrm{d}y_1\mathrm{d}y_3\\
&+f_3^{(t)}(x_1)\int_0^{\min(x_1,D_o^{(1)})}\int_0^{\min(x_2,D_o^{(2)})}\left(\int_{D_o^{(3)}}^{\infty}\pi(Y)\mathrm{d}y_1-\int_{D_o^{(3)}}^{D_p^{(3)}}\pi(Y)\mathrm{d}y_3\right)f_2^{(t)}(x_2-y_2)\\
&\cdot f_1^{(t)}(x_1-y_1)\mathrm{d}y_2\mathrm{d}y_1+\int_0^{\min(x_1,D_p^{(1)})}\int_0^{\min(x_2,D_p^{(2)})}\int_0^{\min(x_3,D_p^{(3)})}\pi(Y)f_1^{(t)}(x_1-y_1)\\
&\cdot f_2^{(t)}(x_2-y_2)f_3^{(t)}(x_3-y_3)\mathrm{d}y_3\mathrm{d}y_2\mathrm{d}y_1
\end{aligned}
\tag{4-38}
$$

4.3.4　多部件系统稳态概率密度函数通用定义

更一般地，根据劣化状态空间模型中所表示的任意 $N(N=1,2,\cdots)$ 部件系统所有的维修需求分组，可以总结得到任意 $N(N=1,2,\cdots)$ 部件系统的稳态概率密度函数如式（4-39）所示。

$$
\begin{aligned}
\pi(X)=\sum_{G_s\subseteq\{1,2,\cdots,N\}}&\left\{\prod_{u\in G_s}f_u^{(t)}(x_u)\int_0^{\min(x_{j_1},D_o^{(j_1)})}\cdots\int_0^{\min(x_{j_p},D_o^{(j_p)})}\left[\int_{D_o^{(k_1)}}^{\infty}\cdots\int_{D_o^{(k_q)}}^{\infty}\pi(Y)\mathrm{d}y_{k_1}\cdots\mathrm{d}y_{k_q}\right.\right.\\
&\left.\left.-\int_{D_o^{(k_1)}}^{D_p^{(k_1)}}\cdots\int_{D_o^{(k_q)}}^{D_p^{(k_q)}}\pi(Y)\mathrm{d}y_{k_1}\cdots\mathrm{d}y_{k_q}\right]\prod_{v\notin G_s}f_v^{(t)}(x_v-y_v)\mathrm{d}y_{j_1}\cdots\mathrm{d}y_{j_p}\right\}\\
&+\int_0^{\min(x_1,D_p^{(1)})}\cdots\int_0^{\min(x_N,D_p^{(N)})}\prod_{v\in\{1,2,\cdots,N\}}f_v^{(t)}(x_v-y_v)\mathrm{d}y_1\cdots\mathrm{d}y_N
\end{aligned}
$$

其中　$G_s=\{i_1,i_2\cdots,i_q\}$；　$j_1,\cdots,j_p\notin G_s$；　$k_1,\cdots,k_q\in G_s$；　$p+q=N$

（4-39）

4.4　联合劣化状态稳态概率密度函数的数值解法

为了能够寻找到任意 $N(N=1,2,\cdots)$ 部件系统的稳态概率密度函数通用的解法，仍然从单部件系统的概率密度公式出发，寻找其求解方法的共同特性，以归纳通用的求解方法。

式（4-30）所定义的单部件系统劣化状态的稳态概率密度函数公式与式（3-33）所表示的相同多部件系统中单个部件的劣化状态稳态概率密度函数的定义形式相同，可采用3.3.2小节中描述的方法进行求解。

采用与3.3.2小节中相同的方法继续分析两部件系统的联合劣化状态的稳态概率密度函数式（4-37）。令 $g_1(x)=f_1^{(t)}(x)$，$g_2(x)=f_2^{(t)}(x)$，将式（4-37）等价转换为

$$\begin{aligned}\pi(x_1,x_2)=&\left[1-\int_0^{D_p^{(1)}}\int_0^{D_p^{(2)}}\pi(y_1,y_2)\mathrm{d}y_2\mathrm{d}y_1\right.\\&-\left(\int_0^{D_o^{(1)}}\int_0^{\infty}\pi(y_1,y_2)\mathrm{d}y_2\mathrm{d}y_1-\int_0^{D_o^{(1)}}\int_0^{D_p^{(2)}}\pi(y_1,y_2)\mathrm{d}y_2\mathrm{d}y_1\right)\\&\left.-\left(\int_0^{\infty}\int_0^{D_o^{(2)}}\pi(y_1,y_2)\mathrm{d}y_2\mathrm{d}y_1-\int_0^{D_p^{(1)}}\int_0^{D_o^{(2)}}\pi(y_1,y_2)\mathrm{d}y_2\mathrm{d}y_1\right)\right]g_1(x_1)g_2(x_2)\\&+g_1(x_1)\int_0^{\min(x_2,D_o^{(2)})}\left(\int_{D_o^{(1)}}^{\infty}\pi(y_1,y_2)\mathrm{d}y_1-\int_{D_o^{(1)}}^{D_p^{(1)}}\pi(y_1,y_2)\mathrm{d}y_1\right)g_2(x_2-y_2)\mathrm{d}y_2\\&+g_2(x_2)\int_0^{\min(x_1,D_o^{(1)})}\left(\int_{D_o^{(2)}}^{\infty}\pi(y_1,y_2)\mathrm{d}y_2-\int_{D_o^{(2)}}^{D_p^{(2)}}\pi(y_1,y_2)\mathrm{d}y_2\right)g_1(x_1-y_1)\mathrm{d}y_1\\&+\int_0^{\min(x_1,D_p^{(1)})}\int_0^{\min(x_2,D_p^{(2)})}\pi(y_1,y_2)g_1(x_1-y_1)g_2(x_2-y_2)\mathrm{d}y_2\mathrm{d}y_1\end{aligned}\tag{4-40}$$

类似地，将正交近似数值求解规则应用于式（4-40），并采用 $D_{\max}^{(1)}$ 和 $D_{\max}^{(2)}$ 分别对部件1和部件2劣化状态空间中的 ∞ 进行截尾，$i_{\max}$ 表示数值积分时对积分区间的分段数，可得如式（4-41）所示的每一个正交点的近似方程。

要求解的两部件系统联合状态的稳态概率密度函数可用向量形式表示为 $\boldsymbol{\pi}_{i_{\max}\times i_{\max}}=(\boldsymbol{\pi}_1,\boldsymbol{\pi}_2,\cdots,\boldsymbol{\pi}_i,\cdots,\boldsymbol{\pi}_{i_{\max}})'$，$\boldsymbol{\pi}_i=(\pi(ih_1,h_2),\pi(ih_1,2h_2),\cdots,\pi(ih_1,jh_2),\cdots\pi(ih_1,i_{\max}h_2))$，采用“矩阵维数压缩”的方法将矩阵 $\boldsymbol{\pi}$ 转换为向量形式 $\overline{\boldsymbol{\pi}}_{(i_{\max})^2\times 1}$，$\overline{\boldsymbol{\pi}}=(\boldsymbol{\pi}_1',\boldsymbol{\pi}_2',\cdots,\boldsymbol{\pi}_i',\cdots,\boldsymbol{\pi}_{i_{\max}}')'$，令 g_i 表示向量元素 $g(ih)$，同样可以将式（4-41）改写为如式（4-42）的向量形式。

$$
\begin{aligned}
\pi(i_1h_1,i_2h_2) &= g_1(i_1h_1)g_2(i_2h_2) - h_1h_2\sum_{j_1=1}^{m_1}\sum_{j_2=1}^{m_2}\pi(j_1h_1,j_2h_2)g_1(i_1h_1)g_2(i_2h_2) \\
&\quad - h_1h_2\sum_{j_1=1}^{n_1}\sum_{j_2=1}^{i_{\max}}\pi(j_1h_1,j_2h_2)g_1(i_1h_1)g_2(i_2h_2) \\
&\quad + h_1h_2\sum_{j_1=1}^{n_1}\sum_{j_2=1}^{m_2}\pi(j_1h_1,j_2h_2)g_1(i_1h_1)g_2(i_2h_2) \\
&\quad - h_1h_2\sum_{j_1=1}^{i_{\max}}\sum_{j_2=1}^{n_2}\pi(j_1h_1,j_2h_2)g_1(i_1h_1)g_2(i_2h_2) \\
&\quad + h_1h_2\sum_{j_1=1}^{m_1}\sum_{j_2=1}^{n_2}\pi(j_1h_1,j_2h_2)g_1(i_1h_1)g_2(i_2h_2) \\
&\quad + h_1h_2\sum_{j_1=n_1}^{i_{\max}}\sum_{j_2=1}^{\min(i_2,n_2)}\pi(j_1h_1,j_2h_2)g_1(i_1h_1)g_2(i_2h_2-j_2h_2) \\
&\quad - h_1h_2\sum_{j_1=n_1}^{m_1}\sum_{j_2=1}^{\min(i_2,n_2)}\pi(j_1h_1,j_2h_2)g_1(i_1h_1)g_2(i_2h_2-j_2h_2) \\
&\quad + h_1h_2\sum_{j_1=1}^{\min(i_1,n_1)}\sum_{j_2=n_2}^{i_{\max}}\pi(j_1h_1,j_2h_2)g_1(i_1h_1-j_1h_1)g_2(i_2h_2) \\
&\quad - h_1h_2\sum_{j_1=1}^{\min(i_1,n_1)}\sum_{j_2=n_2}^{m_2}\pi(j_1h_1,j_2h_2)g_1(i_1h_1-j_1h_1)g_2(i_2h_2) \\
&\quad + h_1h_2
\end{aligned}
$$

其中

$$
\begin{aligned}
&h_1 = D_{\max}^{(1)}/i_{\max},\ h_2 = D_{\max}^{(2)}/i_{\max} \\
&m_1 = D_p^{(1)}/h_1,\ m_2 = D_p^{(2)}/h_2 \\
&n_1 = D_o^{(1)}/h_1,\ n_2 = D_o^{(2)}/h_2
\end{aligned}
\tag{4-41}
$$

$$
\begin{aligned}
&\boldsymbol{\pi} = \boldsymbol{g} - \boldsymbol{K}^1\boldsymbol{\pi} - \boldsymbol{K}^2\boldsymbol{\pi} + \boldsymbol{K}^3\boldsymbol{\pi} - \boldsymbol{K}^4\boldsymbol{\pi} + \boldsymbol{K}^5\boldsymbol{\pi} + \boldsymbol{K}^6\boldsymbol{\pi} - \boldsymbol{K}^7\boldsymbol{\pi} + \boldsymbol{K}^8\boldsymbol{\pi} - \boldsymbol{K}^9\boldsymbol{\pi} + \boldsymbol{K}^A\boldsymbol{\pi} \\
&\Rightarrow (\boldsymbol{I} + \boldsymbol{K}^1 + \boldsymbol{K}^2 - \boldsymbol{K}^3 + \boldsymbol{K}^4 - \boldsymbol{K}^5 - \boldsymbol{K}^6 + \boldsymbol{K}^7 - \boldsymbol{K}^8 + \boldsymbol{K}^9 - \boldsymbol{K}^A)\boldsymbol{\pi} = \boldsymbol{g}
\end{aligned}
\tag{4-42}
$$

$$
\boldsymbol{K}^i = h_1h_2\boldsymbol{K}^{i1}\boldsymbol{K}^{i2}
$$

其中，$\boldsymbol{K}^{i1},\boldsymbol{K}^{i2}(i=1,2,\cdots,9,A)$ 的具体定义见附录A。求解线性方程组（4-42），同样可解得 $\pi(x_1,x_2)$ 的数值近似解。

依次类推，对于 $N=3,4,\cdots$ 时的系统联合劣化状态的稳态概率密度函数 $\pi(x_1,\cdots,x_N)$ 均可以用以上方法近似求得。

4.5 数值实验分析

3.4节中已经给出了单部件系统劣化状态稳态概率密度函数的数值实验和详细的分析结果，本章不再重复叙述。接下来，仍然以Matlab为工具计算不相同两部件系统和三部件系统的联合劣化状态的稳态概率密度函数的数值近似解，并进行相应的分析，以验证上述理论和方法的正确性及有效性。

4.5.1 稳态概率密度函数的数值求解

设两个部件的劣化增量 $\Delta x^{(1)}$ 和 $\Delta x^{(2)}$ 分别服从参数为 λ_1 和 λ_2 的指数分布，令 $\lambda_1=5$，$\lambda_2=4$，且定义 $t=3$，$D_o^{(1)}=0.3$，$D_o^{(2)}=0.5$，$D_p^{(1)}=0.6$，$D_p^{(2)}=0.8$，$D_f^{(1)}=0.8$，$D_f^{(2)}=1.2$，用 $5D_f^{(1)}$ 和 $5D_f^{(2)}$ 对 ∞ 进行截尾，对 $\left[0,5D_f^{(1)}\right]$ 和 $\left[0,5D_f^{(2)}\right]$ 均分割100等份进行数值积分，构造稳态概率密度函数 $\pi(x_1,x_2)$ 求解公式的线性方程组（4-42），并解方程求得其数值近似解如图4-3（a）所示。

为了进一步说明稳态概率密度函数数值解法的适用性，接下来再以两个部件的劣化增量 $\Delta x^{(1)}$ 和分别服从Gamma分布 $\Gamma(\alpha_1,\beta_1)$ 和 $\Gamma(\alpha_2,\beta_2)$ 进行验证。令 $\alpha_1=1$，$\beta_1=1.5$，$\alpha_2=2$，$\beta_2=2$，$D_f^{(1)}=4$，$D_f^{(2)}=5$，当 $t=3$，$D_o^{(1)}=2.5$，$D_o^{(2)}=3.5$，$D_p^{(1)}=3.5$，$D_p^{(2)}=4$，并用 $6D_f^{(1)}$ 和 $6D_f^{(2)}$ 对 ∞ 进行截尾，对 $\left[0,6D_f^{(1)}\right]$ 和 $\left[0,6D_f^{(2)}\right]$ 均分为70等份进行数值积分，构造稳态概率密度函数 $\pi(x_1,x_2)$ 求解公式的线性方程组（4-42），并解方程求得其数值近似解如图4-3（b）所示。

对于不同的劣化参数，所求解的联合劣化状态的稳态概率密度函数自然不同，以两个部件的劣化增量 $\Delta x^{(1)}$ 和 $\Delta x^{(2)}$ 分别服从Gamma分布 $\Gamma(\alpha_1,\beta_1)$ 和 $\Gamma(\alpha_2,\beta_2)$ 分布为例，图4-3（c）和图4-3（d）分别显示了在上述参数的基础上分别调整参数 $\alpha_1=5$ 和 $\beta_1=4$ 所求得的稳态概率密度函数 $\pi(x_1,x_2)$ 的数值近似解，在计算过程中调整了对应的截尾数据为 $15D_f^{(i)}(i=1,2)$ 和 $10D_f^{(i)}(i=1,2)$ 以确保计算的准确度。尽管截尾数据的调整增加了计算的时间和空间的复杂度，同样可以通过降低计算精度（减少数值积分分段数）来权衡，也就是说，本章所给出的稳态概率密度函数的数值解法适用于不同劣化系统。

接下来对三个不同部件组成的系统的稳态概率密度函数的求解进行验证。设三个部件的劣化增量 $\Delta x^{(1)}$、$\Delta x^{(2)}$ 和 $\Delta x^{(3)}$ 分别服从参数为 λ_1、λ_2 和 λ_3 的指数分布，令 $\lambda_1=5$，$\lambda_2=4$，$\lambda_3=3$，$t=3$，$D_o^{(1)}=0.3$，$D_o^{(2)}=0.3$，$D_o^{(3)}=0.6$，$D_p^{(1)}=0.6$，$D_p^{(2)}=0.8$，$D_p^{(3)}=1.0$，$D_f^{(1)}=0.8$，$D_f^{(2)}=1.2$，$D_f^{(3)}=1.4$，分别用 $5D_f^{(1)}$、$5D_f^{(2)}$ 和 $5D_f^{(3)}$ 对 ∞ 进行截尾，构造 $\pi(x_1,x_2,x_3)$ 求解公式的线性方程组，可解得稳态概率密

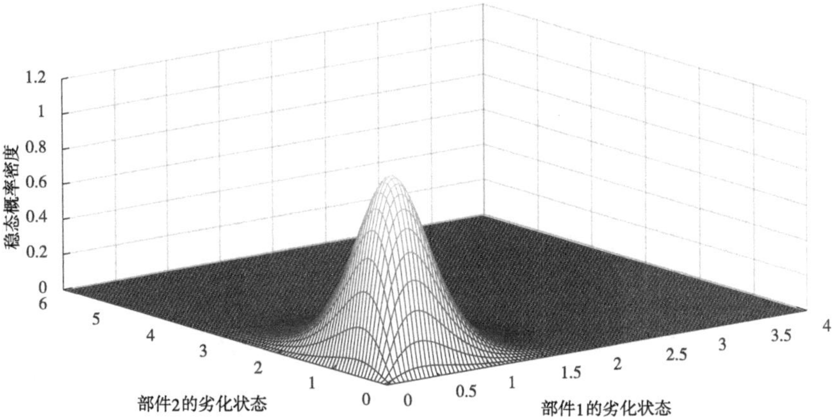

（a）$\Delta x^{(1)} \sim \exp(5)$，　$\Delta x^{(2)} \sim \exp(4)$

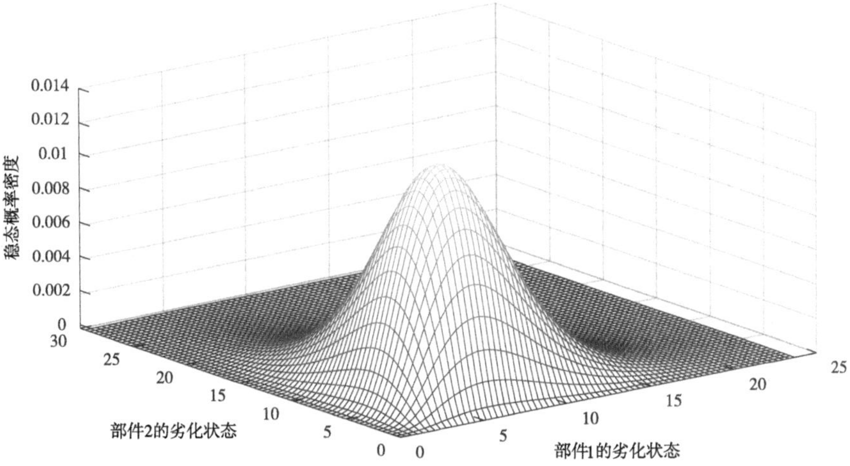

（b）$\Delta x^{(1)} \sim \Gamma(1,1.5)$，　$\Delta x^{(2)} \sim \Gamma(2,2)$

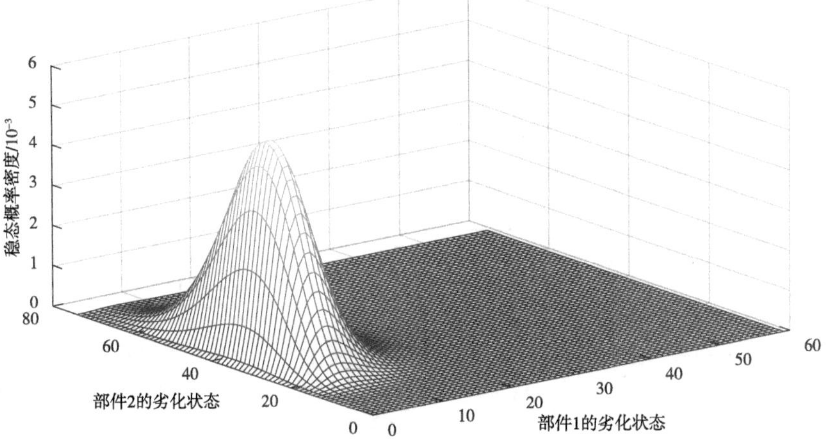

（c）$\Delta x^{(1)} \sim \Gamma(5,1.5)$，　$\Delta x^{(2)} \sim \Gamma(2,2)$

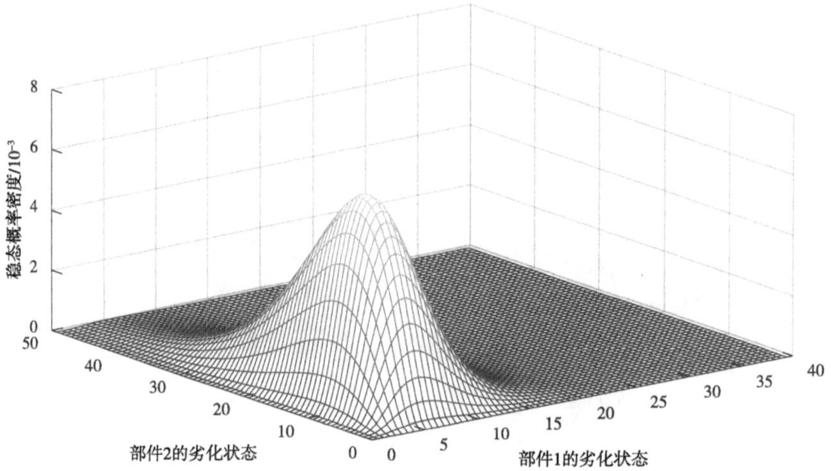

（d）$\Delta x^{(1)} \sim \Gamma(1,4)$ ， $\Delta x^{(2)} \sim \Gamma(2,2)$

图 4-3　稳态概率密度函数 $\pi(x_1,x_2)$ 的数值近似解

度函数 $\pi(x_1,x_2,x_3)$ 的近似数值解示意图如附录B所示，由于该数值解对应的是四维空间，故附录B中在确定了 x_3 的为不同取值时显示了 $\pi(x_1,x_2,x_3)$ 的近似解，可以看出， $x_3=0$ 时， $\pi(x_1,x_2,x_3)$ 的值为0；随着 x_3 的增大， $\pi(x_1,x_2,x_3)$ 的峰值先升后降逐渐收敛于0，符合稳态概率密度函数的图形特性。

4.5.2　稳态概率密度函数数值解的正确性及有效性分析

稳态概率密度函数 $\pi(x_1,x_2)$ 和 $\pi(x_1,x_2,x_3)$ 应该满足概率密度函数的一般特性，即其在整个状态空间中的积分为1。又由于稳态概率密度函数的计算精确度受截尾数据和数值积分分段数的影响，而且分段数越大，其计算的时间复杂度越高。分别令 $r_2=\int_0^{\infty}\int_0^{\infty}\pi(x_1,x_2)\mathrm{d}x_2\mathrm{d}x_1$ ， $r_3=\int_0^{\infty}\int_0^{\infty}\int_0^{\infty}\pi(x_1,x_2,x_3)\mathrm{d}x_3\mathrm{d}x_2\mathrm{d}x_1$ ， $i_{\max}$ 表示数值积分分段数， C_{time} 表示计算的时间，表4-1和表4-2分别显示了随 $i_{\max}$ 的变化， r_2 和 r_3 的计算结果及相应的计算时间 C_{time} 。

表4-1　数值积分分段数 $i_{\max}$ 与 r_2 、计算时间 C_{time} 的关系

$i_{\max}$	r_2	C_{time} /秒	环境配置
25	1.022 720 671 614 89	0.689 499 999 999 999	CPU：Intel®Core™ i3-2370M@2.40GHz
50	1.025 984 717 896 172	2.237 000 000 000 002	RAM：2.00GB
80	1.016 725 470 860 709	19.748 999 999 999 995	OS：Microsoft Win 7（32bit）
100	1.015 089 516 512 431	3.150 200 000 000 000e+02	IDE：MATLAB R2010a（32bit）

续表

i_{max}	r_2	C_{time} /秒	环境配置
150	1.010 656 703 809 931	3.469 530 000 000 000e+02	CPU：Intel®Xeon® E7530@1.87GHz 8vCPU
200	1.008 206 747 375 159	7.882 190 000 000 000e+02	RAM：122880MB
250	1.006 361 101 499 365	3.690 390 000 000 000e+03	OS：Microsoft Win Server 2008（64bit）
300	1.005 619 549 199 861	1.052 895 300 000 000e+04	IDE：MATLAB R2012a（64bit）

表4-2　数值积分分段数 i_{max} 对 r_3 和计算时间 C_{time} 的影响

i_{max}	r_3	C_{time} /秒	环境配置
15	0.994 714 9	2.061 999 999 999 998	CPU：Intel®Xeon® E7530@1.87GHz 8vCPU RAM：122880MB OS：Microsoft Win Server 2008（64bit） IDE：MATLAB R2012a（64bit）
18	0.993 019 0	5.844 000 000 000 001	
20	0.993 391 6	20.546 999 999 999 997	
25	1.048 815 8	1.044 220 000 000 000e+02	
30	1.101 045 1	3.607 500 000 000 000e+02	
35	1.113 370 1	1.140 547 000 000 000e+03	
40	1.093 707 4	3.076 984 000 000 000e+03	

不难发现，随着数值积分分段数 i_{max} 的增加，求解精度越来越高，r_2 和 r_3 的值趋近于1①，而求解时间 C_{time} 也在快速上升。由此可见，本章所推导的稳态概率密度函数及其数值解法是正确可行的。

4.5.3　稳态概率密度函数在维修决策建模中的有效性分析

由式（4-39）所示的稳态概率密度函数的定义可知，对半更新周期长度和部件的机会及预防维修阈值的调整均会影响到稳态概率密度函数的数值解，进而影响维修需求组合的概率的计算值和模型的目标值，即基于该理论可以建立有效的维修优化建模。

具体的实验将在第5章中结合实际的维修模型和优化目标给出。

4.6　本章小结

本章介绍了第2章所讨论的多部件系统通用的联合劣化状态空间划分建模方

① 需要说明的是，在表4-1和表4-2中数据的不稳定是计算过程中引入的数据误差而导致的，在三部分系统中当积分分段数越大时，由于部件数量多，计算过程复杂，引入的计算误差增大，出现了积分值的不稳定，但整体的精度变化趋势是稳定的。

法在不相同多部件系统中的应用。首先，在不相同多部件系统联合劣化状态空间区域及与之对应的维修需求组合划分模型的基础上，推导了不相同多部件系统各维修需求组合的通用概率计算方法。其次，基于联合劣化状态空间划分模型分析了联合劣化状态的转移特性及维修活动之间的全概率模型，推导了联合状态的稳态概率密度函数的通用表达式，并给出了数值解法。最后，利用数值实验对稳态概率密度函数的定义和解法的正确性和有效性进行了验证，并分析了该方法对后续维修决策建模的有效性。

本章所建立的不同多部件系统联合劣化状态空间划分模型和推导的稳态概率密度函数的通用表达式及其数值解法、维修需求分组的概率计算通式不仅可以兼容于单部件的维修建模，还可以推广到任意 $N(N \geqslant 2)$ 部件系统中，为多部件系统的维修建模构造了一种通用的建模方法，可以为后续研究多部件最优维修决策提供建模依据。

虽然本章的模型和方法研究均针对一般的不相同多部件系统给出，但由于所推导的联合劣化状态稳态概率密度函数的线性方程组维数随部件数量指数级增长，受实验条件的限制，对于维数较高的系统会产生空间溢出的问题，本章只完成了最多三部件系统的实验验证。考虑到该线性方程组的系数矩阵中存在大量的零元素，是一个稀疏矩阵，故后期需继续探讨该矩阵的稀疏特性，寻找更便捷、高效的方程解法，或借助于高性能的并行计算机进行求解。

第5章　相同多部件系统视情机会维修决策

对于相同多部件系统，受各部件的劣化、维修等性质的相似性和系统规模等因素的影响，若同时维修多个部件可以节省可观的维修成本和维修时间。特别是对诸如风力发电、煤矿等地理位置偏远、运输条件差且维修时可能需要大型辅助工具的系统，单次维修的维修启动成本很高，若能充分利用各个维修机会同时维修多个部件，其经济效益更是可观。因此，对此类系统采用机会维修也不失为一种好的策略。现如今视情维修已经成为各类系统研究和应用最多的维修决策技术之一，故将视情维修与机会维修策略相结合研究多部件系统的视情机会维修决策是一种好的方向。

本章基于第3章所建立的相同多部件系统统一的劣化状态空间划分模型，针对存在经济依赖的 M 个连续劣化且相互独立的相同部件组成的系统，给出了此类系统基于联合劣化状态建模的视情机会维修优化决策过程。

5.1　系统描述

本章以具有经济依赖的多个相同部件组成的系统为对象，对其进行视情机会维修决策建模与优化。

5.1.1　系统劣化特征

设系统由 M 个随机独立，但存在经济依赖的相同部件组成，系统中任意部件 $i(i=1,2,\cdots,M)$ 的劣化过程定义如下。

（1）部件 i 遭受连续的磨损累积劣化，其劣化水平是一个可以通过检测获取的随机物理量，服从某种连续随机分布 $Z_i(t)$ 。

（2）用$(Z_i^{(k)})_{k\in N}$表示部件i在任意无穷多个离散时刻$t_k = k\Delta t(k \in N)$检测到的劣化量的随机过程。

（3）设t时刻部件i的劣化状态表示为随机变量x_i^t。$t=0$时刻，部件i全新，$x_i^0 = 0$，x_i^t随时间不断增大，当x_i^t超过预先定义的故障阈值D_f时，部件i发生累积劣化故障，该故障不会导致系统直接停机，部件可以继续劣化运行。

（4）部件i单位时间Δt内的劣化增量$\Delta x_i^{(k)} = x_i^{k\Delta t} - x_i^{(k-1)\Delta t}(k \in N)$是服从概率密度函数为$f(x)$的非负、稳定且独立的随机变量。则该部件$t$个单位时间内的劣化增量服从概率密度函数为$f^{(t)}(x)$的分布，$f^{(t)}(x)$是$f(x)$的$t$次卷积，$f(x)$可以是Gamma、指数等任意的连续分布。本章选用Gamma分布作为实验分布进行推导。

系统的联合劣化过程为M维的联合随机过程$Z(t) = (Z_1(t), Z_2(t), \cdots, Z_M(t))$，$t$时刻的系统联合状态可表示为$(x_1^t, x_2^t, \cdots, x_M^t)$，在不考虑具体时间时，将该劣化状态简化表示为$(x_1, x_2, \cdots, x_M)$。

5.1.2 视情机会维修策略

为系统制定了基于周期性检测的视情机会维修、预防性维修和修复性维修相结合的维修策略。策略为每个部件定义了相同的机会维修阈值D_o和预防性维修阈值D_p，一般认为$0 \leqslant D_o \leqslant D_p \leqslant D_f$。具体的维修策略描述如下。

（1）在固定的检测周期$T(T = k_T \Delta t, k_T \in N)$同时检测并获取系统中所有部件的直接劣化状态$(x_1, x_2, \cdots, x_M)$，检测为瞬时无损检测，单次检测成本为$C_{\text{ins}}$。

（2）在每一个检测点，若部件i的劣化状态满足$x_i \geqslant D_f$，该部件发生故障，立即故障维修，修复性维修成本为C_c。若部件i的劣化状态满足$D_p \leqslant x_i < D_f$，则预防维修该部件，预防性维修成本为C_p。考虑到部件故障状态下运行对整个系统环境的破坏程度更大，其维修的复杂度更高，一般认为$C_p \ll C_c$。

（3）在每一个检测点，若有部件i进行预防性维修或修复性维修，对系统中任意的劣化状态满足$D_o \leqslant x_j < D_p$的其他部件$j(j \in \{1,2,\cdots,M\}, j \neq i)$同时进行机会维修，部件的机会维修成本与预防性维修成本相同，不同的是，由于机会维修提前结束了部件的可运行寿命，给予每单位劣化量C_d的成本惩罚。

（4）其余情况下，不对系统中的任意部件做任何处理。所有维修均瞬时完成，且维修后的部件状态恢复如新。考虑到相同部件的维修具有相同的维修准备工作，如相同的维修备件、维修技术和维修设备等，多个部件同时维修只需一次准备，故同时维修多个部件只需支付一次维修启动成本C_{set}，该成本与维修的部件数量无关。

5.2 考虑维修方式的联合劣化状态空间划分

第3章所给出的相同部件劣化状态空间模型中将机会维修和预防性维修统一视作预防性维修，未做区分。而本章定义的维修策略中，机会维修需要增加成本惩罚，因此需做单独的建模与计算，在第3章劣化状态空间模型的空间区域表示、维修需求分组表示及其概率计算中均需区分机会维修与预防性维修。

5.2.1 劣化状态空间划分

用$C_iP_jO_k$表示一次维修需求中，有i个部件需要修复性维修，j个部件需要预防性维修，k个部件可以机会维修，剩余$M-i-j-k$个部件不维修的维修需求事件，有$0\leqslant i+j+k\leqslant M$成立。图5-1~图5-3分别给出了$M=1,2,3$时的多部件系统区分机会维修和预防性维修后的劣化状态空间划分。图5-1~图5-3中采用分解形式表示了维修需求组合，如$C_0P_1O_0$简化表示为P；$C_1P_1O_0$简化表示为CP；$C_0P_1O_2$简化表示为POO。用$U_k(k=0,1,\cdots,n)$表示系统中有k个部件等待机会维修的事件，任意的M部件系统中，有式（5-1）成立。

$$P_0C_0O_0=\bigcup_{k=0}^{M}U_k \tag{5-1}$$

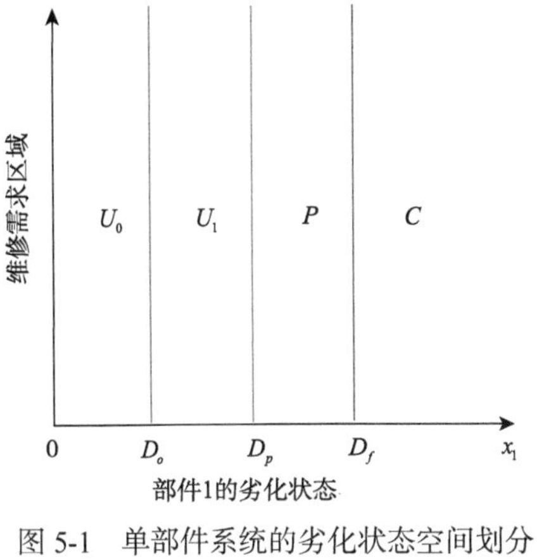

图 5-1　单部件系统的劣化状态空间划分

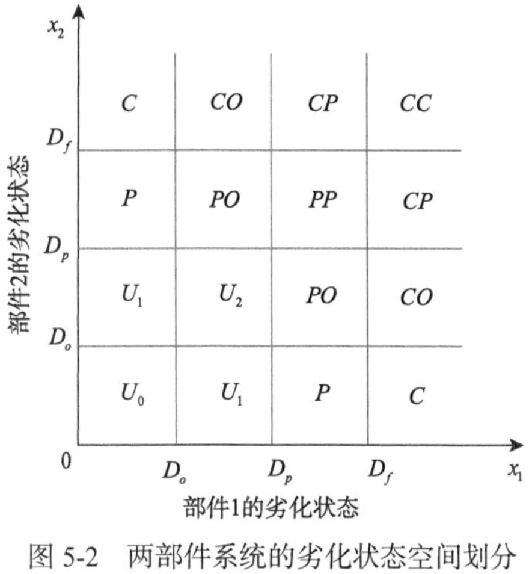

图 5-2　两部件系统的劣化状态空间划分

5.2.2 维修需求组合的概率计算

按照第3章的定义，在考虑维修干预情况下的系统状态$(x_1,x_2,\cdots,x_M)$的稳态概率密度函数为

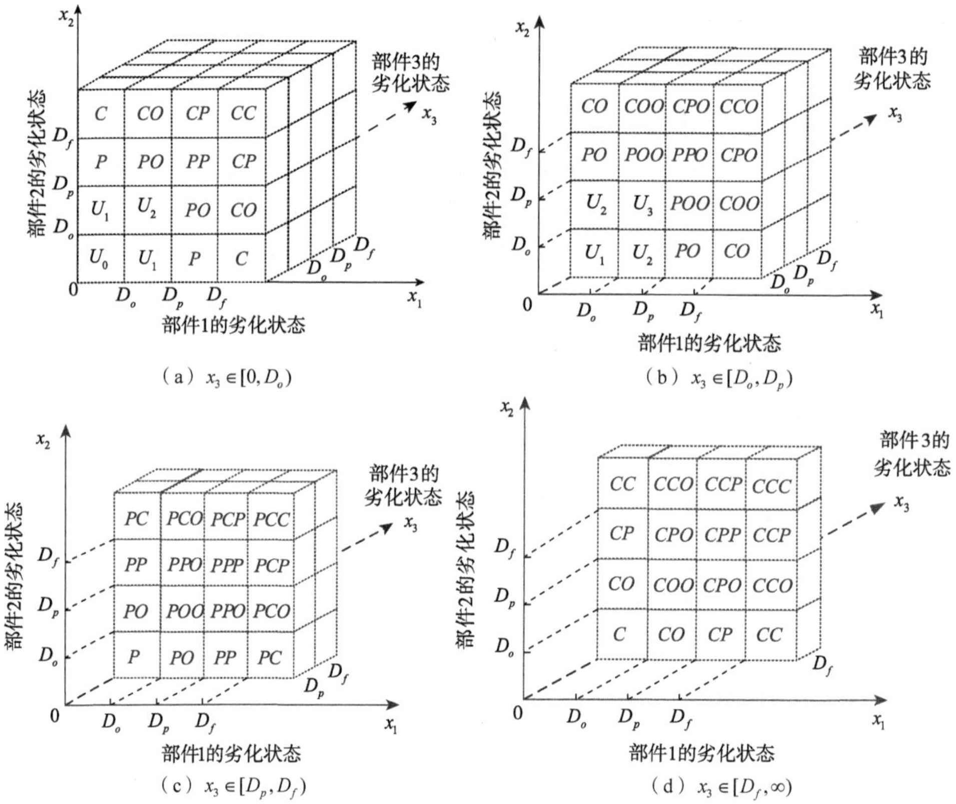

图 5-3　三部件系统的劣化状态空间划分

$$\pi(x_1, x_2, \cdots, x_M) = \prod_{i=1}^{M} \Omega(x_i) \tag{5-2}$$

用 $P_{C_iP_jO_k}^{M}(\boldsymbol{X})$ 表示维修需求分组 $C_iP_jO_k$ 的维修概率。分析图5-1~图5-3中劣化区域与维修需求分组的对应关系，可推导得到 $M=1,2,3$ 系统的各维修需求分组的概率计算公式如下。

1. 单部件系统

$$P_{C_0P_0O_0}^{1}(\boldsymbol{X}) = P_{U_0}^{1}(x_1) + P_{U_1}^{1}(x_1) \tag{5-3}$$

其中

$$P_{U_0}^{1}(x_1) = \int_0^{D_o} \Omega(x_1)\mathrm{d}x_1$$

$$P_{U_1}^{1}(x_1) = \int_{D_o}^{D_p} \Omega(x_1)\mathrm{d}x_1$$

$$P_{C_0P_1O_0}^{1}(\boldsymbol{X}) = \int_{D_p}^{D_f} \Omega(x_1)\mathrm{d}x_1 \tag{5-4}$$

$$P_{C_1P_0O_0}^1(\boldsymbol{X})=\int_{D_f}^{\infty}\Omega(x_1)\mathrm{d}x_1 \tag{5-5}$$

2. 两部件系统

$$\begin{aligned}P_{C_0P_0O_0}^2(\boldsymbol{X})&=P_{U_0}^2(\boldsymbol{X})+P_{U_1}^2(\boldsymbol{X})+P_{U_2}^2(\boldsymbol{X})\\&=P_{C_0P_0O_0}^1(x_1)\cdot P_{U_0}^1(x_2)+P_{C_0P_0O_0}^1(x_1)\cdot P_{U_1}^1(x_2)\end{aligned} \tag{5-6}$$

其中

$$P_{U_0}^2(\boldsymbol{X})=P_{U_0}^1(x_1)P_{U_0}^1(x_2)$$

$$P_{U_1}^2(\boldsymbol{X})=P_{U_1}^1(x_1)P_{U_0}^1(x_2)+P_{U_0}^1(x_1)P_{U_1}^1(x_2)$$

$$P_{U_2}^2(\boldsymbol{X})=P_{U_1}^1(x_1)P_{U_1}^1(x_2)$$

$$P_{C_0P_1O_0}^2(\boldsymbol{X})=P_{C_0P_1O_0}^1(x_1)\cdot P_{U_0}^1(x_2)+P_{U_0}^1(x_1)\cdot P_{C_0P_1O_0}^1(x_2) \tag{5-7}$$

$$P_{C_0P_1O_1}^2(\boldsymbol{X})=P_{C_0P_1O_0}^1(x_1)\cdot P_{U_1}^1(x_2)+P_{U_1}^1(x_1)\cdot P_{C_0P_1O_0}^1(x_2) \tag{5-8}$$

$$P_{C_0P_2O_0}^2(\boldsymbol{X})=P_{P_1C_0O_0}^1(x_1)\cdot P_{C_0P_1O_0}^1(x_2) \tag{5-9}$$

$$P_{C_1P_0O_0}^2(\boldsymbol{X})=P_{C_1P_0O_0}^1(x_1)\cdot P_{U_0}^1(x_2)+P_{U_0}^1(x_1)\cdot P_{C_1P_0O_0}^1(x_2) \tag{5-10}$$

$$P_{C_1P_0O_1}^2(\boldsymbol{X})=P_{C_1P_0O_0}^1(x_1)\cdot P_{U_1}^1(x_2)+P_{U_1}^1(x_1)\cdot P_{C_1P_0O_0}^1(x_2) \tag{5-11}$$

$$P_{C_1P_1O_0}^2(\boldsymbol{X})=P_{C_1P_0O_0}^1(x_1)\cdot P_{C_0P_1O_0}^1(x_2)+P_{C_0P_1O_0}^1(x_1)\cdot P_{C_1P_0O_0}^1(x_2) \tag{5-12}$$

$$P_{C_2P_0O_0}^2(\boldsymbol{X})=P_{C_1P_0O_0}^1(x_1)\cdot P_{C_1P_0O_0}^1(x_2) \tag{5-13}$$

3. 三部件系统

$$\begin{aligned}P_{C_0P_0O_0}^3(\boldsymbol{X})&=P_{U_0}^3(\boldsymbol{X})+P_{U_1}^3(\boldsymbol{X})+P_{U_2}^3(\boldsymbol{X})+P_{U_3}^3(\boldsymbol{X})\\&=P_{C_0P_0O_0}^2(x_1,x_2)P_{U_0}^1(x_3)+P_{C_0P_0O_0}^2(x_1,x_2)P_{U_1}^1(x_3)\end{aligned} \tag{5-14}$$

其中

$$P_{U_0}^3(\boldsymbol{X})=P_{U_0}^2(x_1,x_2)P_{U_0}^1(x_3)$$

$$P_{U_1}^3(\boldsymbol{X})=P_{U_1}^2(x_1,x_2)P_{U_0}^1(x_3)+P_{U_0}^2(x_1,x_2)P_{U_1}^1(x_3)$$

$$P_{U_2}^3(\boldsymbol{X})=P_{U_2}^2(x_1,x_2)P_{U_0}^1(x_3)+P_{U_1}^2(x_1,x_2)P_{U_1}^1(x_3)$$

$$P_{U_3}^3(\boldsymbol{X})=P_{U_2}^2(x_1,x_2)P_{U_1}^1(x_3)$$

$$P_{C_0P_1O_0}^3(\boldsymbol{X})=P_{C_0P_1O_0}^2(x_1,x_2)P_{U_0}^1(x_3)+P_{U_0}^2(x_1,x_2)P_{C_0P_1O_0}^1(x_3) \tag{5-15}$$

$$P_{C_0P_1O_1}^3(\boldsymbol{X})=P_{C_0P_1O_1}^2(x_1,x_2)P_{U_0}^1(x_3)+P_{C_0P_1O_0}^2(x_1,x_2)P_{U_1}^1(x_3)+P_{U_1}^2(x_1,x_2)P_{C_0P_1O_0}^1(x_3) \tag{5-16}$$

$$P_{C_0P_2O_0}^3(\boldsymbol{X})=P_{C_0P_2O_0}^2(x_1,x_2)P_{U_0}^1(x_3)+P_{C_0P_1O_0}^2(x_1,x_2)P_{C_0P_1O_0}^1(x_3) \tag{5-17}$$

$$P_{C_1P_0O_0}^3(\boldsymbol{X})=P_{C_1P_0O_0}^2(x_1,x_2)P_{U_0}^1(x_3)+P_{U_0}^2(x_1,x_2)P_{C_1P_0O_0}^1(x_3) \tag{5-18}$$

$$P^3_{C_1P_0O_1}(\boldsymbol{X}) = P^2_{C_1P_0O_1}(x_1,x_2)P^1_{U_0}(x_3) + P^2_{C_1P_0O_0}(x_1,x_2)P^1_{U_1}(x_3) + P^2_{U_1}(x_1,x_2)P^1_{C_1P_0O_0}(x_3) \quad (5\text{-}19)$$

$$\begin{aligned} P^3_{C_1P_1O_0}(\boldsymbol{X}) &= P^2_{C_1P_1O_0}(x_1,x_2)P^1_{U_0}(x_3) + P^2_{C_1P_0O_0}(x_1,x_2)P^1_{C_0P_1O_0}(x_3) \\ &\quad + P^2_{C_0P_1U_0}(x_1,x_2)P^1_{C_1P_0O_0}(x_3) \end{aligned} \quad (5\text{-}20)$$

$$P^3_{C_2P_0O_0}(\boldsymbol{X}) = P^2_{C_2P_0O_0}(x_1,x_2)P^1_{U_0}(x_3) + P^2_{C_1P_0O_0}(x_1,x_2)P^1_{C_1P_0O_0}(x_3) \quad (5\text{-}21)$$

$$P^3_{C_0P_1O_2}(\boldsymbol{X}) = P^2_{C_0P_1O_1}(x_1,x_2)P^1_{U_1}(x_3) + P^2_{U_2}(x_1,x_2)P^1_{C_0P_1O_0}(x_3) \quad (5\text{-}22)$$

$$P^3_{C_0P_2O_1}(\boldsymbol{X}) = P^2_{C_0P_2O_0}(x_1,x_2)P^1_{U_1}(x_3) + P^2_{C_0P_1O_1}(x_1,x_2)P^1_{C_0P_1O_0}(x_3) \quad (5\text{-}23)$$

$$P^3_{C_1P_0O_2}(\boldsymbol{X}) = P^2_{C_1P_0O_1}(x_1,x_2)P^1_{U_1}(x_3) + P^2_{U_2}(x_1,x_2)P^1_{C_1P_0O_0}(x_3) \quad (5\text{-}24)$$

$$\begin{aligned} P^3_{C_1P_1O_1}(\boldsymbol{X}) &= P^2_{C_1P_1O_0}(x_1,x_2)P^1_{U_1}(x_3) + P^2_{C_1P_0O_1}(x_1,x_2)P^1_{C_0P_1O_0}(x_3) \\ &\quad + P^2_{C_0P_1O_1}(x_1,x_2)P^1_{C_1P_0O_0}(x_3) \end{aligned} \quad (5\text{-}25)$$

$$P^3_{C_2P_0O_1}(\boldsymbol{X}) = P^2_{C_2P_0O_0}(x_1,x_2)P^1_{U_1}(x_3) + P^2_{C_1P_0O_1}(x_1,x_2)P^1_{C_1P_0O_0}(x_3) \quad (5\text{-}26)$$

$$P^3_{C_0P_3O_0}(\boldsymbol{X}) = P^2_{C_0P_2O_0}(x_1,x_2)P^1_{C_0P_1O_0}(x_3) \quad (5\text{-}27)$$

$$P^3_{C_1P_2O_0}(\boldsymbol{X}) = P^2_{C_1P_1O_0}(x_1,x_2)P^1_{C_0P_1O_0}(x_3) + P^2_{C_0P_2O_0}(x_1,x_2)P^1_{C_1P_0O_0}(x_3) \quad (5\text{-}28)$$

$$P^3_{C_2P_1O_0}(\boldsymbol{X}) = P^2_{C_2P_0O_0}(x_1,x_2)P^1_{C_0P_1O_0}(x_3) + P^2_{C_1P_1O_0}(x_1,x_2)P^1_{C_1P_0O_0}(x_3) \quad (5\text{-}29)$$

$$P^3_{C_3P_0O_0}(\boldsymbol{X}) = P^2_{C_2P_0O_0}(x_1,x_2)P^1_{C_1P_0O_0}(x_3) \quad (5\text{-}30)$$

4. M 部件系统

可归纳得到 M 个相同部件组成的系统中维修需求分组 $C_iP_jO_k$ 的维修概率 $P^M_{C_iP_jO_k}(\boldsymbol{X})$ 计算通式如下。

（1）当 $i+j+k=0$ 时，

$$\begin{aligned} P^M_{C_0P_0O_0}(\boldsymbol{X}) &= P^M_{U_0}(\boldsymbol{X}) + P^M_{U_1}(\boldsymbol{X}) + \cdots + P^M_{U_{M-1}}(\boldsymbol{X}) + P^M_{U_M}(\boldsymbol{X}) \\ &= P^{M-1}_{C_0P_0O_0}(x_1,x_2,\cdots,x_{M-1}) \cdot P^1_{U_0}(x_M) + P^{M-1}_{C_0P_0O_0}(x_1,x_2,\cdots,x_{M-1}) \cdot P^1_{U_1}(x_M) \end{aligned} \quad (5\text{-}31)$$

其中

$$P^M_{U_0}(\boldsymbol{X}) = P^{M-1}_{U_0}(x_1,\cdots,x_{M-1})P^1_{U_0}(x_M)$$

$$\begin{aligned} P^M_{U_i}(\boldsymbol{X}) &= P^{M-1}_{U_i}(x_1,\cdots,x_{M-1})P^1_{U_0}(x_M) \\ &\quad + P^{M-1}_{U_{i-1}}(x_1,\cdots,x_{M-1})P^1_{U_1}(x_M)(0<i<M) \end{aligned}$$

$$P^M_{U_M}(\boldsymbol{X}) = P^{M-1}_{U_{M-1}}(x_1,\cdots,x_{M-1})P^1_{U_1}(x_M)$$

（2）当 $1 \leqslant i+j+k \leqslant M$ 时，

$$
\begin{aligned}
P_{C_iP_jO_k}^{M}(\boldsymbol{X}) = {} & I_{(i+j\geqslant 1,k\geqslant 0,1\leqslant i+j+k<M)}P_{C_iP_jO_k}^{M-1}(x_1,x_2,\cdots,x_{M-1})P_{U_0}^{1}(x_M) \\
& + I_{(i+j\geqslant 1,k\geqslant 1,2\leqslant i+j+k\leqslant M)}P_{C_iP_jO_{k-1}}^{M-1}(x_1,x_2,\cdots,x_{M-1})P_{U_1}^{1}(x_M) \\
& + I_{(i\geqslant 1,i+j\geqslant 2,k\geqslant 0,2\leqslant i+j+k\leqslant M)}P_{C_iP_{j-1}O_k}^{M-1}(x_1,x_2,\cdots,x_{M-1})P_{C_0P_1O_0}^{1}(x_M) \\
& + I_{(i=1,j=0,k\geqslant 0,1\leqslant i+k\leqslant M)}P_{U_k}^{M-1}(x_1,x_2,\cdots,x_{M-1})P_{C_0P_1O_0}^{1}(x_M) \\
& + I_{(j\geqslant 1,i+j\geqslant 2,k\geqslant 0,2\leqslant i+j+k\leqslant M)}P_{C_{i-1}P_jO_k}^{M-1}(x_1,x_2,\cdots,x_{M-1})P_{C_1P_0O_0}^{1}(x_M) \\
& + I_{(i=0,j=1,k\geqslant 0,1\leqslant j+k\leqslant M)}P_{U_k}^{M-1}(x_1,x_2,\cdots,x_{M-1})P_{C_1P_0O_0}^{1}(x_M)
\end{aligned}
\tag{5-32}
$$

5.3　维修决策建模

在维修策略的最优建模问题中，单位时间内的平均成本是维修优化问题中关注最多的优化目标之一。

5.3.1　模型的建立

Barlow和Hunter[20]根据更新过程理论将系统无限时间范围内的平均费用率定义为

$$
\mathrm{CR}(t) = \lim_{t\to\infty}\frac{C(t)}{t} = \frac{C(R)}{R} \tag{5-33}
$$

其中，R 为一个更新周期；$C(R)$ 为更新周期内产生的系统总成本。

在本章所定义的周期检测的视情机会维修策略中，每一个检测周期即为一个维修决策点，根据检测到的系统状态对系统中的部件进行部分维修或全部维修，维修后的部件状态恢复如新，未维修的部件保持原有状态，形成新的系统联合状态，之后系统继续在此状态的基础上劣化，因此该多部件系统劣化过程具有半更新特性，每一个检测周期即为一个系统的半更新周期，利用半更新过程理论将式（5-33）中的更新周期限定为一个半更新周期，即检测周期 T ，则费用率公式可近似表示为

$$
\mathrm{CR}(t) = \lim_{t\to\infty}\frac{C(t)}{t} \approx \frac{E\big(C(T)\big)}{T} \tag{5-34}
$$

其中，$E\big(C(T)\big)$ 表示一个半更新周期内的系统平均总成本。$E\big(C(T)\big)$ 的计算需遍历一个周期内系统所有的维修活动计算其产生的相关成本。根据劣化状态空间建模可知任意的维修决策时刻，即周期检测时刻系统所有可能的维修需求活动及其成本和发生概率如下。

（1）无维修需求。即维修需求 $C_0P_0O_0$ ，只产生系统检测成本 C_{ins} ，其发生概

率为 $P_{C_0P_0O_0}^{M}(x_1,x_2,\cdots,x_M)$。

（2）有维修需求。当维修需求为 $C_iP_jO_k(1\leqslant i+j+k\leqslant M)$ 时，系统中有部件被维修，该事件发生的概率为 $P_{C_iP_jO_k}^{M}(x_1,x_2,\cdots,x_M)$，产生的维修和惩罚总成本为

$$C_{\text{ins}}+C_{\text{set}}+iC_c+(j+k)C_p+kC_d(D_p-D_o) \tag{5-35}$$

一个半更新周期内可能产生的系统平均总成本可表示为

$$\begin{aligned}E(C(T))=&C_{\text{ins}}\cdot P_{P_0C_0O_0}^{M}(x_1,x_2,\cdots,x_M)\\&+\sum_{1\leqslant i+j+k\leqslant M}\{[C_{\text{ins}}+C_{\text{set}}+iC_c+(j+k)C_p\\&+kC_d(D_p-D_o)]\cdot P_{C_iP_jO_k}^{M}(x_1,x_2,\cdots,x_M)\}\end{aligned} \tag{5-36}$$

维修决策过程中，选择不同的检测周期长度、预防性维修阈值和机会维修阈值将对应不同的维修概率和维修成本。若检测周期过短，系统干预将过于频繁，检测干预的成本将会大大增加，而过长的检测周期又会增大周期内发生停机故障的概率，进而增加修复性维修的成本。相似地，过小的预防性维修和机会维修区域将会使各部件预防性维修和机会维修的概率增加，缩短部件的生命周期，致使预防性维修成本升高，相反地，同样会增大周期内修复性维修的概率和成本。要寻求的是可以使系统总费用率最小的检测周期长度、预防性维修阈值和机会维修阈值所确定的最优维修策略，问题可描述为式（5-37）所示的带约束的优化问题。

$$\begin{aligned}&\min \text{CR}(T,D_o,D_p)=\min\frac{E(C(T))}{T}\\&\text{s.t.}\quad T=1,2,3,\cdots\\&\qquad 0\leqslant D_o\leqslant D_p\leqslant D_f\end{aligned} \tag{5-37}$$

5.3.2 模型的求解

由式（5-36）可知，式（5-37）中 $E(C(T))$ 的求解是以各种可能的维修组合 $C_0P_0O_0$ 和 $C_iP_jO_k(1\leqslant i+j+k\leqslant M)$ 的遍历及其相关维修概率计算为基础的。又由上一节所定义的维修概率公式式（5-31）和式（5-32）可知，$P_{C_0P_0O_0}^{M}(x_1,x_2,\cdots,x_M)$ 和 $P_{C_0P_0O_0}^{M}(x_1,x_2,\cdots,x_M)$ 的计算是以系统联合劣化状态的稳态概率密度函数 $\pi(x_1,\cdots,x_M)$ 的计算为基础的。3.2节和3.3节已经给出了相同 M 部件系统中所有可能的维修分组的划分及联合劣化过程的稳态概率密度函数 $\pi(x_1,x_2,\cdots,x_M)=\Omega(x_1)\ \Omega(x_2)\cdots\Omega(x_M)$ 的数值解法，故该模型可解。

式（5-37）建立的是一个带约束的多变量、非线性、单目标随机优化模型。遗传算法是一种仿生随机全局优化方法，在寻优过程中对包含可能解的种群反复

应用选择、交叉、变异操作，使问题的解不断进化，以求得最优或近似最优解[131]。该算法使用目标函数的适应值作为解空间搜索的唯一依据，不需要考虑解的求解过程，对问题的种类有很强的鲁棒性，提供了一种求解复杂系统问题的通用框架。遗传算法可以处理任何目标函数和以任何形式定义的线性或非线性约束和离散、连续或混合的搜索空间[132]，而且，遗传算法又是一种概率搜索算法，具有自学习、自组织、自适应等智能特征，寻优过程具有并行性，可有效地避免局部最优结果的产生，被广泛应用到组合优化方面的研究中。因此，本章及后续章节中所有模型的优化均选用了混合编码、两点算术交叉和单点变异的方法，并辅以解的合法化修复操作的遗传算法对模型进行优化求解。

5.4 数值实验分析

本章选用Gamma分布作为各个部件劣化过程的实验分布。假设部件单位时间内的劣化增量 Δx 服从 $\Gamma(\alpha,\beta)$ 分布，则 t 个单位时间内的累积增量服从 $\Gamma(t\alpha,\beta)$ 分布。我们选取第3章数值实验中计算精度较高、复杂度较低的一组劣化参数 $\alpha=1.4$ ， $\beta=2$ 作为实验分布参数，并假设模型中的成本参数为 $C_{\text{ins}}=50$ ， $C_{\text{set}}=500$ ， $C_p=100$ ， $C_c=1000$ ， $C_d=30$ ，对本章所建立的维修优化模型进行求解验证。

5.4.1 维修优化模型验证

分析各决策变量对优化目标的影响，以说明每个决策变量均存在一个最优值使得目标最优，即验证维修优化模型的正确性。

图5-4显示了当系统中的部件数量分别为 $M=5$ 和 $M=10$ 时，在给定部件的机会维修阈值 $D_o=15$ 和预防性维修阈值 $D_p=18$ 的前提下，系统的平均费用率随系统检测周期 T 的变化趋势。

不难发现，随着 T 的逐渐增大，无论系统中部件数量多少，系统的平均费用率均存在一个极小值。由于检测成本的存在，当 T 比较小时，系统检测过于频繁，系统的总费用率较高；随着 T 的增大，系统的故障概率也随之增大，招致越来越大的故障成本，与系统的检测成本之间形成了一个权衡，在某一个特定的时刻二者达到平衡，系统费用率取得最小值；之后 T 继续增大时，系统的故障率导致了系统的故障维修概率和成本继续增加，从而使得系统平均费用率又开始回升。当检测周期 T 增大到接近部件的故障周期时，系统的故障概率和成本趋于稳定，系统平均费用率增加逐渐趋于平缓。此外，图5-4的实验结果同时表明了当系统中的部件数量较多时，同等条件下系统的平均费用率较低，这是由于系统中的部件数

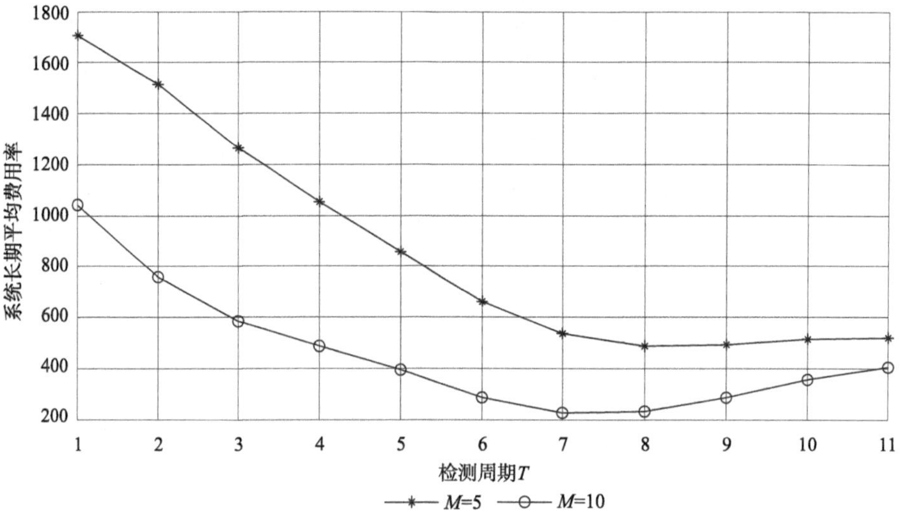

图 5-4　检测周期对费用率目标的影响

量越多，系统提供的维修机会越多，多个部件同时维修的概率也随之增加，从而降低了系统总的维修费用率。

图5-5（a）和图5-5（b）分别显示了 $M=5$ 和 $M=10$ 时，在设定参数 $T=5$，$D_o=D_p-3$，选取 D_p 的取值范围为 $D_p\in[3,20]$ 和在设定参数 $T=5$，$D_p=18$，选取 D_o 的取值范围为 $D_o\in[0,18]$ 的前提下，系统单位时间内的平均成本随部件维修阈值的变化趋势。

由图5-5可知，无论系统的部件数量多少，在维修阈值不断变化的过程中，同样存在一个使得系统费用率最小的极值点。当 D_o 和 D_p 较小时，部件机会维修和预防性维修的概率较高，发生故障的概率较小，预防性维修费用小于系统的修复性维修费用，因此系统的平均费用率相对较小。随着 D_o 和 D_p 的增大，部件的机会维修和预防性维修区域逐渐缩小，各部件机会维修和预防性维修的概率减小，部件发生故障的概率上升，受较高修复性维修费用的影响，系统的平均费用率增加，速度也有明显加快。比较图5-5（a）和图5-5（b）同样可以发现，同等条件下，部件数量较多的系统其平均费用率较低，这同样是由于相同阈值范围内包含的维修部件数量越多节省的维修成本越多，费用率也就越低。

以上结果表明实验中给定的劣化和维修参数所确立的优化模型存在使得系统平均费用率最低的最优解。

设置遗传算法的优化参数为种群大小20，最大遗传代数50，代沟0.8，交叉概率0.8，变异概率0.2，图5-6（a）和图5-6（b）分别显示了 $M=5$ 和 $M=10$ 时一次优化的进化过程。其中，$M=5$ 时优化得到的近似最优解为 $T^*=6$，$D_p^*=18.543\,440\,0$，

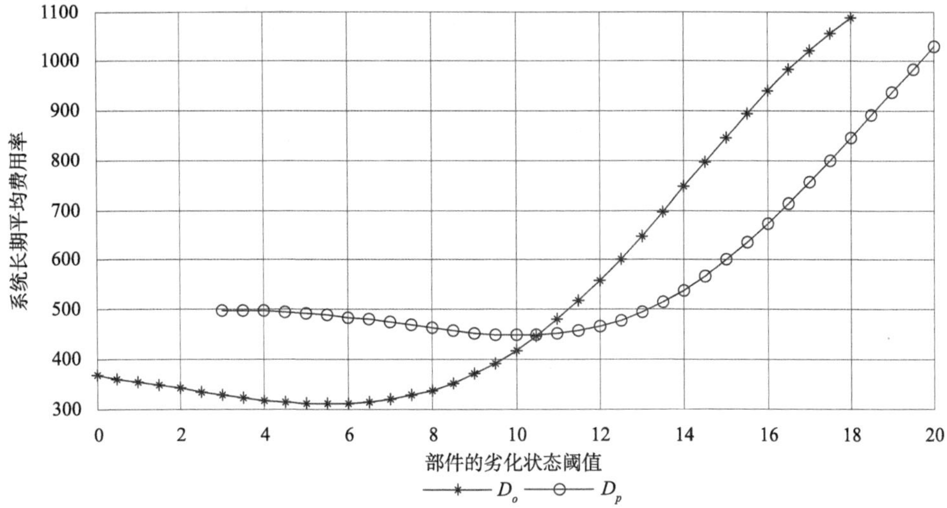

（a） $M=5$

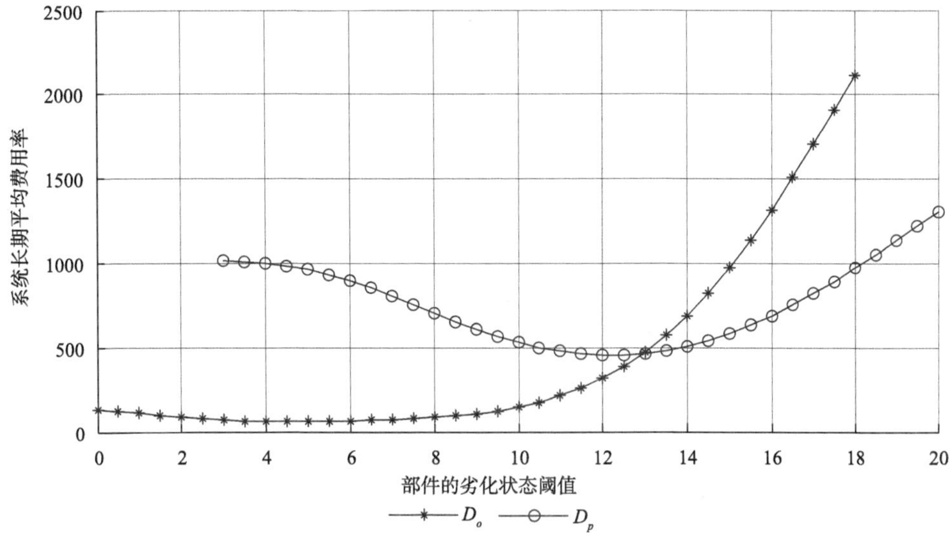

（b） $M=10$

图 5-5　机会维修和预防性维修阈值对费用率目标的影响

$D_o^* = 7.096\,368\,0$ ，对应的最小费用率 339.668 501 0 ，单位部件的最小费用率为 67.939 700 2 ； $M=10$ 时优化得到的近似最优解为 $T^*=5$ ， $D_p^* = 18.456\,445\,0$ ， $D_o^* = 4.047\,834\,0$ ，对应的最小费用率 520.739 952 0 ，单位部件的最小费用率为 52.073 995 2 。

不难发现，含有10个部件的系统平均费用率与含有5个部件的系统平均费用率相比有所增加，这无疑是系统部件数量增加，致使维修数量增加而导致的；然而，

10部件系统中单位部件的平均费用率比5部件系统的单位部件的平均费用率要小，这是由于系统中部件数量越多，部件机会维修的概率越大，可以节省的维修成本越多，因此部件数量越多，单位部件的平均费用率越低。此外，由优化结果可知，系统中部件数量增多时系统的最优检测周期长度及预防和机会维修阈值均会减小，以适应更多部件的劣化要求，保证较低的故障概率和系统平均费用率。

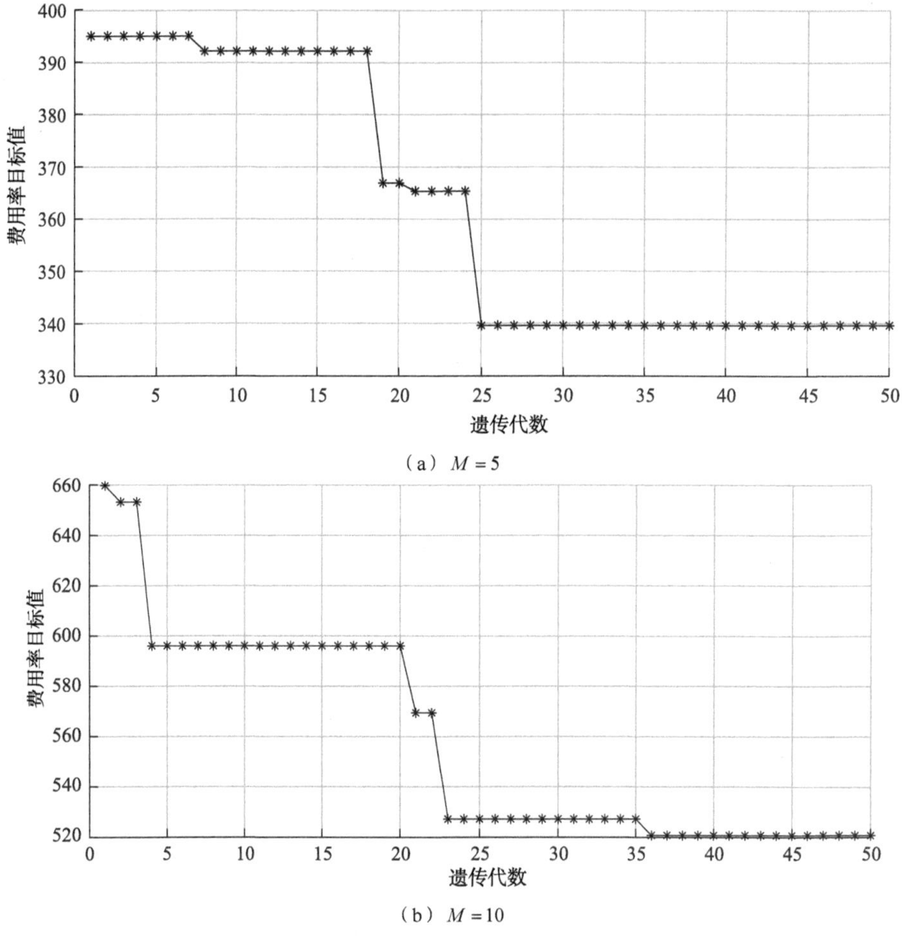

图 5-6　遗传算法一次优化的示例进化过程

5.4.2　模型的计算复杂度分析

由式（5-36）可知，在优化模型的每一个适应值的计算过程中，需要求解系统所有可能的 $(M+1)(M+2)(M+3)/6$ 个维修需求分组的维修概率，又由式（5-31）和式（5-32）可知，每一个维修概率的计算是一个 M 次递归过程，因此，适应值求解过程的时间复杂度为 $O(M^4)$。在求解过程中，除了 M 倍的递归存储空间外，在递归计算之前需要求解和存储稳态概率密度函数 $\Omega(x)$ 的近似数值解，该近似解的时间和空间复杂度受其计算精度的影响，$\Omega(x)$ 是一个 $i_{\max}$（对数值积分空间的划分段数）维向量，其求解复杂度与一个 $i_{\max}$ 维线性方程组的复杂度相同。

M 个相同部件组成的系统中，各部件的劣化过程服从相同的分布，系统状态的联合稳态概率密度函数 $\pi(x_1,\cdots,x_M)=\Omega(x_1)\Omega(x_2)\cdots\Omega(x_M)$，求解时只需计算一个 $\Omega(x)$ 即可。而当系统由 M 个互相独立的不相同部件组成时，各部件的劣化过程服从不同的分布，系统状态的联合稳态概率密度函数 $\pi(x_1,x_2,\cdots,x_M)=\Omega_1(x)$ $\Omega_2(x_2)\cdots\Omega_M(x_M)$ 需分别计算每一个部件的稳态概率密度函数 $\Omega_i(x)(i=1,2,\cdots,M)$，其计算的时间复杂度和空间复杂度较 M 个相同部件组成的系统均增加了 M 倍。

5.4.3　灵敏度分析

以 $M=5$ 为例，分别将成本参数 C_{ins}，C_{set}，C_p，C_c，C_d 增大和缩小10%，分析该参数对最优维修策略参数的影响，其优化结果分别如表5-1~表5-5所示。

由表5-1可知，随着系统检测成本 C_{ins} 的增加，为了降低总的费用率，检测周期 T 随之增大，以减少系统的检测次数从而降低检测费用。而随着系统检测周期 T 的增大，系统中各部件的故障概率也会随之增大，修复性维修概率的增大进一步又会增加系统的修复性维修费用，由于部件的故障成本总是高于其预防维修成本的，因此权衡各种费用后优化得到的部件最优预防性维修阈值均有所下降，以增加系统中各部件的预防性维修概率。而由于部件之间的较强的经济依赖关系（$C_{\text{set}}=500$），部件的机会维修区域（表5-1中用 Gap_o 表示，$\text{Gap}_o=D_p-D_o$）随检测成本的增加而减小，以权衡得到较低的费用率。

表5-1　检测成本 C_{ins} 对最优维修策略的影响（$C_{\text{set}}=500$，$C_p=100$，$C_c=1000$，$C_d=30$）

C_{ins}	CR(T)	T	D_o	D_p	Gap_o
5	317.833 701	6	6.795 227	19.860 592	13.065 37
50	339.668 501	6	7.096 368	18.543 440	11.447 07
500	425.391 274	7	8.999 279	17.894 783	8.895 50

表5-2中，系统的维修启动成本 C_{set} 越大，系统任意的单次维修的成本越高，部件之间的经济相关性也越强，因此随着 C_{set} 的增加，为了减少系统的维修次数，部件的机会维修和预防性维修阈值均有明显增加，同时为了提高各部件的机会维修概率，部件的机会维修区域 Gap_o 随 C_{set} 的增大而增大，进一步节约系统的维修成本。

表5-2 维修启动成本 C_{set} 对最优维修策略的影响（ $C_{\text{ins}}=50$ ，$C_p=100$ ，$C_c=1000$ ，$C_d=30$ ）

C_{set}	CR(T)	T	D_o	D_p	Gap$_o$
50	248.610 521	6	6.589 778	17.525 176	10.935 40
500	339.668 501	6	7.096 368	18.543 440	11.447 07
5 000	826.268 868	6	7.887 848	19.476 272	11.588 42

当部件的预防性维修成本 C_p 接近其修复性维修成本 C_c 时，对部件的预防性维修并不能节约更多的故障维修成本，因此，优化得到的最优预防性维修阈值接近于故障阈值。如表5-3所示，当部件的修复性维修成本 C_p 增大时，部件的预防性维修阈值也越来越接近于其故障阈值，以减少检测和维修次数，进而减少了部件的预防性维修概率。当预防性维修成本高于部件的维修启动成本时，为了降低系统的故障率，最优策略偏向于完成更多的机会维修，因此随着 C_p 的不断增加，部件的机会维修区域也不断增大。此外，C_p 的调整对系统的费用率和检测周期没有明显的影响。

表5-3 预防性维修成本 C_p 对最优维修策略的影响（ $C_{\text{ins}}=50$ ，$C_{\text{set}}=500$ ，$C_c=1000$ ，$C_d=30$ ）

C_p	CR(T)	T	D_o	D_p	Gap$_o$
10	267.330 000	6	6.995 646	17.436 333	10.440 69
100	339.668 501	6	7.096 368	18.543 440	11.447 07
1 000	462.396 772	6	6.897 277	19.760 170	12.862 89

当系统中部件修复性维修成本 C_c 过大时，最优维修策略必然趋向于增加该部件的预防性维修来减少其故障发生的概率。因此，如表5-4中所示，当部件的修复性维修成本 C_c 增大时，系统的检测周期和部件的预防性维修阈值均不断减小，以增加其预防性维修的概率，从而减少该部件的故障概率。当部件的修复性维修成本特别大时，部件的机会维修区域 Gap$_o$ 也会随之明显减小，以增加部件在故障前维修的概率，降低故障概率和修复性维修成本，此外，由于在各种费用参数中，C_c 所占的比例较大，因此随着 C_c 的增大，系统的费用率有明显的增大。

表5-4 修复性维修成本 C_c 对最优维修策略的影响（ $C_{\text{ins}}=50$ ，$C_{\text{set}}=500$ ，$C_p=100$ ，$C_d=30$ ）

C_c	CR(T)	T	D_o	D_p	Gap$_o$
100	94.648 066	11	8.000 000	19.398 725	11.398 73
1 000	339.668 501	6	7.096 368	18.543 440	11.447 07
10 000	858.155 562	3	2.497 893	9.912 476	7.414 58

如表5-5中所示，当部件的机会维修惩罚成本 C_d 逐渐增大时，最优维修策略趋向于缩小部件的机会维修区域 Gap_o 来减少其机会维修的概率，而机会维修的减少增加了部件故障的概率，因此部件的预防性维修阈值也随之减小，以增加其预防性维修频率的方式来减小系统发生故障的概率。

表5-5 机会维修惩罚成本 C_d 对最优维修策略的影响（$C_{\text{ins}}=50$，$C_{\text{set}}=500$，$C_p=100$，$C_c=1000$）

C_d	CR(T)	T	D_o	D_p	Gap_o
3	131.507 697	6	4.798 180	19.406 611	14.608 43
30	339.668 501	6	7.096 368	18.543 440	11.447 07
300	454.893 570	6	6.696 853	10.441 801	3.744 948

5.5 本章小结

本章针对多个随机独立却存在经济依赖的相同部件组成的系统，制定了基于周期检测的视情机会维修、预防性维修和修复性维修相结合的维修策略。在相同多部件系统劣化状态空间划分模型基础上，进一步区分预防性维修与机会维修给出了新的劣化状态空间划分，并推导了维修需求分组的概率。以此为基础建立了基于半更新理论的系统长期平均费用率模型，以求解系统全局最优的系统检测间隔、部件的机会维修和预防性维修阈值。数值实验以部件的劣化过程为Gamma过程为例，验证了依据劣化状态空间划分模型所建立的维修优化模型的正确性和有效性，并分析了优化结果对模型中各参数的灵敏程度。

数值实验结果表明劣化状态空间划分建模方法和费用率模型均正确有效，部件数不同的系统联合优化的维修阈值不同，考虑机会维修的维修策略可以比独立维修节省成本。

虽然本章的数值实验仅以5部件和10部件系统为例验证并比较分析了模型的正确性和有效性，但是模型适用于更多数量的相同多部件系统维修建模，同时该模型也适用于多个劣化独立的不相同部件组成的系统维修决策建模。

第6章　不相同两部件系统视情机会维修决策

为了简化建模复杂度，许多关于多部件维修决策的研究中往往对系统特征做出一些假设和限定，如Castanier等[82]在研究两部件系统维修决策的文献中假设当部件的劣化阈值大于或等于事先定义的故障阈值时，部件不会马上故障停机，而是继续劣化运行到下一个系统干预时刻才能发现并处理该故障。Zhu等[83]同样假设在两次计划维修之间发生故障的部件可以继续劣化运行，直到下一个维修时刻再进行故障处理，但对设备的劣化运行给予了成本惩罚。这种在劣化状态超过给定阈值后系统可以继续劣化运行的故障模式称为“软失效”[83]，此类故障表示系统存在严重的缺陷或劣化，运行环境已经很差，但还不会导致系统的停机，故障状态需要专门的检测才能获得。

实际中，许多部件的故障往往会直接导致系统停机，而无须检测故障的发生与否，对应地，此类故障模式称为“硬失效”[83]。如果将“硬失效”故障的设备也推迟到下一个干预时刻再处理，必然会造成很大的停机损失。Wang等[24]研究了随机连续劣化单部件系统的视情维修决策问题，文中假设系统故障均为无须检测的“硬失效”停机故障，并在故障时刻立即做出响应。

此外，多数最优维修建模研究中对维修时间均做忽略处理[24,82]，而实际中随故障类别的不同维修所耗费的时间是不相同的，而且有些维修时间长、代价高，维修时间不容忽视。

本章以第4章不相同多部件系统的联合劣化状态空间划分建模为基础，针对“硬失效”的两部件系统，在考虑非零的维修时间的条件下，介绍了不相同两部件系统视情机会维修决策建模与优化方法。

6.1 系统描述

本章关注的两个功能和劣化特征各异的关键部件组成的系统，部件的故障均为“硬失效”故障，且任一部件的故障均会导致系统整体的停机。而且两个部件相互关联共同完成系统功能，部件之间存在结构、随机和经济多种依赖关系。

6.1.1 系统劣化特征

对系统中任意部件 $i(i=1,2)$ 的劣化过程做如下假设。

（1）部件 i 遭受连续的磨损累积劣化，其劣化水平是一个可以通过检测获取的随机物理量，服从某种连续随机分布 $Z_i(t)$ 。

（2）用 $(Z_i^{(k)})_{k\in N}$ 表示部件 i 在任意无穷多个离散时刻 $t_k = k\Delta t(k\in N)$ 检测到的劣化量的随机过程。

（3）设 t 时刻部件 i 的劣化状态表示为随机变量 x_i^t 。$t=0$ 时刻，部件 i 全新，$x_i^0=0$ ，x_i^t 随时间不断增大，当 x_i^t 超过预先定义的故障阈值 $D_f^{(i)}$ 时，部件 i 发生无须检测的停机故障。

（4）部件 i 单位时间 Δt 内的劣化增量 $\Delta x_i^{(k)} = x_i^{k\Delta t} - x_i^{(k-1)\Delta t}(k\in N)$ 是服从概率密度函数为 $f_i(x)$ 的非负稳定且独立的随机变量。则该部件 t 个单位时间内的劣化增量服从概率密度函数为 $f_i^{(t)}(x)$ 的分布，$f_i^{(t)}(x)$ 是 $f_i(x)$ 的 t 次卷积，$f_i(x)$ 可以是Gamma、指数等任意的连续分布。本章以Gamma分布为实验分布进行推导。

系统的联合劣化过程为二维的联合随机过程 $Z(t)=(Z_1(t),Z_2(t))$ ，t 时刻的系统联合状态可表示为 (x_1^t,x_2^t) ，在不考虑具体时间时，将该劣化状态简化表示为 (x_1,x_2) 。

6.1.2 视情机会维修策略

系统采用的维修策略为在周期性检测获得系统各部件状态的基础上，进行视情预防更换、机会更换和故障更换相结合的控制限维修策略。策略为每个部件 $i(i=1,2)$ 分别定义了预防更换阈值 $D_p^{(i)}$ 和机会更换阈值 $D_o^{(i)}$ ，一般认为 $0\leqslant D_o^{(i)}\leqslant D_p^{(i)}\leqslant D_f^{(i)}$ 。具体的策略描述如下。

（1）在固定的检测周期 $T(T=k_T\Delta t, k_T\in N)$ 同时检测并获取系统中所有部件的直接劣化状态 (x_1,x_2) 。检测为瞬时无损检测，单次检测成本为 C_{ins} ，包括部件1的检测成本 $C_{\text{ins}}^{(1)}$ 和部件2的检测成本 $C_{\text{ins}}^{(2)}$ 。

（2）在每一个检测点，若任意部件 i 的劣化状态 x_i 满足 $D_p^{(i)}\leqslant x_i < D_f^{(i)}$ ，则

预防性更换该部件，更换成本为 $C_p^{(i)}$，更换时间为 $t_p^{(i)}$。

（3）在每一个检测点或两次检测之间，一旦部件 i 的劣化状态超过其故障阈值 $D_f^{(i)}$，该部件发生故障，整个系统因故障而停机，此时立即更换该故障部件，故障更换成本为 $C_c^{(i)}$，更换时间为 $t_c^{(i)}$，一般认为 $C_p^{(i)} \ll C_c^{(i)}$，$t_p^{(i)} \ll t_c^{(i)}$。假设一个检查周期内系统最多发生一次故障。故障更换之后，系统开始下一个新的检测周期。

（4）对部件 i 进行任意的更换维修时，若系统中另一个部件 $j(j \neq i)$ 的劣化状态满足 $D_o^{(j)} \leqslant x_j < D_p^{(j)}$，则对部件 $j(j \neq i)$ 同时进行机会更换，其更换成本与预防更换相同。

（5）其余情况下，不对系统中的任意部件做任何处理。

单位时间内系统的停机成本为 C_d。任意的更换维修后，被更换的部件状态恢复如新。一次系统的运行和维修示例如图6-1所示。

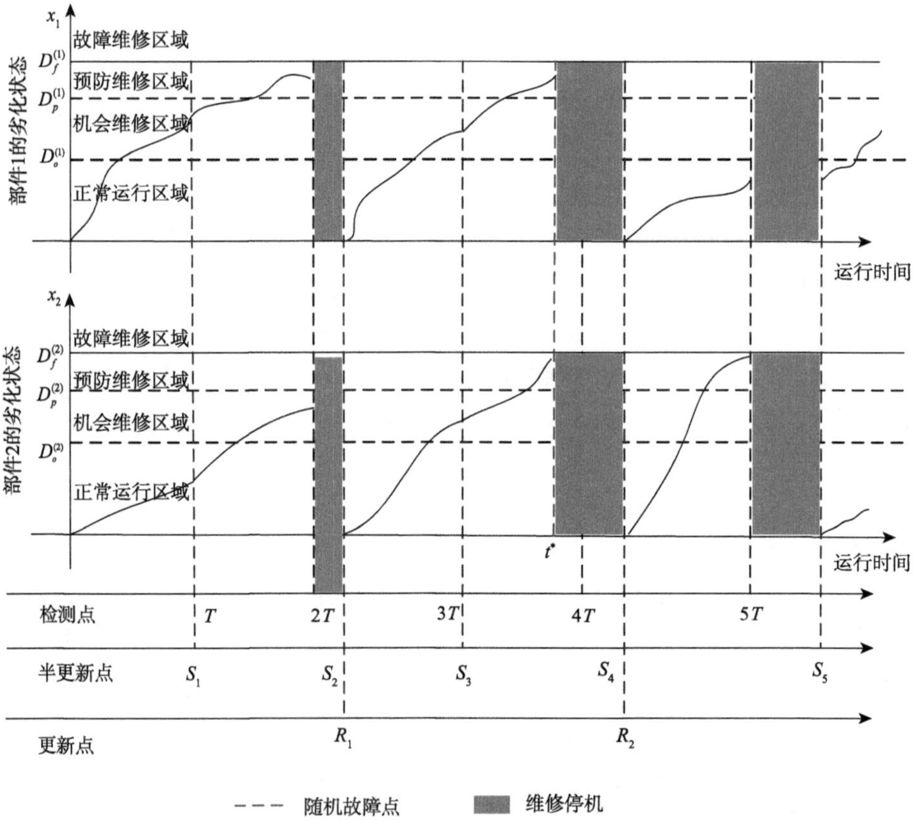

图 6-1　两部件系统劣化和维修示意图

图6-1中，$kT(k \in N)$为事先计划的系统状态检测点，在T、$3T$时刻，没有部件需要维修；$2T$时刻，部件1需要预防性更换，由于部件2的劣化状态满足机会维修条件，同时对其进行机会预防性更换。在$3T$和$4T$之间的t^*时刻，由于部件2发生故障，需要立即进行故障更换，同时检测到部件1的劣化状态满足预防性更换条件。因此，两个部件的更换操作同时完成，由此开始一个新的检测周期。$5T$时刻，恰好部件2发生故障，对其进行故障后更换。可以将两个部件同时更换理解为一次系统更新，每一个更换时刻即为一个系统更新点，如图6-1中的R_1和R_2。将部分或全部部件更换，甚至只完成检测没有部件更换活动的检测时刻称为半更新点。图6-1中的$S_1 \sim S_5$均称为半更新点。

无论是事先计划的周期性检测和更换，还是未计划的故障更换均被认为是一次系统干预，任意的一次系统干预时刻均为一个半更新点，两个连续半更新点之间形成一个半更新周期，每次系统干预均会为系统提供一个检测和更换的机会，之后开始下一个新的检测周期。

任意一次包含维修活动的系统干预均需要安排相应的维修工作组，并中断系统运行，因此，除了之前定义的与部件相关的更换维修成本外，每一次含有维修活动的系统干预均需要支付一份额外的维修启动费，如系统拆装等费用，记为C_{set}。该费用每次维修干预只支付一次，与系统的运行和维修特性无关。

6.2　考虑维修方式的联合劣化状态空间划分

第2章中图2-6定义的不同两部件系统的劣化状态空间划分模型，对部件的维修只区分了维修和不维修两种状态。然而，考虑到本章所定义的维修策略中各类维修活动具有不同的维修时间和维修成本，在优化建模需要区分对待。

6.2.1　劣化状态空间划分

对第4章的两部件系统劣化状态空间划分按照维修活动类型进行了细化，划分结果如图6-2所示。

其中，图2-6中没有部件需要维修的区域$M^2(0)$分为了没有部件等待机会维修的区域U_0、只有部件1等待机会维修的区域U_1、只有部件2等待机会维修的区域U_2和部件1、部件2同时等待机会维修的区域U_{12}四部分；只有部件1或部分2需要维修的区域$M^2(1)$和$M^2(2)$分别被分为相应部件的预防性维修区域$P_i(i=1,2)$和修复性维修区域$C_i(i=1,2)$两部分；两个部件同时需要维修的区域$M^2(1,2)$被分为了两个部件全部需要预防性维修的区域P_1P_2、部件1需要预防性维修，部件2需要故

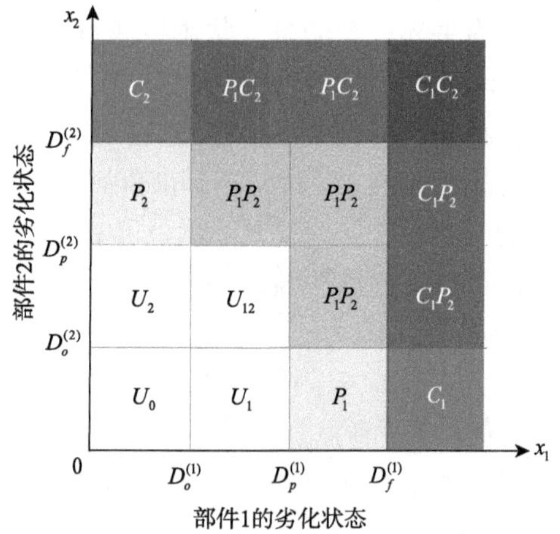

图 6-2　区分维修活动的不相同两部件系统劣化状态空间划分

图中不同阴影代表不同的维修需求，颜色越深的区域，维修需求越多

障后维修的区域 P_1C_2、部件1需要修复性维修，部件2需要预防性维修的区域 C_1P_2 和部件1和2同时需要修复性维修的区域 C_1C_2。

6.2.2　维修需求分组的概率计算

区分维修活动后划分得到的各维修需求组合的概率计算同样可根据区域覆盖的劣化区域表示为系统联合劣化状态的稳态概率密度函数 $\pi(x_1,x_2)$ 的积分形式。

$$P_{U_0}(x_1,x_2)=\int_0^{x_o^{(2)}}\int_0^{x_o^{(1)}}\pi(x_1,x_2)\mathrm{d}x_1\mathrm{d}x_2 \tag{6-1}$$

$$P_{U_1}(x_1,x_2)=\int_0^{x_o^{(2)}}\int_{x_o^{(1)}}^{x_p^{(1)}}\pi(x_1,x_2)\mathrm{d}x_1\mathrm{d}x_2 \tag{6-2}$$

$$P_{U_2}(x_1,x_2)=\int_{x_o^{(2)}}^{x_p^{(2)}}\int_0^{x_o^{(1)}}\pi(x_1,x_2)\mathrm{d}x_1\mathrm{d}x_2 \tag{6-3}$$

$$P_{U_{12}}(x_1,x_2)=\int_{x_o^{(2)}}^{x_p^{(2)}}\int_{x_o^{(1)}}^{x_p^{(1)}}\pi(x_1,x_2)\mathrm{d}x_1\mathrm{d}x_2 \tag{6-4}$$

$$P_{P_i}(x_1,x_2)=\int_0^{x_o^{(j)}}\int_{x_p^{(i)}}^{\infty}\pi(x_1,x_2)\mathrm{d}x_i\mathrm{d}x_j=\int_0^{x_o^{(j)}}\left(\int_{x_o^{(i)}}^{\infty}\pi(x_1,x_2)\mathrm{d}x_i-\int_{x_o^{(i)}}^{x_p^{(i)}}\pi(x_1,x_2)\mathrm{d}x_i\right)\mathrm{d}x_j \tag{6-5}$$

$$P_{C_i}(x_1,x_2)=\int_0^{x_o^{(j)}}\int_{x_f^{(i)}}^{\infty}\pi(x_1,x_2)\mathrm{d}x_i\mathrm{d}x_j=\int_0^{x_o^{(j)}}\left(\int_{x_o^{(i)}}^{\infty}\pi(x_1,x_2)\mathrm{d}x_i-\int_{x_o^{(i)}}^{x_f^{(i)}}\pi(x_1,x_2)\mathrm{d}x_i\right)\mathrm{d}x_j \tag{6-6}$$

$$P_{P_1P_2}(x_1,x_2)=\int_{x_o^{(2)}}^{x_f^{(2)}}\int_{x_o^{(1)}}^{x_f^{(1)}}\pi(x_1,x_2)\mathrm{d}x_1\mathrm{d}x_2-\int_{x_o^{(2)}}^{x_p^{(2)}}\int_{x_o^{(1)}}^{x_p^{(1)}}\pi(x_1,x_2)\mathrm{d}x_1\mathrm{d}x_2 \tag{6-7}$$

$$P_{P_iC_j}(x_1,x_2)=\int_{x_o^{(i)}}^{x_f^{(i)}}\int_{x_f^{(j)}}^{\infty}\pi(x_1,x_2)\mathrm{d}x_j\mathrm{d}x_i \tag{6-8}$$

$$P_{C_1C_2}(x_1,x_2)=\int_{x_f^{(2)}}^{\infty}\int_{x_f^{(1)}}^{\infty}\pi(x_1,x_2)\mathrm{d}x_1\mathrm{d}x_2 \tag{6-9}$$

式（6-5）和式（6-6）中 $i=1,2;i\neq j$。与未区分维修活动的划分中的维修需要分组的概率关系为

$$P_{M^2(0)}(x_1,x_2)=P_{U_0}(x_1,x_2)+P_{U_1}(x_1,x_2)+P_{U_2}(x_1,x_2)+P_{U_{12}}(x_1,x_2) \quad (6\text{-}10)$$

$$P_{M^2(i)}(x_1,x_2)=P_{P_i}(x_1,x_2)+P_{P_i}(x_1,x_2) \quad (6\text{-}11)$$

$$P_{M^2(1,2)}(x_1,x_2)=P_{P_1P_2}(x_1,x_2)+\sum_{i\neq j}P_{P_iC_j}(x_1,x_2)+P_{C_1C_2}(x_1,x_2) \quad (6\text{-}12)$$

6.3　维修决策建模

本章仍以系统长期平均费用率为优化目标建立两部件系统的最优维修决策模型。

6.3.1　模型的建立

由于两部件系统劣化过程具有半更新特性，但每个半更新周期随系统的劣化和维修需求随机变化，设 S 表示一个半更新周期的随机长度，根据半更新理论建立费用率模型为

$$\mathrm{CR}(t)=\lim_{t\to\infty}\frac{C(t)}{t}\approx\frac{E\left(C(S)\right)}{E(S)} \quad (6\text{-}13)$$

其中，$E(S)$ 表示一个半更新周期平均长度；$E\left(C(S)\right)$ 表示一个半更新周期内的平均总成本。

由本章定义的系统假设可知，一个半更新周期 S 应该包含两次维修之间的系统运行时间 S' 和维修停机时间 D 两部分。即：

$$E(S)=E(S')+E(D) \quad (6\text{-}14)$$

由于系统在任意部件 i 的劣化值达到其故障阈值 $D_f^{(i)}$ 时发生故障并停机，所以系统的停机可能是周期检测或故障两种原因导致。

若两次检测之间系统中任意部件均未发生故障，则有 $S'=T$。若两次检测之间系统中有部件发生了故障，则 S' 为上一次周期结束到故障时刻之间的时间长度。设系统在上一个半更新周期结束后再运行 k_τ 个单位时间发生了故障，由于 $T\left(T=k_T\Delta t,k_T\in N\right)$，故有 $S'=k_\tau\left(0\leqslant k_\tau\leqslant k_T\right)$。

总之，$E(S')$ 可表示为

$$\begin{aligned}E(S')&=\sum_{k_\tau=1}^{k_T-1}k_\tau P\left(S'=k_\tau\right)+k_T\cdot\left(1-\sum_{k_\tau=1}^{k_T-1}P\left(S'=k_\tau\right)\right)\\&=k_T-\sum_{k_\tau=1}^{k_T-1}\left(k_T-k_\tau\right)P\left(S'=k_\tau\right)\end{aligned} \quad (6\text{-}15)$$

其中，$P(S'=k_\tau)$ 表示系统在两次检测之间的 k_τ 时刻发生故障的概率，系统的故障可能是由于部件1和部件2的部分或同时故障引起的，因此有

$$P(S'=k_\tau)=\sum_{i=1}^{2}P(S_i'=k_\tau)-P(S_1'=k_\tau,S_2'=k_\tau) \tag{6-16}$$

其中，$P(S_i'=k_\tau)$ 表示部件 i 在 k_τ 时刻发生故障的概率，$P(S_1'=k_\tau,S_2'=k_\tau)$ 表示 k_τ 时刻两个部件同时发生故障的概率。用 $H_i(k_\tau\mid\tilde{y}_i;k_T)$ 表示上一个半更新周期维修活动结束后部件 i 的劣化状态值为 $\tilde{y}_i$ 的条件下，部件 i 在运行 k_τ 个单位时间后发生故障的概率，即为 k_τ 个单位时间内部件 i 从 $\tilde{y}_i$ 劣化到 $D_f^{(i)}$ 的概率。

$$H_i(k_\tau\mid\tilde{y}_i;T)=f^{k_\tau}(D_f^{(i)}-\tilde{y}_i),k_\tau\leqslant k_T \tag{6-17}$$

$P(S_i'=k_\tau)$ 即为考虑所有 $\tilde{y}_i$ 条件下的 $H_i(k_\tau\mid\tilde{y}_i;k_T)$ 之和，$H_i(k_\tau\mid\tilde{y}_i;k_T)$ 的计算可以通过分析上一个半更新点检测到的系统劣化状态推导得到。设上一个半更新点检测到的系统劣化状态为 y_i 和 $y_j(j\neq i)$，若 $y_i<D_p^{(i)}$ 和 $y_j<D_p^{(j)}$，两个部件均未维修，其劣化状态满足 $\tilde{y}_i=y_i<D_p^{(i)}$ ；若 $y_i<D_o^{(i)}$ 和 $y_j\geqslant D_p^{(j)}$，部件 i 未维修，其劣化状态满足 $\tilde{y}_i=y_i<D_o^{(i)}$ ；其他情况下，部件 i 均被维修，维修之后其劣化状态变为 $\tilde{y}_i=0$ 。因此有

$$\begin{aligned}P(S'_i=r)=&\int_0^{D_p^{(i)}}\int_0^{D_p^{(j)}}\pi(y_1,y_2)H_i(r\mid y_i,k_T)\mathrm{d}y_j\mathrm{d}y_i\\&+\int_0^{D_o^{(i)}}\int_{D_p^{(j)}}^{\infty}\pi(y_1,y_2)H_i(r\mid y_i,k_T)\mathrm{d}y_j\mathrm{d}y_i\\&+\left[\int_{D_o^{(2)}}^{\infty}\int_{D_o^{(1)}}^{\infty}\pi(y_1,y_2)\mathrm{d}y_1\mathrm{d}y_2-\int_{D_o^{(2)}}^{D_p^{(2)}}\int_{D_o^{(1)}}^{D_p^{(1)}}\pi(y_1,y_2)\mathrm{d}y_1\mathrm{d}y_2\right]H_i(r\mid 0,k_T)\\&+\left[\int_0^{D_o^{(j)}}\int_{D_p^{(i)}}^{\infty}\pi(y_1,y_2)\mathrm{d}y_i\mathrm{d}y_j\right]H_i(r\mid 0,k_T)\end{aligned} \tag{6-18}$$

$$\begin{aligned}&P(S_1'=r,S_2'=r)\\=&\left[\int_{D_o^{(2)}}^{\infty}\int_{D_o^{(1)}}^{\infty}\pi(y_1,y_2)\mathrm{d}y_1\mathrm{d}y_2-\int_{D_o^{(2)}}^{D_p^{(2)}}\int_{D_o^{(1)}}^{D_p^{(1)}}\pi(y_1,y_2)\mathrm{d}y_1\mathrm{d}y_2\right]H_1(r\mid 0,k_T)H_2(r\mid 0,k_T)\\&+\left[\int_0^{D_o^{(2)}}\int_{D_p^{(1)}}^{\infty}\pi(y_1,y_2)\mathrm{d}y_1H_2(r\mid y_2,k_T)\mathrm{d}y_2\right]H_1(r\mid 0,k_T)\\&+\left[\int_0^{D_o^{(1)}}\int_{D_p^{(2)}}^{\infty}\pi(y_1,y_2)\mathrm{d}y_2H_1(r\mid y_1,k_T)\mathrm{d}y_1\right]H_2(r\mid 0,k_T)\\&+\int_0^{D_p^{(1)}}\int_0^{D_p^{(2)}}\pi(y_1,y_2)H_1(r\mid y_1,k_T)H_2(r\mid y_2,k_T)\mathrm{d}y_2\mathrm{d}y_1\end{aligned} \tag{6-19}$$

系统的维修停机因维修活动而产生，不同维修活动的发生概率和产生的停机时间各不相同，因此需要先分析一个半更新周期内所有可能停机的原因和概率，才能计算系统的平均停机时间 $E(D)$ 。以不同方式结束的半更新周期内产生维修

活动的概率和成本均不相同，下面就因周期检测时刻到达和因两次检测之间部件发生故障两种情况分别进行讨论。

（1）因周期检查时刻到达而结束的情况发生概率为

$$P\left(S'=k_T\right)=1-\sum_{k_\tau=1}^{k_T-1}P\left(S'=k_\tau\right) \tag{6-20}$$

此时，需要对系统中所有的部件进行检测，根据检测的结果为系统安排相应的维修活动，依据图6-2所示的劣化状态空间划分可知所有可能的维修活动及其产生的费用和发生的概率如下：①当检测到的状态落在状态区域U_0，U_1，U_2，U_{12}中时，只产生系统检测费用C_{ins}，发生概率为$P_{M^2(0)}(x_1,x_2)$；②当检测到的状态落在状态区域$P_i(i=1,2)$中时，产生的费用包括系统检测、维修启动、部件i的预防性维修和停机损失成本四部分$C_{\text{ins}}+C_{\text{set}}+C_p^{(i)}+C_d\cdot t_p^{(i)}$，发生概率为$P_{P_i}(x_1,x_2)$；③当检测到的状态落在状态区域$P_1P_2$中时，产生的费用包括系统检测、维修启动、两个部件各自的预防性维修和由较长的停机时间决定的停机损失成本五部分$C_{\text{ins}}+C_{\text{set}}+C_p^{(1)}+C_p^{(2)}+C_d\cdot\max(t_p^{(1)},t_p^{(2)})$，发生概率为$P_{P_1P_2}(x_1,x_2)$；④当检测到的状态落在状态空间区域$C_i(i=1,2)$中时，产生的费用包括系统检测、维修启动、部件$i$的修复性维修和停机损失成本四部分$C_{\text{ins}}+C_{\text{set}}+C_c^{(i)}+C_d\cdot t_c^{(i)}$，发生概率为$P_{C_i}(x_1,x_2)$；⑤当检测到的状态落在状态区域$P_iC_j(i\neq j)$中时，产生的费用包括系统检测、维修启动、部件$i$的预防性维修、部件$j$的修复性维修和由较长的停机时间决定的停机损失成本五部分$C_{\text{ins}}+C_{\text{set}}+C_p^{(i)}+C_c^{(j)}+C_d\cdot\max(t_p^{(i)},t_c^{(j)})$，发生概率为$P_{P_iC_j}(x_1,x_2)$；⑥当检测到的状态落在状态区域$C_1C_2$中时，产生的费用包括系统检测、维修启动、两个部件各自的修复性维修和由较长的停机时间决定的停机损失成本五部分$C_{\text{ins}}+C_{\text{set}}+C_c^{(1)}+C_c^{(2)}+C_d\cdot\max(t_c^{(1)},t_c^{(2)})$，发生概率为$P_{C_1C_2}(x_1,x_2)$。

（2）因系统在两次检测之间发生了故障而结束的情况又可细分为因单个部件$i(i=1,2)$的故障或两个部件同时故障所致两种情况。

第一，若是单个部件$i(i=1,2)$故障，其发生概率为$P(S_i'=k_\tau)-P(S_1'=k_\tau,S_2'=k_\tau)$。此时，需要为部件$i$安排故障维修活动，并检测部件$j(j\neq i)$的劣化状态$x_j$。①若$x_j<D_o^{(j)}$，部件$j$不需要维修，产生的费用包括部件$j$的检测费用、维修启动费用、部件$i$的修复性维修成本和停机损失成本四部分$C_{\text{ins}}^{(j)}+C_{\text{set}}+C_c^{(i)}+C_d\cdot t_c^{(i)}$，发生概率为

$$\int_0^{D_o^{(j)}}\int_{D_f^{(i)}}^{\infty}\pi(x_1,x_2)\mathrm{d}x_i\mathrm{d}x_j \tag{6-21}$$

②若 $D_o^{(j)} \leqslant x_j < D_f^{(j)}$，需要同时对部件 j 进行机会预防性维修，产生的费用包括部件 j 的检测费用、维修启动费用、部件 i 的修复性维修成本、部件 j 的预防性维修成本和由较长的停机时间决定的停机损失成本五部分 $C_{\text{ins}}^{(j)} + C_{\text{set}} + C_c^{(i)} + C_p^{(j)} + C_d \cdot \max(t_c^{(i)}, t_p^{(j)})$，发生概率为

$$\int_{D_o^{(j)}}^{D_f^{(j)}} \int_{D_f^{(i)}}^{\infty} \pi(x_1, x_2) \mathrm{d}x_i \mathrm{d}x_j \tag{6-22}$$

第二，若是两个部件同时发生故障，其发生概率为 $P(S_1' = k_\tau, S_2' = k_\tau)$，此时需要同时为两个部件安排修复性维修活动，产生的费用包括维修启动费用、两个部件的修复性维修成本和由较长的停机时间决定的停机损失成本四部分 $C_{\text{set}} + C_c^{(i)} + C_c^{(j)} + C_d \cdot \max(t_c^{(i)}, t_c^{(j)})$。

总结以上所有情况，一个半更新周期内可能产生的平均费用为

$$\begin{aligned}
E\big(C(S)\big) = & \left[1 - \sum_{k_\tau=1}^{k_T-1} P(S' = k_\tau)\right] \cdot \{C_{\text{ins}} \cdot P_{M^2(0)}(x_1, x_2) \\
& + \sum_{i=1}^{2} [(C_{\text{ins}} + C_{\text{set}} + C_p^{(i)} + C_d \cdot t_p^{(i)}) \cdot P_{P_i}(x_1, x_2)] \\
& + [C_{\text{ins}} + C_{\text{set}} + C_p^{(1)} + C_p^{(2)} + C_d \cdot \max(t_p^{(1)}, t_p^{(2)})] \cdot P_{P_1P_2}(x_1, x_2) \\
& + \sum_{i=1}^{2} [(C_{\text{ins}} + C_{\text{set}} + C_c^{(i)} + C_d \cdot t_c^{(i)}) \cdot P_{C_i}(x_1, x_2)] \\
& + \sum_{i \neq j} [(C_{\text{ins}} + C_{\text{set}} + C_p^{(i)} + C_c^{(j)} + C_d \cdot \max(t_p^{(i)}, t_c^{(j)})) \cdot P_{P_iC_j}(x_1, x_2)] \\
& + [C_{\text{ins}} + C_{\text{set}} + C_c^{(1)} + C_c^{(2)} + C_d \cdot \max(t_c^{(1)}, t_c^{(2)})] \cdot P_{C_1C_2}(x_1, x_2)\} \\
& + \sum_{k_t=1}^{k_T-1} \{\sum_{i \neq j} [P(S'_i = k_\tau) - P(S_1' = k_\tau, S_2' = k_\tau)] \\
& \times \left[(C_{\text{ins}}^{(j)} + C_{\text{set}} + C_c^{(i)} + C_d \cdot t_c^{(i)}) \cdot \int_0^{D_o^{(j)}} \int_{D_f^{(i)}}^{\infty} \pi(x_1, x_2) \mathrm{d}x_i \, \mathrm{d}x_j \right. \\
& \left. + (C_{\text{ins}}^{(j)} + C_{\text{set}} + C_c^{(i)} + C_p^{(j)} + C_d \cdot \max(t_c^{(i)}, t_p^{(j)})) \cdot \int_{D_o^{(j)}}^{D_f^{(j)}} \int_{D_f^{(i)}}^{\infty} \pi(x_1, x_2) \mathrm{d}x_i \mathrm{d}x_j \right] \\
& + P(S_1' = k_\tau, S_2' = k_\tau) \cdot (C_{\text{set}} + C_c^{(i)} + C_c^{(j)} + C_d \cdot \max(t_c^{(i)}, t_c^{(j)}))\}
\end{aligned} \tag{6-23}$$

而一个半更新周期内系统的平均维修停机时间为

$$
\begin{aligned}
E(D) &= \left[1-\sum_{k_\tau=1}^{k_T-1} P(S'=k_\tau)\right]\cdot\left[\sum_{i=1}^{2} t_p^{(i)}\cdot P_{P_i}(x_1,x_2)+\max(t_p^{(1)},t_p^{(2)})\cdot P_{P_1P_2}(x_1,x_2)\right.\\
&\quad +\sum_{i=1}^{2} t_c^{(i)}\cdot P_{C_i}(x_1,x_2)+\sum_{i\neq j}\max(t_p^{(i)},t_c^{(j)})\cdot P_{P_iC_j}(x_1,x_2)\\
&\quad \left.+\max(t_c^{(1)},t_c^{(2)})\cdot P_{C_1C_2}(x_1,x_2)\right]+\sum_{k_\tau=1}^{k_T-1}\left\{\sum_{i\neq j}\left[P(S_i'=k_\tau)-P(S_1'=k_\tau,S_2'=k_\tau)\right]\right.\\
&\quad \times\left[t_c^{(i)}\cdot\int_0^{D_o^{(j)}}\int_{D_f^{(i)}}^{\infty}\pi(x_1,x_2)\mathrm{d}x_i\mathrm{d}x_j+\max(t_c^{(i)},t_p^{(j)})\cdot\int_{D_o^{(j)}}^{D_f^{(j)}}\int_{D_f^{(i)}}^{\infty}\pi(x_1,x_2)\mathrm{d}x_i\mathrm{d}x_j\right]\\
&\quad \left.+P(S_1'=k_\tau,S_2'=k_\tau)\cdot\max(t_c^{(i)},t_c^{(j)})\right\}
\end{aligned}
\tag{6-24}
$$

维修决策过程中，选择不同的检测周期长度、预防性维修阈值和机会维修阈值将对应不同的维修概率和维修成本，因此要寻求的是可以使费用率最小的检测周期长度、预防性维修阈值和机会维修阈值所确定的最优维修策略。问题可描述为式（6-25）所示的带约束的优化问题。

$$
\begin{aligned}
&\min \mathrm{CR}(T,D_p^{(1)},D_p^{(2)},D_o^{(1)},D_o^{(2)})=\min\frac{E(C(S))}{E(S)}\\
&\text{s.t.}\quad T=1,2,3,\cdots\\
&\qquad D_o^{(1)}\leqslant D_p^{(1)}\leqslant D_f^{(1)}\\
&\qquad D_o^{(2)}\leqslant D_p^{(2)}\leqslant D_f^{(2)}
\end{aligned}
\tag{6-25}
$$

6.3.2 模型的求解

式（6-25）建立的是一个带约束的多变量、非线性、单目标随机优化模型。仍采用与第5章相同的遗传算法对模型进行优化求解。

6.4 数值实验分析

选用可以表征劣化从0开始，且增量非负、稳定、随机独立的连续Gamma分布作为各个部件劣化过程的实验分布。设部件i单位时间内的劣化增量Δx_i服从$\Gamma(\alpha_i,\beta_i)$分布，则t个单位时间内的累积增量服从$\Gamma(t\alpha_i,\beta_i)$分布。并设置劣化参数为$\alpha_1=1$，$\alpha_2=2$，$\beta_1=1.5$，$\beta_2=2$，$D_f^{(1)}=4$，$D_f^{(2)}=5$；成本参数为$C_p^{(1)}=40$，$C_p^{(2)}=50$，$C_c^{(1)}=100$，$C_c^{(2)}=300$，$C_{\mathrm{set}}=30$，$C_{\mathrm{ins}}^{(1)}=2$，$C_{\mathrm{ins}}^{(2)}=3$，$C_{\mathrm{ins}}=5$，以验证所建立的模型的正确性和有效性。

6.4.1　维修优化模型验证

分析检查周期T对优化目标的影响。图6-3显示了系统的半更新周期的期望值和系统平均费用率随检测周期T的变化趋势。

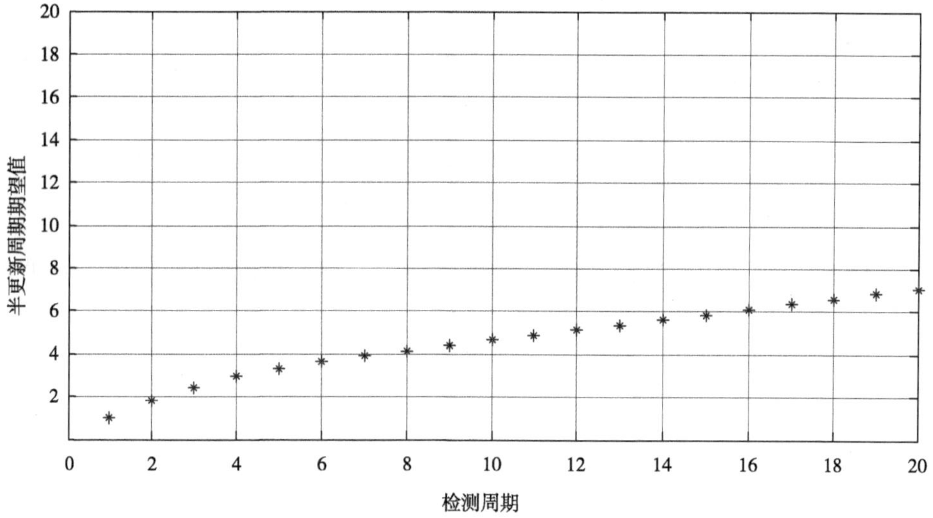

（a）对系统的半更新周期平均长度的影响

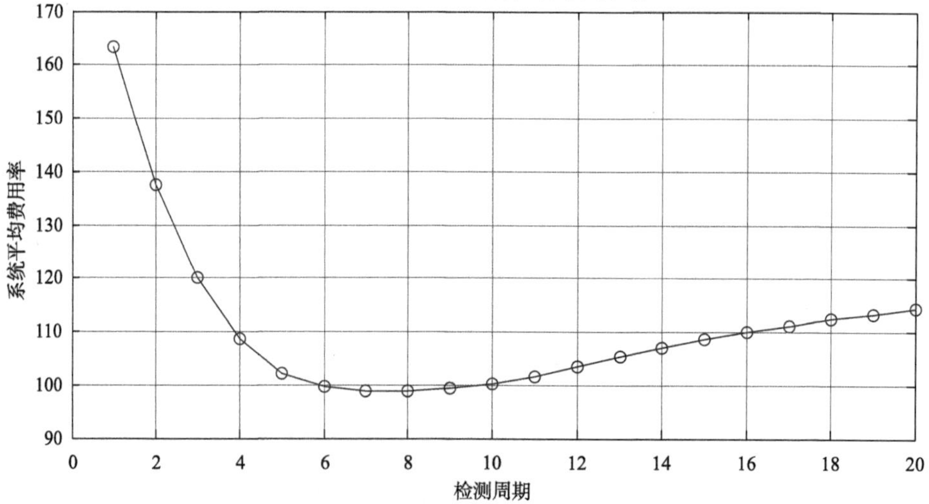

（b）对系统平均费用率的影响

图 6-3　检测周期对优化目标的影响

由图6-3（a）可知，半更新周期的期望值随T的增大而增大，然而当T较小时，在周期内发生故障的概率较小，半更新周期的长度接近检测周期的长度，随着T的增大，周期内发生故障的概率越来越大，半更新周期的长度受系统本身劣化特征的影响也逐渐增大，逐渐趋近于系统自身的故障时刻。

由图6-3（b）可知，系统的费用率随着检测周期的逐渐增大存在一个最小值。当T比较大时，受系统故障概率增大的影响，系统的平均费用率均有所增加，但由于半更新周期的均值逐渐趋于稳定，因此系统的平均费用率增长趋势逐渐变得平缓。

接下来，分别分析机会维修和预防性维修阈值对优化目标的影响。固定参数$T=5$，$D_o^{(i)}=D_p^{(i)}(i=1,2)$，在0到$D_f^{(i)}$之间内调整系统各部件的预防性维修阈值$D_p^{(i)}$，系统平均费用率随该阈值的变化趋势如图6-4（a）所示。

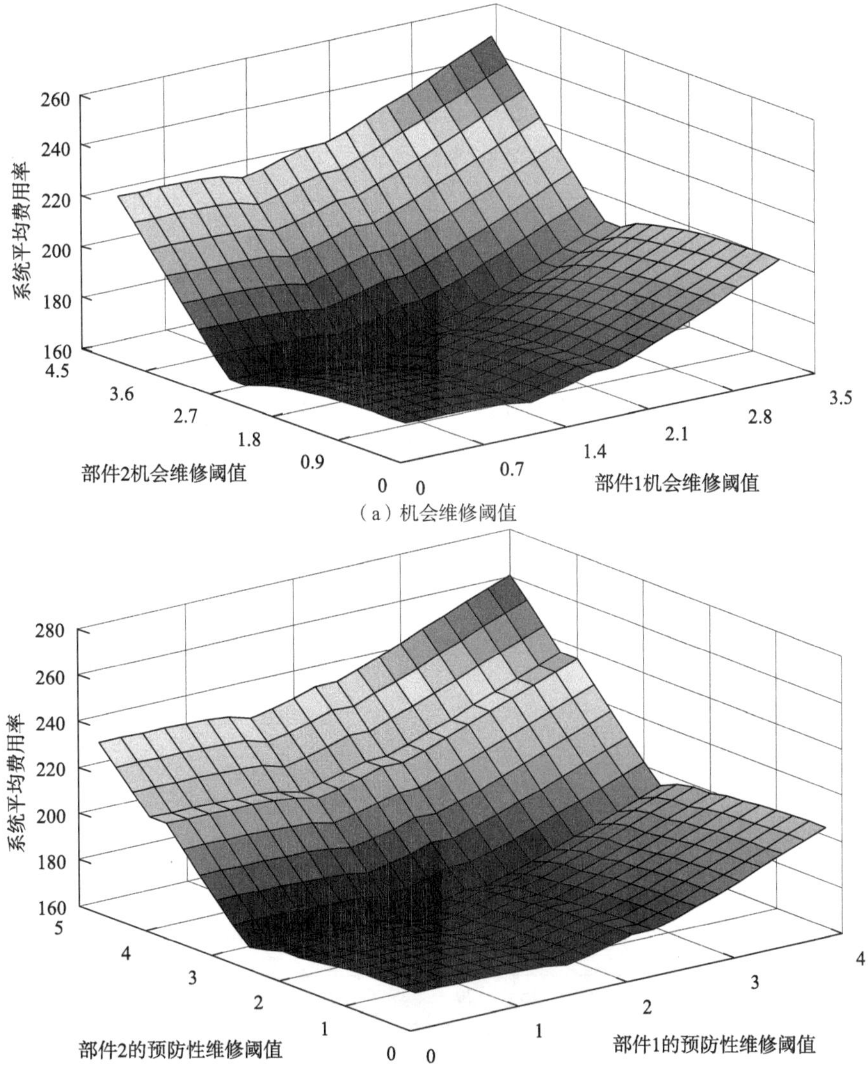

图 6-4　维修阈值对优化目标的影响

图6-4（a）中，当$D_p^{(i)}$较小时，在半更新周期内对各部件预防性维修的概率较高，发生故障的概率较小，由于预防性维修费用小于系统的修复性维修费用，因此系统的平均费用率相对较小。随着预防性维修阈值的增大，预防性维修区域逐渐缩小，各部件预防性维修的概率减小，而周期内发生故障的概率急剧上升，受较高修复性维修费用的影响，系统的平均费用率增加速度也有明显提高。在维修概率随预防性维修阈值不断变化的过程中，存在一个预防性维修和修复性维修的权衡点，使得系统平均费用率最小。

类似地，固定参数$T=5$，$D_p^{(1)}=3.5$，$D_p^{(2)}=4.5$，在0到$D_p^{(i)}$内调整系统各部件的机会维修阈值$D_o^{(i)}$，系统平均费用率随该阈值的变化趋势如图6-4（b）所示。系统平均费用率随$D_o^{(i)}$变化趋势与其随$D_p^{(i)}$的变化趋势相同，当$D_o^{(i)}$较小时，半更新周期内对各部件机会维修的概率较高，发生故障的概率较小，由于预防性维修费用小于系统的修复性维修费用，因此系统的平均费用率相对较小。随着$D_o^{(i)}$的增大，机会维修区域逐渐缩小，各部件机会维修的概率减小，而周期内发生故障的概率急剧上升，受较高修复性维修费用的影响，系统的平均费用率增加速度也有明显提高。同样，在维修概率随机会维修阈值不断变化的过程中，存在一个权衡点使得系统平均费用率最小。

设置遗传算法的优化参数为种群大小20，最大遗传代数50，代沟0.8，交叉概率0.8，变异概率0.2，图6-5显示了一次优化的进化过程，优化得到近似最优解为$T^*=6$，$D_p^{(1)*}=2.683\,018$，$D_p^{(2)*}=3.461\,388$，$D_o^{(1)*}=1.003\,265$，$D_o^{(2)*}=2.920\,907$，对应的最小费用率$\mathrm{CR}(t)=98.368\,369$。

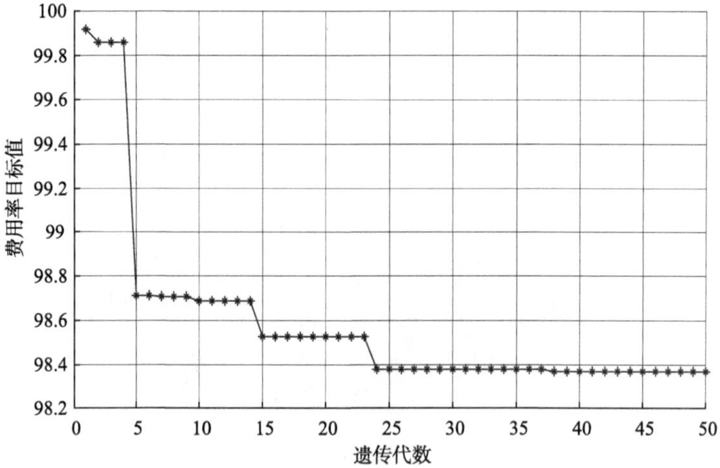

图 6-5　遗传算法一次优化的示例进化过程

6.4.2　灵敏度分析

表6-1~表6-4显示了在其余参数不变，分别调整C_{set}，$C_p^{(i)}(i=1,2)$，$C_c^{(i)}(i=1,2)$和C_d的值对最优维修策略参数的影响。

由表6-1可知，随着维修启动成本C_{set}的增大，部件机会维修的成本增加，只有缩小各部件的机会维修区域，方能减小部件机会维修的概率，从而降低系统的费用率。随着机会维修概率的减小，部件发生故障的概率增加，需要缩小检测周期来减小其故障概率。

表6-1　C_{set}对最优维修策略的影响（$C_p^{(1)}=40$，$C_p^{(2)}=50$，$C_c^{(1)}=100$，$C_c^{(2)}=300$，$C_d=100$）

C_{set}	CR(t)	T	$D_p^{(1)}$	$D_p^{(2)}$	$D_o^{(1)}$	$D_o^{(2)}$
5	90.645 897	8	2.039 226	2.545 129	0.288 107	0.884 753
50	98.368 369	6	2.683 018	3.461 388	1.003 265	2.920 907
100	100.936 371	6	3.934 668	4.931 168	3.772 825	4.555 134

表6-2中，随着各部件预防性维修成本$C_p^{(i)}(i=1,2)$的增加，各部件的预防性维修阈值逐渐逼近故障阈值，预防性维修区域和机会维修区域均不断缩小，以减少机会和预防性维修概率，从而减少机会维修和预防性维修成本，使得系统平均费用率最小。同样地，随着机会维修和预防性维修概率的减小，部件发生故障的概率增加，需要缩小检测周期来减小其故障概率。

表6-2　$C_p^{(i)}$对最优维修策略的影响（$C_{\text{set}}=50$，$C_c^{(1)}=100$，$C_c^{(2)}=300$，$C_d=100$）

$[C_p^{(1)},C_p^{(2)}]$	CR(t)	T	$D_p^{(1)}$	$D_p^{(2)}$	$D_o^{(1)}$	$D_o^{(2)}$
[5，10]	93.248 205	7	1.551 706	2.852 129	0.149 831	2
[40，50]	98.368 369	6	2.683 018	3.461 388	1.003 265	2.920 907
[100，300]	103.936 419	6	3.879 591	4.873 439	3.700 936	4.485 61

表6-3中，随着各部件故障性维修成本$C_c^{(i)}(i=1,2)$的增加，与预防性维修成本之间的差距逐渐增大，预防性维修的成本相对变小，因此机会维修和预防性维修区域的宽度逐渐增大，以增加机会维修和预防性维修的概率来抵消高昂的修复性维修成本。为了避免产生成本较高的修复性维修，检测周期逐渐缩短，以减少故障发生的概率。

表6-3　$C_c^{(i)}$对最优维修策略的影响（$C_{\text{set}}=50$，$C_p^{(1)}=40$，$C_p^{(2)}=50$，$C_d=100$）

$[C_c^{(1)},C_c^{(2)}]$	CR(t)	T	$D_p^{(1)}$	$D_p^{(2)}$	$D_o^{(1)}$	$D_o^{(2)}$
[50，80]	69.905 427	6	3.532 957	4.682 517	3.525 039	4.387 904
[100，300]	98.368 369	6	2.683 018	3.461 388	1.003 265	2.920 907
[800，1 000]	239.226 627	7	1.896 455	1.998 239	0.219 607	0.215 83

表6-4中，随着停机损失成本 C_d 的增高，各部件的最优机会维修和预防性维修阈值均有所下降，以增加预防性维修的概率，从而降低了故障的概率和成本，进一步降低了系统的平均费用。停机损失与维修区域之间没有直接的关系，因而停机损失的调整导致的维修区域的大小变化没有明显的规律。

表6-4　C_d 对最优维修策略的影响（ $C_{set}=50$ ， $C_p^{(1)}=40$ ， $C_p^{(2)}=50$ ， $C_c^{(1)}=100$ ， $C_c^{(2)}=300$ ）

C_d	CR(t)	T	$D_p^{(1)}$	$D_p^{(2)}$	$D_o^{(1)}$	$D_o^{(2)}$
10	55.136 456	6	3.838 571	4.062 063	2.647 492	3.466 526
100	98.368 369	6	2.683 018	3.461 388	1.003 265	2.920 907
500	297.889 599	6	1.366 189	3.274 058	0.492 532	1.180 524

6.5　本章小结

本章针对“硬失效”的两部件系统，在考虑非零的维修时间的基础上制定了周期性视情机会更换、预防性更换和修复性更换相结合的维修策略；在不相同多部件系统的劣化状态空间划分模型基础上，进一步给出了区分维修活动类型的劣化状态空间划分，并推导了维修需求分组的概率；以此为基础建立了基于半更新理论的系统长期平均费用率模型，以得到系统最优的检测周期和各部件的机会维修、预防性维修阈值。数值实验通过对费用率模型的正确性和有效性验证表明了劣化状态空间划分法在多部件维修建模应用中的适用性，并分析了优化结果对各种费用参数的灵敏程度。

第7章　相同多部件系统维修与备件库存联合决策

相同多部件系统中，各部件维修备件相同，可以做统一的订购和库存管理，系统的部件与备件关系表现为多部件单类备件的模式。从系统整体的角度出发，依据系统的联合劣化特征分析系统的维修需求及随之产生的备件需求与变化，进行维修与备件库存联合优化可以取得很好的经济效益。

本章在第5章相同多部件系统视情机会维修决策的基础上，进一步针对存在经济依赖的多个连续劣化且相互独立的相同部件组成的系统，讨论了该系统基于联合劣化状态建模的视情机会维修与备件库存联合决策建模与优化问题。

7.1　系统描述

本章所研究的系统定义同第5章。

7.1.1　系统劣化特征

系统由 M 个随机独立但存在经济依赖的相同部件组成，任意部件 $i(i=1,2,\cdots,M)$ 的劣化过程服从5.1节定义的连续随机分布 $Z_i(t)$ 。

7.1.2　维修与备件库存联合策略

由于同时考虑系统的维修和备件库存策略时，备件的充足与否不仅直接影响维修活动的实施，而且维修活动的实施又将直接改变备件的库存状态。因此，针对所定义的系统制定了基于周期检测的控制限视情机会预防性维修与 s 安全备件库存策略相结合的联合策略。其中，维修策略为系统中所有部件定义了统一的机会维修阈值 D_o 和预防性维修阈值 D_p ，且满足 $0<D_o\leqslant D_p\leqslant D_f$ 。备件库存策略

要求系统最小库存量为$s(1\leqslant s\leqslant M)$，并假设任意一个部件的一次维修活动只消耗一个备件。当备件库存无法满足维修需求或剩余备件数量小于安全库存水平s时均需订购新备件。具体的联合策略描述如下。

（1）在确定的检测周期$T(T=k_T\Delta t,k_T\in \boldsymbol{N})$对系统进行检测，同时获取各个部件的劣化状态$\boldsymbol{X}_k=(x_1^k,x_2^k,\cdots,x_M^k)$和备件库存状态$u_k$，其中，$x_i^k$为部件$i$的实际劣化值，$u_k$为库存中持有的备件数量。

（2）任意的检测时刻$kT(k=1,2,\cdots)$，根据检测到的部件i的劣化状态x_i^k确定该部件需要实施的维修活动。①若$x_i^k\geqslant D_f\left(i=1,2,\cdots,M\right)$，部件$i$需要修复性维修。②若$D_p\leqslant x_i^k<D_f\left(i=1,2,\cdots,M\right)$，部件$i$需要预防性维修。③若至少有一个部件$i\left(i=1,2,\cdots,M\right)$需要修复性或预防性维修，同时可以为其余劣化状态满足$D_o\leqslant x_j^k<D_p$的所有部件$j=1,2,\cdots,M(j\neq i)$安排机会维修。④其他部件不需要维修。

（3）按照（2）中定义的策略，检测到的系统状态唯一地确定了系统的维修需求。又考虑到相同部件的维修性质相同，维修分组中只需要考虑有多少个部件需要同时维修，需要进行哪一类维修活动，而无须区分是哪一个部件需要维修。设M个相同部件组成的系统中有l_k个部件需要修复性维修，m_k个部件需要预防性维修，n_k个部件可以机会维修，用$C_{l_k}P_{m_k}O_{n_k}(0\leqslant l_k+m_k+n_k\leqslant M)$表示。

（4）受备件库存状态u_k的制约，以上维修需求$l_k+m_k+n_k$不一定可以同时完成。按照部件的劣化程度不同定义三类维修的维修优先顺序为修复性维修、预防性维修、机会维修。根据实际的备件库存状态u_k安排如下的维修活动。①若$0\leqslant u_k<l_k$，库存备件数量u_k不足以满足修复性维修需求，考虑到高昂的维修准备成本，不安排任何的维修活动。故障部件停止运行，需要预防性维修和机会维修的部件继续劣化运行。所有推迟的维修均待到备件可得时立即完成。②若$l_k\leqslant u_k<l_k+m_k$，所有需要修复性维修的部件和剩余u_k-l_k个需要预防性维修的部件立即维修。其余需要维修的部件就行运行至备件可得时维修。③若$l_k+m_k\leqslant u_k<l_k+m_k+n_k$，所有需要修复性维修和预防性维修的部件和剩余$u_k-l_k-m_k$需要预防性机会维修的部件立即维修。其余需要维修的部件就行运行至备件可得时维修。④若$u_k\geqslant l_k+m_k+n_k$，库存备件数量可以同时满足所有的维修需求，为所有需求部件立即安排相应的维修。

对于需要预防性维修和机会维修的部件，若备件不足时维修将推迟执行，部件继续运行将进一步劣化，进而产生更高的维修成本。因此，假设推迟的预防性维修和机会维修成本分别等价于未推迟的修复性维修和预防性维修成本，也可将其理解为备件库存短缺导致的惩罚成本。此外，相较于预防性维修，机会维修提前结束了部件的有效寿命，因为其维修成本中应该包含相应的惩罚。

维修活动产生的时间和成本如下：单次检测的成本为 C_{ins} ，检测为瞬时无损的精确检测。设单个部件一次预防性维修和修复性维修的成本分别为 C_p 和 C_c ，考虑到部件故障状态下运行对整个系统环境的破坏程度更大，其维修的复杂度更高，一般认为 $C_f \gg C_p$ 。机会维修成本与预防性维修成本相同，不同的是由于机会维修提前结束了部件的有效寿命，单个部件的单次机会维修给予成本为 C_{od} 。因此对单个部件单位劣化量给予成本为 C_{od} 的惩罚；因备件不足而故障停机的每个部件单位时间内产生损失成本 C_{cd} 。所有的维修活动均瞬时完成，且完成任意的维修之后，被维修的部件状态恢复如新。任意一次维修活动（包括周期开始时的维修和备件到达时的维修）的启动均只需支付一份准备成本 C_{set} ，该成本与维修的部件数量无关。

用 $C_{l_k^*}P_{m_k^*}O_{n_k^*}$ 和 $C_{l_k'}P_{m_k'}O_{n_k'}$ 分别表示第k次决策时刻的维修需求 $C_{l_k}P_{m_k}O_{n_k}$ 受备件库存状态 u_k 制约下产生的及时维修与延迟维修活动。所有可能的情况如附录C中附表C-1的第2列和第5列所示。

在周期开始的维修活动结束后，根据备件库存状态对维修需求的满足程度和剩余的备件数量是否小于系统的安全备件阈值 $s(0<s\leqslant M)$，安排备件订购活动。

（1）若 $0\leqslant u_k<l_k+m_k+n_k$ ，由于周期开始时的备件库存状态 u_k 不能满足所有的维修需求，因此在周期开始时订购备件，使得下一周期开始时的库存状态达到安全库存阈值 $s(0<s\leqslant M)$；此种情况下的订购数量 u_k^* 如附录C附表C-1中的第4列所示。

（2）若 $l_k+m_k+n_k\leqslant u_k<l_k+m_k+n_k+s$ ，虽然周期开始时的备件库存状态 u_k 可以满足所有的维修需求，但是剩余备件数量 $u_k-l_k-m_k-n_k<s$ ，因此需要订购 $s-u_k+l_k+m_k+n_k$ 个备件，方能使得下一周期开始时的库存状态达到安全库存阈值。

（3）其余情况均无须订购新备件。

单个备件的订购成本为 C_s ,单次订购的备件交付时间为 $L_s(L_s=k_s\Delta t,k_s\in N)$ ，且满足 $L_s\leqslant T$ （即 $k_s\leqslant k_T,k_s,k_T\in N$ ）。单个备件单位时间内的持有成本为 C_h 。

7.2 费用率模型

以单位时间内的平均成本来衡量系统的决策目标。维修和订购决策过程中，选择不同的检测周期长度 T 、机会维修阈值 D_o 、预防性维修阈值 D_p 、安全库存阈值 s 将对应不同的维修和订购策略，进而产生不同的维修和订购成本。过小的 T

致使系统检测过于频繁，从而增加检测成本；而过大的T又会增加周期内系统故障的概率和维修成本。过小的D_o和D_p不仅缩短了部件的有效寿命，同时增加了预防性维修的次数和成本，反之，同样会增大周期内修复性维修的概率和成本。过大的s会导致过多的备件持有和订购成本，反之，则会增加维修时因备件不足而导致的故障停机和设备劣化运行的概率和成本。权衡以上各因素，我们希望能找到可以使维修和备件联合总成本最小的维修与备件订购策略，即需要建立系统的维修成本与检测周期长度T、机会维修阈值D_o、预防性维修阈值D_p、安全库存阈值s之间的关系表达式，求解可以使目标值最小的决策变量T、D_o、D_p和s。

7.2.1　模型的建立

由前面的分析可知，多部件系统维修问题可以借助半更新定理进行建模。在考虑备件库存影响的维修决策问题中，对于系统中部件，在任意的维修决策点，只有部分部件被更换如新，但是，之后的系统运行过程只与检测点之后的状态有关，而与历史状态无关，即系统的退化状态仍满足半更新特性。虽然多部件系统维修需求和维修活动具有不确定性，但是系统的备件库存随维修需求而变，一个半更新周期内的库存变化取决于该周期开始时刻的系统部件状态和备件库存状态，因而系统的退化与库存组合状态仍满足半更新特性。可以采用更新定理建立其单个更新周期内的费用率模型近似表示系统长期平均费用率。

可以近似将两次系统维修干预看作一个半更新周期。在每一个检测周期开始时，系统的状态和备件状态确定了其维修需求和维修活动，维修干预之后，新的系统状态只依赖于维修后的系统退化状态。在本章所讨论的系统中，一个检测周期T即可视作一个半更新周期，该周期内的费用率可表示为

$$\begin{aligned}&\min \mathrm{CR}(t)=\min \Psi\left(T,D_o,D_p,s\right)=\min\frac{E\left(C\left(T\right)\right)}{T}\\ &\text{s.t.}\quad T=1,2,\cdots\\ &\qquad 0\leqslant D_o\leqslant D_p\leqslant D_f\\ &\qquad 0<s\leqslant M\end{aligned}\tag{7-1}$$

其中，$\mathrm{CR}(t)$为时间t内系统的费用率；$\Psi(\cdot)$为费用率与决策变量之间的关系函数；$C(T)$为检测周期T内产生的总成本；$E\left(C\left(T\right)\right)$为一个检测周期内的平均总成本。检测周期$T$内产生的总成本$C(T)$应包括系统的检测总成本$C_{\text{ins}}$、平均维修总成本$C_{\text{main}}$和平均备件相关总成本$C_{\text{spare}}$三部分，因此有

$$E(C(T))=C_{\text{ins}}+E(C_{\text{main}})+E(C_{\text{spare}})\tag{7-2}$$

其中，C_{ins}为周期检测成本，每个周期只产生一次；平均维修相关成本$E(C_{\text{main}})$包

括周期内实际可完成的机会维修、预防性维修、修复性维修活动平均成本和被推迟的维修活动的平均惩罚成本；平均备件相关成本 $E(C_{\text{spare}})$ 包括周期内备件的平均订购和持有成本。

每个周期的系统和库存状态共同决定了该周期的维修需求、实际可完成维修活动，以及相应的备件订购和持有的概率和成本。接下来将详细推导如何利用系统和库存状态计算系统的平均维修相关成本 $E(C_{\text{main}})$ 和平均备件相关成本 $E(C_{\text{spare}})$。

7.2.2 维修相关成本计算

设任意第 k 次检测时刻，系统的维修需求为 $C_{l_k}P_{m_k}O_{n_k}$ $(0 \leqslant l_k + m_k + n_k \leqslant M)$，备件库存状态为 u_k。用 $P^M_{C_{l_k}P_{m_k}O_{n_k}}$ 表示 M 个相同部件中维修需求为 $C_{l_k}P_{m_k}O_{n_k}$ 的概率，$P_S(u_k)$ 表示系统备件库存状态为 u_k 的概率。一个检测周期内的系统可能产生的维修相关成本包括以下四部分。

（1）维修准备成本：在一个检测周期内，若无维修需求发生，即 $C_{l_k}P_{m_k}O_{n_k}$ $(l_k + m_k + n_k = 0)$ 时，则无维修准备成本产生。若所有的维修需求均可及时完成，即 $C_{l_k}P_{m_k}O_{n_k}$ $(1 \leqslant l_k + m_k + n_k \leqslant M)$ 且 $u_k \geqslant l_k + m_k + n_k$ 时，则只产生一次维修准备成本。若周期内因备件不足而导致维修延迟，即 $C_{l_k}P_{m_k}O_{n_k}$ $(1 \leqslant l_k + m_k + n_k \leqslant M)$ 且 $0 < u_k < l_k + m_k + n_k$ 时，则延迟的维修会增加一份维修准备成本。当 $u_k=0$ 时，所有的维修需求均因备件不足而推迟，也只产生一份维修准备成本。因而，周期内的平均准备成本 C_1 可以表示为

$$C_1 = \sum_{l_k+m_k+n_k=1}^{M} \left\{ P^M_{C_{l_k}P_{m_k}O_{n_k}} \left[2C_{\text{set}} \sum_{u_k=1}^{l_k+m_k+n_k-1} P_S(u_k) + C_{\text{set}} \sum_{u_k=l_k+m_k+n_k}^{\infty} P_S(u_k) + C_{\text{set}} P_S(u_k=0) \right] \right\} \tag{7-3}$$

（2）维修活动成本：指检测时刻及时发生的维修和延迟的维修所产生的总成本。若检测时刻无维修需求发生，即 $C_{l_k}P_{m_k}O_{n_k}$ $(l_k + m_k + n_k = 0)$ 时，则无维修活动成本产生。若所有的维修需求均可及时完成，即 $C_{l_k}P_{m_k}O_{n_k}$ $(1 \leqslant l_k + m_k + n_k \leqslant M)$ 且 $u_k \geqslant l_k + m_k + n_k$ 时，则维修成本为 $C_c l_k + C_p m_k + n_k(C_p + C_{\text{od}})$。若周期内因备件不足而导致维修延迟，则需分三种情况讨论：若 $0 < u_k < l_k$，则维修成本为 $C_c u_k + C_{\text{cd}} L_s (l_k - u_k) + C_c(l_k - u_k) + m_k C_c + n_k C_p$；若 $l_k \leqslant u_k < l_k + m_k$，则维修成本为 $C_c l_k + C_p(u_k - l_k) + C_c(m_k - u_k + l_k) + n_k C_p$；若 $l_k + m_k \leqslant u_k < l_k + m_k + n_k$，则维修成本为 $C_c l_k + C_p m_k + (C_p + C_{\text{od}})(u_k - l_k - m_k) + C_p(n_k - u_k + l_k + m_k)$。因而，周期内的平均维修活动成本 C_2 可以表示为

$$
\begin{aligned}
C_2 = \sum_{l_k+m_k+n_k=1}^{M} \Bigg\{ P^M_{C_{l_k}P_{m_k}O_{n_k}} \Bigg\{ & [C_c u_k + C_c(l_k-u_k) + m_k C_c + n_k C_p] \sum_{u_k=0}^{l_k-1} P_S(u_k) \\
& + [C_c l_k + C_p(u_k-l_k) + C_c(m_k-u_k+l_k) + n_k C_p] \sum_{u_k=l_k}^{l_k+m_k-1} P_S(u_k) \\
& + [C_c l_k + C_p m_k + (C_p+C_{\text{od}})(u_k-l_k-m_k) + C_p(n_k-u_k+l_k+m_k)] \\
& \times \sum_{u_k=l_k+m_k}^{l_k+m_k+n_k-1} P_S(u_k) + [C_c l_k + C_p m_k + n_k(C_p+C_{\text{od}})] \sum_{u_k=l_k+m_k+n_k}^{\infty} P_S(u_k) \Bigg\}\Bigg\}
\end{aligned} \qquad (7\text{-}4)
$$

需要说明的是，延迟的预防性维修和机会维修因部件持续运行而分别被视作修复性维修和预防性维修。此时的机会维修不再产生惩罚成本。

（3）停机损失成本：因备件不足而导致需修复性维修的部件停机等待维修的成本。只有当$0 \leqslant u_k < l_k$时，及时维修$C_{l_k^*}P_{m_k^*}O_{n_k^*} = C_{u_k}P_0O_0$，剩余的$l_k - u_k$个部件停机等待。停机时间为备件的交付时间$L_s$。因而，周期内的平均维修活动成本$C_3$可以表示为

$$
C_3 = \sum_{l_k+m_k+n_k=1}^{M} P^M_{C_{l_k}P_{m_k}O_{n_k}} C_{\text{cd}} L_s (l_k-u_k) \sum_{u_k=0}^{l_k-1} P_S(u_k) \qquad (7\text{-}5)
$$

（4）机会维修惩罚成本：当机会维修在检测时刻被及时满足时，会产生相应的惩罚成本。该成本已经包含于维修活动成本之中。由所定义的策略可知，所有的维修需求均可在一个周期内得到满足。这样下一个周期开始时的维修需求只依赖于系统的退化状态而与备件库存状态无关。下一个周期的备件库存状态将重新恢复到系统的安全库存状态。因此，系统的维修需求与备件库存状态是独立的，周期内的维修总成本可表示为

$$
\begin{aligned}
E(C_{\text{main}}) = \sum_{l_k+m_k+n_k=1}^{M} \Bigg\{ P^M_{C_{l_k}P_{m_k}O_{n_k}} \Bigg\{ & \left[C_{\text{cd}} L_s l_k + C_{\text{set}} + C_c(l_k) + m_k C_c + n_k C_p\right] P_S(u_k=0) \\
& + \left[C_{\text{set}} + C_c u_k + C_{\text{cd}} L_s(l_k-u_k) + C_{\text{set}} + C_c(l_k-u_k) + m_k C_c + n_k C_p\right] \sum_{u_k=1}^{l_k-1} P_S(u_k) \\
& + \left[C_{\text{set}} + C_c l_k + C_p(u_k-l_k) + C_{\text{set}} + C_c(m_k-u_k+l_k) + n_k C_p\right] \sum_{u_k=l_k}^{l_k+m_k-1} P_S(u_k) \\
& + \left[C_{\text{set}} + C_c l_k + C_p m_k + (C_p+C_{\text{od}})(u_k-l_k-m_k) + C_{\text{set}} + C_p(n_k-u_k+l_k+m_k)\right] \\
& \times \sum_{u_k=l_k+m_k}^{l_k+m_k+n_k-1} P_S(u_k) + \left[C_{\text{set}} + C_c l_k + C_p m_k + n_k(C_p+C_{\text{od}})\right] \sum_{u_k=l_k+m_k+n_k}^{\infty} P_S(u_k) \Bigg\}\Bigg\}
\end{aligned}
$$

（7-6）

7.2.3　备件相关成本计算

在检测周期开始时刻，根据系统的维修需要与备件库存的匹配情况，可能需要安排新的备件订购活动，进而产生新的备件订购和持有成本。按照7.1节中所定义的联合策略，可总结所有维修需求与备件库存状态的组合情况，以及相应组合状态下的维修及备件库存活动如附录C中附表C-1所示。

1. 备件订购成本

根据附录C附表C-1中第4列所示的不同维修需求和不同备件状态下的备件订购数量 u_k^* 可知，只有当备件状态满足 $0 \leqslant u_k < l_k + m_k + n_k + s$ 时，会进行备件订购，进而产生订购成本。在该条件下，根据备件数量对维修需求的满足程度不同，订购的数量不同，进而又分为四种情况。若备件无法满足所有需求，订购量应该包含用于延迟维修的缺货量 $(l_k + m_k + n_k) - u_k$ 和新补充的安全库存 s 两部分。若备件可以满足所有需求，则需在剩余量 $u_k - (l_k + m_k + n_k)$ 的基础上补足安全库存 s 即可，即订购 $s - [u_k - (l_k + m_k + n_k)]$ 个备件。因为，一个周期内系统的平均备件订购成本 C_{order} 可表示为

$$
\begin{aligned}
C_{\text{order}} = C_s \sum_{l_k+m_k+n_k=1}^{M} \Bigg\{ P_{C_{l_k} P_{m_k} O_{n_k}}^{M} \Bigg[(l_k + m_k + n_k - u_k + s) \sum_{u_k=0}^{l_k+m_k+n_k-1} P_S(u_k) \\
+ (s - u_k + l_k + m_k + n_k) \sum_{u_k=l_k+m_k+n_k}^{l_k+m_k+n_k+s-1} P_S(u_k) \Bigg] \Bigg\}
\end{aligned} \tag{7-7}
$$

2. 备件持有成本

周期内备件的持有成本包括周期开始时维修剩余的备件持有和订购到达后维修剩余的备件持有两部分。由于持有时间的不同，需分别计算。

（1）周期开始时维修剩余的备件：由附录C附表C-1可知，当所有的维修需求同时满足时会产生备件剩余，剩余的备件在下一个周期 T 内将一直库存持有。所以，周期开始时维修剩余的备件库存持有成本 C_{hold}^1 可表示为

$$
C_{\text{hold}}^1 = TC_h \sum_{l_k+m_k+n_k=1}^{M} \Bigg\{ P_{C_{l_k} P_{m_k} O_{n_k}}^{M} \Bigg[(u_k - l_k - m_k - n_k) \sum_{u_k=l_k+m_k+n_k}^{\infty} P_S(u_k) \Bigg] \Bigg\} \tag{7-8}
$$

（2）订购到达后维修剩余的备件：当订购到达的备件在满足了所有的延迟维修需求后仍有剩余时，会产生相应的持有成本。根据订购策略，剩余的数量为 s，持有时间为 $T - L_s$。因此，该情况下的持有成本 C_{hold}^2 可表示为

$$
\begin{aligned}
C_{\text{hold}}^{2}=(T-L_{s})C_{h}\sum_{l_k+m_k+n_k=1}^{M}&\left\{P_{C_{l_k}P_{m_k}O_{n_k}}^{M}\left[s\sum_{u_k=0}^{l_k+m_k+n_k}P_{S}(u_k)\right.\right.\\
&\left.\left.+(s-u_k+l_k+m_k+n_k)\sum_{u_k=l_k+m_k+n_k}^{l_k+m_k+n_k+s-1}P_{S}(u_k)\right]\right\}
\end{aligned}
\tag{7-9}
$$

所以，一个周期内总的备件相关成本为$C_{\text{spare}}=C_{\text{order}}+C_{\text{hold}}^{1}+C_{\text{hold}}^{2}$，一个周期内的平均总成本为

$$
E(C(T))=C_{\text{ins}}+C_{\text{main}}+C_{\text{order}}+C_{\text{hold}}^{1}+C_{\text{hold}}^{2}\tag{7-10}
$$

由式（7-6）~式（7-10）可知，维修需求概率$P_{C_{l_k}P_{m_k}O_{n_k}}^{M}$和备件库存概率$P_S(u_k)$的计算是$E\big(C(T)\big)$求解的关键。其中，维修需求概率$P_{C_{l_k}P_{m_k}O_{n_k}}^{M}$可根据3.2节给出的方法求得。接下来讨论备件库存概率$P_S(u_k)$的计算方法。

7.3　备件库存状态概率

周期性检测获取的系统状态决定了该周期的维修需求，而库存状态又进一步决定了实际可以实施的维修活动与接下来的备件订购和持有活动，进而确定了下一个周期开始时的新库存状态。因此，周期检测获取的备件库存状态u由上一周期的维修需求和库存状态决定，与之前的历史状态无关，也是一个马尔可夫序列。遍历整个状态空间，分析一个检测周期T内所有可能的维修需求和库存状态，可以推导出库存状态的稳态概率密度函数$P_S(u)$。

设上一周期的维修需求为$C_lP_mO_n$，库存状态为v，根据附录C附表C-1所示的联合策略可知，下一个周期开始时的库存状态u可能情况如下。

（1）当$i'+j'+k'+s\leqslant M$时，第一，$u=s$，当上一个周期的库存状态满足$0\leqslant v<l+m+n+s$时，系统会订购新备件，新到达的备件用于延迟维修后剩余的备件数量均为s，因而，下一周开始时的备件库存状态为$u=s$，其概率为

$$
P_S(s,C_lP_mO_n)=P_{C_lP_mO_n}^{M}\sum_{v=0}^{l+m+n+s-1}P_S(v)\tag{7-11}
$$

第二，$u=v-i'-j'-k'$，当上一个周期的库存状态满足$v\geqslant l+m+n+s$时，所有维修需求均在周期开始时完成，且剩余库存大于等于安全库存阈值而没有订购新备件，下一周开始时的备件库存状态即为维修后剩余的备件数量$u=v-(l+m+n)$，其概率为

$$
P_S(u,C_lP_mO_n)=P_{C_lP_mO_n}^{M}P_S(v)\quad(v=u+l+m+n)\tag{7-12}
$$

（2）其余库存状态的概率为0。遍历上一个周期所有可能的维修需求，可将

周期检测获取的备件库存状态 u 的概率表示为

$$P_S(u)=\sum_{l+m+n=0}^{M}P_S(u,C_lP_mO_n) \tag{7-13}$$

而在上一个周期维修需求为 $C_lP_mO_n$ 的条件下，系统所有的库存状态概率满足：

$$\sum_{u=0}^{\infty}P_S(u,C_lP_mO_n)=P_{C_lP_mO_n}^{M} \tag{7-14}$$

由式（7-13）和式（7-14）可知周期检测获取的所有可能的库存状态的稳态概率满足：

$$\begin{aligned}\sum_{u=0}^{\infty}P_S(u)&=\sum_{u=0}^{\infty}\sum_{l+m+n=0}^{M}P_S(u,C_lP_mO_n)\\&=\sum_{l+m+n=0}^{M}\sum_{u=0}^{\infty}P_S(u,C_lP_mO_n)\\&=\sum_{l+m+n=0}^{M}P_{C_lP_mO_n}^{M}=1\end{aligned} \tag{7-15}$$

式（7-15）表明 $P_S(u)$ 的定义满足概率密度函数特性。

用 $j_{\max}$ 对 ∞ 进行截尾，将要求解的所有可能的库存状态的稳态概率表示为向量形式 $\boldsymbol{U}=(u_1,u_2,\cdots,u_{j_{\max}+1})'=(P_S(0),P_S(1),\cdots,P_S(j_{\max}))'$。其中分量 $u_i=P_S(i-1)$ 表示库存中有 $i-1$ 个备件的概率。由式（7-13）可知，只要解得各维修需求条件下的库存状态概率，求和即可求得该稳态概率向量。而 M 部件系统可能的维修需求组合数量为

$$J(M)=\sum_{i=1}^{M}\frac{(i+1)(i+2)}{2} \tag{7-16}$$

用 $\boldsymbol{V}_j=(v_{1j},v_{2j},\cdots,v_{ij},\cdots,v_{(j_{\max}+1)j})'=(P_S(0,j),P_S(1,j),\cdots,P_S(i,j),\cdots,P_S(j_{\max},j))'$ 表示第 $j(j=1,2,\cdots,J)$ 个维修需求条件下的库存状态概率向量，其中分量 $v_{ij}=P_S(i-1,j)$ 表示第 $j(j=1,2,\cdots,J)$ 个维修需求条件下的库存中有 $i-1$ 个备件的概率。$\boldsymbol{V}=(\boldsymbol{V}_1,\boldsymbol{V}_2,\cdots,\boldsymbol{V}_j,\cdots,\boldsymbol{V}_J)$ 表示所有 J 个维修需求条件下的库存状态概率矩阵。由式（7-13）可表示矩阵 $\boldsymbol{V}=(\boldsymbol{V}_1,\boldsymbol{V}_2,\cdots,\boldsymbol{V}_j,\cdots,\boldsymbol{V}_J)$ 与向量 $\boldsymbol{U}=(P_S(0),P_S(1),\cdots,P_S(j_{\max}))'$ 的关系

$$\boldsymbol{U}=\sum_{j=1}^{J}\boldsymbol{V}_j \tag{7-17}$$

或分量形式：

$$u_i=\sum_{j=1}^{J}v_{ij} \tag{7-18}$$

式（7-11）和式（7-12）表示了依据维修策略所推导的确定的维修需求 $C_lP_mO_n$

条件下周期结束时的库存状态概率 $P_S(u,C_lP_mO_n)$ 与周期开始时检测获取的所有可能的库存状态的稳态概率 $P_S(v)$ 之间的关系。为了方便表示，重新定义第 $j(j=1,2,\cdots,J)$ 个维修需求的维修概率为 P_j，设第 j 个维修需求为 $C_{l'}P_{m'}O_{n'}$，即 $P_j=P^M_{C_{l'}P_{m'}O_{n'}}$，则 $\boldsymbol{P}=(P_1,P_2,\cdots,P_j,\cdots,P_J)$ 表示 J 个维修需求的概率向量，式（7-11）和式（7-12）可分别转换为式（7-19）和式（7-20）所示的分量表示形式。

$$v_{s+1,j}=P_j\cdot\sum_{i=1}^{l'+m'+n'+s}u_i \tag{7-19}$$

$$v_{k+1,j}=p_j\cdot u_{k+l'+m'+n'+1}(k>s) \tag{7-20}$$

由式（7-19）和式（7-20）可将第 $j(j=1,2,\cdots,J)$ 个维修需求条件下的库存状态概率向量 $\boldsymbol{V}_j=(v_{1j},v_{2j},\cdots,v_{ij},\cdots,v_{(j_{\max}+1)j})'$ 表示为

$$\boldsymbol{V}_j=\boldsymbol{K}_j\boldsymbol{U} \tag{7-21}$$

将式（7-21）代入式（7-17）可得

$$\sum_{j=1}^{J}\boldsymbol{V}_j=\sum_{j=1}^{J}\boldsymbol{K}_j\boldsymbol{U}=\boldsymbol{U} \tag{7-22}$$

即

$$\sum_{j=1}^{J}\boldsymbol{K}_j\boldsymbol{U}-\boldsymbol{U}=0 \tag{7-23}$$

式（7-23）表示的是向量 $\boldsymbol{U}$ 的齐次线性方程组，该方程组存在无穷多个非零解。但是，由全概率公式可知向量 $\boldsymbol{U}$ 的分量之间满足关系：

$$\sum_{i=M+1}^{j_{\max}}u_i=1-\sum_{i=1}^{M}u_i \tag{7-24}$$

可将式（7-23）改写为

$$\boldsymbol{U}=\boldsymbol{b}-\boldsymbol{K}_i\boldsymbol{U} \tag{7-25}$$

式（7-25）代入式（7-23），可得

$$\sum_{j=1}^{J}\boldsymbol{K}_j\boldsymbol{U}+\boldsymbol{K}_i\boldsymbol{U}=\boldsymbol{b} \tag{7-26}$$

式（7-26）中 $\boldsymbol{K}_j(j=1,2,\cdots,J)$、$\boldsymbol{K}_i$ 和 $\boldsymbol{b}$ 的定义如下：

如果 $p_j=P^M_{C_{l'}P_{m'}O_{n'}}=0$，

$$\boldsymbol{K}_j=0 \tag{7-27}$$

如果 $p_j=P^M_{C_{l'}P_{m'}O_{n'}}\neq 0$，

$$\boldsymbol{K}_j=\{K_{pq}^j\}_{(j_{\max}+1),(j_{\max}+1)}$$

$$K_{pq}^j=\begin{cases} & p=s+1;\ q=1,\cdots,l'+m'+n'+s+1; \\ p_j & s+1<p\leqslant M-l'-m'-n'+1;\ q=p+l'+m'+n' \\ 0 & 否则 \end{cases} \tag{7-28}$$

$$\boldsymbol{K}_i=\begin{bmatrix} -1 & 0 & 0 & \cdots & 0 \\ 0 & -1 & 0 & \cdots & 0 \\ \vdots & \vdots & \vdots & & \vdots \\ 0 & 0 & \cdots & -1 & 0 \\ 1 & 1 & 1 & 1 & 0 \end{bmatrix}_{(j_{\max}+1),(j_{\max}+1)} \tag{7-29}$$

$$\boldsymbol{b}=\begin{bmatrix}0 & 0 & \cdots & 0 & 1\end{bmatrix}' \tag{7-30}$$

令

$$\boldsymbol{A}=\sum_{j=1}^{J}\boldsymbol{K}_j+\boldsymbol{K}_i \tag{7-31}$$

可得向量$\boldsymbol{U}$的线性方程组：

$$\boldsymbol{AU}=\boldsymbol{b} \tag{7-32}$$

求解该线性方程组便可解得库存状态的稳态概率向量$\boldsymbol{U}$。

7.4　模型求解

式（7-1）建立的是一个带约束的混合变量、非线性、单目标优化模型，本章选用可以处理任何目标形式的线性或非线性约束，以及离散、连续或混合搜索空间的遗传算法对目标参数进行联合优化，求解模型的近似最优解。

在优化目标的求解过程中，维修需求概率$P_{C_lP_mO_n}^M\ (0\leqslant l+m+n\leqslant M)$不仅是目标求解的关键步骤，也是备件库存概率$P_S(u)$求解的基础。

由5.2节的推导可知，$P_{C_lP_mO_n}^M\ (0\leqslant l+m+n\leqslant M)$可由式（7-33）~式（7-37）所示的递推表达式求解。

（1）当$l+m+n=0$时，

$$P_{C_0P_0O_0}^M=P_{U_0}^M+P_{U_1}^M+\cdots+P_{U_{M-1}}^M+P_{U_M}^M=P_{C_0P_0O_0}^{M-1}P_{U_0}^1+P_{C_0P_0O_0}^{M-1}P_{U_1}^1=P_{C_0P_0O_0}^{M-1}P_{C_0P_0O_0}^1 \tag{7-33}$$

其中

$$P_{U_0}^M=P_{U_0}^{M-1}P_{U_0}^1$$

$$P_{U_k}^M=P_{U_k}^{M-1}P_{U_0}^1+P_{U_{k-1}}^{M-1}P_{U_1}^1\ (0<k<M)$$

$$P_{U_M}^M=P_{U_{M-1}}^{M-1}P_{U_1}^1$$

（2）当$1 \leqslant l+m+n \leqslant M$时，

$$
\begin{aligned}
P_{C_l P_m O_n}^{M} = & I_{(l+m \geqslant 1, n \geqslant 0, 1 \leqslant l+m+n<M)} P_{C_l P_m O_n}^{M-1} P_{U_0}^{1} + I_{(l+m \geqslant 1, n \geqslant 1, 2 \leqslant l+m+n \leqslant M)} P_{C_l P_m O_{n-1}}^{M-1} P_{U_1}^{1} \\
& + I_{(m \geqslant 1, l+m \geqslant 2, n \geqslant 0, 2 \leqslant l+m+n \leqslant M)} P_{C_l P_{m-1} O_n}^{M-1} P_{C_0 P_1 O_0}^{1} + I_{(m=1, l=0, n \geqslant 0, 1 \leqslant m+n \leqslant M)} P_{U_n}^{M-1} P_{C_0 P_1 O_0}^{1} \\
& + I_{(l \geqslant 1, l+m \geqslant 2, n \geqslant 0, 2 \leqslant l+m+n \leqslant M)} P_{C_{l-1} P_m O_n}^{M-1} P_{C_1 P_0 O_0}^{1} + I_{(m=0, l=1, n \geqslant 0, 1 \leqslant l+n \leqslant M)} P_{U_n}^{M-1} P_{C_1 P_0 O_0}^{1}
\end{aligned} \tag{7-34}
$$

其中

$$
I_{(A)} = \begin{cases} 1, & \text{如果 } A \text{成立} \\ 0, & \text{如果 } A \text{不成立} \end{cases}
$$

$$
P_{C_0 P_0 O_0}^{1} = P_{U_0}^{1} + P_{U_1}^{1}
$$

$$
\text{其中} \quad P_{U_0}^{1} = \int_{0}^{D_o^{(1)}} \Omega(x_1) \mathrm{d}x_1 \tag{7-35}
$$

$$
P_{U_1}^{1} = \int_{D_o^{(1)}}^{D_p^{(1)}} \Omega(x_1) \mathrm{d}x_1
$$

$$
P_{C_0 P_1 O_0}^{1} = \int_{D_f^{(1)}}^{\infty} \Omega(x_1) \mathrm{d}x_1 \tag{7-36}
$$

$$
P_{C_1 P_0 O_0}^{1} = \int_{D_p^{(1)}}^{D_f^{(1)}} \Omega(x_1) \mathrm{d}x_1 \tag{7-37}
$$

采用该方法，M部件系统中每一个维修概率的计算均需要递归至一维空间进行求解，其时间复杂度为$O(M)$，M部件系统的$J(M)$个维修需求概率总的计算复杂度为$O(M^3)$。随着系统中部件数的增加，计算时间指数级上升。为了降低维修概率的计算时间复杂度，可以将维修需求概率的递归算法改写为附录D所示的非递归算法进行求解。

采用附录D给出的非递归算法后，M部件系统中$J(M)$个维修需求概率由$M-1$部件系统中$J(M-1)$个维修需求概率递推求得，因此，总的计算复杂度变为了$O(M)$，大大提高了计算速度，为大数量级系统的求解提供了可能性。此外，考虑到非递归算法求解过程中各分量计算的独立性，若采用并行计算，其计算速度可得到进一步的改善。

7.5 模型应用

一个风电场（图7-1）由类型相似功能独立的多个风力涡轮机组成，构成了一个典型的同类多部件系统。受地理位置和交通条件的限制，无论是海上还是陆上风电场通常均在固定的时间周期将维护人员和设备送到维修基地[83]，对设备进行定期的检测和维护[83, 133]。同时，考虑到风电场设备的维修往往需要大型的起吊机、运输船舶和直升机（海上风电场）等大型机械设备的辅助，因此一次维修的启动成本很高，研究系统中部件的机会维修意义非凡。近年来，随着检测技术和通信技术的不断发展，风电场的各类设备中均植入了测量不同状态指标的传感器和测量仪表，可以及时准确地反映设备的运行和劣化状态。如何根据检测到的设备劣化状态合理安排风电场的维护维修，保证其高效生产便成为亟须研究的一个重大问题。文献[83，85，134]同样研究了相同风力发电机组的机会维修问题。

风电是通过风力作用于涡轮机叶片产生的旋转扭矩转换生成的。因此，涡轮机中各个子部件均因承受着机械负载转矩而劣化，此类机械式劣化设备在劣化状态达到特定的阈值后通常并不会立即失效，而是以一个较差的性能继续运行。如风力涡轮机的主轴承磨损到一定程度后其运行性能大幅下降，对风能的转换效率降低，进而使该涡轮机发电率下降，影响整个风电场收入，即其故障模式表现为软故障。由以上分析可知，风电场的多个涡轮机的主轴承组成的系统的劣化和维修特征与本章所研究的问题恰好吻合，因此，本章以同一风电场的多个涡轮机中的关键部件主轴承为例验证所建立的模型和提出的方法的正确性与有效性。

根据前期的研究可知，部件的随机劣化过程建模方法有随机系数模型、Gamma过程、布朗运动和马尔可夫过程等。文献[83]采用随机系数模型描述了涡轮机中三个主要部件（主轴承、齿轮箱、发电机）（图7-2）的机械劣化过程，模型假设检测到的作用于部件 i 的风力载荷 θ_i 为服从威布尔分布的随机变量，$\phi_{i,1}$ 为部件 i 的初始劣化量，$\phi_{i,2}$ 为该部件类型参数，依据伦德伯格–帕姆格伦公式将其随机劣化轨迹表示为

$$X(t,\phi_{i,1},\phi_{i,2},\theta)=\phi_{i,1}+\theta_i\times t^{\phi_{i,2}} \tag{7-38}$$

图 7-1　同一风电场的多个风力涡轮机

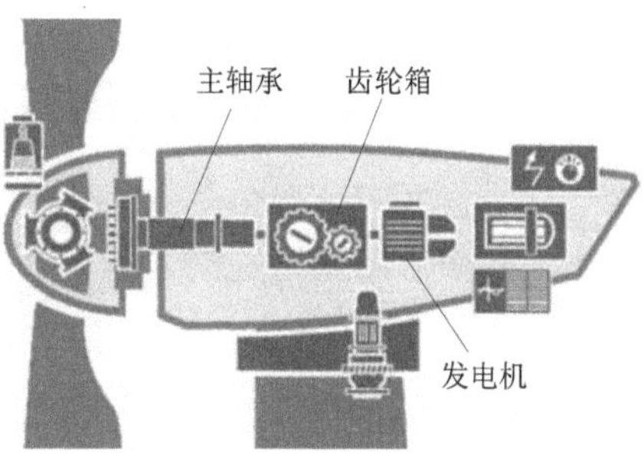

图 7-2　风力涡轮机内部结构示意图

文献[83]通过监测数据拟合得到风力载荷 θ_i 威布尔分布参数 μ_i 和 σ_i，并按照式（7-38）建立了其劣化轨迹之后，并没有采用该劣化特征进行直接建模，而是依据部件状态劣化到其软故障阈值 $D_f^{(i)}$ 的概率 $P(X_t\geqslant D_f^{(i)})$ 与其运行到 $D_f^{(i)}$ 的时间 $t_f^{(i)}$ 的概率 $P(t\geqslant t_f^{(i)})$ 相同的原理，进一步将该劣化轨迹转换得到部件的寿命

［式（7-38）中的t］的分布进行建模计算。

实际上，劣化轨迹已经反映了部件的劣化特征，可直接利用该特征分布计算部件的劣化状态概率和故障概率。由于反映主轴承劣化状态的最大负载能力变量P的退化过程是单调的，而Gamma过程通常用于建模单调的机械磨损劣化，因此，本章将文献[83]中定义的劣化轨迹直接转换为Gamma过程表示的部件劣化量分布，以此为依据进行数值实验。

文献[83]中设定的风力涡轮机主轴承劣化参数为：风力载荷θ服从尺度参数$\mu=2.12$，形状参数$\sigma=7.9$的威布尔分布，部件的初始劣化量$\phi_1=1$，部件类型参数$\phi_2=0.33$，按照以上参数确定的劣化轨迹可拟合得到主轴承单位时间内的劣化增量服从形状参数$\alpha=0.04$，尺度参数$\beta=1.3$的Gamma分布（置信度95%）。图7-3显示了本章所拟合的劣化分布与文献[83]中定义的劣化轨迹的一次仿真比较，表明拟合得到的Gamma分布所表示的劣化轨迹与文献[83]中定义的劣化轨迹基本吻合。

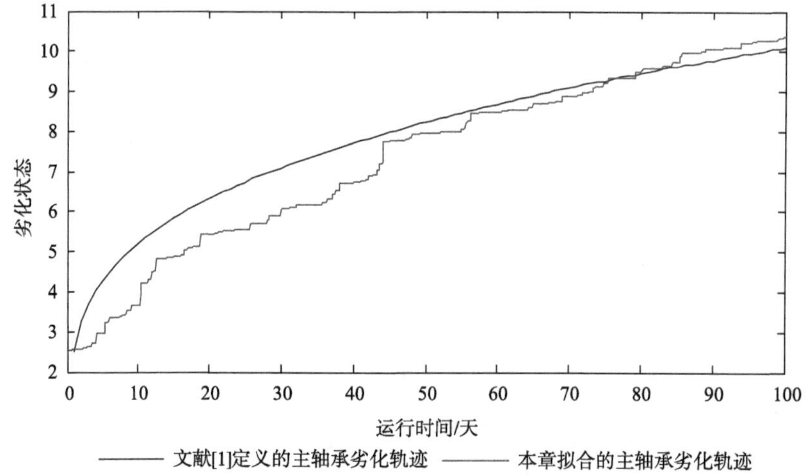

图 7-3　涡轮机主轴承劣化示意图

本章的数值实验中定义了与文献[83]一致的维修成本和劣化参数：$C_{\text{set}}=50$，$C_p=7$，$C_c=30$，$C_d=7.2$，$D_f=10$，其余文献[83]中未定义的成本和参数设置为：$C_{\text{ins}}=5$，$C_{\text{od}}=0.5$，$C_h=3$，$C_s=5$，$L_s=30$，其中成本参数的单位为千欧，时间参数的单位为天。

7.5.1　模型验证

式（7-1）所表示的费用率模型的目的在于权衡系统的检测周期T、部件的机会和预防性维修阈值D_o和D_p及系统的安全库存阈值s，找到可以使维修和备件联合总成本最小的维修与备件订购策略。由文献[83]的实验结果可知，风力涡轮机主轴承的故障寿命均值为96.07天，考虑到风电场地理位置和交通条件的限制，检测周期不宜设置太短，因此实验中设置T的取值范围为$[30,200]$。此外，部件的机会和预防性维修阈值也不宜过小，否则造成很大的资源浪费，同时加快优化的速度，提高优化的准确度，将D_p的取值范围设置为$[5,D_f)$。而D_o的取值范围随D_p的变化而变化，设置为$[5,D_p)$；安全库存阈值s的取值最大不超过系统的部件总数M。

首先以$M=6,8,10$部件系统为例，分析在确定其余参数的前提下，系统费用率分别随T、D_o、D_p和s的变化趋势，以验证模型的正确性。

图7-4显示了在确定参数$D_o=8,D_p=9,s=3$时，系统费用率随检测周期T的变化趋势。不难发现，任意部件数量的系统均可权衡得到最优的检测周期T使得系统的费用率最小，而且随着系统中部件数的增加，为了保证整个系统具有较低的故障率，状态的最优检测周期在不断缩小。

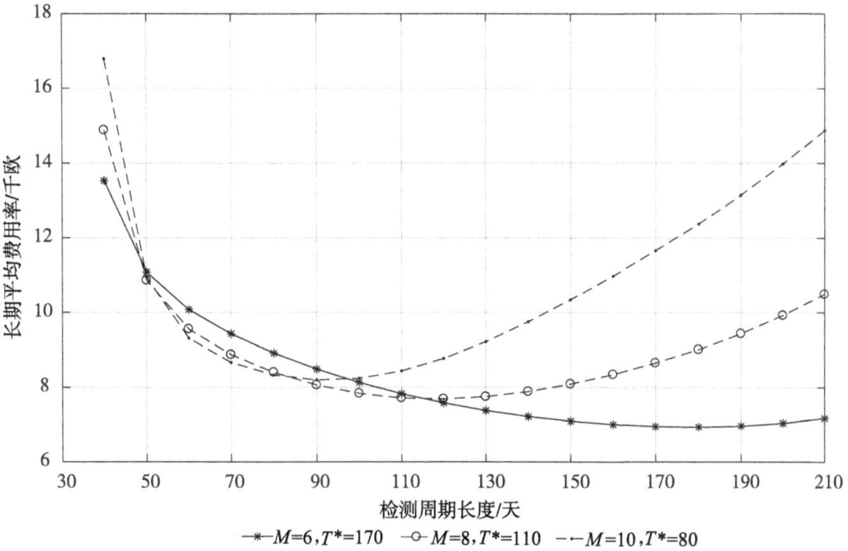

图 7-4　$D_o=8,D_p=9,s=3$时检测周期对优化目标的影响

图7-5和图7-6分别显示了在确定参数$T=55,D_o=5,s=3$和$T=55,D_p=9,s=3$时，系统费用率随D_p和D_o的变化趋势。同样发现，任意部件数量的系统均可权衡得到最优的维修阈值D_p和D_o使得系统的费用率最小。而且，当T,D_o,s确定时，随着系统部件数的增加，最优的预防性维修阈值不断增大，这是由于在检测周期确定的情况下，预防性维修阈值的增大可以减少部件预防性维修的概率，进而降低系统的备件需求量和系统费用率。相似地，当T,D_p,s确定时，随着系统部件数

的增加，最优的机会维修阈值也不断增大，以减小部件机会维修概率的方式降低了系统的备件需求量和系统费用率。

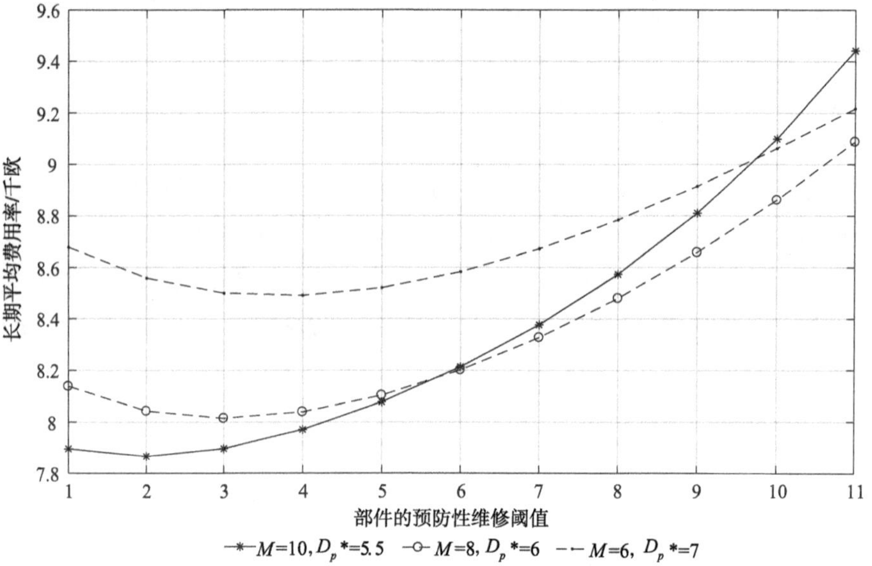

图 7-5 $T=55, D_o=5, s=3$ 时预防性维修阈值对优化目标的影响

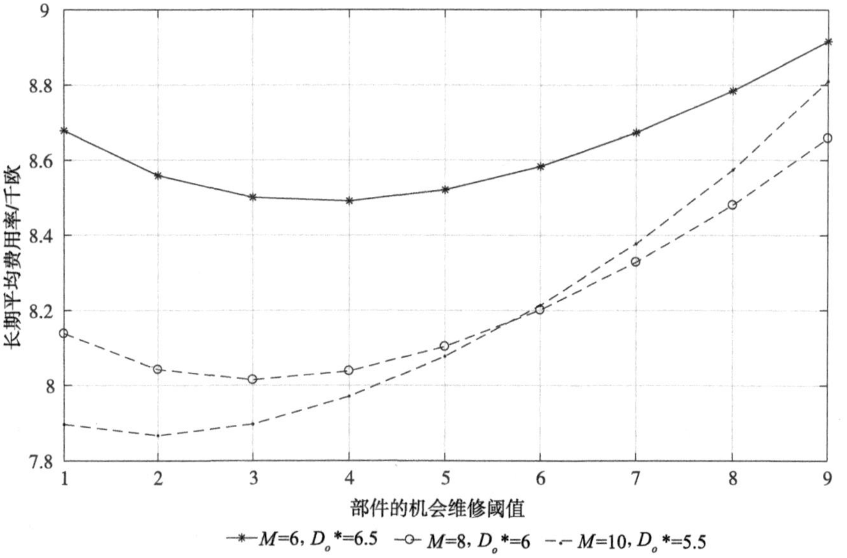

图 7-6 $T=55, D_p=9, s=3$ 时机会维修阈值对优化目标的影响

图7-7显示的是在确定参数$T=55, D_p=9, D_o=8$时，系统费用率随安全库存阈值s的变化趋势。任意部件数量的系统同样可权衡得到使系统费用率最小的最优

安全库存阈值 s 。随着系统部件数的增加，最优的安全库存阈值 s 也不断增大，以满足随之增加的维修需求。然而，安全库存阈值 s 并没有随部件数的增加而急剧增大，由此表明将相同多部件系统的维修和库存策略联合优化的必要性。

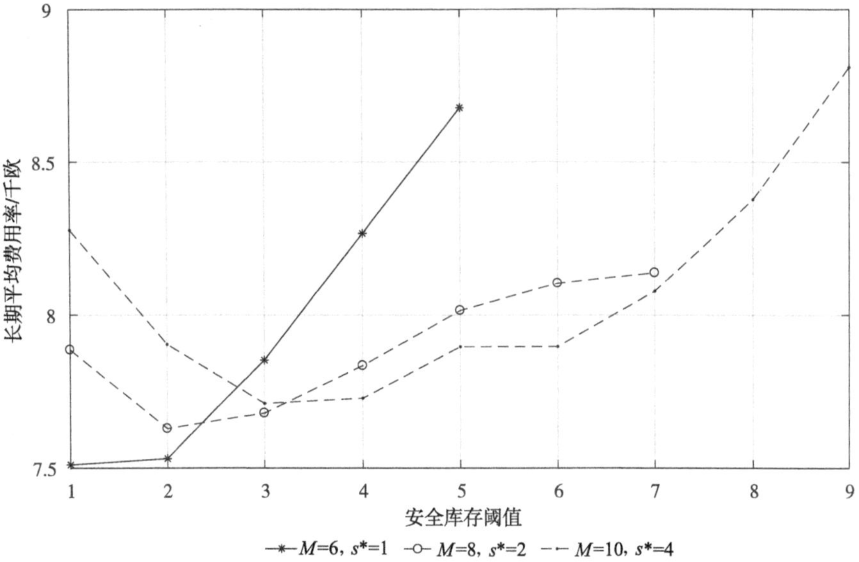

图 7-7　$T = 55, D_p = 9, D_o = 8$ 时安全库存阈值对优化目标的影响

在一个部件数确定的系统中，T 、D_o 、D_p 和 s 应该有一个整体的最优组合使得系统的费用率最小。设置遗传算法的优化参数为种群大小20，最大遗传代数50，代沟0.8，交叉概率0.8，变异概率0.2，图7-8（a）和图7-8（b）分别显示了 $M = 8$ 和 $M = 20$ 时采用一次遗传算法优化得到的费用率结果。

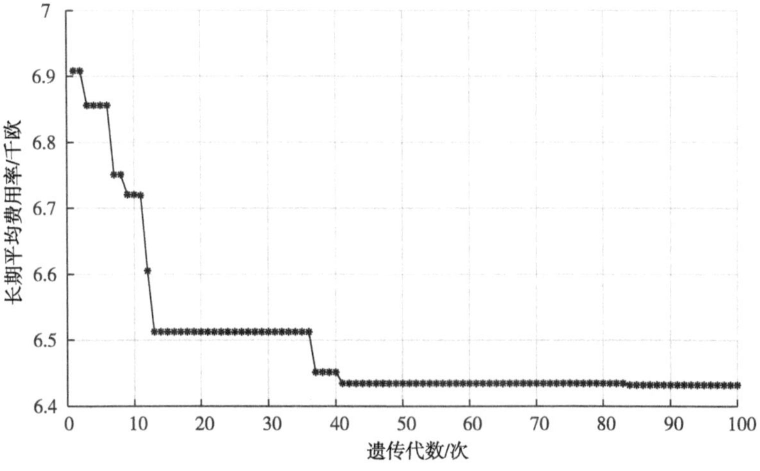

（a）$M = 8$

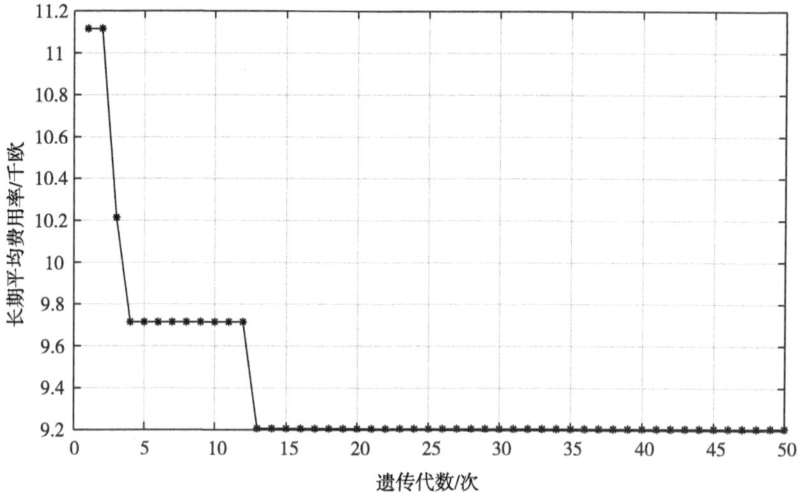

（b）$M = 20$

图 7-8 遗传算法一次优化的示例进化过程

当 $M = 8$ 时，系统的最小费用率为 6.437 328 千欧/天，即单个部件的最小费用率为 0.8046 千欧/天，对应最优联合策略为 $T^* = 64, D_o^* = 6.527\,417, D_p^* = 8.390\,810, s^* = 2$；当 $M = 20$ 时，系统的最小费用率为 9.205 932 千欧/天，即单个部件的最小费用率为 0.4603 千欧/天，对应的最优联合策略为 $T^* = 53, D_o^* = 7.402\,186, D_p^* = 8.438\,413, s^* = 2$。由以上优化结果可知，随着系统部件数的增加，最优的检测周期明显缩短，维修阈值和安全库存阈值也有微小的下调，增加了部件预防性维修和机会维修的概率，以保证系统具有较低的故障率，进而降低系统的总费用率。此外，随着系统中部件数的增加，单个部件的最小费用率反而降低，该实验结果同样表明单个部件或子系统的最优不能保证整个系统的最优，对系统整体进行维修和备件订购策略的联合优化是有意义的。

7.5.2 灵敏度分析

不同的应用将对应不同的劣化、成本及时间参数，进而产生不同的最优联合策略。为了能详细准确地说明不同参数对优化结果的影响程度，接下来，我们以 $M = 8$ 为例，分别分析了最优联合策略对维修相关参数（C_{ins}、C_{set}、C_p、C_c、C_d、C_{od}）、备件相关参数（C_s、C_h、L_s）以及部件劣化率参数（α）的敏感度，以说明模型的适用性。实验将待分析参数分别缩小和扩大10倍，其余参数按照7.5.1小节中的设置，优化得到相应的最小费用率和最优策略，以观察其对最优策略参数的影响趋势和程度。表7-1显示了维修相关参数的调整对应的实验结果。

表7-1　维修相关参数对最优联合策略的影响

参数	取值	长期平均费用率	T^*	D_o^*	D_p^*	s^*
C_{ins}	0.5	5.108 210	58	5.364 411	8.352 877	1
	5	6.037 328	64	6.527 417	8.390 810	2
	50	9.655 061	71	5.167 513	8.333 333	2
C_{set}	5	4.936 268	43	6.059 412	8.049 402	2
	50	6.037 328	64	6.527 417	8.390 810	2
	500	14.475 278	98	8.446 169	8.556 559	3
C_p	0.7	5.837 939	53	6.000 000	8.351 638	1
	7	6.037 328	64	6.527 417	8.390 810	2
	30	8.559 493	85	8.147 721	8.452 418	2
C_c	7	5.501 828	83	6.656 134	8.433 330	1
	30	6.037 328	64	6.527 417	8.390 810	2
	300	11.870 892	57	6.506 295	8.333 333	1
C_d	0.72	5.341 758	84	6.687 991	8.567 333	1
	7.2	6.037 328	64	6.527 417	8.390 810	2
	72	7.173 574	55	5.663 673	8.343 367	2
C_{od}	0.05	6.014 116	57	6.112 699	8.394 085	1
	0.5	6.037 328	64	6.527 417	8.390 810	2
	5	6.063 144	62	6.764 545	8.335 735	2

由表7-1可知，各维修相关参数对最优联合策略的影响如下。

（1）检测成本 C_{ins}。随着 C_{ins} 的增加，为了降低总的费用率，检测周期 T 随之增大，以减少系统的检测次数，降低检测费用。随着检测周期的增大，应该备有充足的备件确保系统的及时维修需求来降低系统费用率，因此安全库存阈值随 C_{ins} 的增加也有明显的增大趋势。其余决策变量 C_{ins} 没有表现出明显的变化规律，只是为了达到最优的系统费用率有相应的调整。该实验结果表明检测成本的调整对最优检测周期的制定影响最大。

（2）维修准备成本 C_{set}。随着 C_{set} 的增加，为了减少系统的检测和维修次数，避免产生高昂的故障维修成本，最优检测周期和维修阈值均呈现上升趋势，同时，也正是由于检测周期和维修阈值的增大，周期内部件故障概率随之增大，为了进一步避免维修时部件不足而导致的停机损失，系统的安全库存阈值也随 C_{set} 的增加而增大。

在预防性维修阈值恒定的情况下，随着 C_{set} 的增加，部件的机会维修阈值应减小，以增加机会维修的概率。然而，在联合优化模型中，预防性维修阈值也在不断变化。表7-1的优化结果中，随着 C_{set} 的增加机会维修区域的大小有明显增大。另外，由于所定义的策略中，备件无法同时满足所有的维修需求时，会产生延迟的维修活动，从而增加一次维修准备成本。因此，随着 C_{set} 的增加，备件安全库存阈值也有增大的趋势，以降低备件不足的概率。

（3）预防性维修成本 C_p 。介于 $C_p \leqslant C_c$ 的假设，实验中将 C_p 的取值最大设置为 $C_p = C_c = 30$ 。C_p 的增加同样使得系统的最优检测周期和维修阈值呈上升趋势，以减少系统预防性维修概率和次数的方式降低系统的费用率。当 $C_p = C_c$ 时，与修复性维修相比预防性维修的意义不再重要，预防性维修阈值也越来越接近于其故障阈值，导致二者差距的原因是修复性维修的停机损失较大。虽然预防性维修概率的减小导致维修备件的需求减少，但是随着故障概率的增加，为了避免产生高昂的停机成本，系统的安全库存阈值也随着变大。但是，与 C_{set} 增大时安全库存阈值的变化相比，C_p 增大时安全库存阈值调整幅度不是很大。

（4）修复性维修成本 C_c 。同样介于 $C_p \leqslant C_c$ 的假设，实验中将 C_c 的取值最小设置为 $C_c = C_p = 7$ 。随 C_c 的增大系统的最优检测周期和维修阈值恰好与 C_p 增大时呈现相反的趋势，均逐渐减小。这是由于最优检测周期和维修阈值的减小可以增加部件预防性维修的概率，从而减小其故障后维修概率和成本，进而降低总的维修成本。与 C_p 增大不同的是，C_c 的增大没有对备件的最优安全阈值带来明显的影响，这应该是由于联合权衡中，检测周期和维修阈值的调整平衡了备件维修需求的变化。

（5）停机损失费用率 C_d 。随着 C_d 的增大，为了减少系统的停机成本，系统的最优检测周期大幅下降，以增加检测次数。同时维修阈值也随之减小，以增加预防性维修次数的方式减少停机。因此高停机损失对应的维修需求增加，为了满足此需求，减少因备件不足而导致的停机，最优备件安全库存阈值也随 C_d 的增大而增加。

（6）机会维修惩罚费用率 C_{od} 。C_{od} 变化时，系统的最优检测周期和安全库存阈值均没有明显的变化规律。该参数主要影响的是系统的最优机会维修区域的大小（ $D_p^* - D_o^*$ ），C_{od} 增大时，对部件提前维修的惩罚增大，只有缩短机会维修区域的大小，方可减小系统的费用率。

表7-2显示了备件相关参数的调整对最优联合策略的影响。

表7-2　备件相关成本参数的调整对最优联合策略的影响

参数	取值	最小费用率	T^*	D_o^*	D_p^*	s^*
C_s	0.5	5.846 208	60	6.141 275	8.344 924	2
	5	6.037 328	64	6.527 417	8.390 810	2
	50	7.357 296	74	8.218 927	8.376 433	1
C_h	0.3	2.520 075	94	6.317 508	8.323 573	4
	3	6.037 328	64	6.527 417	8.390 810	2
	30	33.916 575	57	4.641 564	8.302 214	2
L_s	3	5.856 950	94	4.544 664	5.598 673	2
	30	6.037 328	64	6.527 417	8.390 810	2
	70	9.509 954	75	5.247 937	8.342 533	7

（1）备件订购成本C_s。随着C_s的增大，为减小该部件的订购成本，系统的最优检测周期随之增大，部件的最优维修阈值也有所上升，进而减少了维修对备件的需求，致使备件的安全库存阈值下调。

（2）备件库存持有费用率C_h。过高的备件库存持有成本致使备件的订购不宜过多。因此，随着C_h的增大，优化所得的系统备件的安全库存阈值也明显下调，最优检测周期减小以增加订购的次数。受其他参数的影响，C_h的调整对最优维修阈值的影响没有呈现明显的规律。

（3）备件订购交付时间L_s。受$L_s \leqslant T$假设的限制，实验中设置L_s的最大取值为70。备件交付时间L_s不仅影响备件的订购时间，为了满足维修需求，减少因备件不足导致的停机损失，L_s同时也影响着备件的订购数量。随着L_s的增大，需要更多的库存备件保证维修时的备件需求，因此表7-3中优化所得的最优安全库存阈值随之增大。当L_s特别小时，由于订购的备件会很快到达，系统的停机损失很小，检测周期增大到接近设备的故障寿命时间。

表7-3显示了部件劣化参数的调整对最优联合策略的影响。

表7-3　部件劣化参数的调整对最优联合策略的影响

参数	取值	寿命均值	最小费用率	T^*	D_o^*	D_p^*	s^*
α	0.03	276	5.538 175	65	5.892 568	6.443 062	1
	0.04	198	6.037 328	64	6.527 417	8.390 810	2
	0.1	82	9.224 676	33	5.927 770	7.356 216	2

由于α过小时，部件的稳态概率密度函数计算精度很低，因此，实验中对劣化参数α的设置没有遵循之前的设置规律。由表7-3可知，随着α的增大，部件劣化速度加快，部件到达故障寿命的时间随之减小，为了降低周期内部件故障的概

率和维修成本，系统的最优检测周期随之缩短。部件维修需求的增加使备件的需求增大，因此最优的备件安全阈值随之增大。

由实验分析结果可知，为了取得较低的维修费用率，对维修相关参数和备件相关参数的调整均会影响到系统整体的检测周期、维修阈值和安全库存阈值。这也就表明，在维修和备件联合优化时，要取得最低的费用率，需要在维修和备件成本之间进行权衡，而且，多部件系统的维修和订购的全局最优策略更需要对系统进行整体的联合优化方能取得。

7.6　本章小结

本章介绍了多个连续劣化、随机独立的相同部件组成的系统的视情机会维修与备件库存策略的联合优化方法。首先系统制定了基于周期检测的视情机会维修与安全库存策略相结合的联合策略；由于每一个检测周期的系统状态决定了系统的维修需求，而系统的备件库存状态又决定了可以实施的维修活动以及备件的订购和持有活动，因此在分析每个检测周期的系统维修需求、备件库存状态和实际可实施的维修活动三者之间关系的基础上，给出了备件库存状态概率的定义，以此为基础推导了系统的维修活动概率、备件订购和持有概率的计算公式。其次，在分析基于维修需求的备件库存状态转移的全概率模型的基础上，求解了备件库存状态稳态概率密度函数；基于半更新过程理论建立了系统的费用率模型，求解了系统全局最优的检测周期、部件的机会维修阈值、预防性维修阈值和安全库存阈值；此外，为了提高模型的求解效率，进一步设计了系统维修需求概率的非递归求解算法，为部件数量更多的系统研究奠定了基础。最后，以同一风电场的多个风力涡轮机主轴承为例进行了应用研究，不仅验证了模型的正确性和有效性，也表明了其实用性。

实验结果表明可权衡得到一个使系统平均费用率最小的最优的检测周期、机会维修阈值、预防性维修阈值和安全库存阈值组合，即所建立的模型是正确的；而且随系统部件数不同，最优的联合策略有明显变化，且灵敏度分析结果显示对任意维修相关参数和备件相关参数的调整均会影响到系统的最优联合策略，由此表明对相同多部件系统的维修与备件库存联合决策是有必要的。

第8章　不相同两部件系统维修与备件库存联合决策

不相同多部件系统中，各部件的劣化特征、维修需求以及备件需求均不相同，其部件与备件关系表现为多部件多类型备件模式。而且，同一系统中的多个部件之间往往存在结构、随机和经济等多种相关关系，部件之间的相关性增加了其维修与备件需求的相关性，进而加大了优化建模的难度。

从系统整体的角度出发，系统的联合劣化状态确定了系统的维修需求，而受备件库存状态的影响，并非所有的维修需求均可得到满足，进而确定了小于维修需求的及时维修活动和相应的备件订购、持有和延迟的维修等。即只有分析系统的联合劣化与库存的组合状态方能给出受备件库存状态制约可以实施的维修活动及需要完成的备件订购和持有活动等，进而实现维修与备件库存联合优化。

本章引入了多部件系统劣化状态与备件库存组合空间划分模型，在第6章不相同两部件系统视情维修决策的基础上，介绍了不相同两部件系统的维修与备件库存联合决策建模与优化问题。

8.1　系统描述

本章关注由两个功能和劣化特性不同的关键部件组成的两部件系统，而且两个部件相互关联，存在着结构、随机和经济多种依赖关系。

8.1.1　系统劣化特征

任意部件 $i(i=1,2)$ 具有与6.1节中所定义的连续随机分布 $Z_i(t)$ 相同的劣化特性和假设。

8.1.2　维修与备件库存联合策略

同时考虑系统的维修和备件库存策略时，不仅备件的充足与否直接影响维修活动的实施，而且维修活动的实施会直接改变备件的库存状态。

本章为不相同两部件系统定义了一种基于周期检测的控制限视情机会预防性维修和备件订购联合策略。策略为系统的每一个部件 $i(i=1,2)$ 定义了订购阈值 $D_s^{(i)}$、机会维修阈值 $D_o^{(i)}$ 和预防性维修阈值 $D_p^{(i)}$，其中 $0<D_s^{(i)}\leqslant D_o^{(i)}\leqslant D_p^{(i)}\leqslant D_f^{(i)}$，并将检测到的各部件状态与其订购和维修阈值进行比较，再结合实际的备件库存状态，为其安排相应的维修和备件订购活动。

每个部件均有各自不同的备件，系统需要同时库存两个部件的备件，各部件的备件订购均采用 $(0,1)$ 订购策略，即同一时刻每个部件只库存一个备件，且部件的任意一次维修活动只消耗一个备件。具体的维修与备件订购联合策略描述如下。

（1）在确定的检测周期 $T(T=k_T\Delta t,k_T\in N)$ 对系统中所有的部件实施检测，同时获取各个部件的劣化值和备件库存状态。单次检测的费用为 C_{ins}，检测为瞬时无损的精确检测。设检测到的系统状态为 (x_1,x_2)，x_i 为部件 $i(i=1,2)$ 的实际劣化值，库存状态为 (u_1,u_2)，u_i 表示部件 $i(i=1,2)$ 的库存备件个数，由 $(0,1)$ 订购策略可知 $u_i=0,1$。

（2）在任意的检测时刻，对任意部件 i，根据检测到的劣化状态 x_i 和库存状态，安排维修和备件相关活动。

一是若 u_i=1，该部件备件充足，则按如下策略安排维修：①若 $x_i\geqslant D_f^{(i)}$ 时，部件 i 已故障，部件 i 发生了故障且库存中有备件，立即为其安排修复性维修，一次修复性维修的成本为 $C_c^{(i)}$。②若 $D_P^{(i)}\leqslant x_i<D_f^{(i)}$ 时，对其进行预防性维修，一次预防性维修成本为 $C_p^{(i)}$。③若 $D_o^{(i)}\leqslant x_i<D_p^{(i)}$ 时，如果另外一个部件 $j(j\neq i)$ 的劣化状态满足 $D_p^{(j)}\leqslant x_j$，且其库存备件充足，即 $u_j=1$ 时，对部件 i 同时进行机会维修。与预防性维修不同的是，机会维修因提前结束部件的有效寿命，而给予惩罚，单次维修的惩罚成本为 $C_{\text{od}}^{(i)}$。④其余情况，不对部件进行维修。

二是若 u_i=0，该部件备件不足，则安排维修活动如下：①若只有部件 i 有维修需求。如果该维修需求为修复性维修，系统停机等待，直到备件可得时立即维修，单位时间内的停机损失为 C_{cd}。若该维修需求为预防性维修，系统仍具备运行条件，继续劣化运行至备件可得时立即维修。单个部件没有机会维修需求。②若两个部件同时需要维修，必须等到两个部件全部可得方可实施。若至少一个部件故障，则整个系统停机等待至备件可得，单位时间内的停机损失为 C_{cd}。否则系统将继续劣化运行至备件可得。

（3）系统的备件的订购策略为：①若部件 i 的库存状态为 $u_i=0$，同时劣化

状态满足 $D_s^{(i)} \leqslant x_i$，则为其安排常规备件活动，单次订购的成本为 $C_{\text{ns}}^{(i)}$，交付时间为 $L_{\text{ns}}^{(i)}(L_{\text{ns}}^{(i)} \leqslant T)$。备件到达后，以单位时间成本 $C_h^{(i)}$ 存入库存。②若部件 i 的库存状态为 $u_i = 0$，同时部件有维修需求，无论是修复性维修（$x_i \geqslant D_f^{(i)}$），预防性维修（$D_p^{(i)} \leqslant x_i < D_f^{(i)}$），还是机会维修（$D_o^{(i)} \leqslant x_i < D_p^{(i)}$），均为其安排加急订购，单次加急订购的成本为 $C_{\text{es}}^{(i)}$。一般有 $C_{\text{es}}^{(i)} \geqslant C_{\text{ns}}^{(i)}$。考虑到加急订购的交付时间相对于常规订购较短，本章假设两个部件的加急订购交付时间相同，且满足 $L_{\text{es}}\ (L_{\text{es}} \leqslant L_{\text{ns}}^{(i)} \leqslant T)$。

任意一次由维修（预防性维修或修复性维修）导致的系统停机均为一次系统干预，每一次干预均会带来相应的干预成本，包括系统拆装、维修准备等相关成本等，与具体的维修部件及其数量无关，每次干预只需支付一份费用，设每次维修干预的成本为 C_{set}，该成本与维修的部件数量无关。并假设所有维修均瞬时完成，所有部件维修后状态均恢复如新。若系统中所有部件同时维修，则维修后整个系统恢复如新。图8-1显示了增加备件订购阈值定义后部件 i 的劣化状态空间划分示意图。

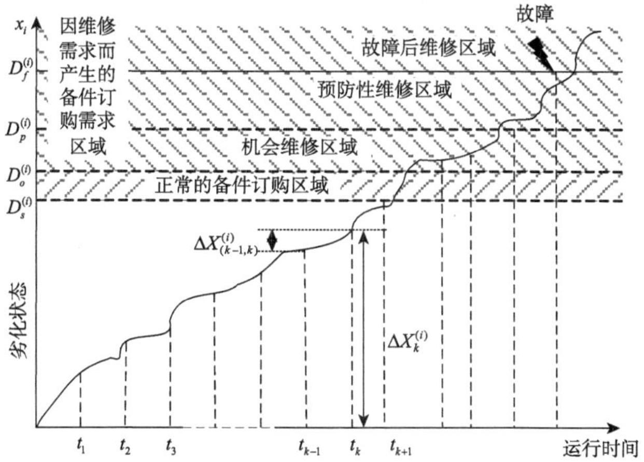

图 8-1 增加备件订购阈值定义后部件 i 的劣化状态空间划分示意图

8.2 维修与备件库存组合状态空间划分建模

系统的联合劣化状态确定了系统的维修需求，而受备件库存状态的影响，并非所有的维修需求均可得到满足。因而，系统的联合劣化状态与备件库存状态的组合共同确定了可以实施的维修活动及需要完成的备件订购和持有活动。

8.2.1 维修需求状态空间划分

若部件的备件充足时，本章所定义的维修策略与第6章中所定义的策略相同，系统的联合劣化状态空间划分也是相同的。

8.2.2　维修活动状态空间划分

考虑备件库存情况下，各维修需求分组的实际满足情况将受到备件库存状态的影响。若维修需要时备件库存充足，维修可以立即实施，否则，维修必须被推迟进行。由8.2.1小节定义的联合策略可知，系统的备件库存状态(u_1,u_2)有$(0,0)$，$(0,1)$，$(1,0)$和$(1,1)$四种情况。可以将不同的备件状态与系统的联合劣化状态进行组合，给出组合状态空间划分，以表示系统的维修活动划分。

图8-2（a）~图8-2（d）给出了四种不同备件库存状态下维修需求的满足情况，即为实际的维修活动。图8-2中，不同的阴影表示不同的维修需求，阴影颜色越深则维修需求越多。$M^2(0)$表示该两部件系统中没有部件需要维修，P_i和C_i $(i=1,2)$分别表示预防性和修复性维修部件i，实心字母表示及时完成的维修，空心字母表示延迟的维修。

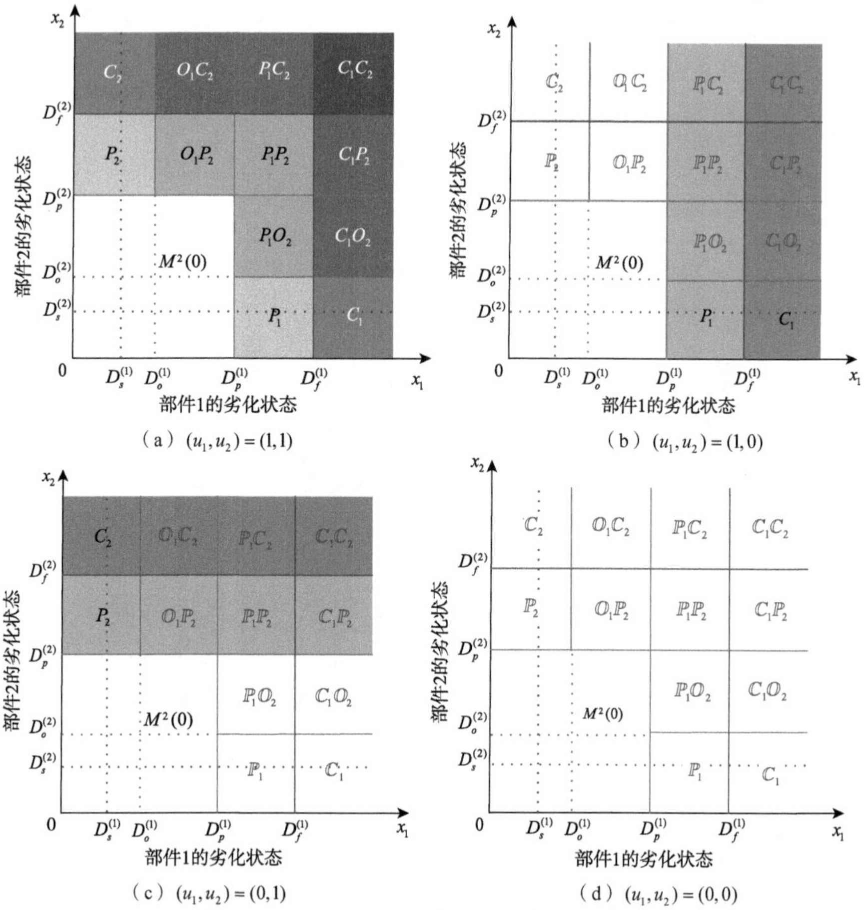

图 8-2　维修活动的劣化与库存组合状态空间划分

图8-2（a）中，各维修需求不受库存状态的影响，无任何延迟，与不考虑备件库存状态时的划分图完全相同。图8-2（b）中，由于库存中只有部件1的备件，而没有部件2的备件，含有部件2的所有维修需求全部被推迟。类似地，图8-2（c）中，由于库存中只有部件2的备件，而没有部件1的备件，含有部件1的所有维修需求全部被推迟。图8-2（d）中，库存中没有任何部件的备件，所有的维修需求均被推迟。

8.2.3　备件订购活动状态空间划分

根据所定义的备件策略，系统中有常规和加急两种订购模式。采取哪种订购模式取决于备件库存对维修需求的满足情况，即系统的劣化与备件库存的组合状态。因此，仍需给出劣化与备件库存的组合空间来表示其订购需求的划分。用 $S(0)$ 、$S(1)$ 、$S(2)$ 和 $S(1,2)$ 分别表示无备件需要订购、只订购备件1、只订购备件2和同时订购备件1和2四种不同的订购需求。

图8-3(a)~图8-3(d)给出了四种不同组合状态下的备件订购需求划分。图8-3中用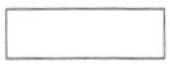表示无备件订购需求 $S(0)$ ，表示只有备件1订购需求 $S(1)$ ，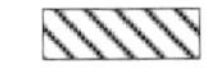表示只有备件2订购需求 $S(2)$ ，表示同时订购备件1和备件2的需求 $S(1,2)$ 。下标ns和es分别表示常规和加急两种不同的订购模式。

图8-3（a）中，两部分均有备件库存，无须进行订购。

图8-3（b）中，部件2无库存备件，因此，当其劣化状态满足 $x_2 \geqslant D_s^{(2)}$ 时，需要为其订购备件。其中，若该部件有维修需求，即 $x_2 \geqslant D_p^{(2)}$ 且 $0 \leqslant x_1 < D_p^{(1)}$ 或 $x_2 \geqslant D_o^{(2)}$ 且 $x_1 \geqslant D_p^{(1)}$ 时，需要进行加急订购，否则为常规订购。

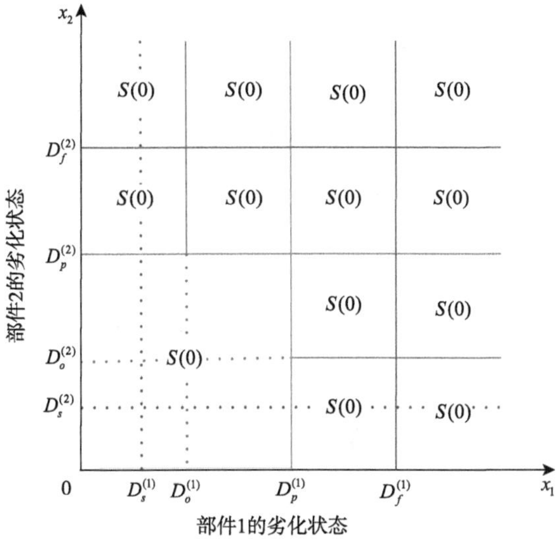

（a）$(u_1,u_2)=(1,1)$

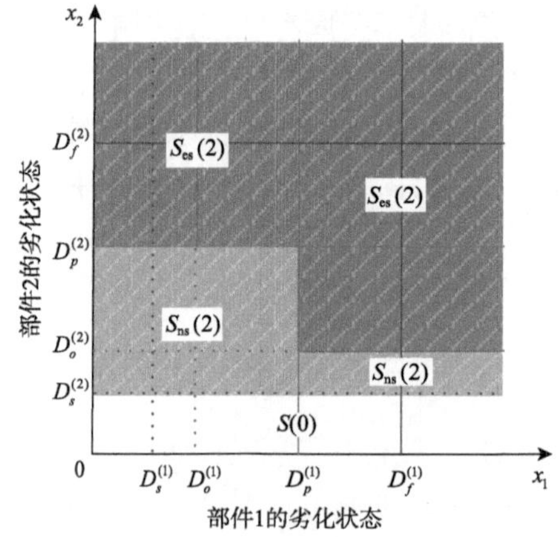

（b） $(u_1,u_2)=(1,0)$

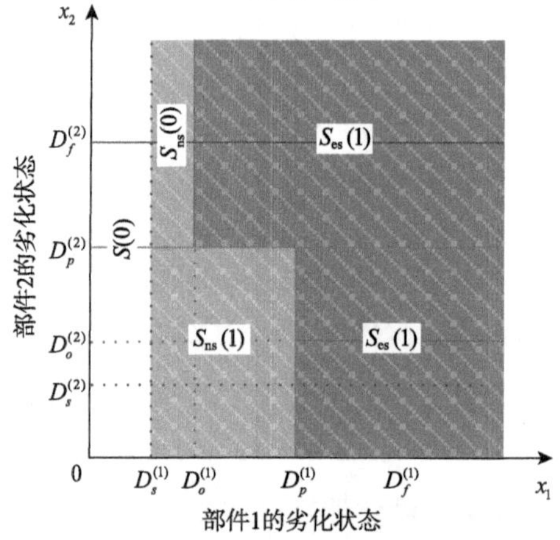

（c） $(u_1,u_2)=(0,1)$

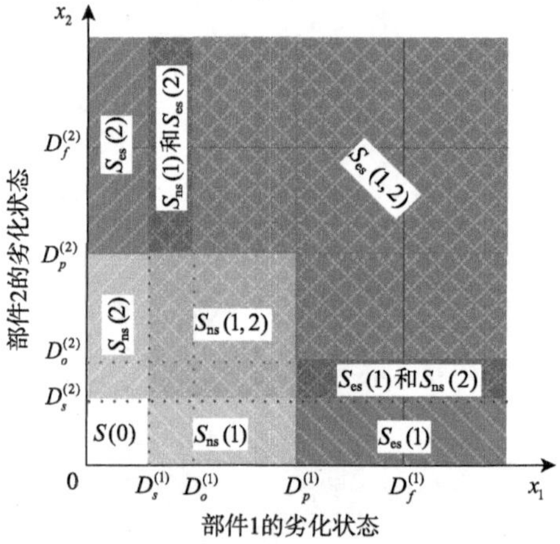

（d） $(u_1,u_2)=(0,0)$

图 8-3　备件订购活动的劣化与库存组合状态空间划分

类似地，图8-3（c）中，部件1无库存备件，因此，当其劣化状态满足 $x_1 \geqslant D_s$ 时，需要为其订购备件。其中，若该部件有维修需求，即 $x_1 \geqslant D_p^{(1)}$ 且 $0 \leqslant x_2 < D_p^{(2)}$ 或 $x_1 \geqslant D_o^{(1)}$ 且 $x_2 \geqslant D_p^{(2)}$ 时，需要进行加急订购，否则为常规订购。

图8-3（d）中，两个部件均无库存备件，因而，任意部件的劣化状态满足 $x_i \geqslant D_s^{(i)} (i=1,2)$ 时，均需为其订购备件。当任意单个部件 i 有维修需求时，即 $x_i \geqslant D_p^{(i)}$ 且 $0 \leqslant x_j < D_o^{(j)} (i=1,2; j \neq i)$ 时，只需加急订购部件 i 的备件。若两个部件同时产生维修需求，即 $x_i \geqslant D_p^{(i)}$ 且 $x_j \geqslant D_o^{(j)} (i=1,2; j \neq i)$ 时，则同时加急订购两个部件的备件。其中，在区域 $D_s^{(1)} \leqslant x_1 \leqslant D_o^{(1)}$ 且 $D_s^{(2)} \leqslant x_2 \leqslant D_o^{(2)}$ 中，两部件均无维修需求，同时进行常规订购。在区域 $D_s^{(1)} \leqslant x_1 \leqslant D_o^{(1)}$ 且 $x_2 \geqslant D_p^{(2)}$ 中出现了部件1的常规订购与部件2的加急订购的混合。同样地，在区域 $x_1 \geqslant D_p^{(1)}$ 且 $D_s^{(2)} \leqslant x_2 \leqslant D_o^{(2)}$ 中出现了部件1的加急订购与部件2的常规订购的混合。

8.2.4　备件持有活动状态空间划分

在检测周期内，如果一个部件没有维修需求但有备件持有，或者正常订购的备件得到后没有及时使用而存入库存，均会产生一定的备件持有成本。而备件的持有与否也是由系统的联合劣化与备件库存的组合状态共同确定的。因此，也可以根据组合状态空间的划分分析备件的持有情况。

图8-4（a）~图8-4（d）显示了不同组合状态下的备件持有划分结果。图8-4中用 、 、 和 分别表示无备件持有 $H(0)$ 、只有备件1持有 $H(1)$ 、只有备件2持有 $H(2)$ 和备件1和备件2同时持有 $H(1)$ 和 $H(2)$ 四种情况。由于备件的持有时间不同，因而没有采用 $H(1,2)$ 的形式表示两种备件同时持有。

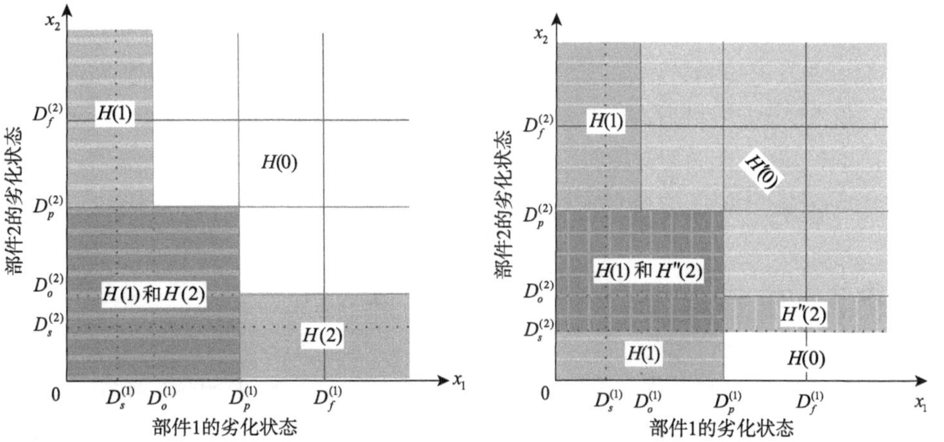

（a）$(u_1,u_2)=(1,1)$　　（b）$(u_1,u_2)=(1,0)$

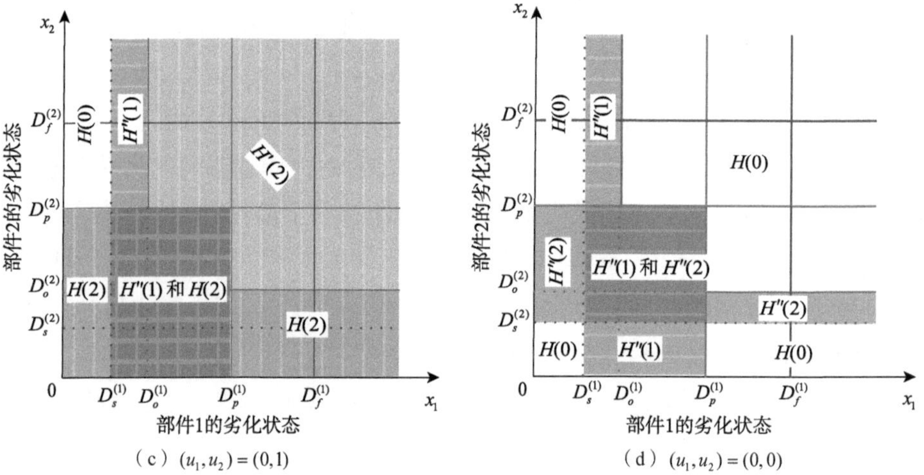

图 8-4　备件持有活动的劣化与库存组合状态空间划分

图8-4（a）中，在周期开始时刻，两部件均有备件库存。若系统无维修需求，则两部件均产生库存持有，持有时间为一个周期。否则，若某部件有维修需求，则其备件在周期开始时被立即用于维修而持有。因而，该库存状态下的库存持有划分与维修需求划分正好互补。

图8-4（b）中，在周期开始时刻，只有部件1有备件库存。在两部件均有维修需求或只有部件2有维修需求的区域中，备件1将持有至周期结束。在只有部件1有维修需求的区域中，该备件在周期开始时被立即使用，而无持有。在部件1和部件2同时需要维修的区域中，因部件2的备件不足而需加急订购，备件到达后所有的维修及时完成，因此部件1的备件持有时间为一个加急订购交付时间，图8-4中用 $H'(1)$ 表示。对于部件2，在其非维修区域，但劣化阈值 $x_2 \geqslant D_s^{(2)}$ 时会进行常规订购，订购到达后，在剩余的 $T-L_{\mathrm{ns}}^{(2)}$ 时间内持有，图8-4中用 $H''(2)$ 表示。

类似地，可得备件库存状态为 $(0,1)$，即在周期开始时刻，只有部件2有备件库存的情况下的备件库存持有组合状态划分如图8-4（c）所示。

图8-4（d）中，在周期开始时刻，两个部件均无备件持有，因而，任意部件 $i(i=1,2)$ 在其常规订购区域中会产生时间长度为 $T-L_{\mathrm{ns}}^{(i)}$ 的持有，其余区域均无持有。

8.3　维修与备件相关概率计算

在具体的维修和备件联合优化建模问题中，系统所有可能的维修需求分组的概率及维修活动、备件的订购和持有概率是建模的基础。由四种备件库存状态与系统联合劣化状态组合可得到四种组合状态 $(0,0,x_1,x_2)$，$(0,1,x_1,x_2)$，$(1,0,x_1,x_2)$，

$(1,1,x_1,x_2)$，设各组合状态的联合概率密度函数分别为$\pi(0,0,x_1,x_2)$，$\pi(0,1,x_1,x_2)$，$\pi(1,0,x_1,x_2)$，$\pi(1,1,x_1,x_2)$，以此为基础研究维修和备件相关概率的计算。

8.3.1 维修需求概率计算

分析可知，系统的维修需求仅取决于周期检测获得的系统联合劣化状态。因而，其维修概率可以在假设系统的联合劣化状态的稳态概率密度函数为$\varpi(x_1,x_2)$的基础上，由6.2节中所推导的公式计算得到。

8.3.2 维修活动概率计算

由图8-2所示的针对维修活动的四种库存状态下的劣化状态划分可知，原来的维修需求分组在备件库存的限制下转换为了实际可以实施的维修活动分组，转换后各个维修活动的维修概率可根据其所覆盖的劣化区域计算。根据备件对维修需求的满足程度不同，区分及时维修和延迟维修两种情况。所有及时维修的概率计算模型如下：

$$P_{M^2(0)}(u_1,u_2,x_1,x_2)=\int_0^{D_p^{(2)}}\int_0^{D_p^{(1)}}[\pi(1,1,x_1,x_2)+\pi(1,0,x_1,x_2)+\pi(0,1,x_1,x_2)+\pi(0,0,x_1,x_2)]\mathrm{d}x_1\mathrm{d}x_2 \tag{8-1}$$

$$P_{P_1}(u_1,u_2,x_1,x_2)=\int_0^{D_o^{(2)}}\int_{D_p^{(1)}}^{D_f^{(1)}}[\pi(1,1,x_1,x_2)+\pi(1,0,x_1,x_2)]\mathrm{d}x_1\mathrm{d}x_2 \tag{8-2}$$

$$P_{P_2}(u_1,u_2,x_1,x_2)=\int_{D_p^{(2)}}^{D_f^{(2)}}\int_0^{D_o^{(1)}}[\pi(1,1,x_1,x_2)+\pi(0,1,x_1,x_2)]\mathrm{d}x_1\mathrm{d}x_2 \tag{8-3}$$

$$P_{C_1}(u_1,u_2,x_1,x_2)=\int_0^{D_o^{(2)}}\int_{D_f^{(1)}}^{\infty}[\pi(1,1,x_1,x_2)+\pi(1,0,x_1,x_2)]\mathrm{d}x_1\mathrm{d}x_2 \tag{8-4}$$

$$P_{C_2}(u_1,u_2,x_1,x_2)=\int_{D_f^{(2)}}^{\infty}\int_0^{D_o^{(1)}}[\pi(1,1,x_1,x_2)+\pi(0,1,x_1,x_2)]\mathrm{d}x_1\mathrm{d}x_2 \tag{8-5}$$

$$P_{O_1P_2}(u_1,u_2,x_1,x_2)=\int_{D_p^{(2)}}^{D_f^{(2)}}\int_{D_o^{(1)}}^{D_p^{(1)}}\pi(1,1,x_1,x_2)\mathrm{d}x_1\mathrm{d}x_2 \tag{8-6}$$

$$P_{O_1C_2}(u_1,u_2,x_1,x_2)=\int_{D_f^{(2)}}^{\infty}\int_{D_o^{(1)}}^{D_p^{(1)}}\pi(1,1,x_1,x_2)\mathrm{d}x_1\mathrm{d}x_2 \tag{8-7}$$

$$P_{P_1O_2}(u_1,u_2,x_1,x_2)=\int_{D_o^{(2)}}^{D_p^{(2)}}\int_{D_p^{(1)}}^{D_f^{(1)}}\pi(1,1,x_1,x_2)\mathrm{d}x_1\mathrm{d}x_2 \tag{8-8}$$

$$P_{P_1P_2}(u_1,u_2,x_1,x_2)=\int_{D_p^{(2)}}^{D_f^{(2)}}\int_{D_p^{(1)}}^{D_f^{(1)}}\pi(1,1,x_1,x_2)\mathrm{d}x_1\mathrm{d}x_2 \tag{8-9}$$

$$P_{P_1C_2}(u_1,u_2,x_1,x_2)=\int_{D_f^{(2)}}^{\infty}\int_{D_p^{(1)}}^{D_f^{(1)}}\pi(1,1,x_1,x_2)\mathrm{d}x_1\mathrm{d}x_2 \tag{8-10}$$

$$P_{C_1O_2}(u_1,u_2,x_1,x_2)=\int_{D_o^{(2)}}^{D_p^{(2)}}\int_{D_f^{(1)}}^{\infty}\pi(1,1,x_1,x_2)\mathrm{d}x_1\mathrm{d}x_2 \tag{8-11}$$

$$P_{C_1P_2}(u_1,u_2,x_1,x_2)=\int_{D_p^{(2)}}^{D_f^{(2)}}\int_{D_f^{(1)}}^{\infty}\pi(1,1,x_1,x_2)\mathrm{d}x_1\mathrm{d}x_2 \tag{8-12}$$

$$P_{C_1C_2}(u_1,u_2,x_1,x_2)=\int_{D_f^{(2)}}^{\infty}\int_{D_f^{(1)}}^{\infty}\pi(1,1,x_1,x_2)\mathrm{d}x_1\mathrm{d}x_2 \tag{8-13}$$

用上标 d 表示被延迟的维修活动。类似地，可以给出所有延迟的维修活动的概率计算模型如下：

$$P_{P_1}^{d}(u_1,u_2,x_1,x_2)=\int_{0}^{D_o^{(2)}}\int_{D_p^{(1)}}^{D_f^{(1)}}[\pi(0,1,x_1,x_2)+\pi(0,0,x_1,x_2)]\mathrm{d}x_1\mathrm{d}x_2 \tag{8-14}$$

$$P_{P_2}^{d}(u_1,u_2,x_1,x_2)=\int_{D_p^{(2)}}^{D_f^{(2)}}\int_{0}^{D_o^{(1)}}[\pi(1,0,x_1,x_2)+\pi(0,0,x_1,x_2)]\mathrm{d}x_1\mathrm{d}x_2 \tag{8-15}$$

$$P_{C_1}^{d}(u_1,u_2,x_1,x_2)=\int_{0}^{D_o^{(2)}}\int_{D_f^{(1)}}^{\infty}[\pi(0,1,x_1,x_2)+\pi(0,0,x_1,x_2)]\mathrm{d}x_1\mathrm{d}x_2 \tag{8-16}$$

$$P_{C_2}^{d}(u_1,u_2,x_1,x_2)=\int_{D_f^{(2)}}^{\infty}\int_{0}^{D_o^{(1)}}[\pi(1,0,x_1,x_2)+\pi(0,0,x_1,x_2)]\mathrm{d}x_1\mathrm{d}x_2 \tag{8-17}$$

$$P_{O_1P_2}^{d}(u_1,u_2,x_1,x_2)=\int_{D_p^{(2)}}^{D_f^{(2)}}\int_{D_o^{(1)}}^{D_p^{(1)}}[\pi(1,0,x_1,x_2)+\pi(0,1,x_1,x_2)+\pi(0,0,x_1,x_2)]\mathrm{d}x_1\mathrm{d}x_2 \tag{8-18}$$

$$P_{O_1C_2}^{d}(u_1,u_2,x_1,x_2)=\int_{D_f^{(2)}}^{\infty}\int_{D_o^{(1)}}^{D_p^{(1)}}[\pi(1,0,x_1,x_2)+\pi(0,1,x_1,x_2)+\pi(0,0,x_1,x_2)]\mathrm{d}x_1\mathrm{d}x_2 \tag{8-19}$$

$$P_{P_1O_2}^{d}(u_1,u_2,x_1,x_2)=\int_{D_o^{(2)}}^{D_p^{(2)}}\int_{D_p^{(1)}}^{D_f^{(1)}}[\pi(1,0,x_1,x_2)+\pi(0,1,x_1,x_2)+\pi(0,0,x_1,x_2)]\mathrm{d}x_1\mathrm{d}x_2 \tag{8-20}$$

$$P_{P_1P_2}^{d}(u_1,u_2,x_1,x_2)=\int_{D_p^{(2)}}^{D_f^{(2)}}\int_{D_p^{(1)}}^{D_f^{(1)}}[\pi(1,0,x_1,x_2)+\pi(0,1,x_1,x_2)+\pi(0,0,x_1,x_2)]\mathrm{d}x_1\mathrm{d}x_2 \tag{8-21}$$

$$P_{P_1C_2}^{d}(u_1,u_2,x_1,x_2)=\int_{D_f^{(2)}}^{\infty}\int_{D_p^{(1)}}^{D_f^{(1)}}[\pi(1,0,x_1,x_2)+\pi(0,1,x_1,x_2)+\pi(0,0,x_1,x_2)]\mathrm{d}x_1\mathrm{d}x_2 \tag{8-22}$$

$$P_{C_1O_2}^{d}(u_1,u_2,x_1,x_2)=\int_{D_o^{(2)}}^{D_p^{(2)}}\int_{D_f^{(1)}}^{\infty}[\pi(1,0,x_1,x_2)+\pi(0,1,x_1,x_2)+\pi(0,0,x_1,x_2)]\mathrm{d}x_1\mathrm{d}x_2 \tag{8-23}$$

$$P_{C_1P_2}^{d}(u_1,u_2,x_1,x_2)=\int_{D_p^{(2)}}^{D_f^{(2)}}\int_{D_f^{(1)}}^{\infty}[\pi(1,0,x_1,x_2)+\pi(0,1,x_1,x_2)+\pi(0,0,x_1,x_2)]\mathrm{d}x_1\mathrm{d}x_2 \tag{8-24}$$

$$P_{C_1C_2}^{d}(u_1,u_2,x_1,x_2)=\int_{D_f^{(2)}}^{\infty}\int_{D_f^{(1)}}^{\infty}[\pi(1,0,x_1,x_2)+\pi(0,1,x_1,x_2)+\pi(0,0,x_1,x_2)]\mathrm{d}x_1\mathrm{d}x_2 \tag{8-25}$$

8.3.3 备件订购概率计算

在维修和备件联合策略中，备件的订购与否同样由检测到的系统状态 (x_1,x_2) 和库存状态 (u_1,u_2) 同时决定。由图8-3所示的订购活动区域划分可知，所有备件订购活动的概率计算模型如下：

$$\begin{aligned}P_{S(0)}(u_1,u_2,x_1,x_2)=&\int_0^{\infty}\int_0^{\infty}\pi(1,1,x_1,x_2)\mathrm{d}x_1\mathrm{d}x_2+\int_0^{D_s^{(2)}}\int_0^{\infty}\pi(1,0,x_1,x_2)\mathrm{d}x_1\mathrm{d}x_2\\&+\int_0^{\infty}\int_0^{D_s^{(1)}}\pi(0,1,x_1,x_2)\mathrm{d}x_1\mathrm{d}x_2+\int_0^{D_s^{(2)}}\int_0^{D_s^{(1)}}\pi(0,0,x_1,x_2)\mathrm{d}x_1\mathrm{d}x_2\end{aligned} \tag{8-26}$$

$$P_{S_{ns}(1)}(u_1,u_2,x_1,x_2)=\int_0^{\infty}\int_{D_s^{(1)}}^{D_o^{(1)}}\pi(0,1,x_1,x_2)dx_1dx_2+\int_0^{D_p^{(2)}}\int_{D_o^{(1)}}^{D_p^{(1)}}\pi(0,1,x_1,x_2)dx_1dx_2$$
$$+\int_0^{D_s^{(2)}}\int_{D_s^{(1)}}^{D_p^{(1)}}\pi(0,0,x_1,x_2)dx_1dx_2+\int_{D_p^{(2)}}^{\infty}\int_{D_s^{(1)}}^{D_o^{(1)}}\pi(0,0,x_1,x_2)dx_1dx_2 \tag{8-27}$$

$$P_{S_{es}(1)}(u_1,u_2,x_1,x_2)=\int_0^{D_p^{(2)}}\int_{D_p^{(1)}}^{\infty}\pi(0,1,x_1,x_2)dx_1dx_2+\int_{D_p^{(2)}}^{\infty}\int_{D_o^{(1)}}^{\infty}\pi(0,1,x_1,x_2)dx_1dx_2$$
$$+\int_0^{D_o^{(2)}}\int_{D_p^{(1)}}^{\infty}\pi(0,0,x_1,x_2)dx_1dx_2 \tag{8-28}$$

$$P_{S_{ns}(2)}(u_1,u_2,x_1,x_2)=\int_{D_s^{(2)}}^{D_o^{(2)}}\int_0^{\infty}\pi(1,0,x_1,x_2)dx_1dx_2+\int_{D_o^{(2)}}^{D_p^{(2)}}\int_0^{D_p^{(1)}}\pi(1,0,x_1,x_2)dx_1dx_2$$
$$+\int_{D_s^{(2)}}^{D_p^{(2)}}\int_0^{D_s^{(1)}}\pi(0,0,x_1,x_2)dx_1dx_2+\int_{D_s^{(2)}}^{D_o^{(2)}}\int_{D_p^{(1)}}^{\infty}\pi(0,0,x_1,x_2)dx_1dx_2 \tag{8-29}$$

$$P_{S_{es}(2)}(u_1,u_2,x_1,x_2)=\int_{D_p^{(2)}}^{\infty}\int_0^{D_p^{(1)}}\pi(1,0,x_1,x_2)dx_1dx_2+\int_{D_o^{(2)}}^{\infty}\int_{D_p^{(1)}}^{\infty}\pi(1,0,x_1,x_2)dx_1dx_2$$
$$+\int_{D_p^{(2)}}^{\infty}\int_0^{D_o^{(1)}}\pi(0,0,x_1,x_2)dx_1dx_2 \tag{8-30}$$

$$P_{S_{ns}(1,2)}(u_1,u_2,x_1,x_2)=\int_{D_s^{(2)}}^{D_p^{(2)}}\int_{D_s^{(1)}}^{D_p^{(1)}}\pi(0,0,x_1,x_2)dx_1dx_2 \tag{8-31}$$

$$P_{S_{es}(1,2)}(u_1,u_2,x_1,x_2)=\int_{D_p^{(2)}}^{\infty}\int_{D_o^{(1)}}^{D_p^{(1)}}\pi(0,0,x_1,x_2)dx_1dx_2+\int_{D_o^{(2)}}^{\infty}\int_{D_p^{(1)}}^{\infty}\pi(0,0,x_1,x_2)dx_1dx_2 \tag{8-32}$$

8.3.4　备件持有概率计算

备件的各种可能持有概率同样由检测到的系统状态 (x_1,x_2) 和库存状态 (u_1,u_2) 同时决定，其概率同样可由联合概率密度函数推导得到。由图8-4的划分模型可知，所有备件持有活动的概率计算模型如下：

$$P_{H(1)}(u_1,u_2,x_1,x_2)=\int_0^{D_p^{(2)}}\int_0^{D_p^{(1)}}\pi(1,1,x_1,x_2)dx_1dx_2+\int_{D_p^{(2)}}^{\infty}\int_0^{D_o^{(1)}}\pi(1,1,x_1,x_2)dx_1dx_2$$
$$+\int_0^{D_p^{(2)}}\int_0^{D_p^{(1)}}\pi(1,0,x_1,x_2)dx_1dx_2+\int_{D_p^{(2)}}^{\infty}\int_0^{D_o^{(1)}}\pi(1,0,x_1,x_2)dx_1dx_2 \tag{8-33}$$

$$P_{H(2)}(u_1,u_2,x_1,x_2)=\int_0^{D_p^{(2)}}\int_0^{D_p^{(1)}}\pi(1,1,x_1,x_2)dx_1dx_2+\int_0^{D_o^{(2)}}\int_{D_p^{(1)}}^{\infty}\pi(1,1,x_1,x_2)dx_1dx_2$$
$$+\int_0^{D_p^{(2)}}\int_0^{D_p^{(1)}}\pi(0,1,x_1,x_2)dx_1dx_2+\int_0^{D_o^{(2)}}\int_{D_p^{(1)}}^{\infty}\pi(0,1,x_1,x_2)dx_1dx_2 \tag{8-34}$$

$$P_{H'(1)}(u_1,u_2,x_1,x_2)=\int_{D_p^{(2)}}^{\infty}\int_{D_o^{(1)}}^{D_p^{(1)}}\pi(1,0,x_1,x_2)dx_1dx_2+\int_{D_o^{(2)}}^{\infty}\int_{D_p^{(1)}}^{\infty}\pi(1,0,x_1,x_2)dx_1dx_2 \tag{8-35}$$

$$P_{H'(2)}(u_1,u_2,x_1,x_2)=\int_{D_o^{(2)}}^{D_p^{(2)}}\int_{D_p^{(1)}}^{\infty}\pi(0,1,x_1,x_2)dx_1dx_2+\int_{D_p^{(2)}}^{\infty}\int_{D_o^{(1)}}^{\infty}\pi(0,1,x_1,x_2)dx_1dx_2 \tag{8-36}$$

$$
\begin{aligned}
P_{H''(1)}(u_1,u_2,x_1,x_2) = & \int_0^{D_p^{(2)}}\int_{D_s^{(1)}}^{D_p^{(1)}} \pi(0,1,x_1,x_2)\mathrm{d}x_1\mathrm{d}x_2 + \int_{D_p^{(2)}}^{\infty}\int_{D_s^{(1)}}^{D_o^{(1)}} \pi(0,1,x_1,x_2)\mathrm{d}x_1\mathrm{d}x_2 \\
& + \int_0^{D_p^{(2)}}\int_{D_s^{(1)}}^{D_p^{(1)}} \pi(0,0,x_1,x_2)\mathrm{d}x_1\mathrm{d}x_2 + \int_{D_p^{(2)}}^{\infty}\int_{D_s^{(1)}}^{D_o^{(1)}} \pi(0,0,x_1,x_2)\mathrm{d}x_1\mathrm{d}x_2
\end{aligned} \tag{8-37}
$$

$$
\begin{aligned}
P_{H''(2)}(u_1,u_2,x_1,x_2) = & \int_{D_s^{(2)}}^{D_p^{(2)}}\int_0^{D_p^{(1)}} \pi(1,0,x_1,x_2)\mathrm{d}x_1\mathrm{d}x_2 + \int_{D_s^{(2)}}^{D_o^{(2)}}\int_{D_p^{(1)}}^{\infty} \pi(1,0,x_1,x_2)\mathrm{d}x_1\mathrm{d}x_2 \\
& + \int_{D_s^{(2)}}^{D_p^{(2)}}\int_0^{D_p^{(1)}} \pi(0,0,x_1,x_2)\mathrm{d}x_1\mathrm{d}x_2 + \int_{D_s^{(2)}}^{D_o^{(2)}}\int_{D_p^{(1)}}^{\infty} \pi(0,0,x_1,x_2)\mathrm{d}x_1\mathrm{d}x_2
\end{aligned} \tag{8-38}
$$

$$
\begin{aligned}
P_{H(0)}(u_1,u_2,x_1,x_2) = & \int_{D_p^{(2)}}^{\infty}\int_{D_o^{(1)}}^{D_p^{(1)}} \pi(1,1,x_1,x_2)\mathrm{d}x_1\mathrm{d}x_2 + \int_{D_o^{(2)}}^{\infty}\int_{D_p^{(1)}}^{\infty} \pi(1,1,x_1,x_2)\mathrm{d}x_1\mathrm{d}x_2 \\
& + \int_0^{D_s^{(2)}}\int_{D_p^{(1)}}^{\infty} \pi(1,0,x_1,x_2)\mathrm{d}x_1\mathrm{d}x_2 + \int_{D_p^{(2)}}^{\infty}\int_0^{D_s^{(1)}} \pi(0,1,x_1,x_2)\mathrm{d}x_1\mathrm{d}x_2 \\
& + \int_{D_p^{(2)}}^{\infty}\int_{D_o^{(1)}}^{D_p^{(1)}} \pi(0,0,x_1,x_2)\mathrm{d}x_1\mathrm{d}x_2 + \int_{D_o^{(2)}}^{\infty}\int_{D_p^{(1)}}^{\infty} \pi(0,0,x_1,x_2)\mathrm{d}x_1\mathrm{d}x_2 \\
& + \int_0^{D_s^{(2)}}\int_0^{D_s^{(1)}} \pi(0,0,x_1,x_2)\mathrm{d}x_1\mathrm{d}x_2 + \int_{D_p^{(2)}}^{\infty}\int_0^{D_s^{(1)}} \pi(0,0,x_1,x_2)\mathrm{d}x_1\mathrm{d}x_2 \\
& + \int_0^{D_s^{(2)}}\int_{D_p^{(1)}}^{\infty} \pi(0,0,x_1,x_2)\mathrm{d}x_1\mathrm{d}x_2
\end{aligned} \tag{8-39}
$$

8.4 组合状态的稳态概率密度函数

由式（8-1）~式（8-39）可知，以上所有维修与备件相关活动的概率计算均以系统的劣化与备件库存组合状态的概率特性为基础。接下来，进一步给出四种组合状态 $(0,0,x_1,x_2)$，$(0,1,x_1,x_2)$，$(1,0,x_1,x_2)$，$(1,1,x_1,x_2)$ 的联合概率密度函数 $\pi(0,0,x_1,x_2)$，$\pi(0,1,x_1,x_2)$，$\pi(1,0,x_1,x_2)$，$\pi(1,1,x_1,x_2)$ 的数值计算模型。

8.4.1 稳态概率密度函数的定义

由于系统和库存状态均在离散的周期性检测时刻获得，设周期性检测获取的系统劣化和库存的组合状态为 (u_1,u_2,x_1,x_2)。周期内的维修和备件活动均由周期开始时刻的组合状态确定，与历史状态无关。因而该组合状态的分布是一个马尔可夫链，其中 $u_i(i=1,2)$ 是离散的，$x_i(i=1,2)$ 是连续的[24]。根据周期检测获取的系统和库存状态安排相应的维修活动与备件的订购活动将直接导致系统劣化状态及备件库存状态的不完全或完全更新，因此可将系统的周期检测点视为系统的半更新点，利用半更新特性分析该马尔可夫序列的稳态特性，进而推导组合状态的联合概率密度函数。用 $\pi(u_1,u_2,x_1,x_2)$ 表示任意周期开始时刻系统组合状态为 (u_1,u_2,x_1,x_2) 的概率。四种库存状态对应的四个联合概率密度函数 $\pi(0,0,x_1,x_2)$，$\pi(0,1,x_1,x_2)$，$\pi(1,0,x_1,x_2)$，$\pi(1,1,x_1,x_2)$ 可以通过分析半更新周期开始时所有可能的维修情况得到。

设一个检测周期 T 开始时检测到的系统状态为 (y_1,y_2)，库存状态为 (v_1,v_2)，周期结束时检测到的系统状态为 (x_1,x_2)，库存状态为 (u_1,u_2)。根据所定义的维修和订购策略，系统中部件 $i(i=1,2)$ 一个检测周期内所有可能的劣化和备件库存状态转移如图8-5所示。

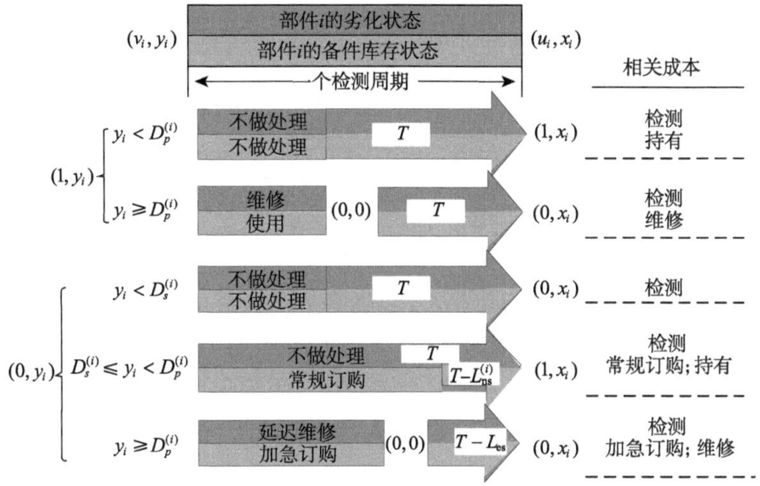

图 8-5 部件 i 一个检测周期内所有可能的劣化和备件库存状态转换

1. 单部件系统组合状态稳态概率密度函数

若只考虑一个部件 i，其劣化和库存联合状态的稳态概率密度可表示为 $\pi(u_i,x_i)$ [24]，按照（0，1）库存策略可将其分为 $\pi(0,x_i)$ 和 $\pi(1,x_i)$ 两种情况分别考虑。若当前周期检测时的联合状态为 $(0,x_i)$，由图8-5可知，周期开始时可能的情况有三种。

（1）当部件的备件充足且有维修需求时，库存备件被及时用于维修，该事件的发生概率为 $\int_{D_p^{(i)}}^{\infty}\pi(1,y_i)\mathrm{d}y_i$，维修后部件的备件状态为0，劣化状态恢复如新。接下来的周期内，部件状态又由0劣化到 x_i 的概率为 $f_i^{(T)}(x_i)$。

（2）当部件 i 不需要维修，库存中没有备件持有，也不需要订购时，该事件的发生概率为 $\int_0^{D_s^{(i)}}\pi(0,y_i)\mathrm{d}y_i$。对部件 i 及其库存不做任何处理，库存保持为0不变，周期内部件状态由 y_i 继续劣化到 x_i 的概率为 $f_i^{(T)}(x_i-y_i)$。

（3）当库存中没有部件i的备件，但是该部件需要维修时，该事件发生的概率为$\int_{D_p^{(i)}}^{\infty}\pi(0,y_i)\mathrm{d}y_i$。加急订购到达的备件立即用于延迟的维修，之后部件的备件库存变为0，部件在接下来的$T-L_{\mathrm{es}}$时间内由0劣化至x_i，劣化概率为$f_i^{(T-L_{\mathrm{es}})}(x_i)$。

总之，周期检测时组合状态为$(0,x_i)$的概率密度函数$\pi(0,x_i)$可表示为

$$\begin{aligned}\pi(0,x_i)=&\int_{D_p^{(i)}}^{\infty}\pi(1,y_i)f_i^{(T)}(x_i)\mathrm{d}y_i+\int_0^{\min(x_i,D_s^{(i)})}\pi(0,y_i)f_i^{(T)}(x_i-y_i)\mathrm{d}y_i\\&+\int_{D_p^{(i)}}^{\infty}\pi(0,y_i)f_i^{(T-L_{\mathrm{es}})}(x_i)\mathrm{d}y_i\end{aligned}\quad(8\text{-}40)$$

类似地，组合状态$(1,x_i)$由以下两者情况转移达到。

（1）当部件i的备件充足且无维修需求时，该事件的发生概率为$\int_0^{D_p^{(i)}}\pi(1,y_i)\mathrm{d}y_i$，备件一直持有至下一个周期开始，部件状态由$y_i$劣化至$x_i$的概率为$f_i^{(T)}(x_i-y_i)$。

（2）当部件i的备件不足且无维修需求，但由于劣化状态超过订购阈值而需要常规订购时，该事件发生的概率为$\int_{D_s^{(i)}}^{D_p^{(i)}}\pi(0,y_i)\mathrm{d}y_i$。订购到达后的备件一直持有至下一个周期开始。部件状态在周期内由y_i劣化至x_i的概率为$f_i^{(T)}(x_i-y_i)$。

综上，周期检测时组合状态$(1,x_i)$的概率密度函数$\pi(1,x_i)$可表示为

$$\pi(1,x_i)=\int_0^{\min(x_i,D_p^{(i)})}\pi(1,y_i)f_i^{(T)}(x_i-y_i)\mathrm{d}y_i+\int_{D_s^{(i)}}^{\min(x_i,D_p^{(i)})}\pi(0,y_i)f_i^{(T)}(x_i-y_i)\mathrm{d}y_i\quad(8\text{-}41)$$

2. 两部件系统组合状态稳态概率密度函数

计算两部件系统稳态概率密度函数$\pi(u_1,u_2,x_1,x_2)$时，更新周期开始时所有可能的维修情况可以通过以上单部件系统维修情况的组合分析得到，即$\pi(0,0,x_1,x_2)$可以由$\pi(0,x_1)$和$\pi(0,x_2)$组合表示为

$$\begin{aligned}\pi(0,0,x_1,x_2)=&\int_{D_p^{(1)}}^{\infty}\int_{D_p^{(2)}}^{\infty}\pi(1,1,y_1,y_2)f_1^{(T)}(x_1)f_2^{(T)}(x_2)\mathrm{d}y_1\mathrm{d}y_2\\&+\int_{D_p^{(1)}}^{\infty}\int_0^{\min(x_2,D_s^{(2)})}\pi(1,0,y_1,y_2)f_1^{(T)}(x_1)f_2^{(T)}(x_2-y_2)\mathrm{d}y_1\mathrm{d}y_2\\&+\int_{D_p^{(1)}}^{\infty}\int_{D_p^{(2)}}^{\infty}\pi(1,0,y_1,y_2)f_1^{(T)}(x_1)f_2^{(T-L_{\mathrm{es}})}(x_2)\mathrm{d}y_1\mathrm{d}y_2\\&+\int_0^{\min(x_1,D_s^{(1)})}\int_{D_p^{(2)}}^{\infty}\pi(0,1,y_1,y_2)f_1^{(T)}(x_1-y_1)f_2^{(T)}(x_2)\mathrm{d}y_1\mathrm{d}y_2\\&+\int_0^{\min(x_1,D_s^{(1)})}\int_0^{\min(x_2,D_s^{(2)})}\pi(0,0,y_1,y_2)f_1^{(T)}(x_1-y_1)f_2^{(T)}(x_2-y_2)\mathrm{d}y_1\mathrm{d}y_2\\&+\int_0^{\min(x_1,D_s^{(1)})}\int_{D_p^{(2)}}^{\infty}\pi(0,0,y_1,y_2)f_1^{(T)}(x_1-y_1)f_2^{(T-L_{\mathrm{es}})}(x_2)\mathrm{d}y_1\mathrm{d}y_2\\&+\int_{D_p^{(1)}}^{\infty}\int_{D_p^{(2)}}^{\infty}\pi(0,1,y_1,y_2)f_1^{(T-L_{\mathrm{es}})}(x_1)f_2^{(T)}(x_2)\mathrm{d}y_1\mathrm{d}y_2\end{aligned}$$

$$
+\int_{D_p^{(1)}}^{\infty}\int_0^{\min(x_2,D_s^{(2)})}\pi(0,0,y_1,y_2)f_1^{(T-L_{es})}(x_1)f_2^{(T)}(x_2-y_2)\mathrm{d}y_1\mathrm{d}y_2
$$

$$
+\int_{D_p^{(1)}}^{\infty}\int_{D_p^{(2)}}^{\infty}\pi(0,0,y_1,y_2)f_1^{(T-L_{es})}(x_1)f_2^{(T-L_{es})}(x_2)\mathrm{d}y_1\mathrm{d}y_2
$$

（8-42）

由于两部系统中考虑了机会维修，因此，式（8-42）中两部件同时维修的区域$\{(x_1,x_2)\,|\,x_1\geqslant D_p^{(1)},x_2\geqslant D_p^{(2)}\}$应扩展为区域$\{(x_1,x_2)\,|\,x_1\geqslant D_o^{(1)},x_2\geqslant D_o^{(2)}\}$去掉$\{(x_1,x_2)\,|\,D_o^{(1)}\leqslant x_1\leqslant D_p^{(1)},D_o^{(2)}\leqslant x_2\leqslant D_p^{(2)}\}$的部分。此外，由所定义的策略可知，只有当所有部件的备件充足时，两个部件方能同时维修，因此，当备件库存状态为$(0,0)$、$(1,0)$或$(0,1)$时，系统劣化状态由$(0,0)$劣化至(x_1,x_2)的概率应调整为$f_1^{(T-L_{es})}(x_1)f_2^{(T-L_{es})}(x_2)$。因此式（8-42）可改写式（8-43）。

$$
\begin{aligned}
\pi(0,0,x_1,x_2)=&\int_{D_o^{(1)}}^{\infty}\int_{D_o^{(2)}}^{\infty}\pi(1,1,y_1,y_2)f_1^{(T)}(x_1)f_2^{(T)}(x_2)\mathrm{d}y_1\mathrm{d}y_2\\
&-\int_{D_o^{(1)}}^{D_p^{(1)}}\int_{D_o^{(2)}}^{D_p^{(2)}}\pi(1,1,y_1,y_2)f_1^{(T)}(x_1)f_2^{(T)}(x_2)\mathrm{d}y_1\mathrm{d}y_2\\
&+\int_{D_p^{(1)}}^{\infty}\int_0^{\min(x_2,D_s^{(2)})}\pi(1,0,y_1,y_2)f_1^{(T)}(x_1)f_2^{(T)}(x_2-y_2)\mathrm{d}y_1\mathrm{d}y_2\\
&+\int_{D_o^{(1)}}^{\infty}\int_{D_o^{(2)}}^{\infty}\pi(1,0,y_1,y_2)f_1^{(T-L_{es})}(x_1)f_2^{(T-L_{es})}(x_2)\mathrm{d}y_1\mathrm{d}y_2\\
&-\int_{D_o^{(1)}}^{D_p^{(1)}}\int_{D_o^{(2)}}^{D_p^{(2)}}\pi(1,0,y_1,y_2)f_1^{(T-L_{es})}(x_1)f_2^{(T-L_{es})}(x_2)\mathrm{d}y_1\mathrm{d}y_2\\
&+\int_0^{\min(x_1,D_s^{(1)})}\int_{D_p^{(2)}}^{\infty}\pi(0,1,y_1,y_2)f_1^{(T)}(x_1-y_1)f_2^{(T)}(x_2)\mathrm{d}y_1\mathrm{d}y_2\\
&+\int_0^{\min(x_1,D_s^{(1)})}\int_0^{\min(x_2,D_s^{(2)})}\pi(0,0,y_1,y_2)f_1^{(T)}(x_1-y_1)f_2^{(T)}(x_2-y_2)\mathrm{d}y_1\mathrm{d}y_2\\
&+\int_0^{\min(x_1,D_s^{(1)})}\int_{D_p^{(2)}}^{\infty}\pi(0,0,y_1,y_2)f_1^{(T)}(x_1-y_1)f_2^{(T-L_{es})}(x_2)\mathrm{d}y_1\mathrm{d}y_2\\
&+\int_{D_o^{(1)}}^{\infty}\int_{D_o^{(2)}}^{\infty}\pi(0,1,y_1,y_2)f_1^{(T-L_{es})}(x_1)f_2^{(T-L_{es})}(x_2)\mathrm{d}y_1\mathrm{d}y_2\\
&-\int_{D_o^{(1)}}^{D_p^{(1)}}\int_{D_o^{(2)}}^{D_p^{(2)}}\pi(0,1,y_1,y_2)f_1^{(T-L_{es})}(x_1)f_2^{(T-L_{es})}(x_2)\mathrm{d}y_1\mathrm{d}y_2\\
&+\int_{D_p^{(1)}}^{\infty}\int_0^{\min(x_2,D_s^{(2)})}\pi(0,0,y_1,y_2)f_1^{(T-L_{es})}(x_1)f_2^{(T)}(x_2-y_2)\mathrm{d}y_1\mathrm{d}y_2\\
&+\int_{D_o^{(1)}}^{\infty}\int_{D_o^{(2)}}^{\infty}\pi(0,0,y_1,y_2)f_1^{(T-L_{es})}(x_1)f_2^{(T-L_{es})}(x_2)\mathrm{d}y_1\mathrm{d}y_2\\
&-\int_{D_o^{(1)}}^{D_p^{(1)}}\int_{D_o^{(2)}}^{D_p^{(2)}}\pi(0,0,y_1,y_2)f_1^{(T-L_{es})}(x_1)f_2^{(T-L_{es})}(x_2)\mathrm{d}y_1\mathrm{d}y_2
\end{aligned}
$$

（8-43）

类似地，$\pi(0,1,x_1,x_2)$可以由$\pi(0,x_1)$和$\pi(1,x_2)$组合表示为

$$
\begin{aligned}
\pi(0,1,x_1,x_2) = & \int_{D_p^{(1)}}^{\infty}\int_{D_p^{(2)}}^{\infty}\pi(1,0,y_1,y_2)f_1^{(T)}(x_1)f_2^{(T)}(x_2-y_2)\mathrm{d}y_1\mathrm{d}y_2 \\
& + \int_{D_p^{(1)}}^{\infty}\int_{D_s^{(2)}}^{\min(x_2,D_p^{(2)})}\pi(1,1,y_1,y_2)f_1^{(T)}(x_1)f_2^{(T)}(x_2-y_2)\mathrm{d}y_1\mathrm{d}y_2 \\
& + \int_{D_p^{(1)}}^{\infty}\int_{D_s^{(2)}}^{\min(x_2,D_p^{(2)})}\pi(1,0,y_1,y_2)f_1^{(T)}(x_1)f_2^{(T)}(x_2-y_2)\mathrm{d}y_1\mathrm{d}y_2 \\
& + \int_{0}^{\min(x_1,D_s^{(1)})}\int_{D_p^{(2)}}^{\infty}\pi(0,0,y_1,y_2)f_1^{(T)}(x_1-y_1)f_2^{(T)}(x_2-y_2)\mathrm{d}y_1\mathrm{d}y_2 \\
& + \int_{0}^{\min(x_1,D_s^{(1)})}\int_{D_s^{(2)}}^{\min(x_2,D_p^{(2)})}\pi(0,1,y_1,y_2)f_1^{(T)}(x_1-y_1)f_2^{(T)}(x_2-y_2)\mathrm{d}y_1\mathrm{d}y_2 \\
& + \int_{0}^{\min(x_1,D_s^{(1)})}\int_{D_s^{(2)}}^{\min(x_2,D_p^{(2)})}\pi(0,0,y_1,y_2)f_1^{(T)}(x_1-y_1)f_2^{(T)}(x_2-y_2)\mathrm{d}y_1\mathrm{d}y_2
\end{aligned}
\tag{8-44}
$$

机会维修策略下，式（8-44）中部件1和部件2同时维修的区域同样需要进行机会维修区域的扩展。调整后，式（8-44）可改写为式（8-45）。

$$
\begin{aligned}
\pi(0,1,x_1,x_2) = & \int_{D_p^{(1)}}^{\infty}\int_{0}^{\min(x_2,D_o^{(2)})}\pi(1,1,y_1,y_2)f_1^{(T)}(x_1)f_2^{(T)}(x_2-y_2)\mathrm{d}y_2\mathrm{d}y_1 \\
& + \int_{D_p^{(1)}}^{\infty}\int_{D_s^{(2)}}^{\min(x_2,D_o^{(2)})}\pi(1,0,y_1,y_2)f_1^{(T)}(x_1)f_2^{(T)}(x_2-y_2)\mathrm{d}y_2\mathrm{d}y_1 \\
& + \int_{0}^{\min(x_1,D_s^{(1)})}\int_{0}^{\min(x_2,D_p^{(2)})}\pi(0,1,y_1,y_2)f_1^{(T)}(x_1-y_1)f_2^{(T)}(x_2-y_2)\mathrm{d}y_2\mathrm{d}y_1 \\
& + \int_{0}^{\min(x_1,D_s^{(1)})}\int_{D_s^{(2)}}^{\min(x_2,D_p^{(2)})}\pi(0,0,y_1,y_2)f_1^{(T)}(x_1-y_1)f_2^{(T)}(x_2-y_2)\mathrm{d}y_2\mathrm{d}y_1 \\
& + \int_{D_p^{(1)}}^{\infty}\int_{0}^{\min(x_2,D_o^{(2)})}\pi(0,1,y_1,y_2)f_1^{(T-L_{\mathrm{es}})}(x_1)f_2^{(T)}(x_2-y_2)\mathrm{d}y_2\mathrm{d}y_1 \\
& + \int_{D_p^{(1)}}^{\infty}\int_{D_s^{(2)}}^{\min(x_2,D_o^{(2)})}\pi(0,0,y_1,y_2)f_1^{(T-L_{\mathrm{es}})}(x_1)f_2^{(T)}(x_2-y_2)\mathrm{d}y_2\mathrm{d}y_1
\end{aligned}
\tag{8-45}
$$

$\pi(1,0,x_1,x_2)$ 可以由 $\pi(1,x_1)$ 和 $\pi(0,x_2)$ 组合表示为式（8-46）。对部件1和部件2同时维修的区域进行机会维修区域扩展后，式（8-46）可改写为式（8-47）。

$$
\begin{aligned}
\pi(1,0,x_1,x_2) = & \int_{0}^{\min(x_1,D_p^{(1)})}\int_{D_p^{(2)}}^{\infty}\pi(1,1,y_1,y_2)f_1^{(T)}(x_1-y_1)f_2^{(T)}(x_2)\mathrm{d}y_2\mathrm{d}y_1 \\
& + \int_{0}^{\min(x_1,D_p^{(1)})}\int_{0}^{\min(x_2,D_s^{(2)})}\pi(1,0,y_1,y_2)f_1^{(T)}(x_1-y_1)f_2^{(T)}(x_2-y_2)\mathrm{d}y_2\mathrm{d}y_1 \\
& + \int_{0}^{\min(x_1,D_p^{(1)})}\int_{D_p^{(2)}}^{\infty}\pi(1,0,y_1,y_2)f_1^{(T)}(x_1-y_1)f_2^{(T-L_{\mathrm{es}})}(x_2)\mathrm{d}y_2\mathrm{d}y_1 \\
& + \int_{D_s^{(1)}}^{\min(x_1,D_p^{(1)})}\int_{D_p^{(2)}}^{\infty}\pi(0,1,y_1,y_2)f_1^{(T)}(x_1-y_1)f_2^{(T)}(x_2)\mathrm{d}y_2\mathrm{d}y_1
\end{aligned}
$$

$$+\int_{D_s^{(1)}}^{\min(x_1,D_p^{(1)})}\int_0^{\min(x_2,D_s^{(2)})}\pi(0,0,y_1,y_2)f_1^{(T)}(x_1-y_1)f_2^{(T)}(x_2-y_2)\mathrm{d}y_2\mathrm{d}y_1$$
$$+\int_{D_s^{(1)}}^{\min(x_1,D_p^{(1)})}\int_{D_p^{(2)}}^{\infty}\pi(0,0,y_1,y_2)f_1^{(T)}(x_1-y_1)f_2^{(T-L_{es})}(x_2)\mathrm{d}y_2\mathrm{d}y_1$$

（8-46）

$$\pi(1,0,x_1,x_2)=\int_0^{\min(x_1,D_o^{(1)})}\int_{D_p^{(2)}}^{\infty}\pi(1,1,y_1,y_2)f_1^{(T)}(x_1-y_1)f_2^{(T)}(x_2)\mathrm{d}y_2\mathrm{d}y_1$$
$$+\int_0^{\min(x_1,D_p^{(1)})}\int_0^{\min(x_2,D_s^{(2)})}\pi(1,0,y_1,y_2)f_1^{(T)}(x_1-y_1)f_2^{(T)}(x_2-y_2)\mathrm{d}y_2\mathrm{d}y_1$$
$$+\int_0^{\min(x_1,D_o^{(1)})}\int_{D_p^{(2)}}^{\infty}\pi(1,0,y_1,y_2)f_1^{(T)}(x_1-y_1)f_2^{(T-L_{es}^{(2)})}(x_2)\mathrm{d}y_2\mathrm{d}y_1$$
$$+\int_{D_s^{(1)}}^{\min(x_1,D_o^{(1)})}\int_{D_p^{(2)}}^{\infty}\pi(0,1,y_1,y_2)f_1^{(T)}(x_1-y_1)f_2^{(T)}(x_2)\mathrm{d}y_2\mathrm{d}y_1$$
$$+\int_{D_s^{(1)}}^{\min(x_1,D_p^{(1)})}\int_0^{\min(x_2,D_s^{(2)})}\pi(0,0,y_1,y_2)f_1^{(T)}(x_1-y_1)f_2^{(T)}(x_2-y_2)\mathrm{d}y_2\mathrm{d}y_1$$
$$+\int_{D_s^{(1)}}^{\min(x_1,D_o^{(1)})}\int_{D_p^{(2)}}^{\infty}\pi(0,0,y_1,y_2)f_1^{(T)}(x_1-y_1)f_2^{(T-L_{es}^{(2)})}(x_2)\mathrm{d}y_2\mathrm{d}y_1$$

（8-47）

$\pi(1,1,x_1,x_2)$ 可以由 $\pi(1,x_1)$ 和 $\pi(1,x_2)$ 组合表示为式（8-48）。该式中没有两部件同时维修的情况，因此无须做机会维修区域扩展。

$$\pi(1,1,x_1,x_2)=\int_0^{\min(x_1,D_p^{(1)})}\int_0^{\min(x_2,D_p^{(2)})}\pi(1,1,y_1,y_2)f_1^{(T)}(x_1-y_1)f_2^{(T)}(x_2-y_2)\mathrm{d}y_2\mathrm{d}y_1$$
$$+\int_0^{\min(x_1,D_p^{(1)})}\int_{D_s^{(2)}}^{\min(x_2,D_p^{(2)})}\pi(1,0,y_1,y_2)f_1^{(T)}(x_1-y_1)f_2^{(T)}(x_2-y_2)\mathrm{d}y_2\mathrm{d}y_1$$
$$+\int_{D_s^{(1)}}^{\min(x_1,D_p^{(1)})}\int_0^{\min(x_2,D_p^{(2)})}\pi(0,1,y_1,y_2)f_1^{(T)}(x_1-y_1)f_2^{(T)}(x_2-y_2)\mathrm{d}y_2\mathrm{d}y_1$$
$$+\int_{D_s^{(1)}}^{\min(x_1,D_p^{(1)})}\int_{D_s^{(2)}}^{\min(x_2,D_p^{(2)})}\pi(0,0,y_1,y_2)f_1^{(T)}(x_1-y_1)f_2^{(T)}(x_2-y_2)\mathrm{d}y_2\mathrm{d}y_1$$

（8-48）

8.4.2　稳态概率密度函数的数值求解

式（8-43）、式（8-45）、式（8-47）和式（8-48）所定义的系统组合状态的稳态概率密度函数 $\pi(u_1,u_2,x_1,x_2)$ 的分解式为隐式积分方程，很难给出其解析解。因而借助数值求解方法计算其数值近似解。

在所有可能的备件库存状态下，系统的组合状态稳态概率密度满足全概率公式：

$$\int_0^{\infty}\int_0^{\infty}[\pi(0,0,x_1,x_2)+\pi(0,1,x_1,x_2)+\pi(1,0,x_1,x_2)+\pi(1,1,x_1,x_2)]\mathrm{d}x_1\mathrm{d}x_2=1 \quad (8\text{-}49)$$

在任意的库存状态下，系统的劣化状态同样满足全概率公式，因此，可以将

$\pi(1,1,x_1,x_2)$ 分解如下：

$$\int_0^{\infty}\int_0^{\infty}\pi(1,1,x_1,x_2)\mathrm{d}x_1\mathrm{d}x_2=\int_0^{D_o^{(1)}}\int_0^{D_o^{(2)}}\pi(1,1,y_1,y_2)\mathrm{d}y_2\mathrm{d}y_1+\int_{D_o^{(1)}}^{\infty}\int_{D_o^{(2)}}^{\infty}\pi(1,1,y_1,y_2)\mathrm{d}y_2\mathrm{d}y_1$$
$$+\int_0^{D_o^{(1)}}\int_{D_p^{(2)}}^{\infty}\pi(1,1,y_1,y_2)\mathrm{d}y_1\mathrm{d}y_2+\int_{D_p^{(1)}}^{\infty}\int_0^{D_o^{(2)}}\pi(1,1,y_1,y_2)\mathrm{d}y_1\mathrm{d}y_2 \tag{8-50}$$

进一步分解 $(1,1,x_1,x_2)$ 组合状态中的劣化区域，可得

$$\begin{aligned}&\int_{D_o^{(1)}}^{\infty}\int_{D_o^{(2)}}^{\infty}\pi(1,1,y_1,y_2)\mathrm{d}y_2\mathrm{d}y_1-\int_{D_o^{(1)}}^{D_p^{(1)}}\int_{D_o^{(2)}}^{D_p^{(2)}}\pi(1,1,y_1,y_2)\mathrm{d}y_2\mathrm{d}y_1\\&=\int_0^{\infty}\int_0^{\infty}\pi(1,1,x_1,x_2)\mathrm{d}x_1\mathrm{d}x_2-\int_0^{D_o^{(1)}}\int_0^{D_o^{(2)}}\pi(1,1,y_1,y_2)\mathrm{d}y_2\mathrm{d}y_1\\&\quad-\int_0^{D_o^{(1)}}\int_{D_p^{(2)}}^{\infty}\pi(1,1,y_1,y_2)\mathrm{d}y_1\mathrm{d}y_2-\int_{D_p^{(1)}}^{\infty}\int_0^{D_o^{(2)}}\pi(1,1,y_1,y_2)\mathrm{d}y_1\mathrm{d}y_2\\&\quad-\int_{D_o^{(1)}}^{D_p^{(1)}}\int_{D_o^{(2)}}^{D_p^{(2)}}\pi(1,1,y_1,y_2)\mathrm{d}y_2\mathrm{d}y_1\end{aligned} \tag{8-51}$$

将式（8-49）代入式（8-51），可得

$$\begin{aligned}&\int_{D_o^{(1)}}^{\infty}\int_{D_o^{(2)}}^{\infty}\pi(1,1,y_1,y_2)\mathrm{d}y_2\mathrm{d}y_1-\int_{D_o^{(1)}}^{D_p^{(1)}}\int_{D_o^{(2)}}^{D_p^{(2)}}\pi(1,1,y_1,y_2)\mathrm{d}y_2\mathrm{d}y_1\\&=1-\int_0^{\infty}\int_0^{\infty}\pi(0,0,y_1,y_2)\mathrm{d}y_1\mathrm{d}y_2-\int_0^{\infty}\int_0^{\infty}\pi(0,1,y_1,y_2)\mathrm{d}y_1\mathrm{d}y_2\\&\quad-\int_0^{\infty}\int_0^{\infty}\pi(1,0,y_1,y_2)\mathrm{d}y_1\mathrm{d}y_2-\int_0^{D_o^{(1)}}\int_0^{D_o^{(2)}}\pi(1,1,y_1,y_2)\mathrm{d}y_2\mathrm{d}y_1\\&\quad-\int_0^{D_o^{(1)}}\int_{D_p^{(2)}}^{\infty}\pi(1,1,y_1,y_2)\mathrm{d}y_1\mathrm{d}y_2-\int_{D_p^{(1)}}^{\infty}\int_0^{D_o^{(2)}}\pi(1,1,y_1,y_2)\mathrm{d}y_1\mathrm{d}y_2\\&\quad-\int_{D_o^{(1)}}^{D_p^{(1)}}\int_{D_o^{(2)}}^{D_p^{(2)}}\pi(1,1,y_1,y_2)\mathrm{d}y_2\mathrm{d}y_1\end{aligned} \tag{8-52}$$

将式（8-52）代入式（8-43），可得

$$\begin{aligned}\pi(0,0,x_1,x_2)=&f_1^{(T)}(x_1)f_2^{(T)}(x_2)[1-\int_0^{\infty}\int_0^{\infty}\pi(0,0,y_1,y_2)\mathrm{d}y_1\mathrm{d}y_2\\&-\int_0^{\infty}\int_0^{\infty}\pi(0,1,y_1,y_2)\mathrm{d}y_1\mathrm{d}y_2-\int_0^{\infty}\int_0^{\infty}\pi(1,0,y_1,y_2)\mathrm{d}y_1\mathrm{d}y_2\\&-\int_0^{D_o^{(1)}}\int_0^{D_o^{(2)}}\pi(1,1,y_1,y_2)\mathrm{d}y_2\mathrm{d}y_1-\int_0^{D_o^{(1)}}\int_{D_p^{(2)}}^{\infty}\pi(1,1,y_1,y_2)\mathrm{d}y_1\mathrm{d}y_2\\&-\int_{D_p^{(1)}}^{\infty}\int_0^{D_o^{(2)}}\pi(1,1,y_1,y_2)\mathrm{d}y_1\mathrm{d}y_2-\int_{D_o^{(1)}}^{D_p^{(1)}}\int_{D_o^{(2)}}^{D_p^{(2)}}\pi(1,1,y_1,y_2)\mathrm{d}y_2\mathrm{d}y_1]\\&+\int_{D_p^{(1)}}^{\infty}\int_0^{\min(x_2,D_s^{(2)})}\pi(1,0,y_1,y_2)f_1^{(T)}(x_1)f_2^{(T)}(x_2-y_2)\mathrm{d}y_1\mathrm{d}y_2\end{aligned}$$

$$
\begin{aligned}
&+\int_{D_o^{(1)}}^{\infty}\int_{D_o^{(2)}}^{\infty}\pi(1,0,y_1,y_2)f_1^{(T-L_{es})}(x_1)f_2^{(T-L_{es})}(x_2)\mathrm{d}y_1\mathrm{d}y_2\\
&-\int_{D_o^{(1)}}^{D_p^{(1)}}\int_{D_o^{(2)}}^{D_p^{(2)}}\pi(1,0,y_1,y_2)f_1^{(T-L_{es})}(x_1)f_2^{(T-L_{es})}(x_2)\mathrm{d}y_1\mathrm{d}y_2\\
&+\int_{0}^{\min(x_1,D_s^{(1)})}\int_{D_p^{(2)}}^{\infty}\pi(0,1,y_1,y_2)f_1^{(T)}(x_1-y_1)f_2^{(T)}(x_2)\mathrm{d}y_1\mathrm{d}y_2\\
&+\int_{0}^{\min(x_1,D_s^{(1)})}\int_{0}^{\min(x_2,D_s^{(2)})}\pi(0,0,y_1,y_2)f_1^{(T)}(x_1-y_1)f_2^{(T)}(x_2-y_2)\mathrm{d}y_1\mathrm{d}y_2\\
&+\int_{0}^{\min(x_1,D_s^{(1)})}\int_{D_p^{(2)}}^{\infty}\pi(0,0,y_1,y_2)f_1^{(T)}(x_1-y_1)f_2^{(T-L_{es})}(x_2)\mathrm{d}y_1\mathrm{d}y_2\\
&+\int_{D_o^{(1)}}^{\infty}\int_{D_o^{(2)}}^{\infty}\pi(0,1,y_1,y_2)f_1^{(T-L_{es})}(x_1)f_2^{(T-L_{es})}(x_2)\mathrm{d}y_1\mathrm{d}y_2\\
&-\int_{D_o^{(1)}}^{D_p^{(1)}}\int_{D_o^{(2)}}^{D_p^{(2)}}\pi(0,1,y_1,y_2)f_1^{(T-L_{es})}(x_1)f_2^{(T-L_{es})}(x_2)\mathrm{d}y_1\mathrm{d}y_2\\
&+\int_{D_p^{(1)}}^{\infty}\int_{0}^{\min(x_2,D_s^{(2)})}\pi(0,0,y_1,y_2)f_1^{(T-L_{es})}(x_1)f_2^{(T)}(x_2-y_2)\mathrm{d}y_1\mathrm{d}y_2\\
&+\int_{D_o^{(1)}}^{\infty}\int_{D_o^{(2)}}^{\infty}\pi(0,0,y_1,y_2)f_1^{(T-L_{es})}(x_1)f_2^{(T-L_{es})}(x_2)\mathrm{d}y_1\mathrm{d}y_2\\
&-\int_{D_o^{(1)}}^{D_p^{(1)}}\int_{D_o^{(2)}}^{D_p^{(2)}}\pi(0,0,y_1,y_2)f_1^{(T-L_{es})}(x_1)f_2^{(T-L_{es})}(x_2)\mathrm{d}y_1\mathrm{d}y_2
\end{aligned}
\tag{8-53}
$$

应用近似积分规则，并令$\pi_1(x_1,x_2)=\pi(0,0,x_1,x_2)$， $\pi_2(x_1,x_2)=\pi(0,1,x_1,x_2)$， $\pi_3(x_1,x_2)=\pi(1,0,x_1,x_2)$，$\pi_4(x_1,x_2)=\pi(1,1,x_1,x_2)$，$g_1(x)=f_1^{(T)}(x)$，$g_2(x)=f_2^{(T)}(x)$， $q_1(x)=f_1^{(T-L_{es})}(x_1)$， $q_2(x)=f_2^{(T-L_{es})}(x_2)$，可得式（8-53）、式（8-45）、式（8-47）和式（8-48）其离散分量表示为式（8-54）~式（8-57）:

$$
\begin{aligned}
\pi_1(i_1h_1,i_2h_2)=h_1h_2g_1(i_1h_1)g_2(i_2h_2)\Bigg[&1-\sum_{j_1=1}^{i_{\max}}\sum_{j_2=1}^{i_{\max}}\pi_1(j_1h_1,j_2h_2)\\
&-\sum_{j_1=1}^{i_{\max}}\sum_{j_2=1}^{i_{\max}}\pi_2(j_1h_1,j_2h_2)-\sum_{j_1=1}^{i_{\max}}\sum_{j_2=1}^{i_{\max}}\pi_3(j_1h_1,j_2h_2)\\
&-\sum_{j_1=1}^{n_1}\sum_{j_2=1}^{n_2}\pi_4(j_1h_1,j_2h_2)-\sum_{j_1=1}^{n_1}\sum_{j_2=m_2}^{i_{\max}}\pi_4(j_1h_1,j_2h_2)\\
&-\sum_{j_1=m_1}^{i_{\max}}\sum_{j_2=1}^{n_2}\pi_4(j_1h_1,j_2h_2)-\sum_{j_1=n_1}^{m_1}\sum_{j_2=n_2}^{m_2}\pi_4(j_1h_1,j_2h_2)\Bigg]\\
&+h_1h_2\sum_{j_1=m_1}^{i_{\max}}\sum_{j_2=1}^{\min(i_2,l_2)}\pi_3(j_1h_1,j_2h_2)g_1(i_1h_1)g_2(i_2h_2-j_2h_2)\\
&+h_1h_2\sum_{j_1=n_1}^{i_{\max}}\sum_{j_2=n_2}^{i_{\max}}\pi_3(j_1h_1,j_2h_2)q_1(i_1h_1)q_2(i_2h_2)
\end{aligned}
$$

$$
\begin{aligned}
&-h_1h_2\sum_{j_1=n_1}^{m_1}\sum_{j_2=n_2}^{m_2}\pi_3(j_1h_1,j_2h_2)q_1(i_1h_1)q_2(i_2h_2)\\
&+h_1h_2\sum_{j_1=1}^{\min(i_1,l_1)}\sum_{j_2=m_2}^{i_{\max}}\pi_2(j_1h_1,j_2h_2)g_1(i_1h_1-j_1h_1)g_2(i_2h_2)\\
&+h_1h_2\sum_{j_1=1}^{\min(i_1,l_1)}\sum_{j_2=1}^{\min(i_2,l_2)}\pi_1(j_1h_1,j_2h_2)g_1(i_1h_1-j_1h_1)g_2(i_2h_2-j_2h_2)\\
&+h_1h_2\sum_{j_1=1}^{\min(i_1,l_1)}\sum_{j_2=m_2}^{i_{\max}}\pi_1(j_1h_1,j_2h_2)g_1(i_1h_1-j_1h_1)q_2(i_2h_2)\\
&+h_1h_2\sum_{j_1=n_1}^{i_{\max}}\sum_{j_2=n_2}^{i_{\max}}\pi_2(j_1h_1,j_2h_2)q_1(i_1h_1)q_2(i_2h_2)\\
&-h_1h_2\sum_{j_1=n_1}^{m_1}\sum_{j_2=n_2}^{m_2}\pi_2(j_1h_1,j_2h_2)q_1(i_1h_1)q_2(i_2h_2)\\
&+h_1h_2\sum_{j_1=m_1}^{i_{\max}}\sum_{j_2=1}^{\min(i_2,l_2)}\pi_1(j_1h_1,j_2h_2)q_1(i_1h_1)g_2(i_2h_2-j_2h_2)\\
&+h_1h_2\sum_{j_1=n_1}^{i_{\max}}\sum_{j_2=n_2}^{i_{\max}}\pi_1(j_1h_1,j_2h_2)q_1(i_1h_1)q_2(i_2h_2)\\
&-h_1h_2\sum_{j_1=n_1}^{m_1}\sum_{j_2=n_2}^{m_2}\pi_1(j_1h_1,j_2h_2)q_1(i_1h_1)q_2(i_2h_2)
\end{aligned}
\tag{8-54}
$$

$$
\begin{aligned}
\pi_2(i_1h_1,i_2h_2)=&\,h_1h_2\sum_{j_1=m_1}^{i_{\max}}\sum_{j_2=1}^{\min(i_2,n_2)}\pi_4(j_1h_1,j_2h_2)g_1(i_1h_1)g_2(i_2h_2-j_2h_2)\\
&+h_1h_2\sum_{j_1=m_1}^{i_{\max}}\sum_{j_2=l_2}^{\min(i_2,n_2)}\pi_3(j_1h_1,j_2h_2)g_1(i_1h_1)g_2(i_2h_2-j_2h_2)\\
&+h_1h_2\sum_{j_1=1}^{\min(i_1,l_1)}\sum_{j_2=1}^{\min(i_2,m_2)}\pi_2(j_1h_1,j_2h_2)g_1(i_1h_1-j_1h_1)g_2(i_2h_2-j_2h_2)\\
&+h_1h_2\sum_{j_1=1}^{\min(i_1,l_1)}\sum_{j_2=l_2}^{\min(i_2,m_2)}\pi_1(j_1h_1,j_2h_2)g_1(i_1h_1-j_1h_1)g_2(i_2h_2-j_2h_2)\\
&+h_1h_2\sum_{j_1=m_1}^{i_{\max}}\sum_{j_2=1}^{\min(i_2,n_2)}\pi_2(j_1h_1,j_2h_2)q_1(i_1h_1)g_2(i_2h_2-j_2h_2)\\
&+h_1h_2\sum_{j_1=m_1}^{i_{\max}}\sum_{j_2=l_2}^{\min(i_2,n_2)}\pi_1(j_1h_1,j_2h_2)q_1(i_1h_1)g_2(i_2h_2-j_2h_2)
\end{aligned}
\tag{8-55}
$$

$$
\begin{aligned}
\pi_3(i_1h_1,i_2h_2)=&h_1h_2\sum_{j_1=1}^{\min(i_1,n_1)}\sum_{j_2=m_2}^{i_{\max}}\pi_4(j_1h_1,j_2h_2)g_1(i_1h_1-j_1h_1)g_2(i_2h_2)\\
&+h_1h_2\sum_{j_1=1}^{\min(i_1,m_1)}\sum_{j_2=1}^{\min(i_2,l_2)}\pi_3(j_1h_1,j_2h_2)g_1(i_1h_1-j_1h_1)g_2(i_2h_2-j_2h_2)\\
&+h_1h_2\sum_{j_1=1}^{\min(i_1,n_1)}\sum_{j_2=m_2}^{i_{\max}}\pi_3(j_1h_1,j_2h_2)g_1(i_1h_1-j_1h_1)q_2(i_2h_2)\\
&+h_1h_2\sum_{j_1=l_1}^{\min(i_1,n_1)}\sum_{j_2=m_2}^{i_{\max}}\pi_2(j_1h_1,j_2h_2)g_1(i_1h_1-j_1h_1)g_2(i_2h_2)\\
&+h_1h_2\sum_{j_1=l_1}^{\min(i_1,m_1)}\sum_{j_2=1}^{\min(i_2,l_2)}\pi_1(j_1h_1,j_2h_2)g_1(i_1h_1-j_1h_1)g_2(i_2h_2-j_2h_2)\\
&+h_1h_2\sum_{j_1=l_1}^{\min(i_1,n_1)}\sum_{j_2=m_2}^{i_{\max}}\pi_1(j_1h_1,j_2h_2)g_1(i_1h_1-j_1h_1)q_2(i_2h_2)
\end{aligned}
\tag{8-56}
$$

$$
\begin{aligned}
\pi_4(i_1h_1,i_2h_2)=&h_1h_2\sum_{j_1=1}^{\min(i_1,m_1)}\sum_{j_2=1}^{\min(i_2,m_2)}\pi_4(j_1h_1,j_2h_2)g_1(i_1h_1-j_1h_1)g_2(i_2h_2-j_2h_2)\\
&+h_1h_2\sum_{j_1=1}^{\min(i_1,m_1)}\sum_{j_2=l_2}^{\min(i_2,m_2)}\pi_3(j_1h_1,j_2h_2)g_1(i_1h_1-j_1h_1)g_2(i_2h_2-j_2h_2)\\
&+h_1h_2\sum_{j_1=l_1}^{\min(i_1,m_1)}\sum_{j_2=1}^{\min(i_2,m_2)}\pi_2(j_1h_1,j_2h_2)g_1(i_1h_1-j_1h_1)g_2(i_2h_2-j_2h_2)\\
&+h_1h_2\sum_{j_1=l_1}^{\min(i_1,m_1)}\sum_{j_2=l_2}^{\min(i_2,m_2)}\pi_1(j_1h_1,j_2h_2)g_1(i_1h_1-j_1h_1)g_2(i_2h_2-j_2h_2)
\end{aligned}
\tag{8-57}
$$

式（8-54）~式（8-57）对式（8-53）、式（8-45）、式（8-47）和式（8-48）中的∞分别采用$D_{\max}^{(1)}$和$D_{\max}^{(2)}$进行了结尾，并定义：

$$
\begin{aligned}
&h_1=D_{\max}^{(1)}/i_{\max},\quad h_2=D_{\max}^{(2)}/i_{\max}\\
&m_1=D_p^{(1)}/h_1,\quad m_2=D_p^{(2)}/h_2\\
&n_1=D_o^{(1)}/h_1,\quad n_2=D_o^{(2)}/h_2\\
&l_1=D_s^{(1)}/h_1,\quad l_2=D_s^{(2)}/h_2
\end{aligned}
\tag{8-58}
$$

分析用π_1，π_2，π_3和π_4表示$\pi(0,0,x_1,x_2)$，$\pi(0,1,x_1,x_2)$，$\pi(1,0,x_1,x_2)$，$\pi(1,1,x_1,x_2)$的解，则该解的矩阵分量形式定义为

$$\boldsymbol{p}_r=\begin{bmatrix}\pi_r(h,h) & \pi_r(h,2h) & \cdots & \pi_r(h,i_{\max}h)\\ \pi_r(2h,h) & \pi_r(2h,2h) & \cdots & \pi_r(2h,i_{\max}h)\\ \vdots & \vdots & & \vdots\\ \pi_r(i_{\max}h,h) & \pi_r(i_{\max}h,2h) & \cdots & \pi_r(i_{\max}h,i_{\max}h)\end{bmatrix}(r=1,2,3,4) \quad (8\text{-}59)$$

式（8-54）可改写为π_1，π_2，π_3，π_4的线性方程形式：

$$\boldsymbol{K}_{11}\pi_1+\boldsymbol{K}_{12}\pi_2+\boldsymbol{K}_{13}\pi_3+\boldsymbol{K}_{14}\pi_4=\boldsymbol{b}_1 \quad (8\text{-}60)$$

将式（8-55）、式（8-56）和式（8-57）分别与式（8-54）相加，并改写为式（8-61）~式（8-63）所示的π_1，π_2，π_3，π_4的线性方程形式：

$$\boldsymbol{K}_{21}\pi_1+\boldsymbol{K}_{22}\pi_2+\boldsymbol{K}_{23}\pi_3+\boldsymbol{K}_{24}\pi_4=\boldsymbol{b}_2 \quad (8\text{-}61)$$

$$\boldsymbol{K}_{31}\pi_1+\boldsymbol{K}_{32}\pi_2+\boldsymbol{K}_{33}\pi_3+\boldsymbol{K}_{34}\pi_4=\boldsymbol{b}_3 \quad (8\text{-}62)$$

$$\boldsymbol{K}_{41}\pi_1+\boldsymbol{K}_{42}\pi_2+\boldsymbol{K}_{43}\pi_3+\boldsymbol{K}_{44}\pi_4=\boldsymbol{b}_4 \quad (8\text{-}63)$$

式（8-60）~式（8-63）中$\boldsymbol{K}_{ij}(i,j=1,2,3,4)$和$\boldsymbol{b}_i(i=1,2,3,4)$为方程转换时的零时变量，此处未给出具体定义。若设$\boldsymbol{p}=(\boldsymbol{p}_1,\boldsymbol{p}_2,\boldsymbol{p}_3,\boldsymbol{p}_4)'$为系统的组合状态的稳态概率密度函数的组合解。式（8-60）~式（8-63）的联立方程组可表示为$\boldsymbol{p}$的线性方程组：

$$\boldsymbol{A}\boldsymbol{p}=\boldsymbol{b} \quad (8\text{-}64)$$

式（8-64）中$\boldsymbol{A}$和$\boldsymbol{b}$的定义详见附录E。这是一组含有$4i_{\max}\times i_{\max}$个未知数的线性方程组，采用标准的数值求解方法即可解得该方程组的解，即为稳态概率密度函数p_1、p_2、p_3、p_4的近似数值解。

8.5 费用率模型

在联合策略中，检测周期T，各部件的订购、机会维修和预防性维修阈值$D_s^{(i)}$、$D_o^{(i)}$、$D_p^{(i)}$的调整均会导致不同的维修效果和成本。若检测周期过长，则系统的故障概率升高而增加修复性维修成本，否则，检测过于频繁，会招致高额的预防性维修成本。类似地，若预防性维修阈值过高，则系统在周期内发生故障概率也会增加，进而增大故障成本，反之，则预防性维修也会过于频繁。机会维修阈值过低则会导致过早地解释部件的有效寿命而造成极大的浪费。订购阈值的大小不仅影响着备件库存的订购和持有成本，同时也影响到库存对维修需求的满意程度。过高的订购阈值会增加备件不足的概率而增大故障停机的损失，反之，则增大了订购和库存持有。为了选择合理的联合策略，使得系统的平均费用率最小，建立以上策略参数与费用率之间的关系模型。

8.5.1 模型的建立

根据所定义的维修和备件库存策略可知，任意检测周期的维修和备件库存相关活动均由周期开始时刻的系统劣化和备件库存组合状态确定，而与其历史状态无关。虽然每个周期不一定能对系统整体的劣化和备件库存状态进行更新。但该组合状态的转移过程满足半更新特性，因此可将一个检测周期 T 视作一个半更新周期，建立系统的长期平均费用率模型如下：

$$\mathrm{CR}(t)=\lim_{t\to\infty}\frac{C(t)}{t}\approx\frac{E\big(C(T)\big)}{T} \tag{8-65}$$

其中，$E(C(T))$ 表示单个检测周期 T 内的期望总成本。系统优化的目标函数可表示为

$$\begin{aligned}&\min\mathrm{CR}(t)=\min\psi\left(T,D_p^{(1)},D_p^{(2)},D_o^{(1)},D_o^{(2)},D_s^{(1)},D_s^{(2)}\right)=\min\frac{E\big(C(T)\big)}{T}\\&\text{s.t.}\\&\mathrm{T}\geqslant\max\left(L_{\mathrm{ns}}^{(1)},L_{\mathrm{ns}}^{(2)}\right)\\&D_s^{(1)}\leqslant D_o^{(1)}\leqslant D_p^{(1)}\leqslant D_f^{(1)}\\&D_s^{(2)}\leqslant D_o^{(2)}\leqslant D_p^{(2)}\leqslant D_f^{(2)}\end{aligned} \tag{8-66}$$

系统的单个周期内的平均费用 $E(C(T))$ 包括检测成本 C_{ins}，平均维修相关成本 $E(C_{\text{main}})$，平均备件相关成本 $E(C_{\text{spare}})$。

$$E(C(T))=C_{\text{ins}}+E(C_{\text{main}})+E(C_{\text{spare}}) \tag{8-67}$$

8.5.2 维修相关费用

为计算一个周期内的平均维修相关成本 $E(C_{\text{main}})$，需分析该周期内所有可能的维修活动和相应的维修概率。根据8.2.2小节的劣化状态空间中所给出的维修活动及8.3.2小节所推导的维修活动的概率，在计算维修费用时，因周期检测时刻完成的及时维修和因备件不足导致的延迟维修所产生的费用不同而予以区分。在及时维修情况下，所产生的费用包括一个维修准备成本、不同维修方式所产生的维修成本。而延迟维修情况下，除以上成本外若系统因部件故障而导致停机等待，则会产生额外的停机损失成本。由于所有的加急订购的交付时间均为 L_{es}，因而每次延迟维修的停机损失为 $L_{\text{es}}C_{\text{cd}}$。综合所有可能的维修活动，可以给出 $E(C_{\text{main}})$ 的计算模型如下：

$$
\begin{aligned}
E(C_{\text{main}}) = {} & P_{P_1}(C_{\text{set}} + C_p^{(1)}) + P_{P_2}(C_{\text{set}} + C_p^{(2)}) + P_{C_1} \cdot (C_{\text{set}} + C_c^{(1)}) \\
& + P_{C_2} \cdot (C_{\text{set}} + C_c^{(2)}) + P_{O_1P_2}(C_{\text{set}} + C_p^{(1)} + C_{\text{od}}^{(1)} + C_p^{(2)}) \\
& + P_{P_1O_2}(C_{\text{set}} + C_p^{(1)} + C_p^{(2)} + C_{\text{od}}^{(2)}) + P_{P_1P_2}(C_{\text{set}} + C_p^{(1)} + C_p^{(2)}) \\
& + P_{O_1C_2}(C_{\text{set}} + C_p^{(1)} + C_{\text{od}}^{(1)} + C_c^{(2)}) + P_{P_1C_2}(C_{\text{set}} + C_p^{(1)} + C_c^{(2)}) \\
& + P_{C_1O_2}(C_{\text{set}} + C_c^{(1)} + C_p^{(2)} + C_{\text{od}}^{(2)}) + P_{C_1P_2}(C_{\text{set}} + C_c^{(1)} + C_p^{(2)}) \\
& + P_{C_1C_2}(C_{\text{set}} + C_c^{(1)} + C_c^{(2)}) + P_{P_1}^d(C_{\text{set}} + C_p^{(1)}) + P_{P_2}^d(C_{\text{set}} + C_p^{(2)}) \\
& + P_{C_1}^d(C_{\text{set}} + C_c^{(1)} + C_{\text{cd}}L_{\text{es}}) + P_{C_2}^d(C_{\text{set}} + C_c^{(2)} + C_{\text{cd}}L_{\text{es}}) \\
& + P_{O_1P_2}^d(C_{\text{set}} + C_p^{(1)} + C_{\text{od}}^{(1)} + C_p^{(2)}) + P_{P_1O_2}^d(C_{\text{set}} + C_p^{(1)} + C_p^{(2)} + C_{\text{od}}^{(2)}) \\
& + P_{P_1P_2}^d(C_{\text{set}} + C_p^{(1)} + C_p^{(2)}) + P_{O_1C_2}^d(C_{\text{set}} + C_p^{(1)} + C_{\text{od}}^{(1)} + C_c^{(2)} + C_{\text{cd}}L_{\text{es}}) \\
& + P_{P_1C_2}^d(C_{\text{set}} + C_p^{(1)} + C_c^{(2)} + C_{\text{cd}}L_{\text{es}}) + P_{C_1O_2}^d(C_{\text{set}} + C_c^{(1)} + C_p^{(2)} + C_{\text{od}}^{(2)} + C_{\text{cd}}L_{\text{es}}) \\
& + P_{C_1P_2}^d(C_{\text{set}} + C_c^{(1)} + C_p^{(2)} + C_{\text{cd}}L_{\text{es}}) + P_{C_1C_2}^d(C_{\text{set}} + C_c^{(1)} + C_c^{(2)} + C_{\text{cd}}L_{\text{es}})
\end{aligned}
\tag{8-68}
$$

在式(8-68)中，为简化表示，略去了维修概率后的变量。如将 $P_{C_1O_2}(u_1,u_2,x_1,x_2)$ 表示为 $P_{C_1O_2}$。

8.5.3 备件相关费用

一个周期内的平均备件相关成本 $E(C_{\text{spare}})$ 包括备件订购平均成本 $E(C_{\text{order}})$ 和备件库存持有相关成本 $E(C_{\text{hold}})$ 两部分。

备件的平均库存订购成本可以通过8.2.3小节中的备件订购活动及8.3.3小节中的备件订购活动概率计算得到。

$$
\begin{aligned}
E(C_{\text{spare}}) = {} & P_{S_{\text{ns}}(1)}C_{\text{ns}}^{(1)} + P_{S_{\text{ns}}(2)}C_{\text{ns}}^{(2)} + P_{S_{\text{es}}(1)}C_{\text{es}}^{(1)} + P_{S_{\text{es}}(2)}C_{\text{es}}^{(2)} \\
& + P_{S_{\text{ns}}(1,2)}(C_{\text{ns}}^{(1)} + C_{\text{ns}}^{(2)}) + P_{S_{\text{es}}(1,2)}(C_{\text{es}}^{(1)} + C_{\text{es}}^{(2)})
\end{aligned}
\tag{8-69}
$$

类似地，根据第8.2.4小节中的备件持有活动划分及8.3.4小节中的备件持有活动概率计算得到备件的平均库存持有成本。

$$
\begin{aligned}
E(C_{\text{hold}}) = {} & P_{H(1)}C_h^{(1)}T + P_{H(2)}C_h^{(2)}T + P_{H'(1)}C_h^{(1)}L_{\text{es}} + P_{H'(2)}C_h^{(2)}L_{\text{es}} \\
& + P_{H''(1)}C_h^{(1)}(T - L_{\text{ns}}^{(2)}) + P_{H''(2)}C_h^{(2)}(T - L_{\text{ns}}^{(1)})
\end{aligned}
\tag{8-70}
$$

8.6 数值实验

8.6.1 模型验证

假设系统中部件 $i(i=1,2)$ 的劣化值增量为 Δx_i 服从 $\Gamma(\alpha_i,\beta_i)$ 分布，t 个单位时

间内的累积增量服从$\Gamma(t\alpha_i,\beta_i)$分布。各部件的退化、维修成本及时间参数设定如表8-1所示。

表8-1　各部件的退化、维修成本及时间参数定义

项目	α_i	β_i	$D_f^{(i)}$	C_{ins}	$C_c^{(i)}$	$C_p^{(i)}$	$C_{\text{od}}^{(i)}$	C_{cd}	$C_{\text{ns}}^{(i)}$	$C_{\text{es}}^{(i)}$	$C_h^{(i)}$	L_{es}	$L_{\text{ns}}^{(i)}$	C_{set}
部件1	1.15	1	10	—	70	15	7.2	—	8	20	4	—	$T/3$	—
部件2	1.4	1.3	11	—	30	7	7.2	—	5	18	3	—	$T/2$	—
系统	—	—	—	5	—	—	—	5	—		—	1.2	—	50

在给定$t=5$，$D_s^{(1)}=5$，$D_s^{(2)}=7$，$D_o^{(1)}=6$，$D_o^{(2)}=8$，$D_p^{(1)}=7$，$D_p^{(2)}=8$，并用$3D_f^{(1)}$和$3D_f^{(2)}$截尾近似代替∞的条件下，可解得联合稳态概率密度函数$\pi(0,0,x_1,x_2)$、$\pi(0,1,x_1,x_2)$、$\pi(1,0,x_1,x_2)$和$\pi(1,1,x_1,x_2)$的近似数值解，如图8-6所示，该稳态概率密度函数近似解在全状态空间中的积分式（8-71）的近似取值为0.997 256 509，满足概率密度函数的特性。

$$\int_0^\infty\int_0^\infty\left[\pi(0,0,x_1,x_2)+\pi(0,1,x_1,x_2)+\pi(1,0,x_1,x_2)+\pi(1,1,x_1,x_2)\right]\mathrm{d}x_1\mathrm{d}x_2 \quad (8\text{-}71)$$

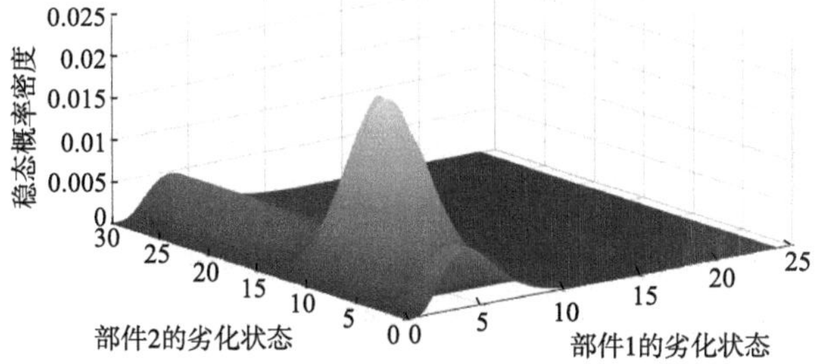

（a）$(0,0,x_1,x_2)$

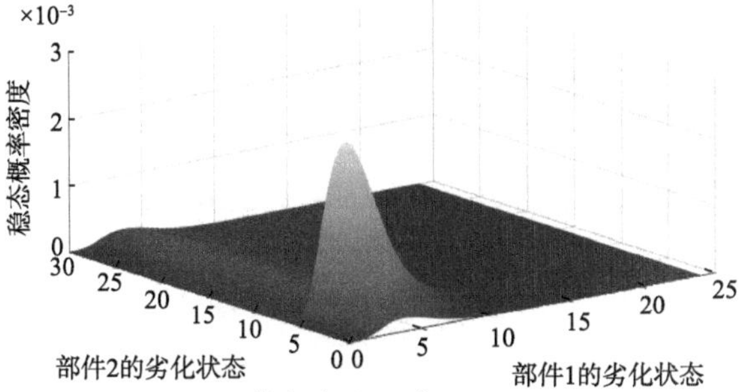

（b）$(0,1,x_1,x_2)$

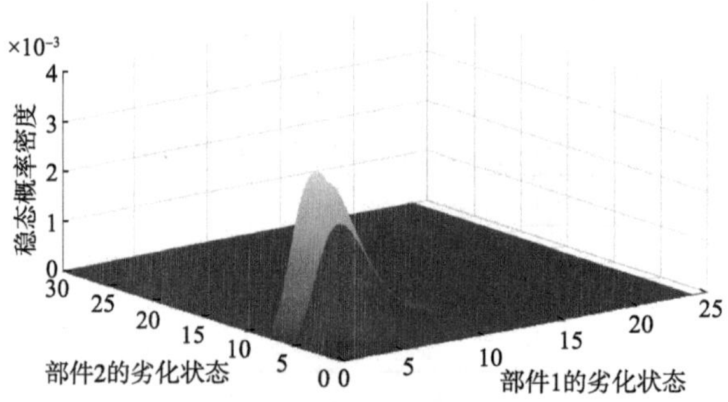

（c）（$1,0,x_1,x_2$）

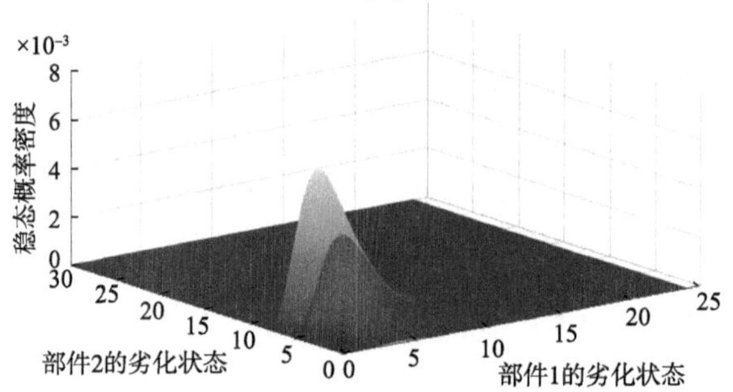

（d）（$1,1,x_1,x_2$）

图 8-6　系统劣化与备件库存组合状态的稳态概率密度函数数值解

不同的退化参数将对应不同的系统稳态概率密度函数，附录F显示了当 $t=3$，$\alpha_1=2$，$\beta_1=2$，$D_p^{(1)}=5$ 的系统稳态概率密度函数的解。

式（8-66）建立了联合维修与备件库存策略参数与系统费用率之间的关系。从实际情况考虑，为避免频繁的检测和维修，系统的检测周期和维修决策参数均不宜设置过小。因此，在实验中设置 T 的取值范围为 $[3,10]$，预防性维修、机会维修和订购阈值的取值范围分别为 $D_p^{(1)}\in[4,D_f^{(1)})$，$D_p^{(2)}\in[5,D_f^{(2)})$，$D_o^{(1)}\in[4,D_p^{(1)})$，$D_o^{(2)}\in[5,D_p^{(2)})$，$D_s^{(1)}\in[0,D_o^{(1)})$，$D_s^{(2)}\in[0,D_o^{(2)})$。

接下来，分析不同决策参数对系统费用率的影响趋势。图8-7~图8-10分别显示了检测周期、机会维修区间大小和机会维修阈值固定情况下预防性维修阈值和订购阈值的变化下的系统费用率变化情况。不难发现，任意决策变量的变化均存在最优的费用率，这表明了系统联合决策的必要性。

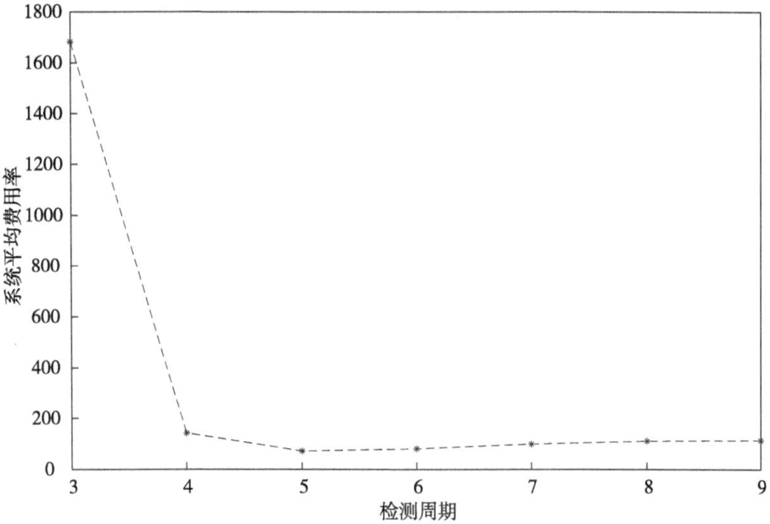

图 8-7　检测周期对系统费用率的影响

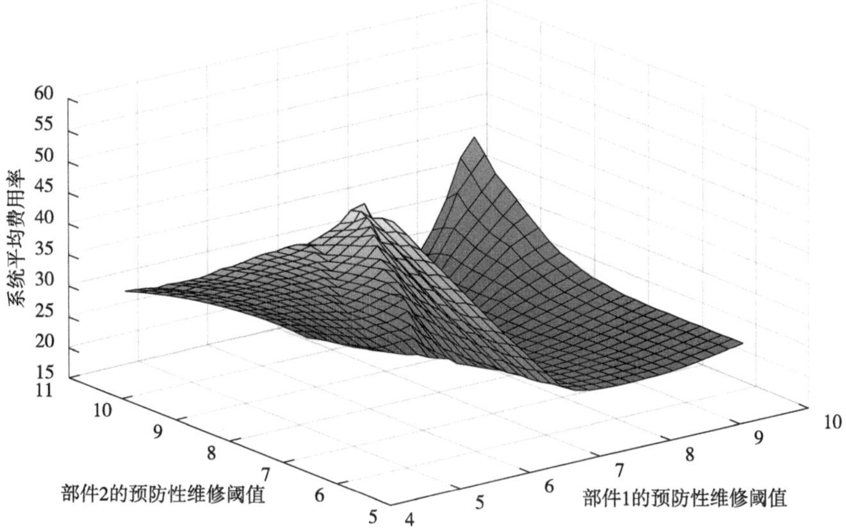

图 8-8　固定机会维修区间大小时预防性维修阈值对系统费用率的影响

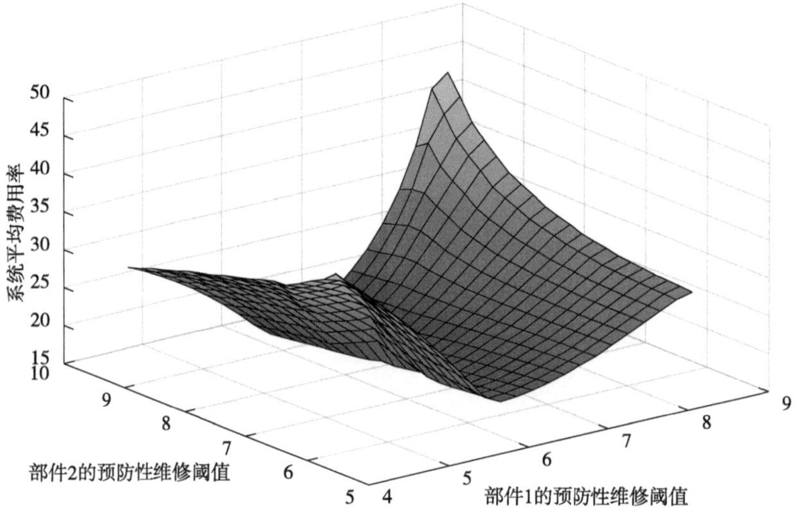

图 8-9　固定机会维修阈值时预防性维修阈值对系统费用率的影响

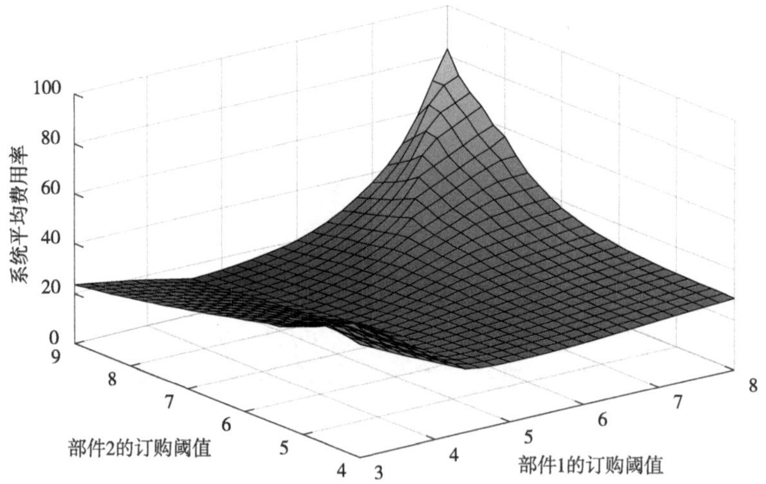

图 8-10　订购阈值对系统费用率的影响

设置遗传算法的优化参数为种群大小20，最大遗传代数50，代沟0.8，交叉概率0.8，变异概率0.2，并取20次优化的最好值，可得给定表8.1参数时的系统最优的费用率为16.406 885，相应的最优策略参数为 $T=6$，$D_s^{(1)}=6.428\,910$，$D_o^{(1)}=7.048\,302$，$D_p^{(1)}=9.004\,857$，$D_s^{(2)}=7.020\,047$，$D_o^{(2)}=7.620\,299$，以及 $D_p^{(2)}=9.621\,060$。

8.6.2　灵敏度分析

接下来，进一步分析模型中定义的维修相关参数和备件相关参数对最优联合策略的影响，以说明最优策略对各参数的敏感程度和模型的适用性。表8-2~表8-4分别显示了以10%的比例独立地调整了全局参数C_{ins}、C_{set}和C_{cd}，以及部件1的维修成本参数$C_p^{(1)}$，$C_f^{(1)}$，$C_{\text{od}}^{(1)}$和备件相关参数$C_{\text{ns}}^{(1)}$，$C_{\text{es}}^{(1)}$，$C_h^{(1)}$和$L_{\text{ns}}^{(1)}$的值，优化所得对应的最优联合策略。

表8-2　系统维修成本参数对最优联合策略的影响

调整参数	参数值	最优费用率	最优化分变量
C_{ins}	0.5	14.755 758	$T=5$ $D_s^{(1)}=7.489\,924$，$D_o^{(1)}=8.754\,288$，$D_p^{(1)}=9.252\,508$ $D_s^{(2)}=7.421\,910$，$D_o^{(2)}=7.832\,823$，$D_p^{(2)}=9.986\,219$
	5	16.146 761	$T=6$ $D_s^{(1)}=6.702\,711$，$D_o^{(1)}=7.609\,647$，$D_p^{(1)}=8.849\,820$ $D_s^{(2)}=7.293\,781$，$D_o^{(2)}=7.566\,435$，$D_p^{(2)}=8.686\,871$
	50	25.254 444	$T=10$ $D_s^{(1)}=5.261\,348$，$D_o^{(1)}=5.318\,988$，$D_p^{(1)}=7.155\,690$ $D_s^{(2)}=7.675\,376$，$D_o^{(2)}=8.114\,003$，$D_p^{(2)}=8.261\,661$
C_{set}	5	11.193 035	$T=5$ $D_s^{(1)}=6.551\,617$，$D_o^{(1)}=7.399\,637$，$D_p^{(1)}=8.508\,251$ $D_s^{(2)}=7.023\,350$，$D_o^{(2)}=7.100\,947$，$D_p^{(2)}=7.729\,486$
	50	16.146 761	$T=6$ $D_s^{(1)}=6.702\,711$，$D_o^{(1)}=7.609\,647$，$D_p^{(1)}=8.849\,820$ $D_s^{(2)}=7.293\,781$，$D_o^{(2)}=7.566\,435$，$D_p^{(2)}=8.686\,871$
	500	56.131 221	$T=7$ $D_s^{(1)}=7.196\,164$，$D_o^{(1)}=8.219\,125$，$D_p^{(1)}=9.546\,842$ $D_s^{(2)}=8.148\,223$，$D_o^{(2)}=8.499\,460$，$D_p^{(2)}=10.617\,986$
C_{cd}	0. 5	15.165 728	$T=6$ $D_s^{(1)}=7.236\,697$，$D_o^{(1)}=7.857\,039$，$D_p^{(1)}=9.007\,009$ $D_s^{(2)}=7.165\,650$，$D_o^{(2)}=7.552\,222$，$D_p^{(2)}=9.052\,098$
	5	16.146 761	$T=6$ $D_s^{(1)}=6.702\,711$，$D_o^{(1)}=7.609\,647$，$D_p^{(1)}=8.849\,820$ $D_s^{(2)}=7.293\,781$，$D_o^{(2)}=7.566\,435$，$D_p^{(2)}=8.686\,871$
	50	17.199 566	$T=5$ $D_s^{(1)}=7.377\,258$，$D_o^{(1)}=7.745\,370$，$D_p^{(1)}=8.284\,108$ $D_s^{(2)}=6.954\,947$，$D_o^{(2)}=7.297\,736$，$D_p^{(2)}=8.392\,818$

（1）检测成本C_{ins}。由表8-2可知，随着系统检测成本C_{ins}的增加，为了降低总的费用率，检测周期T随之增大，以减少系统的检测次数降低检测费用。而随

着系统检测周期T的增大，系统中各部件的故障概率也会随之增大，修复性维修概率的增大又会增加系统的修复性维修费用。由于部件的故障成本总高于其预防性维修成本，因此权衡各种费用后优化得到的两部件的最优预防性维修阈值均有所下降，以增加系统中各部件的订购概率和预防性维修概率。与此同时，各部件的订购阈值、机会维修阈值也有相应的最优调整。

（2）维修准备成本C_{set}。系统的维修准备成本C_{set}越大，系统任意的单次维修成本越高，系统的费用率有明显增大。C_{set}越大表明部件之间的经济相关性也越强，因此，随着C_{set}的增加，为了减少系统的维修次数，系统的检测周期和各部件的预防性维修阈值均有明显增加。同时，为了提高各部件的机会维修概率，各部件的机会维修区域（$D_p^{(i)}-D_o^{(i)}, i=1,2$）均随$C_{\text{set}}$的增大而增大，进一步节约了系统的维修成本。而$C_{\text{set}}$对各部件的订购阈值影响不明显。

（3）停机损失费用率C_{cd}。系统的停机损失成本C_{cd}的增大同样会增加系统的费用率。而最直接地降低停机成本的方式是降低系统的故障概率。因而，随着C_{cd}的增大，系统的最优维修阈值和检测周期均有所减小，通过频繁的维修以确保系统故障的减少。

下面将继续分析维修相关成本对最优联合策略的影响。由于系统中的两个部件具有对称关系，每个部件的参数调整对联合策略的影响具有相似性。因此只分析了部件1的参数调整对最优联合策略参数的影响，结果如表8-3所示。

表8-3 部件1的参数调整对最优联合策略参数的影响

调整参数	参数值	最优费用率	最优化分变量
$C_p^{(1)}$	1.5	15.471 920	$T=5$ $D_s^{(1)}=6.146\,552$，$D_o^{(1)}=7.668\,882$，$D_p^{(1)}=8.803\,202$ $D_s^{(2)}=7.093\,525$，$D_o^{(2)}=7.802\,091$，$D_p^{(2)}=9.706\,253$
	15	16.146 761	$T=6$ $D_s^{(1)}=6.702\,711$，$D_o^{(1)}=7.609\,647$，$D_p^{(1)}=8.849\,820$ $D_s^{(2)}=7.293\,781$，$D_o^{(2)}=7.566\,435$，$D_p^{(2)}=8.686\,871$
	70	16.312 070	$T=7$ $D_s^{(1)}=7.706\,319$，$D_o^{(1)}=8.487\,953$，$D_p^{(1)}=9.637\,283$ $D_s^{(2)}=8.173\,937$，$D_o^{(2)}=8.324\,436$，$D_p^{(2)}=8.040\,149$
$C_f^{(1)}$	15	11.932 155	$T=7$ $D_s^{(1)}=7.012\,588$，$D_o^{(1)}=7.204\,990$，$D_p^{(1)}=8.858\,003$ $D_s^{(2)}=7.329\,839$，$D_o^{(2)}=7.348\,971$，$D_p^{(2)}=7.692\,242$
	70	16.146 761	$T=6$ $D_s^{(1)}=6.702\,711$，$D_o^{(1)}=7.609\,647$，$D_p^{(1)}=8.849\,820$ $D_s^{(2)}=7.293\,781$，$D_o^{(2)}=7.566\,435$，$D_p^{(2)}=8.686\,871$

续表

调整参数	参数值	最优费用率	最优化分变量
$C_f^{(1)}$	700	55.344 691	$T=5$ $D_s^{(1)}=6.547\ 073$，$D_o^{(1)}=8.260\ 123$，$D_p^{(1)}=8.683\ 263$ $D_s^{(2)}=7.083\ 063$，$D_o^{(2)}=7.551\ 363$，$D_p^{(2)}=10.035\ 915$
$C_{\text{od}}^{(1)}$	0.72	15.734 539	$T=6$ $D_s^{(1)}=7.640\ 108$，$D_o^{(1)}=8.020\ 573$，$D_p^{(1)}=9.554\ 590$ $D_s^{(2)}=7.313\ 043$，$D_o^{(2)}=7.701\ 942$，$D_p^{(2)}=9.658\ 210$
	7.2	16.146 761	$T=6$ $D_s^{(1)}=6.702\ 711$，$D_o^{(1)}=7.609\ 647$，$D_p^{(1)}=8.849\ 820$ $D_s^{(2)}=7.293\ 781$，$D_o^{(2)}=7.566\ 435$，$D_p^{(2)}=8.686\ 871$
	72	17.168 391	$T=6$ $D_s^{(1)}=6.904\ 862$，$D_o^{(1)}=7.417\ 707$，$D_p^{(1)}=7.650\ 012$ $D_s^{(2)}=7.132\ 651$，$D_o^{(2)}=7.258\ 565$，$D_p^{(2)}=8.744\ 649$

（1）预防性维修成本 $C_p^{(1)}$。鉴于 $C_p^{(1)} \leqslant C_c^{(1)}$ 的假设，实验中只将 $C_p^{(1)}$ 的最大值设置 $C_p^{(1)}=C_c^{(1)}=70$。如表8-3所示，随着 $C_p^{(1)}$ 的增大，部件1的检测周期和预防性维修阈值均有所增加，以降低维修频率和维修成本。当 $C_p^{(1)}=C_c^{(1)}$ 时，相较于修复性维修，预防性维修的优势已不存在，因而此时的最优维修阈值非常接近于系统的故障阈值。此外，预防性维修频率降低的同时也降低了备件的需求，在联合决策结果中表现为备件订购阈值随 $C_p^{(1)}$ 的增大而逐渐增大。由于 $C_p^{(1)}$ 的增大扩大了系统的检测周期，导致部件2的故障概率增大，为了保证降低修复性维修成本，联合决策结果中部件2的预防性维修阈值随 $C_p^{(1)}$ 的增大逐渐减小，通过预防性维修的干预降低故障概率和成本。通过以上维修概率及费用的权衡，最终部件预防性维修成本的变化对系统费用率的影响甚小。这进一步表明了联合决策的必要性。

（2）修复性维修成本 $C_f^{(1)}$。类似地，考虑到 $C_p^{(1)} \leqslant C_f^{(1)}$ 的假设，实验中将 $C_f^{(1)}$ 的最小值设置为 $C_f^{(1)}=C_p^{(1)}=15$。为了降低系统的费用率，最终需要决策的就是是否通过更频繁的预防性维修保证较低的故障概率。因而，最优的维修成本由两种不同维修方式的维修成本比例决定。故而，$C_f^{(1)}$ 增大时的最优决策结果与 $C_p^{(1)}$ 增大时的结果恰好相反。

（3）机会维修惩罚成本 $C_{\text{od}}^{(1)}$。随着 $C_{\text{od}}^{(1)}$ 的增大，应该较低系统的机会维修次数以节省系统维修成本，因此，部件1的机会维修区域（$D_p^{(1)}-D_o^{(1)}$）有明显的缩小。同时，为了确保系统的低故障概率，部件的预防性维修阈值也随着减小，进而增加预防性维修的概率。

表8-4显示了部件1的备件相关成本参数对系统最优联合策略的影响。

表8-4　部件1的备件相关成本参数对系统最优联合策略的影响

调整参数	参数值	最优费用率	最优化分变量
$C_{\text{ns}}^{(1)}$	0.8	16.591 659	$T=6$ $D_s^{(1)}=6.966\,528$，$D_o^{(1)}=8.230\,431$，$D_p^{(1)}=9.108\,815$ $D_s^{(2)}=7.886\,889$，$D_o^{(2)}=8.548\,421$，$D_p^{(2)}=9.723\,053$
	8	16.146 761	$T=6$ $D_s^{(1)}=6.702\,711$，$D_o^{(1)}=7.609\,647$，$D_p^{(1)}=8.849\,820$ $D_s^{(2)}=7.293\,781$，$D_o^{(2)}=7.566\,435$，$D_p^{(2)}=8.686\,871$
	80	19.546 015	$T=8$ $D_s^{(1)}=5.614\,685$，$D_o^{(1)}=5.672\,118$，$D_p^{(1)}=6.782\,789$ $D_s^{(2)}=6.417\,888$，$D_o^{(2)}=9.147\,011$，$D_p^{(2)}=8.367\,791$
$C_{\text{es}}^{(1)}$	2	13.840 067	$T=6$ $D_s^{(1)}=8.517\,429$，$D_o^{(1)}=9.322\,231$，$D_p^{(1)}=9.600\,612$ $D_s^{(2)}=8.097\,003$，$D_o^{(2)}=8.325\,069$，$D_p^{(2)}=9.448\,194$
	20	16.146 761	$T=6$ $D_s^{(1)}=6.702\,711$，$D_o^{(1)}=7.609\,647$，$D_p^{(1)}=8.849\,820$ $D_s^{(2)}=7.293\,781$，$D_o^{(2)}=7.566\,435$，$D_p^{(2)}=8.686\,871$
	200	32.928 943	$T=8$ $D_s^{(1)}=5.532\,310$，$D_o^{(1)}=6.348\,955$，$D_p^{(1)}=8.720\,157$ $D_s^{(2)}=7.527\,167$，$D_o^{(2)}=7.799\,544$，$D_p^{(2)}=7.923\,974$
$C_h^{(1)}$	0.4	15.799 715	$T=6$ $D_s^{(1)}=6.414\,836$，$D_o^{(1)}=8.862\,193$，$D_p^{(1)}=9.660\,200$ $D_s^{(2)}=7.764\,180$，$D_o^{(2)}=8.623\,906$，$D_p^{(2)}=10.318\,810$
	4	16.146 761	$T=6$ $D_s^{(1)}=6.702\,711$，$D_o^{(1)}=7.609\,647$，$D_p^{(1)}=8.849\,820$ $D_s^{(2)}=7.293\,781$，$D_o^{(2)}=7.566\,435$，$D_p^{(2)}=8.686\,871$
	40	19.895 731	$T=9$ $D_s^{(1)}=5.796\,844$，$D_o^{(1)}=5.873\,544$，$D_p^{(1)}=8.268\,450$ $D_s^{(2)}=6.133\,771$，$D_o^{(2)}=8.789\,652$，$D_p^{(2)}=8.020\,550$
$L_{\text{ns}}^{(1)}$	$T/6$	17.493 592	$T=6$ $D_s^{(1)}=7.016\,595$，$D_o^{(1)}=6.696\,043$，$D_p^{(1)}=9.395\,584$ $D_s^{(2)}=8.363\,964$，$D_o^{(2)}=9.001\,842$，$D_p^{(2)}=8.036\,900$
	$T/3$	16.146 761	$T=6$ $D_s^{(1)}=6.702\,711$，$D_o^{(1)}=7.609\,647$，$D_p^{(1)}=8.849\,820$ $D_s^{(2)}=7.293\,781$，$D_o^{(2)}=7.566\,435$，$D_p^{(2)}=8.686\,871$
	T	15.314 958	$T=5$ $D_s^{(1)}=6.315\,987$，$D_o^{(1)}=8.429\,664$，$D_p^{(1)}=8.556\,708$ $D_s^{(2)}=7.275\,483$，$D_o^{(2)}=7.992\,442$，$D_p^{(2)}=9.919\,418$

（1）常规订购成本 $C_{ns}^{(1)}$ 。随着部件1的备件订购成本 $C_s^{(1)}$ 的增大，为减小该部件的订购概率，设备的检测周期随之增大。但部件的最优预防性维修阈值和预防性维修阈值却有所下降，这是由于检测周期的扩大激发了更多的预防性维修需求来平衡系统的故障概率，进而增加了备件库存需求。同样，受检测周期增大的影响，部件2发生故障的概率增加，因此，优化结果中降低了该部件的最优预防性维修阈值和订购阈值来权衡高昂的修复性维修和停机损失。

（2）加急订购成本 $C_{es}^{(1)}$ 。部件加急订购成本 $C_{es}^{(1)}$ 的变化对最优维修策略的影响与 $C_s^{(1)}$ 相似。不同的是，加急订购的依据是系统对维修需求的满足程度而不是系统的订购阈值。因而，订购阈值决定了订购频率和订购数量，间接地影响了备件的可用度。

（3）备件持有成本 $C_h^{(1)}$ 。过高的备件库存成本致使备件的订购不宜过早，因此随着部件1的备件库存成本率 $C_h^{(1)}$ 的增加，在订购周期部件的情况下，部件1的最优订购阈值逐渐增大，以减小其订购的概率，降低订购成本。然而，当持有成本过高时，订购周期会随之增大，以减少订购频率来降低成本，相应的订购阈值有所减小，以满足高故障概率导致的维修需求。同时，为了降低设备的故障概率，设备的最优预防性维修阈值也随之减小。

（4）备件交付时间 $L_s^{(1)}$ 。随着交付时间 $L_s^{(1)}$ 的增大，需要更早的订购备件来减小部件维修需要时备件不足的概率，降低系统的停机损失，因此系统的检测周期和部件1的最优订购阈值均随之减小。为了能进一步增加预防性维修的概率，降低部件的故障概率，该部件的最优预防性维修阈值也随之减小。与之前的分析相同，部件2优化阈值的改变趋势与部件1相反。

由以上实验结果可知，为了取得较低的维修费用率，对单个部件的维修相关参数和备件相关参数的调整，除了会影响到系统整体的检测周期和相应部件自身的订购阈值和维修阈值外，也会影响到另一个部件的订购阈值和维修阈值的调整，这表明对多部件系统的维修与备件联合优化的结果综合考虑了多个部件的劣化特征，在各部件的维修和备件成本之间进行了权衡，以取得最低的系统总费用率，因此多部件系统的维修和备件库存的全局最优策略更需要对系统进行整体的联合优化方能取得。此外，联合优化的方法隐含了系统部件之间的相关性，以及备件和部件维修之间的关联性，可以得到更加符合系统实际需要的联合策略。

8.7　应用研究

以单个涡轮机中的主轴承和齿轮箱为例进行应用研究。设主轴承的劣化增量服从形状参数 $\alpha = 0.04$ ，尺度参数 $\beta = 1.3$ 的Gamma分布，齿轮箱劣化增量分布为形状参数$\alpha = 0.64$，尺度参数$\beta = 9.61$的Gamma分布。 维修和备件相关参数定义为：$C_{\text{set}} = 50$，$C_p^{(1)} = 7$，$C_c^{(1)} = 30$，$D_f^{(1)} = 10$，$C_{\text{ins}}^{(1)} = 5$，$C_h^{(1)} = 3$，$C_s^{(1)} = 5$，$L_s^{(1)} = 30$；$C_p^{(2)} = 15$，$C_c^{(2)} = 70$，$D_f = 20$，$C_{\text{ins}}^{(2)} = 5$，$C_h^{(2)} = 3$，$C_3^{(2)} = 5$，$L_s = 30$。系统检测成本$C_{\text{ins}} = C_{\text{ins}}^{(1)} + C_{\text{ins}}^{(2)} = 10$。其中成本参数的单位为千欧，时间参数的单位为天。在确定参数T=5，$D_s^{(1)} = 6$，$D_s^{(2)} = 10$，$D_o^{(1)} = 7$，$D_o^{(2)} = 15$，$D_p^{(1)} = 8$，$D_p^{(2)} = 18$的条件下，用$5D_f^{(1)}$和$5D_f^{(2)}$截尾近似代替∞，可解得涡轮机两部件系统的劣化与备件库存组合状态的联合稳态概率密度函数$\pi(0,0,x_1,x_2)$、$\pi(0,1,x_1,x_2)$、$\pi(1,0,x_1,x_2)$和$\pi(1,1,x_1,x_2)$的近似数值解，如图8-11所示，该稳态概率密度函数近似解在全状态空间中的积分式（8-71）的近似取值为0.968 631 642。

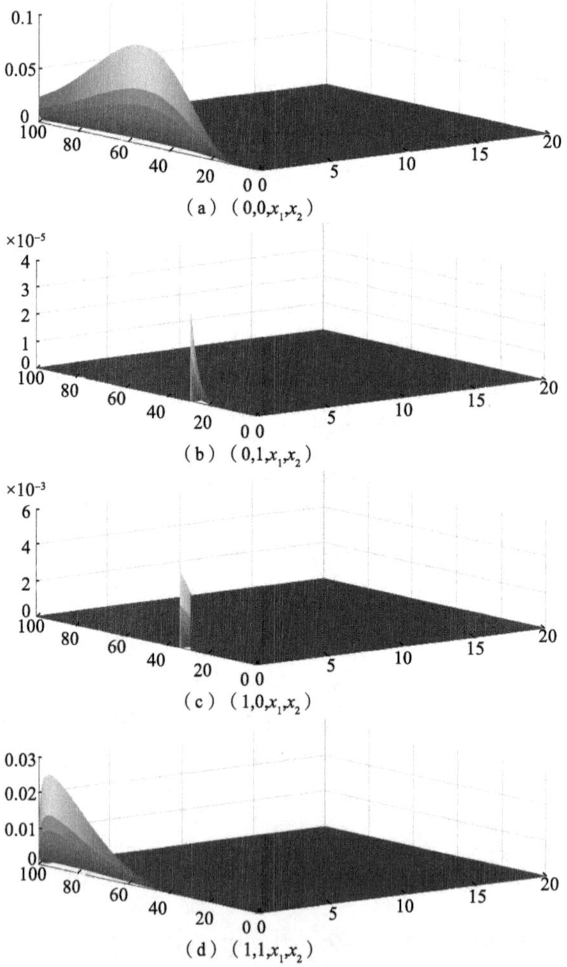

图 8-11　涡轮机两部件劣化与备件库存组合状态的稳态概率密度函数数值解

考虑到风电场地理位置和交通条件的限制，检测周期不宜设置太短，因此实验中设置T的取值范围为[30,100]。此外部件的机会阈值和预防阈值亦不宜过小，否则造成很大的资源浪费，同时加快优化的速度，提高优化的准确度，将$D_p^{(1)}$和$D_p^{(2)}$的取值范围设置分别设置为$[5, D_f^{(1)})$和$[8, D_f^{(2)})$；而$D_o^{(1)}$和$D_o^{(2)}$的取值范围随$D_p^{(1)}$和$D_p^{(2)}$的变化而变化，分别设置为$[5, D_p^{(1)})$和$[8, D_p^{(2)})$。采用与7.5节数值实验中相同的优化参数，优化可得系统的最小费用率为13.724 127千欧/天，对应最优联合策略为$T^* = 45$，$D_s^{(1)*} = 5.958\,373$，$D_o^{(1)*} = 7.971\,842$，$D_p^{(1)*} = 8.650\,268$，$D_o^{(2)*} = 8.193\,458$，$D_s^{(2)*} = 8.999\,608$，$D_p^{(2)*} = 10.825\,201$。相对第7章对主轴承维修与备件联合优化的研究结果中的最优检测周期为45天，将主轴承与齿轮箱进行维修与备件库存联合优化所得的最优检测周期（57~65天）要长，而其余劣化参数之间也有差异，但是差异范围不大，即对于保证系统的可靠性和降低系统的维修成本，系统各部件的最优阈值设置基本稳定，需要调整的主要是检测周期的长度。

8.8　本章小结

本章针对连续劣化的两部件系统研究了不相同部件系统的维修与备件订购联合决策的建模与优化问题。首先，为系统制定了基于周期检测的视情机会维修和（0，1）库存相结合的联合策略，为各部件定义了订购、机会维修、预防性维修三类状态阈值，并利用劣化状态空间模型分析了在各种不同备件库存状态下系统所有可能的维修分组概率、备件的订购和持有概率的计算。其次，在分析一个检测周期内单部件系统劣化与备件库存组合状态转换的基础上，给出了两部件系统和备件库存组合状态的稳态概率密度函数的表达式和数值解法。接着，基于维修与备件相关概率的模型建立了同时考虑维修和备件成本的系统长期平均费用率模型。再次，通过数值实验结果表明所提出的方法和建立的模型是正确有效的，灵敏度分析结果表明系统中两个部件互相关联，对任意一个部件参数的调整均会影响系统全局的联合策略参数，即两个相关联的部件维修和备件订购进行联合优化才能得到系统的全局最优策略。最后，以风力涡轮机中的主轴承和齿轮箱两个存在相关性的主要部件组成的系统为例进行了应用研究，研究表明所建立的模型具有一定的实用价值，可以为工业系统的维修与备件库存管理的联合决策提供理论基础和研究方法。

第9章　可修多部件系统联合劣化状态空间划分建模

前文所述的多部件系统联合劣化状态空间划分模型中所定义的策略均对部件采取预防性更换或修复性更换，更换后部件状态恢复至全新，这种维修方式通常被称为完美维修。而现实中多数设备或系统具有可修性，当部件未发生故障时对其进行修复性维修，维修后部件不能修复如新，这种维修方式通常被称为非完美维修。即使是不可行系统的更换维修，在实际维修中受维修器材、维修能力、维修人员等诸多因素的影响，更换后系统的状态也很难恢复至全新。如煤炭运输系统保养，自卸卡车运输车队维护，发电厂维修养护，汽车产品保养服务等。

本章对比已有的多部件系统联合劣化状态空间模型，考虑在机会维修和预防性维修区域采取非完美维修行为，建立考虑非完美维修的可修多部件系统视情机会维修更换模型，分析其联合劣化状态空间划分与维修需求分组的对应关系及概率计算，推导系统稳态联合概率密度函数，并通过数值实验验证上述模型的正确性及对后续维修优化研究的有效性。

9.1　系统定义

本章关注的是由多个功能和劣化等特征各异的可修部件组成的系统，部件之间结构及运行退化独立。

9.1.1　系统描述

设系统由 M 个相同且相互独立的可修部件组成，每个部件均独立遭受连续的累积劣化，其表征部件劣化状态的特征参数（机械部件磨损量、齿轮裂纹长度等）

在系统工作过程中逐渐增加，这虽然不会立刻影响系统正常工作，但会导致部件故障率增加。此类系统在工业领域中十分常见，如大型风力发电场、重型商业运输车队等。系统的假设如下。

（1）定期对部件状态进行检测，检测间隔为T，$T = k\Delta t$（$k = 0,1,2,\cdots$），任意离散时刻t检测到部件i的劣化状态为x_i^t，假设检测数据能完全反映部件的实际劣化状态，每次检测均为瞬时无损检测。

（2）$t = 0$的初始时刻，$x_i^0 = 0$，部件处于全新状态。

（3）在每个单位时间内，劣化状态变化量Δx^i为非负、相互独立且服从概率密度为$f_i(x)$的随机变量，则t个单位时间内部件i的累积劣化增量的概率密度函数为$f_i(x)$的t次卷积$f_i^t(x)$。

（4）存在确定的故障阈值D_f，当$x_i^t \geqslant D_f$时，部件会发生劣化故障，劣化故障是隐性的，不会立即导致设备失效，只有在检测时才能发现，一旦发现即对其采取修复性维修。

9.1.2 维修策略

对可修多部件系统采取视情机会维修，在每次检测后根据当前劣化状态信息与维修阈值比较，确定系统是否有维修需求。任意部件均有三种可能的维修需求：不需要维修（正常运行）、非完美维修（包含机会维修和预防性维修）和修复性维修。为系统中所有相同的部件均定义相同的机会维修、预防性和修复性维修阈值D_o、D_p、D_f，通常认为$0 < D_o < D_p < D_f$，具体维修策略如下。

（1）若$x_i^t > D_f$，对部件i采取修复性维修，更换后部件劣化状态恢复至初始工作状态。

（2）若$D_p \leqslant x_i^t \leqslant D_f$，对部件$i$进行预防性维修，维修后状态随机恢复至介于当前和初始状态之间的某一随机状态。

（3）在对任意部件i进行预防性维修或修复性维修时，若有部件j的劣化状态满足$D_o \leqslant x_j^t \leqslant D_p\left(j \neq i\right)$，则对部件$j$同时进行机会维修，维修效果也是非完美的。

（4）对不符合上述三种情况的部件，不采取任何维修措施。

如上所述，部件i从初始状态开始正常运行，可能经过若干次非完美维修，最后由修复性维修重新回到初始状态，设备检测和维修时间均忽略不计。

9.2　考虑非完美维修的联合劣化状态空间划分

9.2.1　劣化状态空间划分

与第2章所定义的相同多部件相同劣化和维修情况类似,任意部件的三条维修阈值将其劣化状态空间划分为四个维修活动区域：正常运行区、机会维修区、预防性维修区及修复性维修区，在每次检测后根据当前劣化状态信息所落区域，采取相应的维修活动：不需要维修、非完美机会维修、非完美预防性维修、修复性维修。没有干预维修时部件i的劣化过程示意图及维修区域划分与图2-1所示一致。

在考虑非完美维修的单部件系统维修建模中，同样为部件i设定三个维修阈值将其劣化状态空间分为四个维修活动区域：正常运行区、机会维修区、预防性维修区、修复性维修区。不同的是，为了使研究更符合实际维修需求，当设备的劣化状态在检测点落在机会维修和预防性维修区时，其维修效果是非完美的，图9-1显示了考虑非完美维修时部件i可能的劣化和维修示意图，从全新初始状态开始，其可能接受数次机会维修或预防性维修，维修效果为非完美的，最终经修复性维修重新恢复至初始状态。

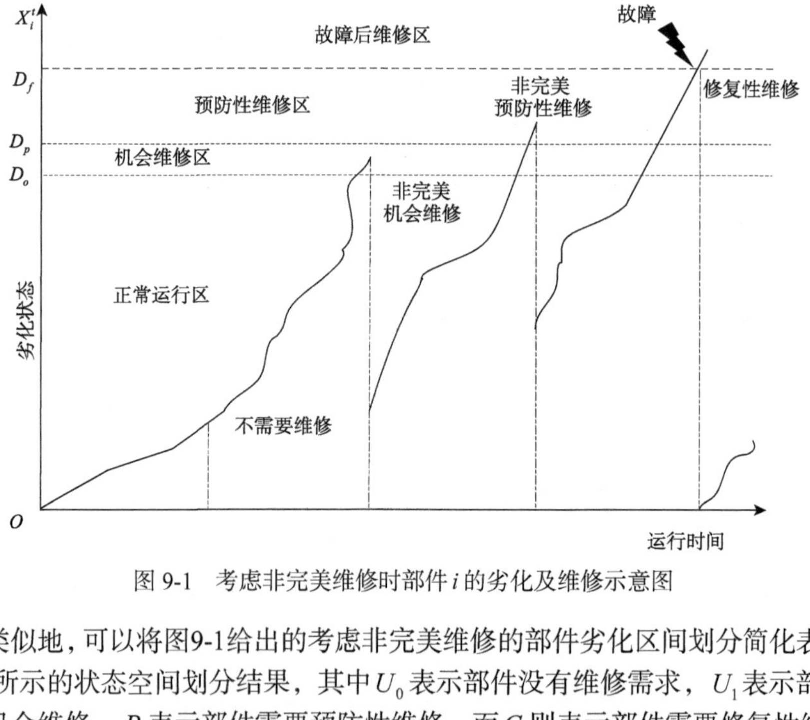

图 9-1　考虑非完美维修时部件i的劣化及维修示意图

类似地，可以将图9-1给出的考虑非完美维修的部件劣化区间划分简化表示为图5-1所示的状态空间划分结果，其中U_0表示部件没有维修需求，U_1表示部件在等待机会维修，P表示部件需要预防性维修，而C则表示部件需要修复性维修。相同两部件系统联合劣化状态空间划分示意图也与图5-2一致。类似地，可以得出

$M=3,4,\cdots$ 时相同部件系统联合劣化状态空间划分。M 个部件组成的多部件系统中，各部件的维修阈值相互交叉，将其联合劣化状态空间划分为更多区域，不同区域对应不同的维修需求组合。

9.2.2 维修需求分组及其概率计算

用向量 $\boldsymbol{X}=(x_1,x_2,\cdots,x_M)$ 表示某时刻 t 检测到的 M 部件系统的劣化状态，$\pi(x_1,x_2,\cdots,x_M)$ 表示考虑非完美维修时系统劣化状态的联合概率密度函数。对于可修相同多部件系统，部件的非完美维修效果并不影响系统的维修需求。因为，仍然用 $P_{C_iP_jO_k}^{M}(\boldsymbol{X})$ 表示 M 个部件中维修组合 $C_iP_jO_k$ 的发生概率，其中，C_i 表示系统中有 i 个部件需要故障后更换，P_j 表示系统中有 j 个部件需要预防性维修，O_k 表示系统中有 k 个部件需要机会性维修。而用 $P_{U_s}^{M}(\boldsymbol{X})$ 表示系统中有 s 个部件无须维修。系统的维修需求概率计算模型与5.2节所推导的结果一致。

9.3 非完美维修效果建模

针对非完美维修的研究工作最早可追溯到Chan和Downs[135]的最坏预防性维修（Worst PM）。Chaudhuri和Sahu[136]在1977年首次提出非完美预防性维修（Imperfect PM）概念；Pham和Wang[27]针对非完美维修做了大量研究和文献综述，他们将之前的非完美维修模型总结为8类：(p,q) 法则、$(p(t),q(t))$ 法则、改善因子、虚拟年龄法则、冲击振动模型、(α,β) 法则、复合 (p,q) 法则及其他。其中，(p,q) 法则、$(p(t),q(t))$ 法则及复合 (p,q) 法则利用的是劣化状态回退概率表征维修效果，而改善因子、虚拟年龄法则、冲击振动模型则是假设部件经维修后表征部件劣化状态的特征参数恢复到某一特定值，该值受多种因素共同影响，如维修方式、维修次数或者劣化程度等。

近年来，针对非完美维修的研究也有很多，如Li等[137]建立了基于可靠度的非完美维修模型。Zhang等[138]利用基于可靠性的非完美预防性维修和机会维修相结合，研究了风力发电机组的维修与维护。Nodem等[139]用固定系数来体现非完美维修效果，即设备维修后恢复至现在劣化水平的固定百分比。Liu等[140]等采用同时考虑退化状态和退化速度的改善因子建立非完美维修模型。

对维修后的部件年龄或状态回退程度的建模，目前的文献主要有固定比例回退模型[139]、随机比例回退模型[141]、基于改善因子的回退模型[140]等。本章采用基于改善因子的回退模型对部件的非完美维修效果进行建模。Van和Bérenguer[142]及Do等[143]则认为经非完美维修后部件劣化状态回退虽然是随机的，具体又可分为随机回退量和随机回退因子两种不同的建模方法。

9.3.1　随机回退量模型

对部件维修后，其劣化状态恢复为当前状态和全新状态之间某个随机值。设 y_i 为维修前部件 i 的劣化状态，部件经非完美维修后劣化状态恢复至 y_i^*，则 y_i^* 为取值范围在 $[0, y_i]$ 的随机变量。若设 y_i^* 服从概率密度为 $g(y)$ 的随机变量。由于正态分布的取值范围是 $(-\infty, +\infty)$，因而需对其进行截尾，获取 $[0, y_i]$ 之间的截尾正态分布，即为 y_i^* 的概率密度函数。由"3σ 原则"可知在正态分布中落在 $(\mu-3\sigma, \mu+3\sigma)$ 以外的概率小于千分之三，在实际问题中常认为相应的事件不会发生，故可设 $a=\mu-3\sigma$ 和 $b=\mu+3\sigma$，并令 $a=0\leqslant y_i^*\leqslant y_i=b$，则部件经非完美维修后劣化状态服从概率密度函数为式（9-1）的截断正态分布：

$$g\left(y_i^*, y_i\right)=\frac{1/\sigma\times\phi\left(\left(y_i^*-\mu\right)/\sigma\right)}{\Phi\left(\left(b-\mu\right)/\sigma\right)-\Phi\left(\left(a-\mu\right)/\sigma\right)} \tag{9-1}$$

其中，$\phi(\xi)=\dfrac{1}{\sqrt{2\pi}\exp\left(-1/2\xi^2\right)}$ 是标准正态分布的概率密度函数，$\Phi(\cdot)$ 为其累积分布函数。

且根据上推导可知：

$$\mu=\frac{a+b}{2}=\frac{y_i}{2}, \sigma=\frac{b\text{ - }a}{6}=\frac{y_i}{6} \tag{9-2}$$

可得部件经非完美维修后劣化状态的期望值为 $E(y_i^*)=\mu=y_i/2$，方差 $D(y_i^*)=0.973\sigma^2=0.1622{y_i}^2$。

9.3.2　随机回退因子模型

若设 y_i 为维修前部件 i 的劣化状态，部件经非完美维修后劣化状态恢复至 y_i^*，则 y_i^* 为取值范围在 $[0, y_i]$ 之间的随机值，令 $y_i^*=\beta y_i$，则 β 为取值范围在 $[0,1]$ 之间的随机变量。Beta分布是一个定义在 $[0,1]$ 区间上的连续概率分布，因而可设 β 为服从参数为 γ 和 δ 的Beta分布。其概率密度函数可表示为

$$g\left(x;\gamma,\delta\right)=\frac{\Gamma\left(\gamma+\delta\right)}{\Gamma\left(\gamma\right)\Gamma\left(\delta\right)}\left(x\right)^{\gamma-1}\left(1-x\right)^{\delta-1} \tag{9-3}$$

其中，$\Gamma(\cdot)$ 表示Gamma函数。部件 i 在预防性维修后劣化状态由 y_i 恢复至 y_i^* 的概率则为

$$\int_0^{y_i^*/y_i} g\left(x;\gamma,\delta\right)\mathrm{d}x \tag{9-4}$$

本章采用随机回退量模型对非完美维修效果下的可修多部件系统联合劣化空间模型进行论证。

至此,我们已经得到相同多部件系统中所有维修需求分组及其概率计算通式,并对非完美维修进行了合理建模。在相同多部件系统维修中引入非完美维修虽然不会影响其维修需求分组，但是会改变部件劣化状态的概率密度函数，进而影响系统联合劣化状态的概率密度函数，因此下面需要对考虑非完美维修的多部件系统联合劣化状态的概率密度函数进行推导求解。

9.4 考虑非完美维修的可修多部件系统稳态概率密度函数定义

在单部件维修决策过程中常利用更新理论进行建模，但在基于视情机会维修策略的多部件系统维修中，特别是引入非完美维修后，所有部件并不是在某一个检测时刻全部恢复至全新状态，寻找多部件系统的完全更新周期很困难。

然而考虑到系统中部件的后续劣化仅与当前检测时刻的状态有关，而与系统的历史状态无关，符合马尔可夫特性。故可利用半更新特性，将系统检测周期作为一个半更新周期，分析一个半更新周期内的联合劣化状态的稳态概率密度函数可近似得到系统联合劣化状态在整个劣化空间的稳态概率密度函数。

已知 $\pi(x_1,x_2,\cdots,x_M)$ 为 M 相同多部件系统的联合劣化状态的概率密度函数,设任意部件 i 的劣化状态稳态概率密度函数为 $\Omega(x_i)$。因为各部件劣化过程相互独立,故只需求出任意部件 i 的劣化状态稳态概率密度函数 $\Omega(x_i)$,就可得出系统联合劣化状态的稳态概率密度函数 $\pi(x_1,x_2,\cdots,x_M)=\Omega(x_1)\Omega(x_2)\cdots\Omega(x_M)$。而部件 i 的劣化状态稳态概率密度函数 $\Omega\left(x_i\right)$ 可通过分析半更新周期内部件 i 所有可能的维修及其状态转移情况得到。

在多部件系统维修中,分析某一部件的维修情况需要考虑是否有其他部件为其提供机会维修的机会，如此，在 M 相同多部件系统中，分析部件 i 需要考虑以下两种情形。

（1）当其他 $M-1$ 个部件均没有维修需求，即其他 $M-1$ 个部件的劣化状态均落在区域 $\left[0,D_p\right)$ 时，不能为部件 i 提供维修机会。该情况的发生概率为

$$\begin{aligned}P_{c_0p_0}^{M-1}(\boldsymbol{X})&=P_{c_0p_0}^{M-2}(x_1,\cdots,x_{M-2})P_{c_0p_0}^{1}(x_{M-1})\\&=P_{c_0p_0}^{M-2}(x_1,\cdots,x_{M-3})P_{c_0p_0}^{1}(x_{M-2})P_{c_0p_0}^{1}(x_{M-1})\\&=\int_0^{D_p}\int_0^{D_p}\cdots\int_0^{D_p}\pi(\boldsymbol{X})\mathrm{d}x_1\mathrm{d}x_2\cdots\mathrm{d}x_{M-1}\end{aligned}\tag{9-5}$$

在上述基础上，假设半更新周期开始前部件劣化状态为 y_i，周期结束时部件劣化状态为 x_i。继续分析部件 i 所有可能的维修情况及其转移状态，在半更新周期开始时部件 i 又有维修和未维修两种情况，如图9-2所示。

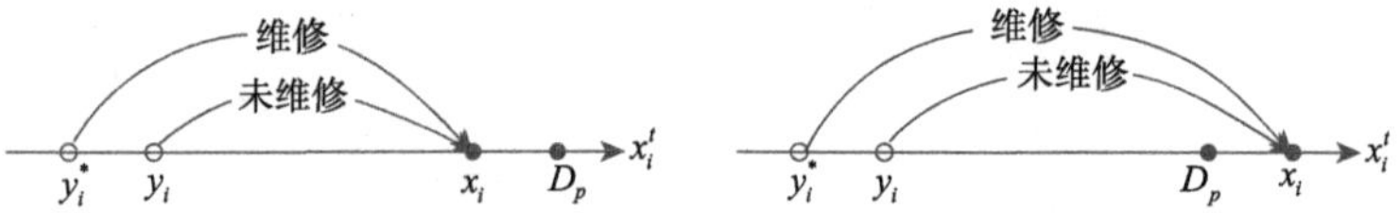

（a）$x_i < D_p$　　（b）$D_p \leqslant x_i$

图 9-2　部件 i 在半更新周期内可能的劣化状态转移

一是部件 i 在半更新周期开始时没有被维修过。①如果 $x_i < D_p$，显然有 $0 < y_i < x_i$，如此在半更新周期开始时部件 i 不被维修的概率为 $\int_0^{x_i} \Omega(y_i)\,\mathrm{d}y_i$；②如果 $x_i \geqslant D_p$，由于部件没有被维修，则有 $0 < y_i < D_p$ 成立，半更新周期开始时部件 i 不被维修的概率为 $\int_0^{D_p} \Omega(y_i)\,\mathrm{d}y_i$。

如此可得部件 i 在半更新周期开始时不被维修，劣化状态依然为 y_i 的概率可总结为 $\int_0^{\min(x_i, D_p)} \Omega(y_i)\mathrm{d}y_i$，由于劣化过程是严格非减单调的，一个检测周期后部件 i 的劣化状态转移至 x_i 的概率为 $f_i^{(T)}(x_i - y_i)$。

二是部件 i 在半更新周期开始时进行了维修。①若半更新周期开始采取的是预防性维修。其劣化状态满足 $D_p \leqslant y_i < D_f$，维修效果是非完美的，维修后部件劣化状态回退服从概率密度函数为式（9-1）的截尾正态分布。半更新周期开始前部件 i 劣化至 $D_p \leqslant y_i < D_f$ 的概率为 $\int_{D_p}^{D_f} \Omega(y_i)\,\mathrm{d}y_i$，采取非完美维修，维修后部件 i 劣化状态回退至 y_i^* 的概率为 $\int_0^{y_i} g(y_i^*, y_i)\mathrm{d}y_i^*$，如此部件 i 在半更新周期开始时劣化状态为 y_i^* 的概率为 $\int_{D_p}^{D_f} \Omega(y_i)\mathrm{d}y_i \cdot \int_0^{y_i} g(y_i^*, y_i)\mathrm{d}y_i^*$，一个检测周期后部件 i 的劣化状态转移至 x_i 的概率为 $f_i^{(T)}(x_i - y_i^*)$。②若此次维修采取故障后更换。由于维修效果是完美维修，完美维修的维修区域为 $D_f \leqslant y_i < \infty$。同上，半更新周期开始前部件 i 劣化至 $D_f \leqslant y_i < \infty$ 概率为 $\int_{D_f}^{\infty} \Omega(y_i)\,\mathrm{d}y_i$，而后采取完美维修，维修后部件 i 劣化状态回退至初始全新状态，一个检测周期后部件 i 的劣化状态为 x_i 的概率为 $f_i^{(T)}(x_i)$。

总结可得，在其他 $M-1$ 个部件不会为部件 i 提供机会维修机会时，部件 i 的劣化状态为 x_i 的稳态概率密度函数可表示为

$$
\begin{aligned}
\Omega_1(x_i) = & \int_0^{\min(x_i, D_p)} \Omega(y_i) f_i^{(T)}(x_i - y_i) \mathrm{d}y_i \\
& + \int_{D_p}^{D_f} \Omega(y_i) \mathrm{d}y_i \cdot \int_0^{y_i} g(y_i^*, y_i) f_i^{(T)}(x_i - y_i^*) \mathrm{d}y_i^* \\
& + \int_{D_f}^{\infty} \Omega(y_i) \mathrm{d}y_i \cdot f_i^{(T)}(x_i)
\end{aligned} \tag{9-6}
$$

（2）当其他 $M-1$ 个至少有一个有维修需求时，此时其会为部件 i 提供机会维修的机会，其发生概率为

$$
1 - P_{c_0 p_0}^{M-1}(\boldsymbol{X}) = 1 - \int_0^{D_p} \int_0^{D_p} \cdots \int_0^{D_p} \pi(\boldsymbol{X}) \, \mathrm{d}x_1 \mathrm{d}x_2 \cdots \mathrm{d}x_{M-1} \tag{9-7}
$$

类似情形（1），继续分析此时部件 i 所有可能的维修及其转移状态情况如下。

一是部件 i 在半更新周期开始时没有被维修过。半更新周期开始由于系统其他部件会为部件 i 提供机会维修的机会，故当部件 i 劣化状态处于 $D_o < x_i^t < D_p$ 时，需对其采取机会维修，不被维修的区域由 $0 \leqslant y_i < D_p$ 变为 $0 \leqslant y_i < D_o$，因而部件 i 在半更新周期开始时未维修的概率为 $\int_0^{\min(x_i, D_o)} \Omega(y_i) \, \mathrm{d}y_i$，一个检测周期后部件 i 的劣化状态由 y_i 转移至 x_i 的概率为 $f_i^{(T)}(x_i - y_i)$。

二是部件 i 在半更新周期开始时被维修过。①若此次采取机会维修或预防性维修。其效果为非完美的，维修后部件劣化状态回退服从概率密度函数为式（9-1）的截尾正态分布，非完美维修区域由情形（1）中 $D_p \leqslant y_i < D_f$ 变为 $D_o \leqslant y_i < D_f$，维修后劣化状态为 y_i^* 的概率为 $\int_{D_o}^{D_p} \Omega(y_i) \, \mathrm{d}y_i \cdot \int_0^{y_i} g(y_i^*, y_i) \, \mathrm{d}y_i^*$，一个检测周期后部件 i 的劣化状态由 y_i^* 转移至 x_i 的概率为 $f_i^{(T)}(x_i - y_i^*)$。②若此次维修采取故障后更换。其维修效果是完美维修，维修区域不变，维修后劣化状态为恢复至全新初始状态的概率为 $\int_{D_f}^{\infty} \Omega(y_i) \, \mathrm{d}y_i$，一个检测周期后部件 i 的劣化状态为 x_i 的概率为 $f_i^{(T)}(x_i)$。则在其他 $M-1$ 个部件会为部件 i 提供维修机会时，部件 i 的劣化状态为 x_i 的稳态概率密度函数可表示为

$$
\begin{aligned}
\Omega_2(x_i) = & \int_0^{\min(x_i, D_o)} \Omega(y_i) f_i^{(T)}(x_i - y_i) \mathrm{d}y_i \\
& + \int_{D_o}^{D_f} \Omega(y_i) \, \mathrm{d}y_i \cdot \int_0^{y_i} g(y_i^*, y_i) f_i^{(T)}(x_i - y_i^*) \mathrm{d}y_i^* \\
& + \int_{D_f}^{\infty} \Omega(y_i) \, \mathrm{d}y_i \cdot f_i^{(T)}(x_i)
\end{aligned} \tag{9-8}
$$

综合情形（1）和情形（2）发生概率及上述所有状态转移可能，合并式（9-6）和式（9-8），可得部件 i 的劣化状态为 x_i 的稳态概率密度 $\Omega(x_i)$ 为

$$
\begin{aligned}
\Omega(x_i) = & \left(\int_0^{D_p}\int_0^{D_p}\cdots\int_0^{D_p} \pi(\boldsymbol{X})\,\mathrm{d}x_1\mathrm{d}x_2\cdots\mathrm{d}x_{M-1} \right)\cdot\left(\int_0^{\min(x_i,D_p)} \Omega(y_i) f_i^{(T)}(x_i-y_i)\mathrm{d}y_i \right. \\
& \left. + \int_{D_p}^{D_f} \Omega(y_i)\mathrm{d}y_i \cdot \int_0^{y_i} g(y_i^*,y_i) f_i^{(T)}(x_i-y_i^*)\mathrm{d}y_i^* + \int_{D_f}^{\infty} \Omega(y_i)\mathrm{d}y_i \cdot f_i^{(T)}(x_i) \right) \\
& + \left(1-\int_0^{D_p}\int_0^{D_p}\cdots\int_0^{D_p} \pi(\boldsymbol{X})\,\mathrm{d}x_1\mathrm{d}x_2\cdots\mathrm{d}x_{M-1} \right)\cdot\left(\int_0^{\min(x_i,D_o)} \Omega(y_i) f_i^{(T)}(x_i-y_i)\mathrm{d}y_i \right. \\
& \left. + \int_{D_o}^{D_f} \Omega(y_i)\,\mathrm{d}y_i \cdot \int_0^{y_i} g(y_i^*,y_i) f_i^{(T)}(x_i-y_i^*)\mathrm{d}y_i^* + \int_{D_f}^{\infty} \Omega(y_i)\mathrm{d}y_i \cdot f_i^{(T)}(x_i) \right)
\end{aligned}
\tag{9-9}
$$

式（9-9）所示关于 $\Omega(x_i)$ 的表达式是一个隐式积分方程，很难精确求出其精确解析解，下面尝试采用离散方式求其数值近似解。

9.5 稳态概率密度函数的数值求解

9.5.1 稳态概率密度函数的数值解法

首先，对式（9-9）进行合并项并简化可得

$$
\begin{aligned}
\Omega(x_i) = & \left(\int_0^{\min(x_i,D_o)} \Omega(y_i) f_i^{(T)}(x_i-y_i)\mathrm{d}y_i \right. \\
& \left. + \int_{D_o}^{D_f} \Omega(y_i)\,\mathrm{d}y_i \cdot \int_0^{y_i} g(y_i^*,y_i) f_i^{(T)}(x_i-y_i^*)\mathrm{d}y_i^* + \left(1-\int_0^{D_f}\Omega(y)\mathrm{d}y\right)\cdot f_i^{(T)}(x_i) \right) \\
& + \left[\int_0^{D_p} \Omega(x)\,\mathrm{d}x \right]^{M-1} \cdot \left(\int_{\min(x_i,D_o)}^{\min(x_i,D_p)} \Omega(y_i) f_i^{(T)}(x_i-y_i)\mathrm{d}y_i \right. \\
& \left. - \int_{D_o}^{D_p} \Omega(y_i)\,\mathrm{d}y_i \cdot \int_0^{y_i} g(y_i^*,y_i) f_i^{(T)}(x_i-y_i^*)\mathrm{d}y_i^* \right)
\end{aligned}
\tag{9-10}
$$

令 $s(x)=f_i^{(T)}(x_i)$，并不具体区分部件 i 对上式进一步化简后得

$$
\begin{aligned}
\Omega(x) = & \left(\int_0^{\min(x,D_o)} \Omega(y) s(x-y)\mathrm{d}y \right. \\
& \left. + \int_{D_o}^{D_f} \Omega(y)\,\mathrm{d}y \cdot \int_0^{y} g(y^*,y) s(x-y^*)\mathrm{d}y^* + s(x) - \int_0^{D_f}\Omega(y)\,\mathrm{d}y\cdot s(x) \right) \\
& + \left[\int_0^{D_p} \Omega(x)\,\mathrm{d}x \right]^{M-1} \cdot \left(\int_{\min(x,D_o)}^{\min(x,D_p)} \Omega(y) s(x-y)\mathrm{d}y \right. \\
& \left. - \int_{D_o}^{D_p} \Omega(y)\,\mathrm{d}y \cdot \int_0^{y} g(y^*,y) s(x-y^*)\mathrm{d}y^* \right)
\end{aligned}
\tag{9-11}
$$

根据定积分的意义，每一个积分和都可以看作是定积分的一个近似值，即

$$\int_a^b f(x)\mathrm{d}x = \sum_{i=1}^{n} f(\xi_i)\Delta x_i \tag{9-12}$$

把式（9-12）所示的正交近似数值求解规则应用于式（9-11）的求解，同时，采用 $D_{\max}$ 对式（9-11）中的 ∞ 进行截尾，每一个正交点的近似方程可表示为

$$\begin{aligned}\Omega(ih) &= h\sum_{j=1}^{\min(i,a)}\Omega(jh)s(ih-jh)\\&+h^2\sum_{j=a}^{c}\sum_{k=1}^{j}\Omega(jh)g(kh,jh)s(ih-kh)+s(ih)-h\sum_{j=1}^{c}\Omega(jh)s(ih)\\&+\left(h\sum_{j=1}^{b}\Omega(jh)\right)^{M-1}\left(h\sum_{\min(i,a)}^{\min(i,b)}\Omega(jh)s(ih-jh)\right.\\&\left.-h^2\sum_{j=a}^{b}\sum_{k=1}^{j}\Omega(jh)g(kh,jh)s(ih-kh)\right)\end{aligned} \tag{9-13}$$

将要求解的稳态概率密度函数用矩阵形式表示为 $\Omega=[\Omega(h)\ \ \Omega(2h)\ \cdots\ \Omega(ih)]^{\mathrm{T}}$，然后根据矩阵相乘的原则可将式（9-13）改写为式（9-14）的矩阵形式：

$$\begin{aligned}\Omega &= h\times\boldsymbol{K}_1\Omega+h^2\times\boldsymbol{K}_{21}\times\boldsymbol{K}_{22}\Omega+h\times\boldsymbol{K}_3\Omega+(h\times\boldsymbol{K}_4\Omega)^{M-1}\\&\times(h\times\boldsymbol{K}_5\Omega+h^2\times\boldsymbol{K}_{61}\times\boldsymbol{K}_{62}\Omega)+\boldsymbol{S}\end{aligned} \tag{9-14}$$

其中，$\boldsymbol{K}_1,\boldsymbol{K}_{21},\cdots,\boldsymbol{K}_{62}$ 和 $\boldsymbol{S}$ 的具体定义见附录G。如此可通过求解 $\Omega(x)$ 的线性方程组得到其数值近似解。

9.5.2　稳态概率密度函数求解的数值实验

Gamma过程[144]在维修建模和可靠性研究中常被用于描述具有非负增量、严格单调的劣化过程，其能较好地反映状态随时间变化的性质并分析设备的失效机理，同时Gamma分布存在显式的概率密度函数，也容易进行数学推导，因此，假设部件单位时间内的劣化状态变化量 Δx^i 服从Gamma分布。

设部件单位时间内的劣化状态变化量 Δx^i 服从概率密度函数为式（9-15）的 $\Gamma(\alpha,\beta)$ 分布，则 t 个单位时间内的累积增量服从 $\Gamma(t\alpha,\beta)$ 分布。

$$f(x|\alpha,\beta)=\frac{\beta^{\alpha}}{\Gamma(\alpha)}x^{\alpha-1}\mathrm{e}^{-\beta x}, x\geqslant 0 \tag{9-15}$$

其中，$\Gamma(\alpha)=\int_0^{\infty}x^{\alpha-1}\mathrm{e}^{-x}\mathrm{d}x,\alpha>0$。

令 $D_o=8$，$D_p=12$，$D_f=20$，用 $5D_f$ 对积分上限 ∞ 作截尾处理，通过数值求解非线性方程（9-14）可得当稳态概率密度函数 $\Omega(x)$ 的近似数值解，图9-3和

图9-4显示了 $M=10$ 时 $\beta=4$ 对应不同 α 和 $\alpha=0.04$ 对应不同 β 的稳态概率密度函数 $\Omega(x)$ 的近似数值解。由此可看出非完美维修效果对系统劣化的影响较为显著。

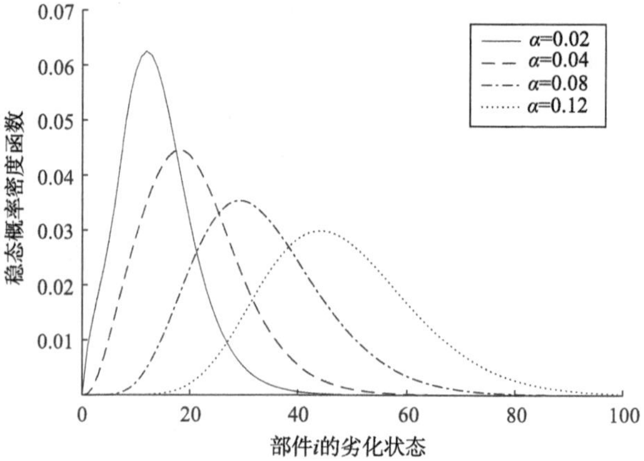

图 9-3　$\beta=4$ 时 $\Omega(x)$ 的近似解

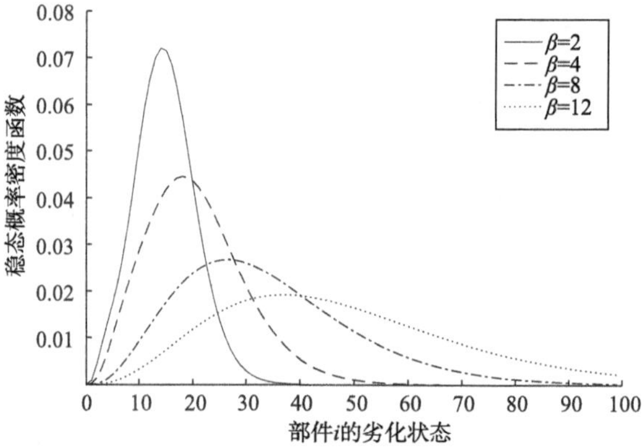

图 9-4　$\alpha=0.04$ 时 $\Omega(x)$ 的近似解

9.5.3　稳态概率密度函数数值解的正确性分析

上述部件 i 的稳态概率密度函数 $\Omega(x)$，应符合概率密度函数的一般特性，即在整个状态空间内的式（9-16）所示的积分为1。计算在不同参数下 R 的数值如表9-1所示，$\Omega(x)$ 的取值均接近为1，故上述部件的稳态概率密度函数的定义及其数值求解是正确的。而对于 M 部件的多部件系统而言，其联合稳态概率密度函数 $\pi(x_1,x_2,\cdots,x_M)=\Omega(x_1)\Omega(x_2)\cdots\Omega(x_M)$，也近似为1，同样满足概率密度函数的一般特性。

$$R=\int_0^{\infty}\Omega(x)\,\mathrm{d}x \tag{9-16}$$

表9-1　不同劣化参数对应的 R

劣化参数	R
$\alpha=0.02$， $\beta=4$	0.993 840
$\alpha=0.04$， $\beta=4$	0.993 433
$\alpha=0.08$， $\beta=4$	0.994 209
$\alpha=0.12$， $\beta=4$	0.994 260
$\alpha=0.04$， $\beta=2$	0.994 365
$\alpha=0.04$， $\beta=4$	0.994 336
$\alpha=0.04$， $\beta=8$	0.994 147
$\alpha=0.04$， $\beta=12$	0.993 970

9.5.4　稳态概率密度函数在维修优化建模中的有效性分析

在实际维修优化建模时，通常选取系统的检测周期和维修阈值作为优化的决策变量。不同的检测周期和维修阈值会直接影响稳态概率密度函数的求解，然后导致不同的优化目标。

接下来分析检测周期 T 和各维修阈值对稳态概率密度函数的影响。选取 $D_o=8$， $D_p=12$， $D_f=20$， $\alpha=0.04$， $\beta=4$， $t=100$ 为实验参数，每次仅改变某一个参数以分析该参数对稳态概率密度函数的影响。

图9-5显示了当检测周期 T 发生改变时，稳态概率密度函数 $\Omega(x)$ 的近似解。从图9-5中可以看出检测周期 T 的增加，T 时间内的累积劣化增量分布 $\Gamma\left(t\alpha,\beta\right)$ 的形状参数明显增大，故稳态概率密度函数 $\Omega(x)$ 的均值明显右移。

图9-6~图9-8分别显示了不同机会维修阈值、不同预防性维修阈值及不同修复性维修阈值对应的稳态概率密度函数 $\Omega(x)$ 的近似解。从图9-6~图9-8中看出，对各维修阈值的调整，其主要影响的是稳态概率密度函数的形状参数，而对尺度参数的影响很小。

从上述实验结果可知，改变检测周期及各维修阈值均会对稳态概率密度函数的数值解造成一定的影响，而进一步分析是因为上述各参数的改变导致维修需求组合的概率和维修优化模型的目标价值发生改变，故该理论方法对后续的优化建模是有效的。

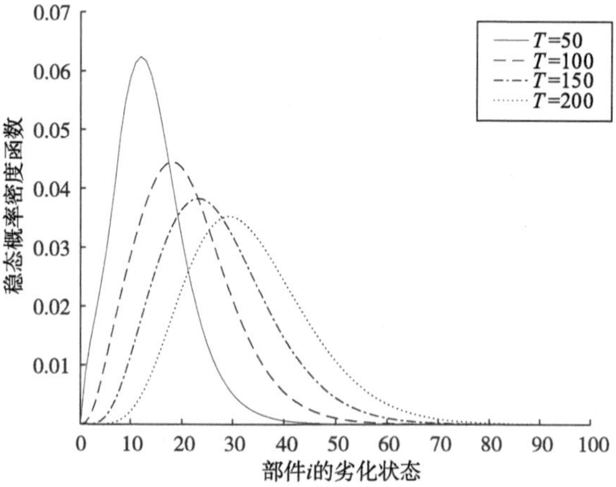

图 9-5　不同 T 对应的 $\Omega(x)$ 的近似解

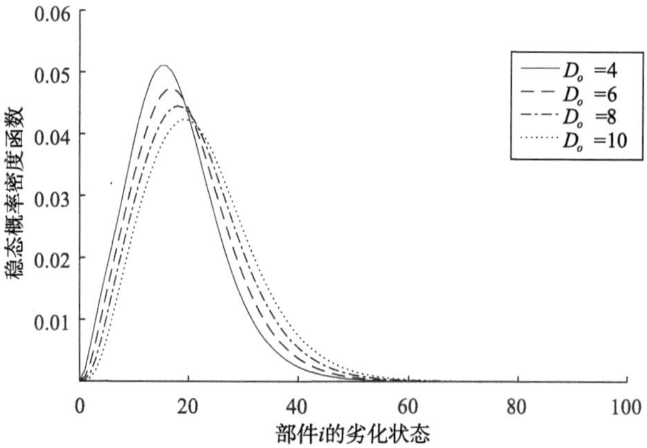

图 9-6　不同 D_o 对应的 $\Omega(x)$ 的近似解

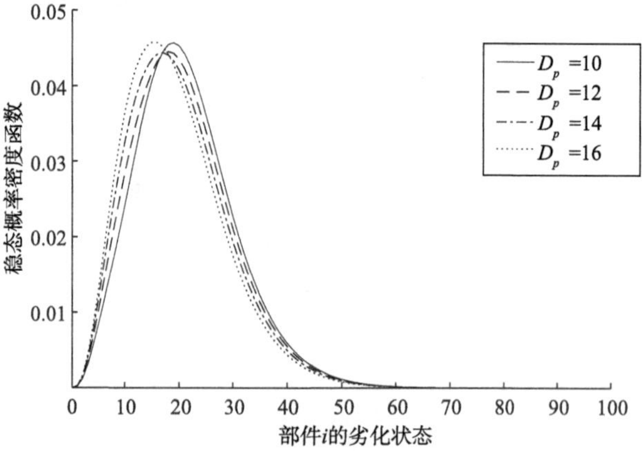

图 9-7　不同 D_p 对应的 $\Omega(x)$ 的近似解

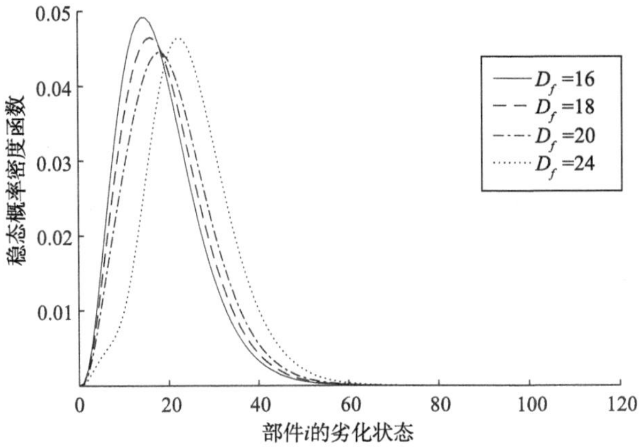

图 9-8　不同 D_f 对应的 $\Omega(x)$ 的近似解

9.6　本章小结

本章给出了考虑非完美维修效果的可修多部件系统劣化状态空间建模方法。首先，针对可修多部件系统综合考虑非完美维修效果，制定了基于周期检测的视情机会维修策略。其次，在介绍了基于状态回退的非完美维修模型的基础上建立了考虑非完美维修效果的联合劣化状态空间划分模型。再次，通过分析非完美维修效果影响下的系统劣化状态转移特性和维修需求组合，推导了联合稳态概率密度函数及其数值解法。最后，通过数值仿真实验验证了上述模型及联合稳态概率密度函数求解的正确性，同时还分析了该建模方法对研究相同多部件系统维修优化建模的有效性，为可修多部件系统的维修决策建模做下铺垫。

第10章　可修多部件系统视情机会维修决策

与不可修多部件系统类似，在多个相同可修部件组成的系统中，各个部件的劣化及维修性质相似，若同时维修多个部件无疑可以节省很多维修成本，如地处偏远地区的风力发电场，煤矿设备等。充分利用视情机会维修决策技术，在每一次维修时对整个系统所有部件都进行恰当的维护，这样不仅可以更好地提高系统可用度，还能节省维修费用，获得更好的经济效益。

本章以可修相同多部件系统为研究对象，综合考虑非完美维修效果和经济依赖，建立了该系统的最优视情机会维修决策模型。采用随机回退因子模型进行非完美维修建模，基于第9章所建立的可修多部件系统联合劣化状态空间模型，进行了部件联合稳态概率密度及维修需求概率的计算和求解，进行了模型的正确性和灵敏度分析。

10.1　系统描述

10.1.1　系统劣化特性

本章对9.1.1小节所述可修多部件系统进行维修决策建模研究。系统由多个功能和劣化等特征各异的可修部件组成，部件之间结构及运行退化独立。单个部件的劣化过程视为某一随机过程，$x_i^0=0$表示部件i处于全新状态，t时刻部件i的劣化状态x_i^t是一个随机变量，随着运行时间逐渐增大，表征系统性能逐渐劣化。单位时间内的劣化状态变化量Δx^i为服从概率密度为$f_i(x)$的非负、独立随机变量，则t个单位时间内部件i的累积劣化增量的概率密度函数为$f_i(x)$的t次卷积$f_i^t(x)$。若用$Z_2(t)$表示部件i劣化状态的随机过程，则M个部件组成的多部件系统劣化过程可以看作 M – 维的联合随机过程 $Z(t)=\left(Z_1(t),Z_2(t),\cdots,Z_M(t)\right)$，$t$ 时刻系统的联合劣化状态表示为 $X(t)=(x_1^t,x_2^t,\cdots,x_M^t)$。

10.1.2 视情机会维修策略

对可修多部件系统采取周期检测的视情机会维修，任意部件的维修方式包含机会维修、预防性维修和修复性维修三类。为所有的部件均定义相同的机会维修、预防性维修和修复性维修阈值 D_o、D_p、D_f，通常认为 $0<D_o<D_p<D_f$。在固定的检测间隔 T，检测并获取系统当前劣化状态 $(x_1,x_2,\cdots,x_i,\cdots,x_M)$，根据该状态与维修阈值的比较结果安排维修活动。任意部件 i 的具体维修策略如下。

（1）若 $x_i \geqslant D_f$，对部件 i 采取故障后更换，更换后部件劣化状态恢复至初始工作状态，单次故障后更换成本为 C_c。

（2）若 $D_p \leqslant x_i^t < D_f$，对部件 i 进行预防性维修，经维修后劣化状态随机恢复至当前状态和初始状态之间的某一随机状态，单次预防性维修成本为 C_p。考虑到系统故障会造成较为严重的设备损坏且难于修复，通常认为 $C_p \leqslant C_c$。

（3）在对任意部件 i 进行预防性维修或故障后更换时，若有部件 j 的劣化状态满足 $D_o \leqslant x_j^t < D_p\left(j \neq i\right)$，则对部件 j 同时进行机会维修，维修效果同预防性维修。单次机会维修成本为 C_o。由于机会维修相较于预防性维修，更早地结束了部件的有效寿命，一般认为 $C_o \leqslant C_p$。

（4）对不符合上述三种情况的部件不采取任何维修措施，亦不产生维修成本。

此外，单次维修时的准备成本为 C_{set}，该成本与维修部件及数量无关。系统单次检测的费用为 C_{ins}。设备检测和维修时间均忽略不计。

10.2 维修决策建模

以系统平均费用率最小为目标，决策系统最优的检测周期 T、机会维修阈值 D_o 及预防性维修阈值 D_p。根据半更新理论，将一个检测周期视作一个半更新周期，建立系统的决策模型如下。

$$
\begin{aligned}
&\min \mathrm{CR}(T,D_o,D_p)=\lim_{t\to\infty}\frac{C(t)}{t}\approx\frac{E(C(R))}{R}\\
&\text{s.t. } T=1,2,3,\cdots\\
&\qquad 0\leqslant D_o\leqslant D_p\leqslant D_f
\end{aligned}
\tag{10-1}
$$

其中，R 表示一个完全更新周期，$C(R)$ 为完全更新周期内产生的总维修成本。

在基于视情机会维修策略的多部件系统维修中，特别是考虑非完美维修效果后，所有部件在某一个检测时刻全部恢复至初始状态的可能基本不存在，寻找多部件系统的完全更新周期无从谈起。考虑到系统中部件的后续劣化仅与当前检测时刻的状态有关，而与系统的历史状态无关，这符合Markov特性，故可利用半更新特性，将系统检测周期T作为一个半更新周期，分析任意两个连续的维修决策点之间系统所有可能的维修活动近似代替系统的半更新循环过程[145]。如此，上述所示的费用率公式则可近似表示为

$$\mathrm{CR}(T)=\lim_{t\to\infty}\frac{C(t)}{t}\approx\frac{E(C(T))}{T} \tag{10-2}$$

其中，$E(C(T))$表示系统在一个半更新周期内的平均维修成本。

根据10.1节所述维修策略可知，一个检测周期可能出现的成本包括检测成本、预防性维修成本、机会维修成本和故障后更换成本。其中，检测只完成一次，产生的成本为C_{ins}。设周期检测时依据系统的状态所判定的系统维修需求为$C_iP_jO_k$，表示M部件系统中有i个部件需要故障后更换，j个部件需要预防性维修，k个部件需要机会维修，该维修需求的概率为$P^M_{C_iP_jO_k}$。当$1\leqslant i+j+k\leqslant M$时，系统中至少有一个部件需要有维修或更换，此时维修启动，产生维修启动成本C_{set}和相应的维修成本$iC_c+jC_p+kC_o$。当$i+j+k=0$时，系统所有部件均无须维修，因此不产生任何维修相关费用。综上，一周检测周期内的系统平均成本为

$$E(C(T))=C_{\text{ins}}+\sum_{i+j+k\geqslant 1}P^M_{C_iP_jO_k}(C_{\text{set}}+iC_c+jC_p+kC_o) \tag{10-3}$$

该模型的求解需要划分系统所有可能的维修需求组合并计算相应概率。第9章所描述的可修多部件系统联合劣化空间划分模型给出了维修需求的划分及其概率计算模型。该模型中，对非完美维修效果以劣化量的随机回退量模型为依据展开。接下来讨论对非完美维修效果以劣化量的随机回退因子模型的推导和建模。

10.3 联合劣化状态空间划分模型

第9章所描述的可修多部件系统联合劣化空间划分模型，为部件i设定三个维修阈值，将其劣化状态空间分为四个维修活动区域对应不同的维修需求。多个部件的维修阈值相互交叉，将其联合劣化状态空间划分为更多区域，不同区域对应不同的维修需求组合。根据不同维修需求与劣化区域的对应关系，求解需求发生的概率，并分析了周期内系统状态的转移特性，推导了任意检测时刻系统联合状态的稳态概率密度函数。

10.3.1　基于随机回退因子模型的稳态概率密度函数

若设 y_i 为维修前部件 i 的劣化状态，部件经非完美维修后劣化状态恢复至 y_i^*，则 y_i^* 为取值范围在 $[0,y_i]$ 之间的随机值，令 $y_i^*=\mu y_i$，μ 为服从参数为 γ 和 δ 的Beta分布。其概率密度函数可表示为

$$g(\mu;\gamma,\delta)=\frac{\Gamma(\gamma+\delta)}{\Gamma(\gamma)\Gamma(\delta)}(\mu)^{\gamma-1}(1-\mu)^{\delta-1} \tag{10-4}$$

其中，$\Gamma(\cdot)$ 表示Gamma函数。将第9章推导的部件 i 的劣化状态为 x_i 的稳态概率密度 $\Omega(x_i)$ 中的 y_i^* 替换为 μy_i，则有

$$\begin{aligned}\Omega(x_i)=&\left(\int_0^{D_p}\int_0^{D_p}\cdots\int_0^{D_p}\pi(X)\mathrm{d}x_1\mathrm{d}x_2\cdots\mathrm{d}x_{M-1}\right)\cdot\left(\int_0^{\min(x_i,D_p)}\Omega(y_i)f_i^{(T)}(x_i-y_i)\mathrm{d}y_i\right.\\&\left.+\int_{D_p}^{D_f}\int_0^1\Omega(y_i)g(\mu)f_i^{(T)}(x_i-\mu y_i)\mathrm{d}\mu\mathrm{d}y_i+\int_{D_f}^{\infty}\Omega(y_i)\mathrm{d}y_i\cdot f_i^{(T)}(x_i)\right)\\&+\left(1-\int_0^{D_p}\int_0^{D_p}\cdots\int_0^{D_p}\pi(X)\mathrm{d}x_1\mathrm{d}x_2\cdots\mathrm{d}x_{M-1}\right)\cdot\left(\int_0^{\min(x_i,D_o)}\Omega(y_i)f_i^{(T)}(x_i-y_i)\mathrm{d}y_i\right.\\&\left.+\int_{D_o}^{D_f}\int_0^1\Omega(y_i)g(\mu)f_i^{(T)}(x_i-\mu y_i)\mathrm{d}\mu\mathrm{d}y_i+\int_{D_f}^{\infty}\Omega(y_i)\mathrm{d}y_i\cdot f_i^{(T)}(x_i)\right)\end{aligned} \tag{10-5}$$

对式（9-9）进行合并项并简化可得

$$\begin{aligned}\Omega(x_i)=&\left(\int_0^{\min(x_i,D_o)}\Omega(y_i)f_i^{(T)}(x_i-y_i)\mathrm{d}y_i\right.\\&\left.+\int_{D_o}^{D_f}\int_0^1\Omega(y_i)g(\mu)f_i^{(T)}(x_i-\mu y_i)\mathrm{d}\mu\mathrm{d}y_i+\int_{D_f}^{\infty}\Omega(y_i)\mathrm{d}y_i\cdot f_i^{(T)}(x_i)\right)\\&+\left[\int_0^{D_p}\Omega(x)\mathrm{d}x\right]^{M-1}\cdot\left(\int_{\min(x_i,D_o)}^{\min(x_i,D_p)}\Omega(y_i)f_i^{(T)}(x_i-y_i)\mathrm{d}y_i\right.\\&\left.-\int_{D_o}^{D_p}\int_0^1\Omega(y_i)g(\mu)f_i^{(T)}(x_i-\mu y_i)\mathrm{d}\mu\mathrm{d}y_i\right)\end{aligned} \tag{10-6}$$

令 $s(x)=f_i^{(T)}(x_i)$，并不具体区分部件 i 对上式进一步化简后得

$$\begin{aligned}\Omega(x)=&\left(\int_0^{\min(x,D_o)}\Omega(y)s(x-y)\mathrm{d}y\right.\\&\left.+\int_{D_o}^{D_f}\int_0^1\Omega(y)g(\beta)s(x-\beta y)\mathrm{d}\beta\mathrm{d}y+\int_{D_f}^{\infty}\Omega(y)\mathrm{d}y\cdot s(x)\right)\\&+\left[\int_0^{D_p}\Omega(x)\mathrm{d}x\right]^{M-1}\cdot\left(\int_{\min(x,D_o)}^{\min(x,D_p)}\Omega(y)s(x-y)\mathrm{d}y\right.\\&\left.-\int_{D_o}^{D_p}\int_0^1\Omega(y)g(\beta)s(x-\beta y)\mathrm{d}\beta\mathrm{d}y\right)\end{aligned} \tag{10-7}$$

将正交近似数值求解规则 $\int_a^b f(x)\mathrm{d}x=\sum_{i=1}^{n} f(\xi_i)\Delta x_i$ 应用于式（10-7）的求解，同时，采用 $D_{\max}$ 对式（10-7）中的 ∞ 进行截尾，每一个正交点的近似方程可表示为

$$
\begin{aligned}
\Omega(ih) &= h\sum_{j=1}^{\min(i,a)} \Omega(jh)s(ih-jh) \\
&\quad + h^2\sum_{j=b}^{c}\sum_{k=1}^{j}\Omega(jh)g(k/j)s\left(ih-kh\right)+h\sum_{j=c}^{d}\Omega(jh)s\left(ih\right) \\
&\quad + \left(h\sum_{i=1}^{b}\Omega(jh)\right)^{M-1}\left(h\sum_{\min(i,a)}^{\min(i,b)}\Omega(jh)s\left(ih-jh\right)\right. \\
&\quad \left. - h^2\sum_{j=a}^{b}\sum_{k=1}^{j}\Omega(jh)g(k/j)s\left(ih-kh\right)\right) \\
&\quad \left\lceil x/h\right\rceil = i,\ \left\lceil y/h\right\rceil = j,\ \left\lceil \mu y/h\right\rceil = k \\
&\quad \left\lceil D_o/h\right\rceil = a,\ \left\lceil D_p/h\right\rceil = b,\ \left\lceil D_f/h\right\rceil = c,\ \left\lceil D_{\max}/h\right\rceil = d
\end{aligned}
\tag{10-8}
$$

将要求解的稳态概率密度函数用矩阵形式表示为 $\Omega=\left[\Omega(h)\ \ \Omega(2h)\ \cdots\ \ \Omega(ih)\right]^{\mathrm{T}}$，然后根据矩阵相乘的原则可将式（10-8）改写为式（10-9）的矩阵形式：

$$
\Omega = h\boldsymbol{K}_1 + h^2\boldsymbol{K}_{21}\boldsymbol{K}_{22} + h\boldsymbol{K}_3 + (h\boldsymbol{K}_4)^{M-1}(h\boldsymbol{K}_5 + h^2\boldsymbol{K}_{61}\boldsymbol{K}_{62}) \tag{10-9}
$$

其中，$\boldsymbol{K}_1,\boldsymbol{K}_{21},\cdots,\boldsymbol{K}_{62}$ 的具体定义见附录H。如此可通过求解 $\Omega\left(x\right)$ 的线性方程组得到其数值近似解。

10.3.2 稳态概率密度函数的数值求解

设部件单位时间内的劣化状态变化量 Δx^i 服从概率密度函数为 $\Gamma(\alpha,\beta)$ 分布。令 $M=20$，$\alpha=0.8$，$\beta=4$，γ=0.2，δ=3，$t=20$，$D_O=8$，$D_P=12$，$D_f=20$，用 $10D_f$ 对积分上限 ∞ 作截尾处理，通过数值求解非线性方程（10-9）可得当稳态概率密度函数 $\Omega(x)$ 的近似数值解。下面分别分析稳态概率密度函数 $\Omega(x)$ 随部件的劣化参数、非完美维修效果参数和系统决策变量的变化情况。

图10-1和图10-2显示了部件的劣化参数 $\beta=4$ 对应不同 α 和 $\alpha=0.8$ 对应不同 β 的稳态概率密度函数 $\Omega(x)$ 的近似数值解。由此可看出模型对不同设备的适应性。随着 α 和 β 的增大，部件单位时间内劣化增量的均值不断增大，因而经维修干预后系统稳态的状态均值也随之增大。由于 β 对单位时间内劣化增量的方差影响是平方级的，因此随着 β 的增大，系统分布的方差增大较为明显。

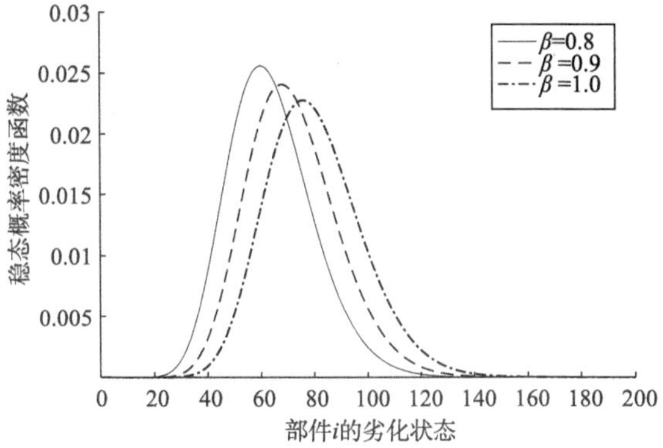

图 10-1　$\beta=4$ 时 $\Omega(x)$ 的近似解

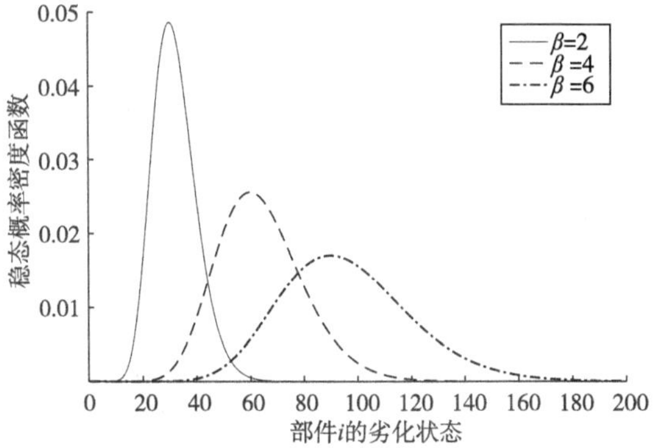

图 10-2　$\alpha=0.8$ 时 $\Omega(x)$ 的近似解

图10-3和图10-4显示了非完美维修参数 δ=3 对应不同 γ 和 γ=0.2 对应不同 δ 稳态概率密度函数 $\Omega(x)$ 的近似数值解。由此可看出模型对部件维修效果的敏感性。随着维修效果分布参数 γ 和 δ 的增大，系统到达同一稳态的概率明显增大。

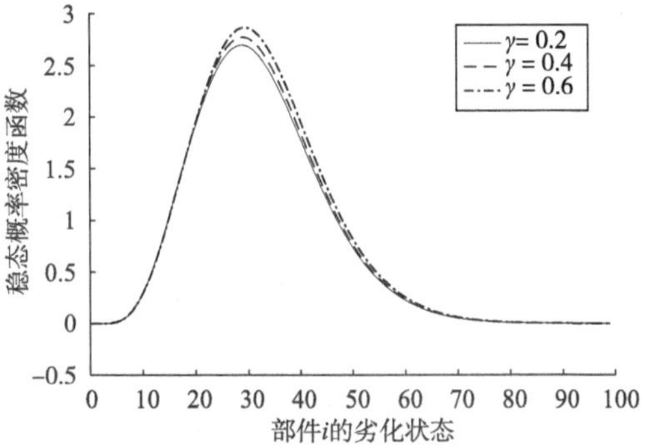

图 10-3　δ=3 时 $\Omega(x)$ 的近似解

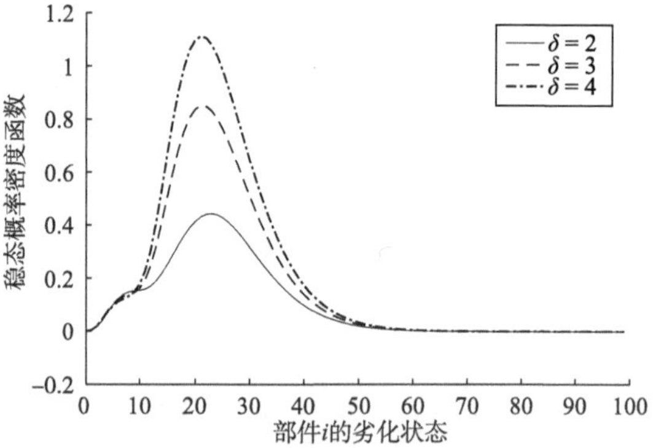

图 10-4　γ=0.2 时 $\Omega(x)$ 的近似解

在实际维修优化建模时，通常选取系统的检测周期和维修阈值作为优化的决策变量。不同的检测周期和维修阈值会直接影响稳态概率密度函数的求解，然后导致出现不同的优化目标。接下来分析检测周期 T 和各维修阈值对稳态概率密度函数的影响。选取 $D_o=8$ ， $D_p=12$ ， $D_f=20$ ， $\alpha=0.8$ ， $\beta=4$ ， $t=5$ 为实验参数，每次仅改变某一个参数以分析该参数对稳态概率密度函数的影响。

图10-5~图10-8依次显示了系统的检测周期 T 、机会维修阈值 D_o 、预防性维修阈值 D_p 和修复性维修阈值 D_f 对应的不同稳态概率密度函数 $\Omega(x)$ 的近似数值解。由此可看出模型对部件维修效果的敏感性。从图10-5中可以看出，检测周期 T 的增加，T 时间内的累积劣化增量分布 $\Gamma(t\alpha,\beta)$ 的形状参数明显增大，故稳态概率密度函数 $\Omega(x)$ 的均值明显右移。而随着 D_o 和 D_p 的增大，因系统的维修概率增大而降低了系统的故障概率，因此系统到达同一稳态的概率均呈减小趋势。反之，随着故障阈值 D_f 的增大，在维修阈值不变的情况下，系统发生故障的概率减小，因而到达同一稳态的概率呈上升趋势。

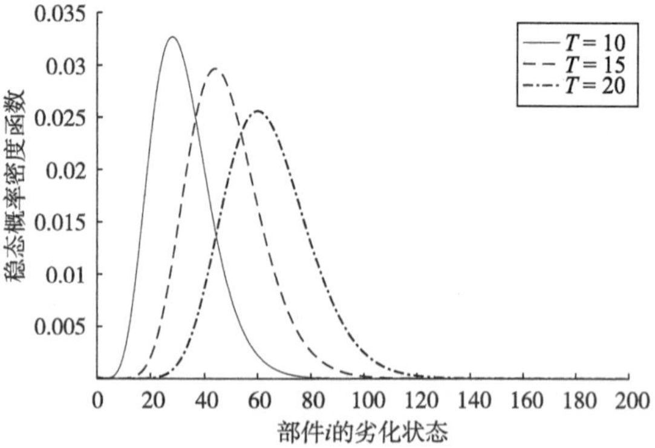

图 10-5　不同 T 对应的 $\Omega(x)$ 的近似解

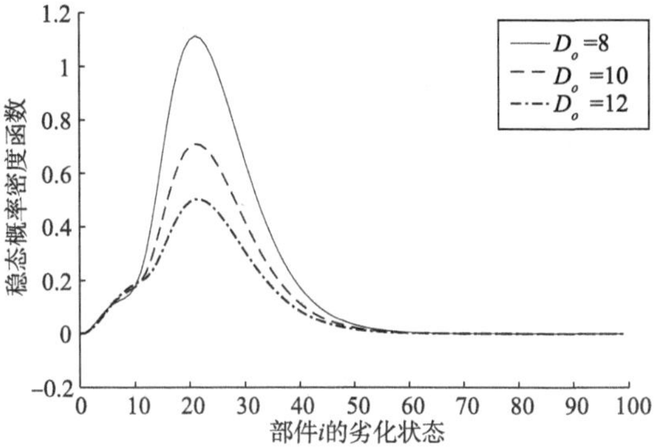

图 10-6　不同 D_o 对应的 $\Omega(x)$ 的近似解

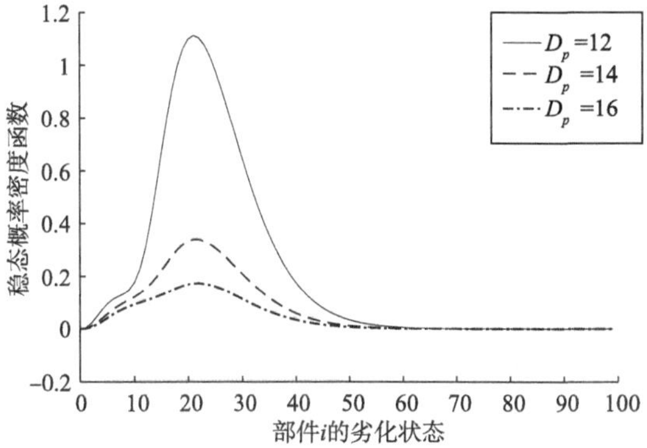

图 10-7　不同 D_p 对应的 $\Omega(x)$ 的近似解

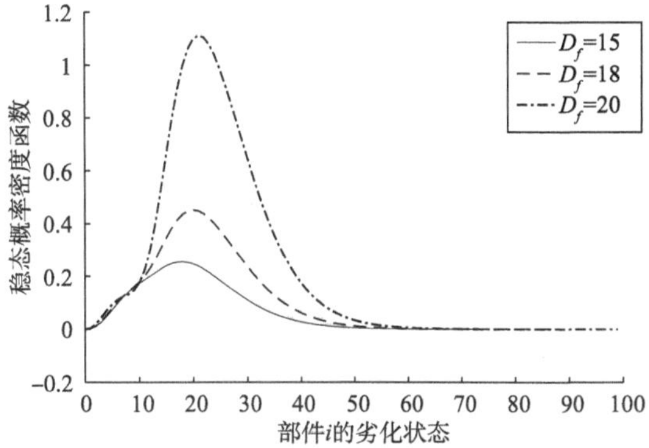

图 10-8　不同 D_f 对应的 $\Omega(x)$ 的近似解

以上实验结果表明，改变系统的检测周期及各维修阈值均会对稳态概率密度函数的数值解造成一定的影响，而进一步分析是因为上述各参数的改变导致维修需求组合的概率和维修优化模型的目标价值发生改变，故该理论方法对后续的优化建模是有效的。

10.4 维修决策模型数值实验

在上述参数设置中，选取实验结果较好的一组退化参数值：$\alpha=0.8$，$\beta=4$，γ=0.2，δ=3，$D_f=20$，以10部件系统为例，进行维修决策模型的验证。并设置成本参数C_{ins}=0.5，C_{set}=5，C_o=2，C_p=1，C_c=10，单位为千元。

10.4.1 模型的最优求解

设置遗传算法的优化参数为种群大小20，最大遗传代数50，代沟0.8，交叉概率0.8，变异概率0.2，并取20次优化的最好值，可得系统最优的费用率为0.971 374，相应的最优策略参数为$T=6$，$D_o=13.974\,364$，$D_p=18.549\,050$。

10.4.2 灵敏度分析

接下来，进一步分析模型中定义的维修相关参数和备件相关参数对最优联合策略的影响，以说明最优策略对各参数的敏感程度和模型的适用性。表10-1和表10-2分别显示了以10%的比例独立地调整了全局参数C_{ins}和C_{set}，以及部件的维修成本参数C_c、C_p、C_o的值，优化所得的最优联合策略。

表10-1 系统维修成本参数对最优联合策略的影响

调整参数	参数值	最优费用率	最优划分变量
C_{ins}	0.05	0.581 00	$T=5$，$D_o=12.387\,134$，$D_p=18.911\,238$
	0.5	0.971 374	$T=6$，$D_o=13.974\,364$，$D_p=18.549\,050$
	5	1.873 7	$T=6$，$D_o=17.365\,683$，$D_p=18.227\,873$
C_{set}	0.5	0.289 406	$T=4$，$D_o=12.051\,811$，$D_p=16.797\,170$
	5	0.971 374	$T=6$，$D_o=13.974\,364$，$D_p=18.549\,050$
	50	2.061 964	$T=6$，$D_o=18.004\,018$，$D_p=18.826\,557$

（1）检测成本C_{ins}。由表10-1可知，随着系统检测成本C_{ins}的增加，检测周期T随之增大，以减少系统的检测次数降低检测费用及总的费用率。而随着系统检测周期T的增大，系统中各部件的故障率也会随之增大，因此权衡后优化得到的部件的最优预防性维修阈值有所下降，以增加系统中各部件的预防性维修概率。与此同时，各部件的订购阈值、机会维修阈值也有相应的最优调整。

（2）维修准备成本C_{set}。系统的维修准备成本C_{set}越大，系统的费用率有明显增大。C_{set}越大表明部件之间的经济相关性也越强，因此，随着C_{set}的增加，需减少系统的维修次数来降低其费用率，因而优化所得的系统检测周期和各部件的预防性维修阈值均有明显增加。

表10-2　部件的维修相关成本参数对最优联合策略的影响

调整参数	参数值	最优费用率	最优划分变量
C_c	1	0.028 588	$T=6$， $D_o=14.674\,117$， $D_p=18.648\,502$
	10	0.971 374	$T=6$， $D_o=13.974\,364$， $D_p=18.549\,050$
	100	0.393 551	$T=4$， $D_o=11.532\,906$， $D_p=14.296\,124$
C_p	0.1	0.426 926	$T=6$， $D_o=8.699\,827$， $D_p=17.164\,782$
	1	0.971 374	$T=6$， $D_o=13.974\,364$， $D_p=18.549\,050$
	10	3.785 031	$T=7$， $D_o=17.254\,652$， $D_p=19.571\,795$
C_o	0.2	0.342 334	$T=6$， $D_o=9.143\,462$， $D_p=17.667\,904$
	2	0.971 374	$T=6$， $D_o=11.974\,364$， $D_p=18.549\,050$
	20	0.170 385	$T=5$， $D_o=16.490\,05$， $D_p=18.566\,143$

（1）修复性维修成本C_c。类似地，为了降低系统的费用率，C_c增大时，通过更频繁的预防性维修保证较低的故障概率。因而最优决策结果与C_p增大时的结果恰好相反。

（2）预防性维修成本C_p。随着C_p的增大，为了降低维修频率和维修成本，部件的检测周期和预防性维修阈值均有所增加。当C_p接近C_c时，相较于修复性维修，最优维修阈值非常接近于系统的故障阈值，退化为修复性维修。

（3）机会维修惩罚成本C_o。随着C_o的增大，应该降低系统的机会维修次数以节省系统维修成本，因此，部件机会维修区域有明显的缩小。

由以上实验结果可知，为了取得较低的维修费用率，对部件的维修相关参数的调整均会影响到系统整体的检测周期和相应的维修阈值，表明了对多部件系统机会维修决策的必要性。

10.5　本章小结

本章可修相同多部件系统，在考虑非完美维修效果的条件下，研究了与之对应的视情机会维修策略优化问题。以多部件系统的联合劣化状态空间划分为基础，利用半更新过程对系统的决策过程进行分析，推导求解了系统的联合劣化概率密度函数和各维修需求概率的计算模型，建立了多部件系统维修决策模型，并通过数值实验验证了模型的正确性和有效性。

结果表明考虑非完美维修效果的可修多部件系统劣化状态空间划分模型，可以有效地推导系统的联合稳态概率密度函数及维修概率，为系统的维修决策优化研究提供良好的理论基础。在可修多部件系统中实施视情机会维修，实现某一时刻部件的同时维修，可以有效节省系统的费用。

第11章　可修多部件系统视情更换式维修与备件库存联合决策

大部分不可修系统的维修策略都假设维修时间是瞬时可忽略的，或采用在线的维修方式，在设备维修期间设备处于停机等待状态。然而，若系统可修复，采用离线的维修方式可以进一步节省因维修招致的停机损失，降低维修成本，提高系统可用度。

此外，对于可修系统采用离线维修策略后，经离线修理后的劣化组件和新订购的组件一起放入备件库存，用于后续的更换维修。此时的备件包含未使用的新备件和修理好的劣化备件两类。总的备件可用度不仅受到维修使用频率和数量、订购频率和数量的影响，还与组件维修能力（一般指维修人员或维修设备的数量）相关。若维修能力有限，势必增加劣化备件的吞吐时间，从而增大对新备件的需求和成本，以及设备的停机风险，需要通过增加维修频率（缩短检查周期、降低维修阈值）来保证系统的可靠性。从这个意义上看，除了需要权衡维修策略与库存水平之间的关系外，还需要在备件库存水平和维修能力之间，以及维修能力和维修策略之间有一个权衡，以期找到最佳的维修点和与之相匹配的最优库存水平及合理稳定的维修能力。

本章提出了针对可修多部件系统的周期性视情更换式维修与连续检查的备件订购联合优化策略。考虑了维修能力与维修策略、库存策略之间的权衡关系，建立了以检测周期、预防性维修阈值、库存参数及维修能力为决策变量，单位设备无限时间范围内的平均费用率最小为目标的仿真优化模型。采用离散事件仿真和遗传算法相结合对模型进行求解。

11.1　系统劣化定义

本章关注的是由多个功能和劣化等特征各异的可修部件组成的系统，部件之间结构及运行退化独立。设系统由 M 个相同且相互独立的可修部件组成，每个部件的劣化特性如下。

（1）$t=0$ 的初始时刻，$x_i^0=0$，部件处于全新状态。

（2）在每个单位时间内，劣化状态变化量 Δx^i 为非负、相互独立，且服从概率密度为 $f_i(x)$ 的随机变量，则 t 个单位时间内部件 i 的累积劣化增量的概率密度函数为 $f_i(x)$ 的 t 次卷积 $f_i^t(x)$。

（3）存在确定的故障阈值 D_f，当 $x_i^t \geqslant D_f$ 时，部件会发生劣化故障，劣化故障是隐性的，不会立即导致设备失效，只有在检测时刻才能发现，一旦发现立即对其采取修复性维修。

11.2 系统维修与备件策略

11.2.1 维修策略

采用的维修策略是周期性检测视情更换式维修。检测周期为 T，$T=k_s\Delta t$，$k_s\in N$。Δt 是与实际问题相关的单位时间，不失一般性，可将其定义为1。单位设备单次检测的费用为 C_i。假设设备的状态检测是瞬时无损的。

两次周期性检测之间，当设备的劣化值 $X\geqslant D_f$ 时，设备发生自动停机故障，进行故障后更换，费用为 C_c。若 $D_p\leqslant X<D_f$，进行预防性更换，费用为 C_p，一般都认为 $C_c>C_p$。

更换后的劣化部件立即送往统一的一个修理站点进行修理。设修理站点有 c 条能力完全相同的修理服务线，每条服务线均可完成所有类型的修理工作。每个组件具有固定的修理时间 $R(R=k_r\Delta t,k_r\in N)$。单个组件单位时间内的修理成本为 C_r。只要有需要修理的劣化组件到达，修理车间立即进行修理。组件从运行系统到修理车间之间的传输时间和修理系统的修理准备时间忽略不计。

对劣化组件的修理效果只是改善其劣化值的非完美修理。设 ΔX_i 表示对组件 i 经修理后的劣化值回退量，则 ΔX_i 是 $[0,D_p]$ 之间的随机变量，服从截尾正态分布。修理好的组件放入库存转变为新的劣化备件。为了更换维修需要时，有较高的备件可用度，且尽可能优先使用劣化值较小的备件进行更换，对送往修理站的劣化组件按照其劣化值从小到大的顺序安排修理。

任意时刻检测到的系统状态表示为三元组 (n_o,n_p,n_f)，其中，n_o 表示 $0\leqslant X<D_p$ 的设备数量；n_p 表示 $D_p\leqslant X<D_f$ 的设备数量；n_f 表示 $X\geqslant D_f$ 或已经发生故障停机的设备数量。任何时刻，都有 $n_o+n_p+n_f=N$ 成立。系统运行

初始状态为 $(N,0,0)$ 。

11.2.2　备件订购策略

采用连续检查的 (S,s) 库存策略进行备件订购。其中 S 为最大库存水平，s 为安全库存水平。系统运行初期备件的初始周转库存为 S ，任意时刻的库存状态实时可得。用二元组 (s_a,s_r) 表示任意时刻的备件库存状态，其中 s_a 表示可用备件数量，包括订购到达的新备件和修理好的劣化备件。s_r 表示经修理后方可使用的备件数量，包括等待和正在修理的备件。初始库存状态为 $(S,0)$ 。任意时刻的系统库存总量 $\mathrm{SL}=s_a+s_r$ 。可用备件和修理备件单位时间内的库存持有成本均为 C_h 。备件在库存期间不发生劣化。结合所定义的视情更换式维修策略，随着更换维修的不断进行，故障组件不断废弃，库存备件总量逐渐下降，当某一时刻的库存总量 $\mathrm{SL}\leqslant s$ 时，立即订购 $S-\mathrm{SL}$ 个新备件。单次备件订购的订购成本为 C_o ，单个备件的成本为 C_s 。备件订购的交付时间为确定的常量 $L(L=k_L\Delta t,k_L\in N)$ 。备件订购时不考虑折扣订购问题，即 C_o 和 C_s 均与订购数量和订购时间无关[8]。同一时刻，只允许有一次订购。与修理好的备件相同，每次订购的新备件到达后，一部分用于延迟的预防性更换或故障后更换，另一部分直接补充可用备件库存。

11.2.3　维修与备件订购联合策略

将以上所定义的视情更换式维修策略和备件订购策略相结合，在预防性更换时，若有可用备件，则预防性更换立即完成；否则，劣化的设备继续运行，之后不再检查，直到备件可得时再进行延迟的预防性更换。同样，在故障后更换时，若有可用备件，则故障后更换立即完成；否则，设备停机等待，直到备件可得时再进行延迟的故障后更换。

设备发生故障停机后，单位时间内的损失成本为 C_d 。停机时间从故障发生持续到有可用备件到达为止。同时有需要预防性更换和故障后更换的设备时，为了缩短停机时间减少停机损失，优先更换故障停机的组件。

按照任意时刻维修前的系统状态 (n_0,n_p,n_f) 和库存状态 (s_a,s_r) ，可给出系统的维修决策树如图11-1所示。

图11-1中，N_{CR} 表示实际完成故障后更换的数量。N_{PR} 表示实际完成预防性更换的数量。N_{FW} 表示故障停机，等待修复性维修的设备数量。N_{PW} 表示处于劣化运行，等待预防性维修的设备数量。维修后系统状态变化为 $\left(n_o+N_{\mathrm{PR}}+N_{\mathrm{CR}},n_p-N_{\mathrm{PR}},n_f-N_{\mathrm{CR}}\right)$，库存状态为 $\left(s_a-N_{\mathrm{PR}}-N_{\mathrm{CR}},s_r+N_{\mathrm{PR}}\right)$，库存总量 $\mathrm{SL}=\mathrm{SL}-N_{\mathrm{CR}}$ 。

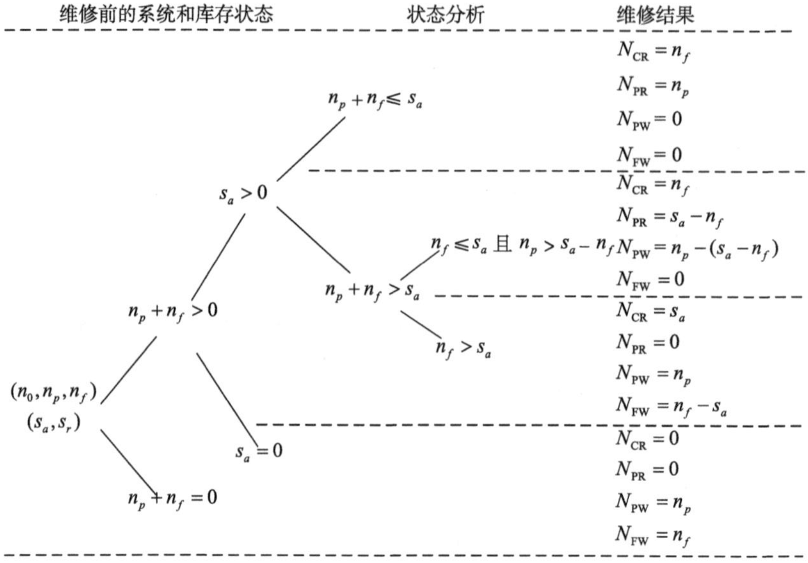

图 11-1　维修决策树

11.3　模型建立

以无限时间范围内的系统维修和备件库存的平均费用率最小为目标来衡量所提出的联合策略的优劣。根据已定义设备的劣化特征、周期性视情更换式维修和连续检查的(S,s)库存策略可知，设备的预防性更换阈值D_p、检查周期T、维修能力c和库存参数S、s的选择会对联合策略的性能产生较为明显的影响。

若系统的状态检查周期T和设备的预防性更换阈值D_p选择过小，系统检测和预防性更换过于频繁，不仅不能使设备的剩余寿命得到充分利用，产生“过维修”现象，还会带来过高的维修成本，同时增加对备件的需求成本和组件的修理成本；相反，T和D_p若太大，设备发生故障的概率又会增加，从而增加维修和停机成本，以及组件报废成本。过大的S和s可以为系统提供可靠的维修保障，却会增加备件的库存持有成本；而过小的S和s又增加了因备件不足而导致设备停机的风险和损失。修理能力c若过小，会造成库存持有多，可用备件却很少的现象，同样增加了因备件不足而导致的设备停机的风险和损失；c若过大，不仅增加了生产资料成本，还会造成新备件的补充过慢，劣化组件的利用过多，设备的劣化速度加快，需要增加维修频率才能保证较低的故障率。因此，选择D_p, T, S, s, c作为决策变量来确定最佳联合策略。

最佳策略的寻求问题转换为了求解如式（11-1）所示的带约束的优化问题。

$$
\begin{aligned}
&\min \mathrm{EC}_{\infty} = \min f_{\mathrm{EC}}(D_p, T, S, s, c) \\
&\text{s.t. } T = 1,2,3,\cdots \\
&\quad 0 < D_p < D_f \\
&\quad S = 1,2,\cdots,M \\
&\quad s = 0,1,\cdots,S-1 \\
&\quad c = 1,2,\cdots,S
\end{aligned}
\tag{11-1}
$$

其中，$f_{\mathrm{EC}}(D_p, T, S, s, c)$表示一组决策变量对应的平均费用率。

用于评价和计算维修策略目标的方式有两种。一是建立目标与决策变量之间显示的数学模型[2, 3, 21]，获得目标的精确最优解。然而，基于许多联合策略本身的复杂性，很难在目标与决策变量之间建立显示的解析函数关系。二是建立仿真模型，采用蒙特卡洛方法仿真系统中N个设备m个单位时间的劣化运行过程。基于上述，建立了最小费用率与决策变量之间的随机仿真模型，如式（11-2）所示。

$$
f_{\mathrm{EC}}(D_p, T, S, s, c) = \lim_{m\to\infty} \frac{C_{\mathrm{Maintenance}} + C_{\mathrm{Spare}}}{m \cdot N} \tag{11-2}
$$

其中

$$
C_{\mathrm{Maintenance}} = C_i \cdot N_i + C_p \cdot N_p + C_c \cdot N_c + C_r \cdot \sum_{j=1}^{m} N_r(j) \tag{11-3}
$$

$$
C_{\mathrm{Spare}} = C_o \cdot N_o + C_s \cdot N_s + C_h \cdot \sum_{j=1}^{m} N_h(j) + C_d \cdot \sum_{j=1}^{m} N_d(j) \tag{11-4}
$$

其中，N_i、N_p、N_c、N_o、N_s分别表示仿真周期内总的设备检测数量、预防性更换次数、故障后更换次数、备件订购次数和备件订购数量；$N_r(j)$、$N_h(j)$、$N_d(j)$分别表示第j个单位时间内的组件修理数量、备件持有数量和停机设备数量。

11.4 模型求解

11.4.1 离散事件仿真

采用离散事件系统仿真计算以上所有的统计量。由于蒙特卡洛仿真的随机性，一次系统仿真的结果只是一次可能的运行结果，存在不稳定性，不能作为目标优化的适应值。必须对每一组决策变量进行多次仿真，才能保证仿真解的稳定性。采用方差控制技术控制仿真次数，并取多次仿真的均值作为优化的适应值。系统仿真过程如下。

在任意的离散时间点$t_j\left(t_j = j\Delta t, j = 1,2,3,\cdots,m\right)$，即仿真的第$j$个单位时刻开

始时，首先继承到上一时刻结束时的系统状态$\left(n_o^{j-1},n_p^{j-1},n_f^{j-1}\right)$，其中有$N_{\mathrm{PW}}^{j-1}$的设备处于劣化运行状态，等待预防性更换；$N_{\mathrm{FW}}^{j-1}$个设备处于故障停机状态，等待故障后更换，以及上一时刻结束时的库存状态$\left(S_a^{j-1},S_r^{j-1}\right)$，库存总量$\mathrm{SL}^{j-1}=S_a^{j-1}+S_r^{j-1}$。统计上一单位时间段（第$j$个单位时间段）内的备件持有$N_h\left(j\right)=\mathrm{SL}^{j-1}$和停机等待数量$N_d\left(j\right)=N_{\mathrm{FW}}^{j-1}$。然后，仿真$N$个设备在第$j$个单位时间段内的劣化$X_i^j=X_i^{j-1}+\Delta X_i^j(i=1,2,\cdots,N)$，$\Delta X_i^j$服从密度函数为$g_X(x)$的随机分布。

接下来根据新的劣化情况查看到是否有自动停机故障发生并修改系统状态，再根据新的系统和库存状态触发新的更换维修（故障后更换和延迟的预防性更换）事件。设t_j时刻新发生故障停机的设备数量为NF^j，其中，有NOF^j个设备在t_{j-1}时刻劣化值$X<D_p$，处于正常运行状态；NPF^j个设备在t_{j-1}时刻劣化值$X\geqslant D_p$，处于劣化运行状态，$\mathrm{NF}^j=\mathrm{NOF}^j+\mathrm{NPF}^j$。因此，$t_j$时刻的系统状态为：$n_o^j=n_o^{j-1}-\mathrm{NOF}^j$，$n_p^j=n_p^{j-1}-\mathrm{NPF}^j$，$n_f^j=n_f^{j-1}+\mathrm{NF}^j$。

由提出的维修和备件联合策略可知，在任意的t_j时刻，系统运行后，可能处理的事件及其引发的系统和库存状态变换和产生的成本如下。

（1）新备件到达事件：将订购到达的新备件放入可用库存；修改库存状态和订购参数；触发等待的更换维修事件。设t_j时刻到达的新备件数量为

$$\mathrm{NAS}^j=\begin{cases}\mathrm{NSO} & \mathrm{FSO}=1\text{ 且 }t_j-\mathrm{TSO}=L\\ 0 & \mathrm{FSO}=0\text{ 或 }\mathrm{FSO}=1\text{ 且 }t_j-\mathrm{TSO}\neq L\end{cases}\tag{11-5}$$

其中，FSO为备件订购标志（$\mathrm{FSO}=1$，表示有订购未到的备件；$\mathrm{FSO}=0$，表示未订购备件）；TSO为最近一次的备件订购开始时刻；NSO为最近一次的备件订购数量。新备件到达后，库存中的可用备件数量及备件总量发生变化：$S_a^j=S_a^j+\mathrm{NAS}^j$，$\mathrm{SL}^j=\mathrm{SL}^j+\mathrm{NAS}^j$。一旦有新备件到达，订购参数全部恢复为0。备件订购事件会根据新的库存状态确定是否安排新的订购。订购参数变化如下。

$$\mathrm{FSO}=\begin{cases}0 & \mathrm{NAS}^j>0\\ \mathrm{FSO} & \mathrm{NAS}^j=0\end{cases}\tag{11-6}$$

$$\mathrm{TSO}=\begin{cases}0 & \mathrm{NAS}^j>0\\ \mathrm{TSO} & \mathrm{NAS}^j=0\end{cases}\tag{11-7}$$

$$\mathrm{NSO}=\begin{cases}0 & \mathrm{NAS}^j>0\\ \mathrm{NSO} & \mathrm{NAS}^j=0\end{cases}\tag{11-8}$$

（2）修理好的劣化备件到达事件：将修理好的劣化备件放入可用库存，并统计修理数量；修改库存状态和修理参数；触发等待的更换维修事件。设t_j时刻修

理好的劣化备件数量为

$$\mathrm{NRS}^j=\begin{cases}\mathrm{NR} & \mathrm{FR}=1\text{ 且 }t_j-\mathrm{TR}=R\\ 0 & \mathrm{FR}=0\text{ 或 }\mathrm{FR}=1\text{ 且 }t_j-\mathrm{TR}\neq R\end{cases}\tag{11-9}$$

其中，FR 为组件修理标志（$\mathrm{FR}=1$，表示有正在修理的组件；$\mathrm{FR}=0$，表示没有正在修理的组件）；TR 为最近一次的组件修理开始时刻；NR 为最近一次的组件修理数量。一批修理好的劣化备件到达后，库存中的可用备件数量和修理备件数量发生变化，库存总量不变。$S_a^j=S_a^j+\mathrm{NRS}^j$，$S_r^j=S_r^j-\mathrm{NRS}^j$。$\mathrm{NRS}^j$ 个修理好的劣化组件的修理时间为 R，因此，前 R 个单位时间内的修理数量均为 NRS^j，即：$\sum\limits_{k=j-R}^{j}N_r(k)=R\cdot\mathrm{NRS}^j$。

一旦有修理好的劣化备件到达，修理参数全部恢复为0。组件修理事件会根据新的库存状态确定是否安排新的修理工作。因此，修理参数变化如下。

$$\mathrm{FR}=\begin{cases}0 & \mathrm{NRS}^j>0\\ \mathrm{FR} & \mathrm{NRS}^j=0\end{cases}\tag{11-10}$$

$$\mathrm{TR}=\begin{cases}0 & \mathrm{NRS}^j>0\\ \mathrm{TR} & \mathrm{NRS}^j=0\end{cases}\tag{11-11}$$

$$\mathrm{NR}=\begin{cases}0 & \mathrm{NRS}^j>0\\ \mathrm{NR} & \mathrm{NRS}^j=0\end{cases}\tag{11-12}$$

（3）周期性检测事件：检测设备状态，并统计实际完成检测的设备数量；根据检测到的系统和库存状态安排新的更换维修事件。t_{j-1} 时刻维修之后，处于劣化运行、等待预防性更换的 N_{PW}^{j-1} 个设备和处于故障停机、等待故障后更换的 N_{FW}^{j-1} 个设备，以及 t_j 时刻新发生停机故障的 NF^j 个设备（其中包含 NPF^j 个劣化运行后故障的设备），无需再检查。因此，t_j 时刻实际完成检查的设备数量为：$\mathrm{NI}^j=N-N_{\mathrm{PW}}^{j-1}-N_{\mathrm{FW}}^{j-1}-\mathrm{NF}^j+\mathrm{NPF}^j$。仿真运行 m 个单位时间后所完成总的检查数量为 $N_i=\sum\limits_{j=1}^{m}\mathrm{NI}^j$。周期性检测获得的系统状态为：$n_o^j=n_o^{j-1}-\mathrm{NOP}^j-\mathrm{NOF}^j$，$n_p^j=n_p^{j-1}+\mathrm{NOP}^j-\mathrm{NPF}^j$，$n_f^j=n_f^{j-1}+\mathrm{NF}^j$，其中 NOP^j 表示在 t_{j-1} 时刻劣化值 $X<D_p$，处于正常运行状态，而 t_j 时刻劣化值 $X\geqslant D_p$，处于劣化状态的设备数量。

（4）更换维修事件：结合当前系统和库存状态安排更换维修，并统计实际更换和等待更换的设备数量；修改维修后的系统和库存状态。t_j 时刻的系统状态为 $\left(n_o^j,n_p^j,n_f^j\right)$，库存状态为 $\left(S_a^j,S_r^j\right)$。t_j 时刻实际完成预防性更换和故障后更换的数量 N_{PR}^j 和 N_{CR}^j，以及维修后等待预防性更换和故障后更换的数量 N_{PW}^j 和 N_{FW}^j 的计算见图11-1中维修结果一栏。仿真运行 m 个单位时间后，累计总的预防维修次数 $N_p=\sum_{j=1}^{m}N_{\mathrm{PR}}^{j}$；总的故障后更换次数 $N_c=\sum_{j=1}^{m}N_{\mathrm{CR}}^{j}$。$t_j$ 时刻更换维修后的系统状态变化为 $n_o^j=n_o^j+N_{\mathrm{PR}}^j+N_{\mathrm{CR}}^j$，$n_p^j=n_p^j-N_{\mathrm{PR}}^j$，$n_f^j=n_f^j-N_{\mathrm{CR}}^j$，库存状态变化为 $S_a^j=S_a^j-N_{\mathrm{PR}}^j-N_{\mathrm{CR}}^j$，$S_r^j=S_r^j+N_{\mathrm{PR}}^j$，库存总量 $\mathrm{SL}^j=\mathrm{SL}^j-N_{\mathrm{CR}}^j$。

（5）备件订购事件：检查库存状态；根据当前库存状态策划新的备件订购事件；安排新备件到达事件。设 t_j 时刻需要订购备件的次数为 NO^j，订购数量为 NS^j。则有

$$\mathrm{NO}^j=\begin{cases}1 & \mathrm{SL}^j\leqslant s\ \text{且}\ \mathrm{FSO}=0\\ 0 & \mathrm{SL}^j>s\ \text{或}\ \mathrm{FSO}=1\end{cases} \tag{11-13}$$

$$\mathrm{NS}^j=\begin{cases}S-\mathrm{SL}^j & \mathrm{NO}^j=1\\ 0 & \mathrm{NO}^j=0\end{cases} \tag{11-14}$$

根据是否有新的订购，修改 t_j 时刻的订购参数。

$$\mathrm{FSO}=\begin{cases}1 & \mathrm{NS}^j>0\\ \mathrm{FSO} & \mathrm{NS}^j=0\end{cases} \tag{11-15}$$

$$\mathrm{TSO}=\begin{cases}t_j & \mathrm{NS}^j>0\\ \mathrm{TSO} & \mathrm{NS}^j=0\end{cases} \tag{11-16}$$

$$\mathrm{NSO}=\begin{cases}\mathrm{NS}^j & \mathrm{NS}^j>0\\ \mathrm{NSO} & \mathrm{NS}^j=0\end{cases} \tag{11-17}$$

仿真运行 m 个单位时间后，总的备件订购次数 $N_o=\sum_{j=1}^{m}\mathrm{NO}^j$；总的备件订购数量 $N_s=\sum_{j=1}^{m}\mathrm{NS}^j$。备件订购事件不会引起任何的系统和库存状态变化。

（6）组件修理事件：将预防性更换得到的劣化组件加入修理备件库存，修改库存状态，安排劣化备件到达事件。由提出的维修策略可知，t_j 时刻实际完成预防性更换的 N_{PR}^j 个设备全部送往修理站修理，库存中的待修理备件数量和备件总量发生变化：$S_r^j=S_r^j+N_{\mathrm{PR}}^j$，$\mathrm{SL}^j=\mathrm{SL}^j+N_{\mathrm{PR}}^j$。一旦有需要修理的组件，修理工作立即启动。因此，根据变化后的库存状态，t_j 时刻的修理参数设置为

$$\mathrm{FR}=\begin{cases}1 & \mathrm{FR}=0\ \text{且}\ S_r^j>0\\ \mathrm{FR} & \text{否则}\end{cases} \tag{11-18}$$

$$\mathrm{TR}=\begin{cases}t_j & \mathrm{FR}=0\ \text{且}\ S_r^j>0\\ \mathrm{TR} & \text{否则}\end{cases} \tag{11-19}$$

$$\mathrm{NR}=\begin{cases} S_r^j & \mathrm{FR}=0\text{ 且 }0<S_r^j<c \\ c & \mathrm{FR}=0\text{ 且 }S_r^j\geqslant c \\ \mathrm{NR} & \text{否则} \end{cases} \tag{11-20}$$

图11-2显示了 $N=3$ 时的一次系统仿真运行实例。其中 $T=8, S=3, s=1, c=2$, $L=5, R=3$。

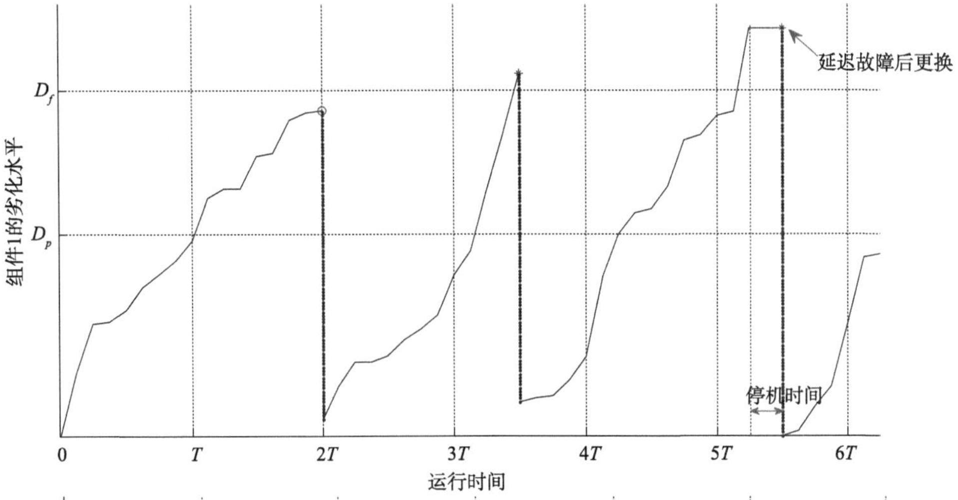

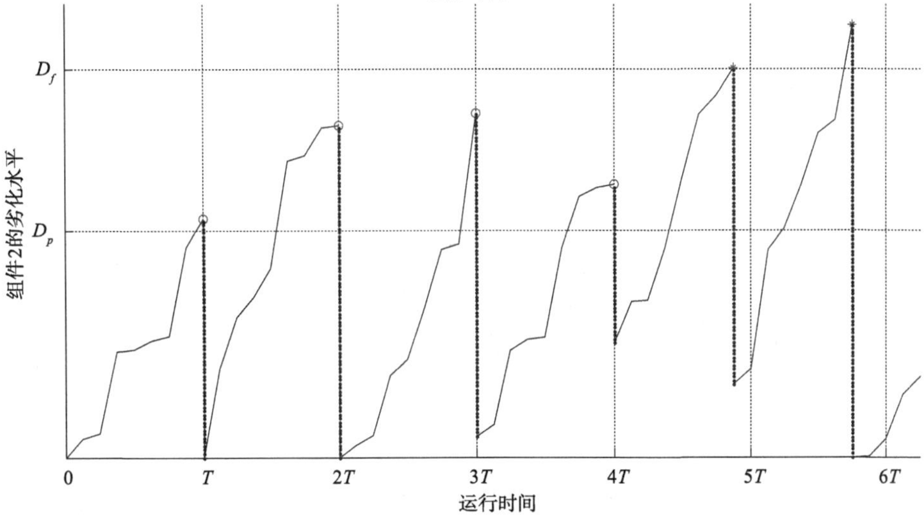

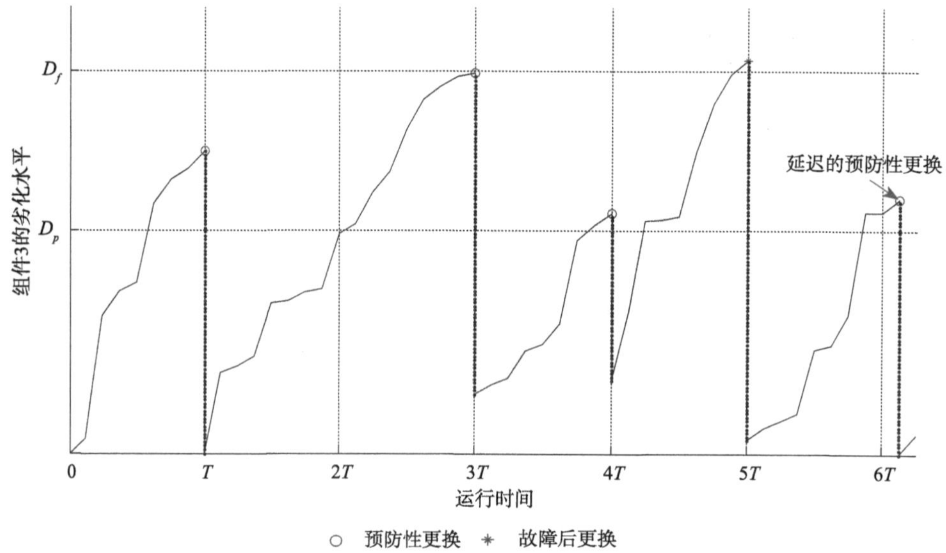

（a）设备劣化及维修模拟图

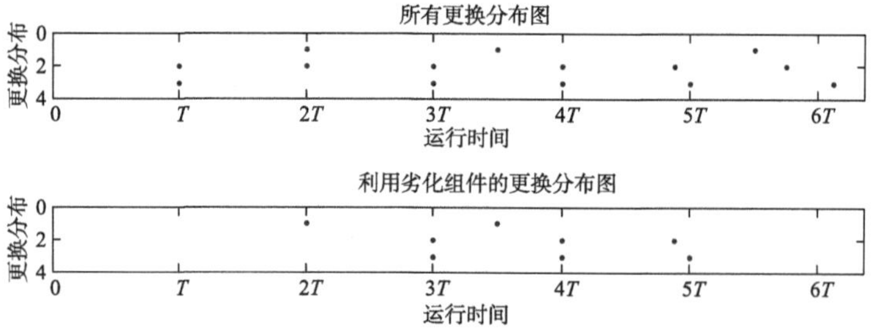

（b）维修分布图

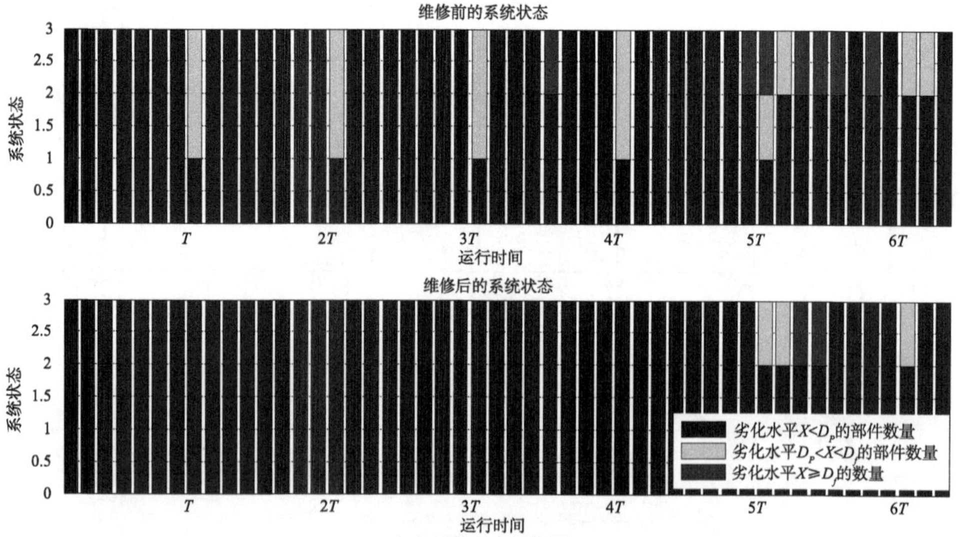

（c）系统状态转换图

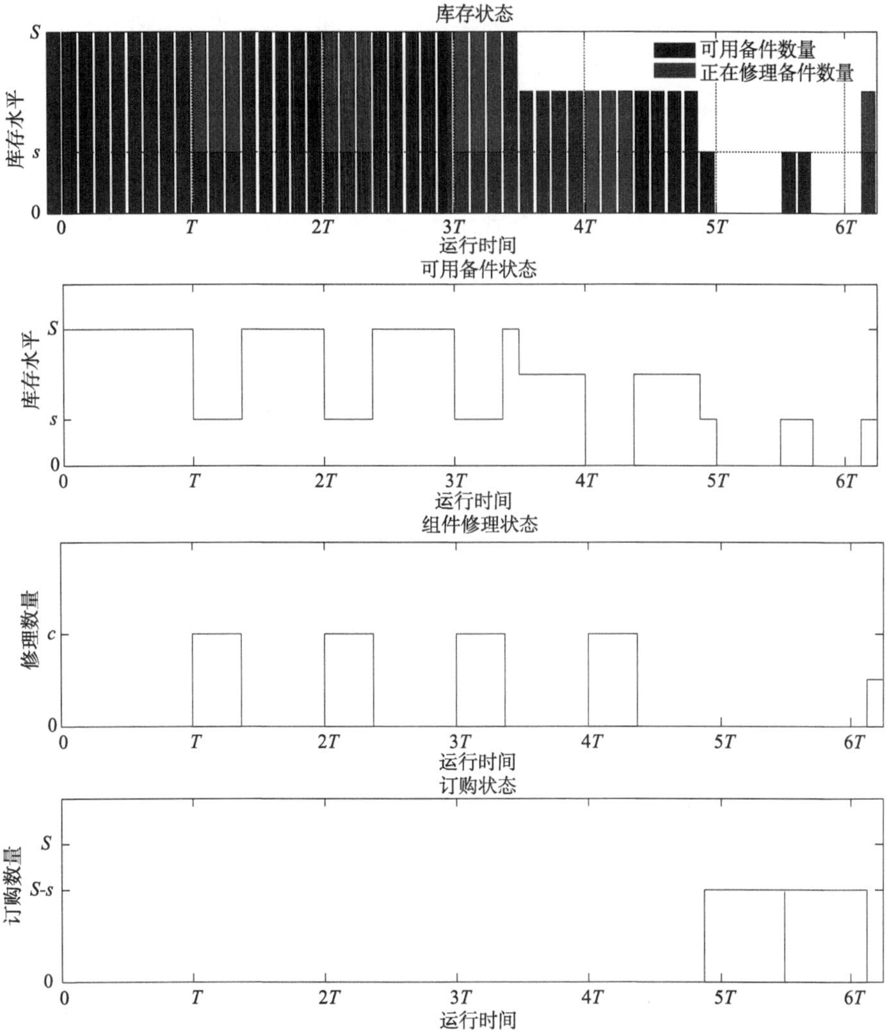

（d）库存状态转换图

图 11-2　N=3 时的一次系统仿真结果

11.4.2　模型优化

式（11-1）提出的优化模型是一个带约束的多变量、非线性、单目标随机仿真优化模型，目标函数解通过仿真求得。遗传算法是一种仿生随机全局优化方法，在寻优过程中，对包含可能解的种群反复应用选择、交叉、变异操作，使问题的解不断进化，以求得最优或近似最优解。遗传算法使用目标函数的适应值作为解搜索的唯一依据，不需要考虑求解过程，对问题的种类有很强的鲁棒性，提供了一种求解复杂系统问题的通用框架。与传统的优化方法中单个解沿梯度方向搜索的方案不同，遗传算法是以群体解为基础的多方向搜索，可以处理任何目标函数和以任何形式定义的线性或非线性约束，以及离散、连续或混合的搜索空间。遗传算法又是一种概率搜索算法，具有自学习、自组织、自适应等智能特征，寻优过程具有并行性，可有效地避免局部最优结果的产生，被广泛应用到组合优化方面的研究中。

与一般的非线性问题不同，仿真解具有随机性，每一个可能解都要进行多次仿真，取其稳定的均值作为适应值，优化时间通常比较长。而且，每次优化只能取得近似最优解，多次优化的结果可能存在偏差。此外，在式（11-2）定义的仿真模型中，变量T,D_p,S,s,c是离散变量，D_p是取值范围在$(0,D_f)$之间的连续变量，搜索空间不一致。因此采用混合编码、两点算术交叉和单点变异，并辅以解的合法化修复操作的遗传算法求解模型。仿真优化流程如图11-3所示。

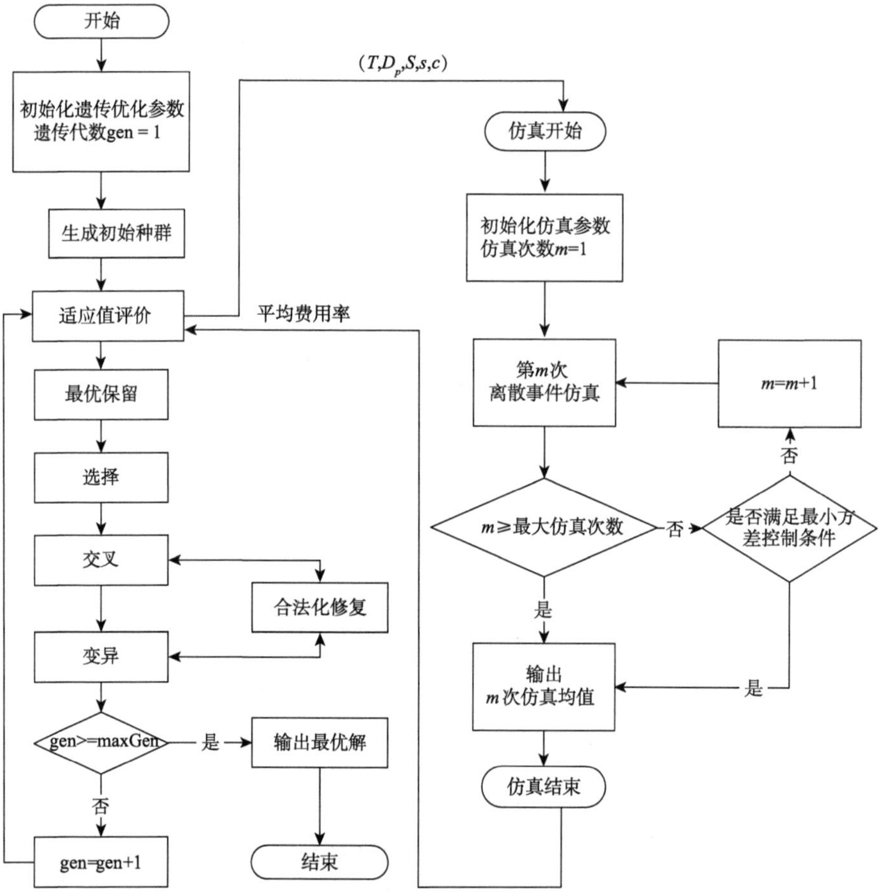

图 11-3　仿真优化流程图

11.5　数值实验分析

11.5.1　实验数据

为验证以上联合策略的优越性和仿真优化方法的正确性，算例数据设置如下。

（1）仿真设备数量 $M=5$。

（2）假设任意设备单位时间内的劣化增量 ΔX_i^k 服从概率密度函数为式（11-21）的Gamma分布，形状和尺度参数分别设置为：$\alpha=0.86,\beta=1244.59$。

$$g_X(x\mid\alpha,\beta)=\frac{\beta^{\alpha}}{\Gamma(\alpha)}x^{\alpha-1}\mathrm{e}^{-\beta x},x\geqslant 0 \qquad (11\text{-}21)$$

（3）维修及备件策略相关参数为：$D_f=15\,000$，$C_p=5\,000$，$C_r=15\,000$，$C_c=200\,000$，$C_i=50$，$C_s=100\,000$，$C_d=600\,000$，$C_h=100$，$C_o=50$，$L=5$，$R=2$。

（4）劣化回退量 ΔX_i 从服从分布的参数为 $\mu=0.5D_p;\sigma=0.026D_p$ 的正态分布。

（5）决策变量的取值范围：算例中的 T 取值为 $[1,20]$。且考虑实际情况，预防性维修的阈值一般都高于 $D_f/3$，为了进一步提高搜索效率，将 D_p 的取值范围由 $(0,D_f)$ 缩小为 $(D_f/3,D_f)$。

（6）为保证仿真解的稳定性，算例中设置最大的仿真次数为300，单次仿真的运行周期m=5000。多次仿真结果表明同一解在运行5000个单位时间后，系统费用率的误差在 0.15×0^{-2} 附近波动。表11-1显示了 $M=5,T=3,D_p=10\,000,S=4,s=3,c=3$ 时的10次仿真结果。结果表明，经过k次仿真后费用率结果基本趋于稳定。

表11-1　$M=5,T=3,D_p=10\,000,S=4,s=3,c=3$ 时的10次仿真结果

实际仿真次数k	k次与k-1次仿真均值的相对误差平方	k次仿真的费用率均值	k次仿真的系统不可用率	k次仿真的预防更换率	k次仿真的故障后更换率
25	$1.899\,9\times10^{-12}$	8 720.498	0.000 563	0.906 579	0.093 421
33	$4.187\,3\times10^{-11}$	8 710.832	0.000 555	0.906 487	0.093 513
45	$8.439\,5\times10^{-12}$	8 716.182	0.000 522	0.905 609	0.094 391
60	$6.197\,1\times10^{-11}$	8 710.562	0.000 517	0.905 983	0.094 017
65	$8.242\,7\times10^{-11}$	8 717.547	0.000 517	0.905 523	0.094 477
93	$3.428\,6\times10^{-11}$	8 723.043	0.000 526	0.905 925	0.094 075
105	$5.624\,3\times10^{-11}$	8 713.936	0.000 521	0.906 209	0.093 791
113	$4.859\,3\times10^{-11}$	8 707.512	0.000 522	0.906 628	0.093 372
133	$6.847\,1\times10^{-13}$	8 714.387	0.000 535	0.905 421	0.094 579
163	$7.388\,8\times10^{-15}$	8 713.332	0.000 518	0.906 009	0.093 991

（7）遗传算法优化参数选择为：种群大小20，最大遗传代数50，代沟0.8，交叉概率0.8，变异概率0.2。$M=5$时，最小平均费用率为7 175.878 340，最优决策变量为$T=3, D_p=7\,507.551\,393, S=5, s=4, c=4$。$M=52$时，最小平均费用率为7 266.037 940，最优决策变量为$T=3, D_p=6\,791.701\,827, S=43, s=36, c=40$。优化结果表明，平均费用率随设备数量增加没有明显变化；检测周期和预防性维修阈值趋于稳定；库存水平和维修能力与设备数量之间的比例关系基本保持不变。

11.5.2　灵敏度分析

考虑了维修能力与维修和备件库存之间的权衡问题，分析了维修时间R和维修费用C_r对联合优化结果的影响，分析结果如表11-2和表11-3所示。

表11-2中的数据表明，随着修理时间R的增大，修理备件周转时间增加了，备件可用率逐渐下降，为了保证有较低的维修成本，需要调整较大的检测周期和预防性维修阈值，加大预防性维修频率来实现，但是却降低了系统可用度。由于备件的订购成本远远高于修理成本，为了能满足维修需求，在修理时间增加的同时，库存参数没有明显的变化趋势，只是通过不断提升维修能力来增加备件可用度。

表11-2　修理时间 R 对策略优化结果的影响

R	T	D_p	S	s	c	EC	PR率	CR率	不可用度
1	4	5 160.605 616	5	3	3	4 638.244 364	0.988 808	0.011 192	0
2	3	7 507.551 393	5	4	4	7 175.878 340	0.981 365	0.018 635	0.000 010
3	5	7 008.619 345	5	3	5	12 055.396 366	0.929 349	0.070 651	0.002 994
5	5	11 239.524 969	5	3	5	18 598.757 196	0.634 751	0.365 249	0.003 024
7	11	12 820.411 480	5	3	5	21 364.175 862	0.176 459	0.823 541	0.003 236

表11-3的数据表明，随着组件修理成本C_r的增加，总的平均费用率增加了，但是预防性维修率和系统可用度却下降了。为了使得维修成本最小，在维修策略参数和备件库存参数之间存在一定的权衡。

表11-3　修理成本 C_r 对策略优化结果的影响

C_r	T	D_p	S	s	c	EC	PR率	CR率	不可用度
5 000	2	7 642.719 989	4	3	4	3 495.879 750	0.991 579	0.008 421	0.000 087
10 000	2	8 702.117 004	4	3	4	5 342.664 789	0.982 708	0.017 292	0.000 087
15 000	3	7 507.551 393	5	4	4	7 175.878 340	0.981 365	0.018 635	0.000 010
30 000	2	10 330.856 38	4	3	4	11 752.283 436	0.947 606	0.052 394	0.000 112
100 000	15	14 842.347 637	5	3	4	21 241.553 033	0.009 520	0.990 480	0.002 328

表11-2和表11-3的数据同时表明，当修理时间超过订购交付时间，或修理成本与订购成本相同时，为了保持较低的维修成本，需要加大检查周期、设置接近故障阈值的预防性维修阈值来降低预防性维修率，从而降低修理需求和成本。

11.6　本章小结

本章提出了针对同类连续劣化的可修复组件的周期检测视情更换式维修与连续查看的备件订购联合优化策略，分析了系统的修复能力与维修和备件策略之间的权衡关系，并考虑了劣化组件的非完美维修效果、确定的备件订购交付时间和确定的劣化组件修理时间，以及与维修、备件、修理相关的成本，建立了单位设备无限时间范围内的平均费用率与决策变量（检测周期、预防性维修阈值、库存参数、修理能力）之间的随机仿真模型。仿真结果表明更换式维修和连续检查的备件策略结合可以减少系统停机、提高系统可用度、降低维修成本。灵敏度分析结果表明维修策略、备件策略及维修能力之间存在一定的权衡。

第12章　多部件系统联合寿命空间划分建模及维修决策

视情维修决策以其实时性的特点，能够有效地降低系统的维修成本，提高系统的可用度，近年来得到了相关领域的学者和工程师的广泛青睐。然而，视情维修系统的维修决策建模是以系统状态为基础，其应用局限于传感器系统完备、状态可测且易于安装的系统。对于不便安装传感器设备的系统、状态数据的获取较为困难的高温、高压等极端生产环境系统，或者是即使某些状态数据是可以检测得到，但由于噪声干扰无法精确收集检测数据的系统等，视情维修决策也无法给出最佳的维修决策。而且，相较于基于TBM的维修决策，基于CBM的维修决策研究需要精密检测设备的辅助，也无形地增加了系统的维修成本。这些问题的存在为CBM决策的研究增加了新的难度和挑战。

对一些系统成本较低的传统设备，或者寿命周期较短的易故障系统，其故障数据充足，设备寿命特征很容易获取，研究基于TBM的机会维修仍然不失为一种好的解决方案。

本章将多部件系统的联合劣化状态空间划分方法应用到多部件系统联合寿命空间的建模研究中。针对多部件系统提出了基于时间的寿命机会更换策略，对任意多部件系统的联合寿命空间进行统一的划分与建模，分析了系统所有可能的维修需求及其与寿命空间划分之间的对应关系，并推导维修需求的概率计算通式。然后以两部件系统为例，推导了系统的稳态联合概率密度函数，并给出了相应的数值解法，建立了系统的维修优化模型。最后通过数值实验验证了联合寿命空间划分方法、联合概率密度的推导模型及数值解法的正确性和有效性。

12.1　系统定义

本章关注的是由 M 个相关联部件组成的多部件系统。采用考虑最小维修的寿命机会更换策略。为每个部件$i(i=1,2,3,\cdots,M)$均设定了机会更换年龄阈值T_o^i和预防性更换年龄阈值T_p^i，其中$T_o^i<T_p^i$，对每个部件根据役龄所在区域不同进行不同的维修，具体的维修策略定义如下。

（1）在每次需要维修时，都需要固定的拆装和安装费用，只花费一次固定的费用C_{set}，即启动成本与维修部件的数量无关，只与维修的次数有关。

（2）若部件i的役龄满足$T_p^i\leqslant t_i$，对其进行预防性更换，预防性更换的成本是C_p^i，更换时间为t_p^i，在有部件需要进行预防性更换时，若部件$j(j\neq i)$的役龄满足$T_o^i\leqslant t_j<T_p^i$，则在对部件i预防性更换的同时对部件j进行机会更换，机会更换的成本是$C_o^j(C_o^j>C_p^j)$，机会更换时间与预防性更换时间相同。

（3）在实际运行过程中部件的故障具有随机性，若有部件在预防性更换阈值之前发生了故障，则对该部件进行最小维修，最小维修暂时恢复系统的运行功能，维修后部件的故障率不变，即部件“恢复如旧”，部件i最小维修的费用为C_m^i，在进行最小维修时不提供维修机会，且维修是瞬时完成的。

（4）其他情况不对部件采取任何维修工作。

假设系统中所有部件的更换均瞬时完成，更换后部件恢复如新，单位时间内系统的停机成本为C_d。

12.2　联合寿命空间划分

根据制定的年龄机会更换策略，每个部件的两个维修阈值可将其寿命空间划分为三个不同的区域Z、U和P，如图12-1所示。部件的役龄覆盖组合区域为$\left[0,T_o^1\right)$和$\left[T_o^1,T_p^1\right)$时，即Z和U，部件不需要任何维修；部件的役龄覆盖组合区域为$\left[T_p^1,\infty\right)$时，即$P$，部件需要进行预防性更换。

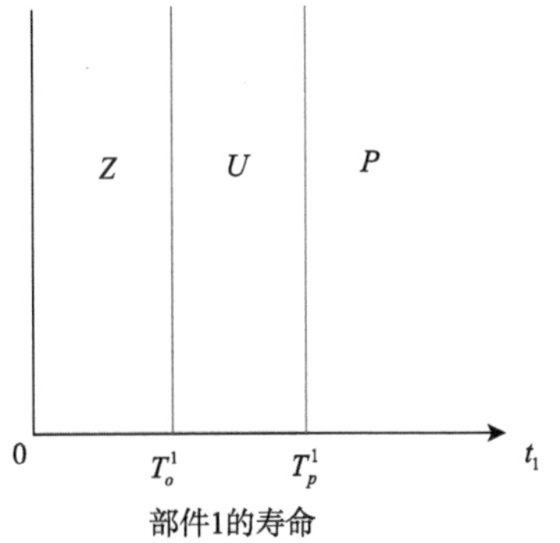

图 12-1　单部件系统的寿命空间划分

在多部件系统中，各个部件的寿命空间相互交织，组合成系统的联合寿命空间划分。每一个组合区域均对应于不同部件的役龄区域组合和相应的维修需求组合。两部件系统的寿命空间划分如图12-2所示。当系统各部件的组合役龄覆盖区域为$\left\{(t_1,t_2)\mid t_1\in\left[0,T_p^1\right),t_2\in\left[0,T_p^2\right)\right\}$时，即$ZZ$、$UZ$、$ZU$和$UU$四个区域中时，系统中没有部件需要维修；当系统各部件的役龄覆盖组合区域$\left\{(t_1,t_2)\mid t_1\in\left[T_p^1,\infty\right),t_2\in\left[0,T_o^2\right)\right\}$中，即$PZ$，只有部件1进行预防性更换；当系统各部件的组合役龄覆盖区域为$\left\{(t_1,t_2)\mid t_1\in\left[0,T_o^1\right),t_2\in\left[T_p^2,\infty\right)\right\}$时，即$ZP$，只有部件2进行预防性更换；当系统各部件的组合役龄落在区域$\left\{(t_1,t_2)\mid t_1\in\left[T_p^1,\infty\right),t_2\in\left[T_o^2,T_p^2\right)\right\}$时，即$PO$，对部件1预防性更换同时对部件2机会更换；当系统各部件的组合役龄落在区域$\left\{(t_1,t_2)\mid t_1\in\left[T_p^1,\infty\right),t_2\in\left[T_o^2,T_p^2\right)\right\}$时，即$OP$，表示对部件2预防性更换的同时对部件1机会更换；当系统各部件的组合役龄落在区域$\left\{(t_1,t_2)\mid t_1\in\left[T_p^1,\infty\right),t_2\in\left[T_o^2,T_p^2\right)\right\}$时，即$PP$，表示对部件1和部件2同时预防性更换。

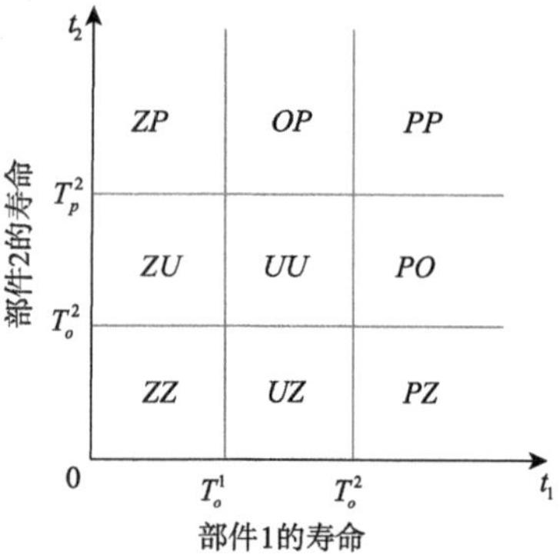

图 12-2　两部件系统的寿命空间划分

对于任意的多部件系统，将M部件系统的维修需求组合表示为$A=A_1,A_2,\cdots,A_M$，该维修组合的概率表示为$P_A^M(A_1,A_2,\cdots,A_M)$。其中$A_i$可能发生的情况为：$A_i=Z_i$表示部件$i$的役龄在正常区域内，$A_i=U_i$表示部件$i$的役龄在等待机会更换区域内，$A_i=P_i$表示部件$i$役龄在预防性更换区域内，$A_i=O_i$即部件$i$役龄在机会更换区域内。

研究多部件系统的维修优化问题中，为建立系统的优化目标（系统费用率、可靠性、可用度等）与决策变量（预防性更换策略参数）之间的关系，系统中各维修组合及其概率是建模的关键。下面将对系统中各维修组合及其概率进行计算。

12.3 维修组合概率的计算

设多部件系统在t时刻的寿命向量为$\boldsymbol{t}=(t_1,t_2,\cdots,t_M)$，那么系统的联合寿命分布为$g(t_1,t_2,\cdots,t_M)$，下面是对多部件系统的维修需求分组概率的计算。

12.3.1 单部件系统

当部件的役龄落在了正常运行区域Z和等待机会更换区域U中时，该部件不需要维修，设$I^M(0)$表示n部件系统中没有部件进行维修，那么该情况可表示为$M^1(0)$，该维修需求的概率可表示为式（12-1）：

$$\begin{aligned}P_{I^1(0)}^1&=P_Z^1+P_U^1\\&=\int_0^{T_o^1}g(t_1)\mathrm{d}t_1+\int_{T_o^1}^{T_p^1}g(t_1)\mathrm{d}t_1\\&=\int_0^{T_p^1}g(t_1)\mathrm{d}t_1\end{aligned}\qquad(12\text{-}1)$$

当部件的役龄落在了(T_p^1,∞)区域内时，维修需求可表示为P，部件需要预防性更换，该维修需求的概率计算如下：

$$P_P^1=\int_{T_p^1}^{\infty}g(t_1)\mathrm{d}t_1\qquad(12\text{-}2)$$

12.3.2 两部件系统

两部件系统联合寿命分布的概率密度函数为$g(t_1,t_2)$，各维修组合的概率计算如下。

（1）当系统的寿命向量(t_1,t_2)落在了区域ZZ、UZ、ZU和UU中时，该情况发生时可表示为$I^2(0)$，维修概率可表示为

$$\begin{aligned}P_{I^2(0)}^2&=P(0\leqslant t_1<T_p^1,0\leqslant t_2<T_p^2)\\&=\int_0^{T_p^2}\int_0^{T_p^1}g(t_1,t_2)\mathrm{d}t_1\mathrm{d}t_2\end{aligned}\qquad(12\text{-}3)$$

（2）当系统的寿命向量(t_1,t_2)落在区域PO中时，需要对部件1进行预防性更换，同时对部件2进行机会维修，该维修组合的概率为

$$\begin{aligned}P_{PO}^2&=P(T_p^1\leqslant t_1,T_o^2\leqslant t_2<T_p^2)\\&=\int_{T_o^2}^{T_p^2}\int_{T_p^1}^{\infty}g(t_1,t_2)\,\mathrm{d}t_1\mathrm{d}t_2\end{aligned}\qquad(12\text{-}4)$$

类似地，当系统的寿命向量(t_1,t_2)落在区域OP与区域PO中时，其维修概率为

$$P_{OP}^2 = P(T_o^1 \leqslant t_1 < T_p^1, T_p^2 \leqslant t_2) = \int_{T_p^2}^{\infty}\int_{T_o^1}^{T_p^1} g(t_1,t_2)\mathrm{d}t_1\mathrm{d}t_2 \tag{12-5}$$

（3）当系统的寿命向量(t_1,t_2)落在了区域PZ内时，只需要对部件1进行预防性更换，不对部件2进行任何维修活动，该维修组合的概率：

$$P_{PZ}^2 = P(T_p^1 \leqslant t_1, 0 \leqslant t_2 < T_o^2) = \int_0^{T_o^2}\int_{T_p^1}^{\infty} g(t_1,t_2)\mathrm{d}t_1\mathrm{d}t_2 \tag{12-6}$$

类似地，系统的寿命向量(t_1,t_2)落在区域ZP内表示对部件2进行预防性更换但不对部件1进行任何维修，概率计算如下：

$$P_{ZP}^2 = P(0 \leqslant t_1 < T_o^1, T_p^2 \leqslant t_2) = \int_{T_p^2}^{\infty}\int_0^{T_o^1} g(t_1,t_2)\mathrm{d}t_1\mathrm{d}t_2 \tag{12-7}$$

（4）系统的寿命向量(t_1,t_2)落在区域PP，该维修组合是两部件的役龄同时达到了预防性更换阈值。该维修组合的概率计算如下式所示：

$$P_{PP}^2 = P(T_p^1 \leqslant t_1, T_p^2 \leqslant t_2) = \int_{T_p^2}^{\infty}\int_{T_p^1}^{\infty} g(t_1,t_2)\mathrm{d}t_1\mathrm{d}t_2 \tag{12-8}$$

12.3.3　三部件系统

2.2.1节和2.2.2节分别归纳了单部件和两部件系统的维修组合及其维修概率的计算表达式，进一步可以继续对三部件系统的寿命空间进行划分，推导出三部件系统的维修组合及其维修概率的计算表达式。三部件系统的维修组合及其概率的计算可以看作任意两个部件的寿命空间与第三个部件的叠加，第三个部件的寿命空间可划分为三个区域Z_3、U_3和P_3。三部件系统的联合寿命分布概率密度函数为$g(t_1,t_2,t_3)$，系统中所有可能的维修组合及其概率计算如下。

（1）每个部件的役龄均落到了$\left[0,T_p^i\right)$区间内时，系统不需要进行任何维修活动，可表示为$I^3(0)$，维修概率是

$$P_{I^3(0)}^3 = \int_0^{T_p^3}\int_0^{T_p^2}\int_0^{T_p^1} g(t_1,t_2,t_3)\,\mathrm{d}t_1\mathrm{d}t_2\mathrm{d}t_3 \tag{12-9}$$

（2）设$i,j,k\in\{1,2,3\}$表示部件i、j、k且$i\neq j\neq k$则

$$P_{P_iO_jZ_k}^3 = \int_0^{T_o^k}\int_{T_o^j}^{T_p^j}\int_{T_p^i}^{\infty} g(t_1,t_2,t_3)\,\mathrm{d}t_i\mathrm{d}t_j\mathrm{d}t_k \tag{12-10}$$

$$P_{P_iO_jO_k}^3 = \int_{T_o^k}^{T_p^k}\int_{T_o^j}^{T_p^j}\int_{T_p^i}^{\infty} g(t_1,t_2,t_3)\,\mathrm{d}t_i\mathrm{d}t_j\mathrm{d}t_k \tag{12-11}$$

$$P^3_{P_iO_jP_k} = \int_{T_p^k}^{\infty}\int_{T_o^j}^{T_p^j}\int_{T_p^i}^{\infty} g(t_1,t_2,t_3)\,\mathrm{d}t_i\mathrm{d}t_j\mathrm{d}t_k \tag{12-12}$$

$$P^3_{P_iZ_jZ_k} = \int_0^{T_o^k}\int_0^{T_o^j}\int_{T_p^i}^{\infty} g(t_1,t_2,t_3)\,\mathrm{d}t_i\mathrm{d}t_j\mathrm{d}t_k \tag{12-13}$$

$$P^3_{P_iZ_jP_k} = \int_{T_p^k}^{\infty}\int_0^{T_o^j}\int_{T_p^i}^{\infty} g(t_1,t_2,t_3)\,\mathrm{d}t_i\mathrm{d}t_j\mathrm{d}t_k \tag{12-14}$$

$$P^3_{P_iP_jP_k} = \int_{T_p^k}^{\infty}\int_{T_p^j}^{\infty}\int_{T_p^i}^{\infty} g(t_1,t_2,t_3)\,\mathrm{d}t_i\mathrm{d}t_j\mathrm{d}t_k \tag{12-15}$$

12.3.4　多部件系统

将单部件系统、两部件系统和三部件系统的维修组合及其维修概率计算进行分析推导多部件系统的维修组合及其维修概率的计算。设M部件系统中有m个部件需要进行预防性更换，q个部件需要进行机会更换，n个部件的寿命落在了正常区域，p个部件的寿命落在了等待机会更换区域，M部件系统的维修组合及其概率表示如式（12-16）~式（12-20）所示，证明见附录I。

（1）若$m=0$，

$$\begin{aligned}P^M_{I^M(0)} &= P^M_{U_{h_1}U_{h_2}\cdots U_{h_p}Z_{j_1}Z_{j_2}\cdots Z_{j_n}} + P^M_{U_{h_1}U_{h_2}\cdots U_{h_p}} + P^M_{Z_{j_1}Z_{j_2}\cdots Z_{j_n}}\\ &= \int_0^{T_p^M}\cdots\int_0^{T_p^2}\int_0^{T_p^1} g(t_1,t_2\cdots t_M)\,\mathrm{d}t_1\mathrm{d}t_2\cdots\mathrm{d}t_M\end{aligned} \tag{12-16}$$

其中，$i_1,i_2,\cdots,i_m,k_1,k_2\cdots k_q,j_1,j_2\cdots j_n\in\{1,2,\cdots,M-1\}$，且各不相等。

（2）若$m+q+n=M$，

$$\begin{aligned}P^M_{P_{i_1}P_{i_2}\cdots P_{i_m}O_{k_1}O_{k_2}\cdots O_{k_q}Z_{j_1}Z_{j_2}\cdots Z_{j_n}} = &\int_0^{T_o^{j_n}}\cdots\int_0^{T_o^{j_2}}\int_0^{T_o^{j_1}}\int_{T_o^{k_q}}^{T_p^{k_q}}\cdots\int_{T_o^{k_2}}^{T_p^{k_2}}\int_{T_o^{k_1}}^{T_o^{k_1}}\int_{T_p^{i_m}}^{\infty}\cdots\int_{T_p^{i_2}}^{\infty}\int_{T_p^{i_1}}^{\infty} g(t_1,t_2\cdots t_M)\\ &\mathrm{d}t_{i_1}\mathrm{d}t_{i_2}\cdots\mathrm{d}t_{i_m}\mathrm{d}t_{k_1}\mathrm{d}t_{k_2}\cdots\mathrm{d}t_{k_q}\mathrm{d}t_{j_1}\mathrm{d}t_{j_2}\cdots\mathrm{d}t_{j_n}\end{aligned} \tag{12-17}$$

其中，$i_1,i_2,\cdots,i_m,k_1,k_2\cdots k_q,j_1,j_2\cdots j_n\in\{1,2,\cdots,M\}$，且各不相等。

（3）若$m+q=M$，

$$\begin{aligned}P^M_{P_{i_1}P_{i_2}\cdots P_{i_m}O_{k_1}O_{k_2}\cdots O_{k_q}} = &\int_{T_o^{k_q}}^{T_p^{k_q}}\cdots\int_{T_o^{k_2}}^{T_p^{k_2}}\int_{T_o^{k_1}}^{T_o^{k_1}}\int_{T_p^{i_m}}^{\infty}\cdots\int_{T_p^{i_2}}^{\infty}\int_{T_p^{i_1}}^{\infty} g(t_1,t_2,\cdots,t_M)\\ &\mathrm{d}t_{i_1}\mathrm{d}t_{i_2}\cdots\mathrm{d}t_{i_m}\mathrm{d}t_{k_1}\mathrm{d}t_{k_2}\cdots\mathrm{d}t_{k_q}\end{aligned} \tag{12-18}$$

其中，$i_1,i_2\cdots i_m,k_1,k_2\cdots k_q\in\{1,2,\cdots,M\}$，且各不相等。

（4）若$m+n=M$，

$$\begin{aligned}P^M_{P_{i_1}P_{i_2}\cdots P_{i_m}Z_{j_1}Z_{j_2}\cdots Z_{j_n}} = &\int_0^{T_o^{j_n}}\cdots\int_0^{T_o^{j_2}}\int_0^{T_o^{j_1}}\int_{T_p^{i_m}}^{\infty}\cdots\int_{T_p^{i_2}}^{\infty}\int_{T_p^{i_1}}^{\infty} g(t_1,t_2,\cdots,t_M)\\ &\mathrm{d}t_{i_1}\mathrm{d}t_{i_2}\cdots\mathrm{d}t_{i_m}\mathrm{d}t_{j_1}\mathrm{d}t_{j_2}\cdots\mathrm{d}t_{j_n}\end{aligned} \tag{12-19}$$

其中，$i_1,i_2\cdots i_m,j_1,j_2\cdots j_n\in\{1,2,\cdots,M\}$，且各不相等。

（5）若 $m=M$，

$$P^M_{P_{i_1}P_{i_2}\cdots P_{i_m}}=\int_{T_p^{i_m}}^{\infty}\cdots\int_{T_p^{i_2}}^{\infty}\int_{T_p^{i_1}}^{\infty}g(t_1,t_2\cdots t_M)\,\mathrm{d}t_{i_1}\mathrm{d}t_{i_2}\cdots\mathrm{d}t_{i_m} \tag{12-20}$$

其中，$i_1,i_2\cdots i_m\in\{1,2,\cdots,M\}$，且各不相等。

上面已经得到了多部件系统中的所有维修组合及其概率的统一表达形式，但是维修概率的计算是在已知系统的寿命向量$(t_1,t_2,\cdots,t_M)$随机分布的稳态概率密度函数的情况下计算得到的。因此，下面将以两部件系统为例进一步推导在维修干预条件下的联合稳态概率密度函数的通用表达式。

12.4 联合寿命分布

12.4.1 联合寿命分布的定义

联合寿命分布是计算多部件系统各个维修组合概率的基础，根据所定义的机会预防性替换策略，在进行一次更换维修活动之后，系统中部分或是全部部件恢复到初始状态，不具有更新特性，但遵循半更新特性。而且系统在经历了一次预防性更换活动后，部件的运行只与当前状态有关，而与历史状态无关，该过程符合马尔可夫特性。因此，系统的任意两次更换之间形成了一个稳态。借助系统的半更新特性，推导一个半更新周期内的稳态寿命特性即可得系统联合寿命的稳态联合概率密度函数。

设部件 i 的寿命 $T_i\sim f_i(t)$，遍历整个寿命空间，分析半更新周期内所有可能的维修活动，可推导出系统劣化过程的稳态概率密度函数 $g(x_1,\cdots,x_n)$。下面以两部件系统为例分析求解系统任意两次更换活动之间的稳态联合寿命分布 $g(t_1,t_2)$。

设系统第 $k-1$ 次更换前的寿命向量为 $\boldsymbol{t}_{k-1}=(\tau_1,\tau_2)$，更换后寿命向量变为 $\boldsymbol{t}'_{k-1}=(\tau'_1,\tau'_2)$，运行一个半更新周期后的寿命向量为 $\boldsymbol{t}_k=(t_1,t_2)$。

根据所定义的年龄机会更换策略，系统的半更新周期为任意两次连续更换之间的时间间隔，该间隔随部件寿命更新情况的不同而随机不同，第 $k-1$ 次的系统更新情况可分以下三种情况。

（1）两个部件全部更换。更换后部件的寿命全部恢复为0，$t'_{k-1}=(0,0)$。由系统的寿命空间划分可知，在第 $k-1$ 次更换时对两个部件同时进行维修的维修组合有 PP、PO 和 OP 三个区域，若用 R_{12} 表示两部件全部更换的事件，该事件发生的概率可表示为

$$P_{R_{12}} = P_{PP}^2 + P_{PO}^2 + P_{OP}^2 = \int_{T_p^2}^{\infty}\int_{T_p^1}^{\infty} g(\tau_1,\tau_2)\,\mathrm{d}\tau_1\mathrm{d}\tau_2 + \int_{T_o^2}^{T_p^2}\int_{T_p^1}^{\infty} g(\tau_1,\tau_2)\,\mathrm{d}\tau_1\mathrm{d}\tau_2 + \int_{T_p^2}^{\infty}\int_{T_o^1}^{T_p^1} g(\tau_1,\tau_2)\,\mathrm{d}\tau_1\mathrm{d}\tau_2 \tag{12-21}$$

第 $k-1$ 次更换后，设系统由 $t'_{k-1}=(0,0)$ 运行到 $t_k=(t_1,t_2)$ 之间的时间间隔为 $\Delta t_1=\min(t_1,t_2)$，由于只有当系统的部分或全部部件达到其预防性更换年龄时，系统需要进行预防性更换干预。因此，各部件的寿命概率分别为 $\Pr(\Delta t_1 \leqslant T_1 \leqslant \mathrm{T}_p^1) = \int_{\Delta t_1}^{T_p^1} f_1(t)\mathrm{d}t$ 和 $\Pr(\Delta t_1 \leqslant T_2 \leqslant T_p^2) = \int_{\Delta t_1}^{T_p^2} f_2(t)\mathrm{d}t$。

（2）只更换部件1。更换后部件1的寿命恢复为0，部件2的寿命保持不变，即维修后系统的寿命向量为 $t'_{k-1}=(0,\tau_2)$。用 R_1 表示在第 $k-1$ 次更换时对只对部件1进行预防性更换维修的事件，只有当系统的寿命向量落在区域 PZ 中时该事件发生，由于系统寿命的单调性，分以下两种情况讨论。

一是若 $t_2<T_o^2$，由于部件2是由第 $k-1$ 次更换后运行到第 k 次更换，因此有 $0\leqslant\tau_2\leqslant t_2$，故在第 $k-1$ 次更换时只有部件1更换的概率为 $P_{R_1}=\int_0^{t_2}\int_{T_p^1}^{\infty} g(\tau_1,\tau_2)\,\mathrm{d}\tau_1\mathrm{d}\tau_2$。

二是若 $t_2\geqslant T_o^2$，在第 $k-1$ 次更换时未对部件2进行更换维修，因此有 $0\leqslant\tau_2<T_o^2$，在第 $k-1$ 次更换时只有部件1更换的概率为 $P_{R_1}=\int_0^{T_o^2}\int_{T_p^1}^{\infty} g(\tau_1,\tau_2)\,\mathrm{d}\tau_1\mathrm{d}\tau_2$。

总之，只对部件1进行预防性更换维修的概率可表示为

$$P_{R_1} = \int_0^{\min(T_o^2,t_2)}\int_{T_p^1}^{\infty} g(\tau_1,\tau_2)\,\mathrm{d}\tau_1\mathrm{d}\tau_2 \tag{12-22}$$

设该情况下系统由 $t'_{k-1}=(0,\tau_2)$ 运行到 $t_k=(t_1,t_2)$ 的时间间隔为 $\Delta t_2=(t_1,t_2-\tau_2)$，各部件可持续运行到第 k 次更换时刻的概率分别为 $\Pr(\Delta t_2 \leqslant T_1 \leqslant T_p^1)=\int_{\Delta t_2}^{T_p^1} f_1(t)\mathrm{d}t$ 和 $\Pr(\tau_2+\Delta t_2 \leqslant T_2 \leqslant T_p^2)=\int_{\tau_2+\Delta t_2}^{T_p^2} f_2(t)\mathrm{d}t$。

（3）只更换部件2。与（2）中的分析类似，更换后系统的寿命向量为 $t'_{k-1}=(\tau_1,0)$。用 R_2 表示在第 $k-1$ 次更换时只对部件2进行预防性更换维修的事件，则只有当系统的寿命向量落在区域 ZP 中时该事件发生，分 $t_1<T_o^1$ 和 $t_1\geqslant T_o^1$ 两种情况讨论后，可得

只对部件2进行预防性更换维修的概率：

$$P_{R_2} = \int_{T_p^2}^{\infty}\int_0^{\min(T_o^1,t_1)} g(\tau_1,\tau_2)\,\mathrm{d}\tau_1\mathrm{d}\tau_2 \tag{12-23}$$

设该情况下系统由第 $k-1$ 次更换后的寿命 $t'_{k-1}=(\tau_1,0)$ 运行到 $t_k=(t_1,t_2)$ 的时

间间隔为 $\Delta t_3=(t_1-\tau_1,t_2)$，则各部件可持续运行到第 k 次更换时刻的概率分别为 $\Pr(\tau_1+\Delta t_3\leqslant T_1\leqslant T_p^1)=\int_{\tau_1+\Delta t_3}^{T_p^1}f_1(t)\mathrm{d}t$ 和 $\Pr(\Delta t_3\leqslant T_2\leqslant T_p^2)=\int_{\Delta t_3}^{T_p^2}f_2(t)\mathrm{d}t$。

综上，第 k 次更换前系统的寿命向量为 $T_k=(t_1,t_2)$ 的全概率公式：

$$
\begin{aligned}
g(t_1,t_2)=&\left[\int_{T_p^2}^{\infty}\int_{T_p^1}^{\infty}g(\tau_1,\tau_2)\,\mathrm{d}\tau_1\mathrm{d}\tau_2+\int_{T_o^2}^{T_p^2}\int_{T_p^1}^{\infty}g(\tau_1,\tau_2)\,\mathrm{d}\tau_1\mathrm{d}\tau_2+\int_{T_p^2}^{\infty}\int_{T_o^1}^{T_p^1}g(\tau_1,\tau_2)\,\mathrm{d}\tau_1\mathrm{d}\tau_2\right]\\
&\times\int_{\Delta t_1}^{T_p^1}f_1(t)\mathrm{d}t\int_{\Delta t_1}^{T_p^2}f_2(t)\mathrm{d}t+\int_0^{\min(T_o^2,t_2)}\int_{T_p^1}^{\infty}g(\tau_1,\tau_2)\int_{\Delta t_2}^{T_p^1}f_1(t)\mathrm{d}t\int_{\tau_2+\Delta t_2}^{T_p^2}f_2(t)\mathrm{d}t\,\mathrm{d}\tau_1\mathrm{d}\tau_2\\
&+\int_{T_p^2}^{\infty}\int_0^{\min(T_o^1,t_1)}g(\tau_1,\tau_2)\int_{\tau_1+\Delta t_3}^{T_p^1}f_1(t)\mathrm{d}t\int_{\Delta t_3}^{T_p^2}f_2(t)\mathrm{d}t\mathrm{d}\tau_1\mathrm{d}\tau_2
\end{aligned}
\tag{12-24}
$$

12.4.2 稳态联合寿命分布的求解

对两部件系统的寿命空间划分图分析可得到式（12-25）

$$
P_{R_{12}}+\int_0^{T_o^2}\int_{T_p^1}^{\infty}g(\tau_1,\tau_2)\mathrm{d}\tau_1\mathrm{d}\tau_2+\int_{T_p^2}^{\infty}\int_0^{T_o^1}g(\tau_1,\tau_2)\mathrm{d}\tau_1\mathrm{d}\tau_2+\int_0^{T_p^2}\int_0^{T_p^1}g(\tau_1,\tau_2)\mathrm{d}\tau_1\mathrm{d}\tau_2=1
\tag{12-25}
$$

将式（12-25）代入式（12-24），移项合并得式（12-26）

$$
\begin{aligned}
&g(t_1,t_2)+\int_{\Delta t_1}^{T_p^1}f_1(t)\mathrm{d}t\int_{\Delta t_1}^{T_p^2}f_2(t)\mathrm{d}t\cdot\left[\int_0^{T_o^2}\int_{T_p^1}^{\infty}g(\tau_1,\tau_2)\mathrm{d}\tau_1\mathrm{d}\tau_2+\int_{T_p^2}^{\infty}\int_0^{T_o^1}g(\tau_1,\tau_2)\mathrm{d}\tau_1\mathrm{d}\tau_2\right.\\
&\left.+\int_0^{T_p^2}\int_0^{T_p^1}g(\tau_1,\tau_2)\mathrm{d}\tau_1\mathrm{d}\tau_2\right]-\int_0^{\min(T_o^2,t_2)}\int_{T_p^1}^{\infty}\left[g(\tau_1,\tau_2)\int_{\Delta t_2}^{T_p^1}f_1(t)\mathrm{d}t\int_{\tau_2+\Delta t_2}^{T_p^2}f_2(t)dt\right]\mathrm{d}\tau_1\mathrm{d}\tau_2\\
&-\int_{T_p^2}^{\infty}\int_0^{\min(T_o^1,t_1)}\left[g(\tau_1,\tau_2)\int_{\tau_1+\Delta t_3}^{T_p^1}f_1(t)\mathrm{d}t\int_{\Delta t_3}^{T_p^2}f_2(t)dt\right]\mathrm{d}\tau_1\mathrm{d}\tau_2\\
&=\int_{\Delta t_1}^{T_p^1}f_1(t)\mathrm{d}t\int_{\Delta t_1}^{T_p^2}f_2(t)\mathrm{d}t
\end{aligned}
\tag{12-26}
$$

其中

$$
\begin{aligned}
\Delta t_1&=\min(t_1,t_2)\\
\Delta t_2&=\min(t_1,t_2-\tau_2)\\
\Delta t_3&=\min(t_1-\tau_1,t_2)
\end{aligned}
$$

将式（12-27）中的正交近似数值求解规则应用于式（12-26）中，得到式（12-28）

$$
\int_a^b y(s)\mathrm{d}s=\sum_{j=1}^{N}w_j y(s_j)\int_a^b y(s)\mathrm{d}s=\sum_{j=1}^{N}w_j y(s_j)
\tag{12-27}
$$

要求解的两部件系统的联合稳态寿命分布函数可用向量形式 $\boldsymbol{G}_{i_{\max}\times i_{\max}}=(\boldsymbol{G}_1,$

$\boldsymbol{G}_2,\cdots\boldsymbol{G}_i,\boldsymbol{G}_{\max})'$ 表示，其中 $\boldsymbol{G}_i$ 是一个行向量可以表示为 $\boldsymbol{G}_i=(g(ih_1,h_2),g(ih_1,2h_2)\cdots,$ $g(ih_1,jh_2),\cdots g(ih_1,i_{\max}h_2))$，式（12-28）可改写为式（12-29）所示的向量的形式：

$$
\begin{aligned}
& g(i_1h_1,i_2h_2)+\left[\sum_{j_2=1}^{m_2}\sum_{j_1=1}^{m_1}g(j_1h_1,j_2h_2)+\sum_{j_2=1}^{n_2}\sum_{j_1=m_1}^{i_{\max}}g(j_1h_1,j_2h_2)+\sum_{j_2=m_2}^{i_{\max}}\sum_{j_1=1}^{n_1}g(j_1h_1,j_2h_2)\right] \\
& \times\sum_{a=\min(i_1,i_2)}^{m_1}h_1f_1(ah_1)\sum_{b=\min(i_1,i_2)}^{m_2}h_2f_2(bh_2)+\sum_{j_2=1}^{\min(n_2,i_2)}\sum_{j_1=m_1}^{i_{\max}}g(j_1h_1,j_2h_2) \\
& \times\sum_{a=\min(i_1,i_2-j_2)}^{m_1}h_1f_1(ah_1)\sum_{b=\min(i_1,i_2-j_2)+j_2}^{m_2}h_2f_2(ah_2)+\sum_{j_2=m_2}^{i_{\max}}\sum_{j_1=1}^{\min(n_1,i_1)}g(j_1h_1,j_2h_2) \\
& \times\sum_{a=\min(i_1-j_1,i_2)+j_1}^{m_1}h_1f_1(ah_1)\sum_{b=\min(i_1-j_1,i_2)}^{m_2}h_2f_2(ah_2) \\
& =\sum_{a=\min(i_1,i_2)}^{m_1}h_1f_1(ah_1)\sum_{b=\min(i_1,i_2)}^{m_2}h_2f_2(bh_2)
\end{aligned}
\tag{12-28}
$$

其中

$$
\begin{gathered}
h_1=T_{\max}^1/i_{\max},h_2=T_{\max}^2/i_{\max} \\
m_1=T_p^1/h_1,m_2=T_p^2/h_2 \\
n_1=T_o^1/h_1,n_2=T_o^2/h_2
\end{gathered}
$$

$$
\begin{gathered}
\boldsymbol{G}+\boldsymbol{K}^1\boldsymbol{G}+\boldsymbol{K}^2\boldsymbol{G}+\boldsymbol{K}^3\boldsymbol{G}-\boldsymbol{K}^4\boldsymbol{G}-\boldsymbol{K}^5\boldsymbol{G}=\boldsymbol{b} \\
\Rightarrow\left(\boldsymbol{I}+\boldsymbol{K}^1+\boldsymbol{K}^2+\boldsymbol{K}^3-\boldsymbol{K}^4-\boldsymbol{K}^5\right)\boldsymbol{G}=\boldsymbol{b}
\end{gathered}
\tag{12-29}
$$

$\boldsymbol{K}^h=h_1h_2\cdot\{\boldsymbol{K}_{ij}^h\}(h=1,2,3,4,5)$，$\boldsymbol{K}^h,h=1,2,3,4,5$ 的具体定义见附录J。求解线性方程组（12-29）即可解得 $g(t_1,t_2)$ 的数值近似解，接下来，通过Matlab软件计算两部件系统的联合稳态概率密度的数值近似解。

12.5　费用率模型

通常在系统维修决策建模优化的研究中，研究者最为关注的优化目标是单位时间内的长期期望成本。1960年，Barlow和Hunte定义了长期时间内的平均费用率：

$$
\mathrm{CR}(t)=\lim_{t\to\infty}\frac{C(t)}{t}\approx\frac{E(C(T))}{E(T)} \tag{12-30}
$$

其中，$E(T)$ 表示一个半更新周期平均长度；$E(C(T))$ 是系统在一个半更新周期内产生的期望总成本，包括计算在半更新周期内所有发生的维修活动及其所产生的相应的成本。由系统的假设可知，一个半更新周期 T 应该包括两次维修之间的系统运行时间 T' 和维修停机时间 D 两部分。即

$$E(T) = E(T') + E(D) \tag{12-31}$$

在本定义的机会维修策略中，当系统中任何一个部件的役龄达到了其预防性更换阈值时，更换该部件并且同时更换系统中满足机会更换条件的部件，更换后的部件状态“恢复如新”，未被更换的部件继续正常运行，该时刻是系统的一个更新点，但并不是所有部件进行了更换，因此，该系统的运行过程具有半更新特性。

系统在任意一个时刻，全部的维修活动及其发生的概率和产生的成本如下。

12.5.1 系统中只有一个部件进行更换产生的成本

系统的役龄落在了 PZ 和 ZP 区域，系统产生的维修费用包括了系统的维修启动成本和部件 i 的预防性更换成本两部分 $C_{\text{set}} + C_p^i + C_d \cdot t_p^i$，该事件发生的概率是 $P_{P_iZ_j}(t_1,t_2)$。

12.5.2 系统中有两个部件同时进行更换产生的成本

（1）系统的役龄落在了 PO 和 OP 区域，系统产生的维修费用包括了系统的启动成本及两个部件各自的预防性更换成本和机会更换成本 $C_{\text{set}} + C_p^i + C_o^j + C_d \cdot \max(t_p^1, t_p^2)$，其中部件 i 进行预防性更换部件 j 进行机会更换，该事件发生的概率为 $P_{P_iO_j}(t_1,t_2)$。

（2）系统的役龄落在了 PP 区域时，系统的部件都需要进行预防性更换，系统产生的费用包括启动成本和两个部件的预防性更换成本 $C_{\text{set}} + C_p^1 + C_p^2 + C_d \cdot \max(t_p^1, t_p^2)$，该事件发生的概率可表示为 $P_{P_1P_2}(t_1,t_2)$。

12.5.3 系统中最小维修的成本

根据制定的维修策略，若部件在系统更换时刻之前发生了故障对其进行最小维修，只产生最小维修的费用。因此，在每一个半更新周期内小修的次数计算如下。

（1）若上一周期两个部件都进行了更换，发生概率为 $\int_{T_p^2}^{\infty}\int_{T_p^1}^{\infty} g(\tau_1,\tau_2)\mathrm{d}\tau_1\mathrm{d}\tau_2$，两个部件小修的次数分别是 $N_1 = \int_0^{T_1} \lambda_1(t)\mathrm{d}t$ 和 $N_2 = \int_0^{T_1} \lambda_2(t)\mathrm{d}t$，系统产生的成本为 $C_1 = N_1C_m^1 + N_2C_m^2$［其中 $T_1 = \min(T_p^1, T_p^2)$］。

（2）若上一周期只有部件1进行了更换，发生概率为 $\int_0^{\min(T_o^2,t_2)}\int_{T_p^1}^{\infty} g(\tau_1,\tau_2)\,\mathrm{d}\tau_1\mathrm{d}\tau_2$，因此，两个部件的小修次数分别是 $N_1 = \int_0^{T_2} \lambda_1(t)\mathrm{d}t$ 和 $N_2 = \int_{\tau_2}^{T_2} \lambda_2(t)\mathrm{d}t$，系统产生的成本为 $C_2 = N_1C_m^1 + N_2C_m^2$［其中 $T_2 = \min(T_p^1, T_p^2 - \tau_2)$］。

（3）若上一周期只有部件2进行了更换，发生概率为 $\int_{T_p^2}^{\infty}\int_0^{\min(T_o^1,t_1)} g(\tau_1,\tau_2)\,\mathrm{d}\tau_1\mathrm{d}\tau_2$，因此，系统中两个部件的小修次数分别是 $N_1=\int_{\tau_1}^{T_3}\lambda_1(t)\mathrm{d}t$ 和 $N_2=\int_0^{T_3}\lambda_2(t)\mathrm{d}t$，系统产生的成本 $C_3=N_1C_m^1+N_2C_m^2$［其中 $T_3=\min(T_p^1-\tau_1,T_p^2)$］。

综合以上分析，系统的维修成本的平均期望为

$$
\begin{aligned}
E[C(T)]=&(C_{\text{set}}+C_p^1+C_d\cdot t_p^1)\cdot\int_0^{T_o^2}\int_{T_p^1}^{\infty}g(t_1,t_2)\,\mathrm{d}t_1\mathrm{d}t_2\\
&+(C_{\text{set}}+C_p^2+C_d\cdot t_p^2)\cdot\int_{T_p^2}^{\infty}\int_0^{T_o^1}g(t_1,t_2)\,\mathrm{d}t_1\mathrm{d}t_2\\
&+(C_{\text{set}}+C_p^1+C_o^2+C_d\cdot\max(t_p^1,t_p^2))\cdot\int_{T_o^2}^{T_p^2}\int_{T_p^1}^{\infty}g(t_1,t_2)\,\mathrm{d}t_1\mathrm{d}t_2\\
&+(C_{\text{set}}+C_p^2+C_o^1+C_d\cdot\max(t_p^1,t_p^2))\cdot\int_{T_p^2}^{\infty}\int_{T_o^1}^{T_p^1}g(t_1,t_2)\,\mathrm{d}t_1\mathrm{d}t_2\\
&+(C_{\text{set}}+C_p^1+C_p^2+C_d\cdot\max(t_p^1,t_p^2))\cdot\int_{T_p^2}^{\infty}\int_{T_p^1}^{\infty}g(t_1,t_2)\,\mathrm{d}t_1\mathrm{d}t_2\\
&+\left(C_m^1\int_0^{T_1}\lambda_1(t)\mathrm{d}t+C_m^2\int_0^{T_1}\lambda_2(t)\mathrm{d}t\right)\cdot\int_{T_p^2}^{\infty}\int_{T_p^1}^{\infty}g(\tau_1,\tau_2)\,\mathrm{d}\tau_1\mathrm{d}\tau_2\\
&+\left(C_m^1\int_0^{T_2}\lambda_1(t)\mathrm{d}t+C_m^2\int_{\tau_2}^{T_2}\lambda_2(t)\mathrm{d}t\right)\cdot\int_0^{\min(T_o^2,t_2)}\int_{T_p^1}^{\infty}g(\tau_1,\tau_2)\,\mathrm{d}\tau_1\mathrm{d}\tau_2\\
&+\left(C_m^1\int_{\tau_1}^{T_3}\lambda_1(t)\mathrm{d}t+C_m^2\int_0^{T_3}\lambda_2(t)\mathrm{d}t\right)\cdot\int_{T_p^2}^{\infty}\int_0^{\min(T_o^1,t_1)}g(\tau_1,\tau_2)\,\mathrm{d}\tau_1\mathrm{d}\tau_2
\end{aligned}
\tag{12-32}
$$

其中

$$
T_1=\min(T_p^1,T_p^2)
$$
$$
T_2=\min(T_p^1,T_p^2-\tau_2)
$$
$$
T_3=\min(T_p^1-\tau_1,T_p^2)
$$

系统的平均维修停机时间可表示为

$$
\begin{aligned}
E(D)=&\int_0^{T_o^2}\int_{T_p^1}^{\infty}g(t_1,t_2)\,\mathrm{d}t_1\mathrm{d}t_2\cdot t_p^1+\int_{T_p^2}^{\infty}\int_0^{T_o^1}g(t_1,t_2)\,\mathrm{d}t_1\mathrm{d}t_2\cdot t_p^2\\
&+\left[\int_{T_o^2}^{T_p^2}\int_{T_p^1}^{\infty}g(t_1,t_2)\,\mathrm{d}t_1\mathrm{d}t_2+\int_{T_p^2}^{\infty}\int_{T_o^1}^{T_p^1}g(t_1,t_2)\,\mathrm{d}t_1\mathrm{d}t_2+\int_{T_p^2}^{\infty}\int_{T_p^1}^{\infty}g(t_1,t_2)\,\mathrm{d}t_1\mathrm{d}t_2\right]\\
&\times\max(t_p^1,t_p^2)
\end{aligned}
\tag{12-33}
$$

系统的运行时间的期望是

$$
\begin{aligned}
E(T')=&\int_{T_p^2}^{\infty}\int_{T_p^1}^{\infty}g(\tau_1,\tau_2)\mathrm{d}\tau_1\mathrm{d}\tau_2\cdot T_1+\int_0^{\min(T_o^2,t_2)}\int_{T_p^1}^{\infty}g(\tau_1,\tau_2)\,\mathrm{d}\tau_1\mathrm{d}\tau_2\cdot T_2\\
&+\int_{T_p^2}^{\infty}\int_0^{\min(T_o^1,t_1)}g(\tau_1,\tau_2)\mathrm{d}\tau_1\mathrm{d}\tau_2\cdot T_3
\end{aligned}
\tag{12-34}
$$

其中

$$T_1 = \min(T_p^1, T_p^2)$$
$$T_2 = \min(T_p^1, T_p^2 - \tau_2)$$
$$T_3 = \min(T_p^1 - \tau_1, T_p^2)$$

将式（12-33）和式（12-34）代入式（12-31）可以得到系统的半更新周期的期望式（12-35）：

$$\begin{aligned}E(T) = &\int_0^{T_o^2}\int_{T_p^1}^{\infty} g(t_1,t_2)\mathrm{d}t_1\mathrm{d}t_2 \cdot t_p^1 + \int_{T_p^2}^{\infty}\int_0^{T_o^1} g(t_1,t_2)\mathrm{d}t_1\mathrm{d}t_2 \cdot t_p^1 \\ &+\left[\int_{T_o^2}^{T_p^2}\int_{T_p^1}^{\infty} g(t_1,t_2)\mathrm{d}t_1\mathrm{d}t_2 + \int_{T_p^2}^{\infty}\int_{T_o^1}^{T_p^1} g(t_1,t_2)\mathrm{d}t_1\mathrm{d}t_2 + \int_{T_p^2}^{\infty}\int_{T_p^1}^{\infty} g(t_1,t_2)\mathrm{d}t_1\mathrm{d}t_2\right] \\ &\times \max(t_p^1, t_p^2) + \int_{T_p^2}^{\infty}\int_{T_p^1}^{\infty} g(\tau_1,\tau_2)\mathrm{d}\tau_1\mathrm{d}\tau_2 \cdot T_1 + \int_0^{\min(T_o^2,t_2)}\int_{T_p^1}^{\infty} g(\tau_1,\tau_2)\mathrm{d}\tau_1\mathrm{d}\tau_2 \cdot T_2 \\ &+\int_{T_p^2}^{\infty}\int_0^{\min(T_o^1,t_1)} g(\tau_1,\tau_2)\mathrm{d}\tau_1\mathrm{d}\tau_2 \cdot T_3\end{aligned} \tag{12-35}$$

其中

$$T_1 = \min(T_p^1, T_p^2)$$
$$T_2 = \min(T_p^1, T_p^2 - \tau_2)$$
$$T_3 = \min(T_p^1 - \tau_1, T_p^2)$$

在多部件系统维修决策过程中，依据维修策略中定义的预防性更换阈值和机会更换阈值的不同将会产生不同的维修概率和维修成本。因此，寻求最优的预防性更换阈值和机会更换阈值来确定最优的维修策略使得系统产生的总成本最低，得到最大经济效益是最终目标。综合以上的分析，可将这个问题表示为式（12-36）带约束的数学优化问题：

$$\begin{aligned}&\min \mathrm{CR}(T_o^1, T_o^2, T_p^1, T_p^2) = \min \frac{E(C(T))}{E(T)} \\ &\text{s.t.} \quad 0 < T_o^1 < T_p^1 \\ &\qquad\;\; 0 < T_o^2 < T_p^2\end{aligned} \tag{12-36}$$

12.6 数值实验分析

12.6.1 系统联合寿命分布的求解

用于表征部件的寿命分布应用最广的是威布尔分布，大多数电子、机械、机电产品的寿命均可以认为服从概率密度函数为式（12-37）所示的威布尔分布。

$$f(t)=\frac{\beta}{\theta}\left(\frac{t}{\theta}\right)^{\beta-1}\mathrm{e}^{-(t/\theta)^{\beta}} \tag{12-37}$$

其中，β 为形状参数，θ 为尺度参数。

为了验证提出方法的有效性和正确性，取某风电场变桨系统中关键部件电气滑环和元器件两个部件，寿命分别服从参数为 $\beta_1=1.116$ ，$\theta_1=151.390\,8$ 和 $\beta_2=1.057$ ，$\theta_2=223.398\,9$ 的布尔分布进行验证。令 $T_o^1=60,T_p^1=80,T_o^2=80,$ $T_p^2=100$ ，用 $3T_p^1$ 和 $3T_p^2$ 对 ∞ 进行截尾，对 $\left[0,3T_p^1\right]$ 和 $\left[0,3T_p^2\right]$ 区间均分割为50等份进行数值积分，以此来构造稳态概率密度函数 $g(t_1,t_2)$ 求解线性方程组，利用Matlab得到了稳态概率密度函数的数值近似解，如图12-3所示。

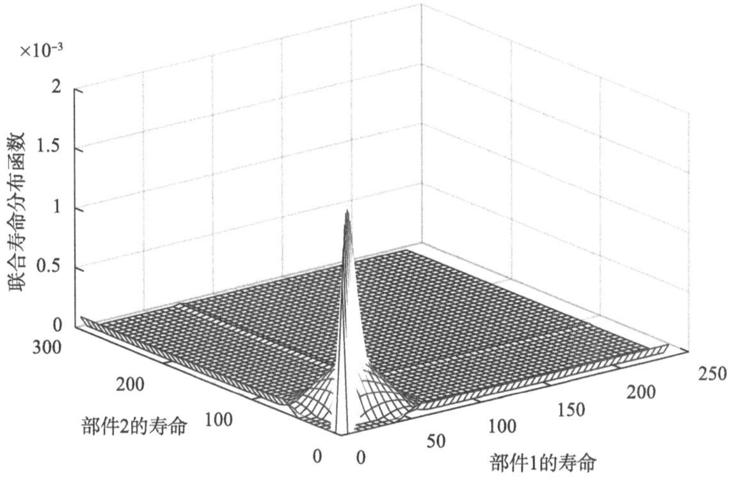

图 12-3　两部件系统稳态概率密度函数的数值近似解

图12-3表示了两个部件在役龄不同时对应的维修概率，部件的役龄在接近预防性更换阈值时系统的维修概率最高。一般地，稳态概率密度函数 $g(t_1,t_2)$ 一定是满足一般的概率密度函数的性质：$g(t_1,t_2)>0,\int_0^{\infty}\int_0^{\infty}g(t_1,t_2)\,\mathrm{d}t_1\,\mathrm{d}t_2=1$ 。运用Matlab工具求解稳态概率密度函数的计算精度是和截尾数据及数值积分的分段数密切相关的，随着计算的积分段越多，计算精度越高并且软件的计算运行速度越慢，计算时间越长。现在令数值积分计算的最大分段数 $i_{\max}$ 分别设定为30、50、60和80段，得到表12-1所示的分段数 $i_{\max}$ 与稳态概率密度函数的积分 r 的关系。

表12-1　数值积分分段数 $i_{\max}$ 与整个寿命空间的积分 r 的关系

$i_{\max}$	r
30	0.973 6
50	1.123 9
60	0.998 6
80	1.013 4

由表12-1的变化趋势可得出随着数值积分的分段数的增加，计算精度越来越高，稳态概率密度函数在整个寿命空间的积分越来越趋向于1，在结果中的数据不稳定主要是在计算中引入数据误差而导致的，但是大体的趋势是不变的，由此可见，推导的两部件稳态概率密度函数及数值解法是正确的。

12.6.2 维修优化模型验证

仍以某风电场变桨系统中关键部件电气滑环和元器件两个部件的数据对系统的维修优化模型进行求解验证。已经求解了系统的稳态概率密度数值近似解。令$T_o^1=40,T_p^1=60$（天），停机时间参数t_p^1=1，t_p^2=1.5（小时），并且设置各个维修成本参数为C_o^1=1120,C_o^2=224,C_p^1=200,C_p^2=100,C_m^1=300, C_m^2=200,C_{set}=400（单位：元），每小时的停机损失为C_d=20（单位：元）。

设置遗传算法的优化参数：种群大小为20，最大遗传代数为50，代沟为0.8，交叉概率为0.8，变异概率为0.2。通过优化得到了近似的最优解为$T_o^1=44.000\,000$，$T_p^1=60.800\,205$，$T_o^2=20.897\,639$，$T_p^2=72.000\,000$，对应的最小费用率为$\text{CR}(t)=16.583\,145$，那么该变桨系统一年的维修费用为5969.93元。

通过上述数值实验，得到了各部件的预防性更换阈值和机会更换阈值及其对应的最小费用率，从而提高维修活动的针对性和有效性，实现了系统维修决策的最优化，最终提高企业的经济效益。

12.7 本章小结

本章将状态空间划分法应用到了基于时间的多部件系统机会维修中来，为系统制定了考虑最小维修的寿命机会维修策略，研究了多部件系统的联合寿命空间的划分与建模，分析并归纳了多部件系统中所有的维修组合及其通用的维修概率的计算表达式，并给出了两部系统的联合寿命稳态概率密度的计算模型和数值解法，建立了系统的维修决策优化模型，最后通过数值实验求解验证了该方法的正确性。

本章采用了基于TBM的机会维修策略，不需要精密检测设备的辅助，相较于视情机会维修策略，减少了传感器的安装费用，并且最终的数值实验结果表明提出的维修策略能够使得系统的费用率达到最小化。

参 考 文 献

[1] Brezavšček A，Hudoklin A. Joint optimization of block-replacement and periodic-review spare-provisioning policy. IEEE Transactions on Reliability，2003，52（1）：112-117.

[2] 尤明懿. 基于状态监测数据的产品寿命预测与预测维护规划方法研究. 上海：上海交通大学，2012.

[3] 程志君. 多部件系统视情维修决策技术研究. 长沙：国防科学技术大学，2007.

[4] 王凌. 维修决策模型和方法的理论与应用研究. 杭州：浙江大学，2007.

[5] 李晓明. 基于RCM的核电站维修优化研究与应用. 武汉：华中科技大学，2005.

[6] 李常有. 维修决策理论研究及其在离心压缩机转子系统中的应用. 哈尔滨：哈尔滨工业大学，2009.

[7] Sarker R，Haque A. Optimization of maintenance and spare provisioning policy using simulation. Applied Mathematical Modelling，2000，24（10）：751-760.

[8] European Committee for Standardization. Maintenance-Maintenance Terminology. British，2010.

[9] Tan J S，Kramer M A. A general framework for preventive maintenance optimization in chemical process operations. Computers & Chemical Engineering，1997，21（12）：1451-1469.

[10] Wang H Z. A survey of maintenance policies of deteriorating systems. European Journal of Operational Research，2002，139（3）：469-489.

[11] Lynch P，Adendorff K，Yadavalli V S S，et al. Optimal spares and preventive maintenance frequencies for constrained industrial systems. Computers & Industrial Engineering，2013，65（3）：378-387.

[12] 周晓军. 生产系统智能维护决策及优化技术研究. 上海：上海交通大学，2006.

[13] 费胜巍. 复杂装备诊断维护系统关键技术研究. 南京：南京理工大学，2007.

[14] 杨昌昊. 基于不确定性理论的机械故障智能诊断方法研究. 合肥：中国科学技术大学，2009.

[15] Bengtsson M. Condition based maintenance systems：an investigation of technical constituents and organizational aspects. Mälardalen University，2004.

[16] Thomas L C. A survey of maintenance and replacement models for maintainability and reliability of multi-item systems. Reliability Engineering，1986，16（4）：297-309.

[17] Lai M T，Chen Y C. Optimal periodic replacement policy for a two-unit system with failure rate interaction. The International Journal of Advanced Manufacturing Technology，2006，29（3/4）：367-371.

[18] Wang Z Q，Hu C H，Wang W B，et al. A prognostics-based spare part ordering and system replacement policy for a deteriorating system subjected to a random lead time. International Journal of Production Research，2015，53（15）：4511-4527.

[19] van Horenbeek A，Buré J，Cattrysse D，et al. Joint maintenance and inventory optimization systems：a review. International Journal of Production Economics，2013，143（2）：499-508.

[20] Barlow R，Hunter L. Optimum preventive maintenance policies. Operations Research，1960，8（1）：90-100.

[21] Ahmad R，Kamaruddin S. An overview of time-based and condition-based maintenance in industrial application. Computers & Industrial Engineering，2012，63（1）：135-149.

[22] Nakagawa T. Sequential imperfect preventive maintenance policies. IEEE Transactions on Reliability，1988，37（3）：295-298.

[23] Dieulle L，Bérenguer C，Grall A，et al. Sequential condition-based maintenance scheduling for a deteriorating system. European Journal of Operational Research，2003，150（2）：451-461.

[24] Wang L，Chu J，Mao W J. A condition-based order-replacement policy for a single-unit system. Applied Mathematical Modelling，2008，32（11）：2274-2289.

[25] Pierskalla W P，Voelker J A. A survey of maintenance models：the control and surveillance of deteriorating systems. Naval Research Logistics Quarterly，1976，23（3）：353-388.

[26] Valdez-Flores C，Feldman R M. A survey of preventive maintenance models for stochastically deteriorating single-unit systems. Naval Research Logistics，1989，36（4）：419-446.

[27] Pham H，Wang H. Imperfect maintenance. European Journal of Operational Research，1996，94（3）：425-438.

[28] Vatn J，Hokstad P，Bodsberg L. An overall model for maintenance optimization. Reliability Engineering & System Safety，1996，51（3）：241-257.

[29] Vatn J. Maintenance optimisation from a decision theoretical point of view. Reliability Engineering & System Safety，1997，58（2）：119-126.

[30] Scarf P A. On the application of mathematical models in maintenance. European Journal of Operational Research，1997，99（3）：493-506.

[31] Rausand M. Reliability centered maintenance. Reliability Engineering & System Safety，1998，60（2）：121-132.

[32] Dekker R，Scarf P A. On the impact of optimisation models in maintenance decision making：the state of the art. Reliability Engineering & System Safety，1998，60（2）：111-119.

[33] Frangopol D M，Kallen M J，van Noortwijk J M. Probabilistic models for life-cycle performance of deteriorating structures：review and future directions. Progress in Structural Engineering and

Materials，2004，6（4）：197-212.

[34] Nakagawa T，Mizutani S. A summary of maintenance policies for a finite interval. Reliability Engineering & System Safety，2009，94（1）：89-96.

[35] van Noortwijk J M. A survey of the application of gamma processes in maintenance. Reliability Engineering & System Safety，2009，94（1）：2-21.

[36] Gorjian N，Ma L，Mittinty M，et al. A review on degradation models in reliability analysis// Kiritsis D，Emmanouilidis C，Koronios A，et al. Engineering Asset Lifecycle Management. London：Springer，2010：369-384.

[37] van Horenbeek A，Pintelon L，Muchiri P. Maintenance optimization models and criteria. International Journal of System Assurance Engineering and Management，2010，1（3）：189-200.

[38] Jardine A K S，Lin D，Banjevic D. A review on machinery diagnostics and prognostics implementing condition-based maintenance. Mechanical Systems and Signal Processing，2006，20（7）：1483-1510.

[39] Lin D，Makis V. Recursive filters for a partially observable system subject to random failure. Advances in Applied Probability，2003，35（1）：207-227.

[40] Sohn H，Farrar C R，Hemez F M，et al. A coupled approach to developing damage prognosis solutions. Key Engineering Materials，2003，245/246：289-306.

[41] Si X S，Wang W，Hu C H，et al. Remaining useful life estimation-a review on the statistical data driven approaches. European Journal of Operational Research，2011，213（1）：1-14.

[42] Zhou X J，Xi L F，Lee J. Reliability-centered predictive maintenance scheduling for a continuously monitored system subject to degradation. Reliability Engineering & System Safety，2007，92（4）：530-534.

[43] 王凌，郑恩辉，李运堂，等. 维修决策建模和优化技术综述. 机械科学与技术，2010，（1）：133-140.

[44] Meng G，You M Y. Review on condition-based equipment residual life prediction and preventive maintenance scheduling. Journal of Vibration and Shock，2011，30（8）：1-11.

[45] Sharma A，Yadava G S，Deshmukh S G. A literature review and future perspectives on maintenance optimization. Journal of Quality in Maintenance Engineering，2011，17（1）：5-25.

[46] Ahmad R. A review of condition-based maintenance decision-making. European Journal of Industrial Engineering，2012，（5）：519-541.

[47] Goyal D，Pabla B S. Condition based maintenance of machine tools—a review. CIRP Journal of Manufacturing Science and Technology，2015，10：24-35.

[48] Tahan M，Tsoutsanis E，Muhammad M，et al. Performance-based health monitoring，diagnostics and prognostics for condition-based maintenance of gas turbines：a review. Applied Energy，2017，198：122-144.

[49] de Jonge B，Teunter R，Tinga T. The influence of practical factors on the benefits of

condition-based maintenance over time-based maintenance. Reliability Engineering & System Safety，2017，158：21-30.

[50] Alaswad S，Xiang Y. A review on condition-based maintenance optimization models for stochastically deteriorating system. Reliability Engineering & System Safety，2017，157：54-63.

[51] Cho D I，Parlar M. A survey of maintenance models for multi-unit systems. European Journal of Operational Research，1991，51（1）：1-23.

[52] Nowakowski T，Werbińka S. On problems of multi-component system maintenance modelling. International Journal of Automation and Computing，2009，6（4）：364-378.

[53] Archibald Y W，Dekker R. Modified block-replacement for multiple-component systems. IEEE Transactions on Reliability，1996，45（1）：75-83.

[54] Scarf P A，Deara M. Block replacement policies for a two-component system with failure dependence. Naval Research Logistics（NRL），2003，50（1）：70-87.

[55] Sheu S H，Jhang J P. A generalized group maintenance policy. European Journal of Operational Research，1997，96（2）：232-247.

[56] 杨元，黎放，侯重远，等. 基于相关性的多部件系统机会成组维修优化. 计算机集成制造系统，2012，18（4）：827-832.

[57] Popova E，Wilson J G. Group replacement policies for parallel systems whose components have phase distributed failure times. Annals of Operations Research，1999，91：163-198.

[58] Dekker R，Roelvink I F K. Marginal cost criteria for preventive replacement of a group of components. European Journal of Operational Research，1995，84（2）：467-480.

[59] Do van P，Vu H C，Barros A，et al. Grouping maintenance strategy with availability constraint under limited repairmen. 8th IFAC Symposium on Fault Detection Supervision and Safety of Technical Processes，2012，45（20）：486-491.

[60] Do van P，Barros A，Berenguer C，et al. Dynamic grouping maintenance with time limited opportunities. Reliability Engineering & System Safety，2013，120：51-59.

[61] Radner R，Jorgenson D W. Opportunistic replacement of a single part in the presence of several monitored parts. Management Science，1963，10（1）：70-84.

[62] van der Duyn Schouten F A，Vanneste S G. Analysis and computation of（n，N）-strategies for maintenance of a two-component system. European Journal of Operational Research，1990，48（2）：260-274.

[63] Zhang Z Q，Wu S，Li B F，et al. （n，N）type maintenance policy for multi-component systems with failure interactions. International Journal of Systems Science，2015，46（6）：1051-1064.

[64] Zhang Z Q，Wu S，Li B F，et al. Optimal maintenance policy for multi-component systems under Markovian environment changes. Expert Systems with Applications，2013，40（18）：7391-7399.

[65] Berg M. General trigger-off replacement procedures for two-unit systems. Naval Research Logistics Quarterly，1978，25（1）：15-29.

[66] Pham H, Wang H Z. Optimal (τ, T) opportunistic maintenance of a k-out-of-n: G system with imperfect PM and partial failure. Naval Research Logistics (NRL), 2000, 47 (3): 223-239.

[67] 胡瑾秋，张来斌. 基于故障超前防御的复杂油气生产设备机会维护模型. 机械工程学报，2013，49 (12): 167-175.

[68] Zheng X, Fard N. A maintenance policy for repairable systems based on opportunistic failure-rate tolerance. IEEE Transactions on Reliability, 1991, 40 (2): 237-244.

[69] Zheng X, Fard N. Hazard-rate tolerance method for an opportunistic-replacement policy. IEEE Transactions on Reliability, 1992, 41 (1): 13-20.

[70] Laggoune R, Chateauneuf A, Aissani D. Opportunistic policy for optimal preventive maintenance of a multi-component system in continuous operating units. Computers & Chemical Engineering, 2009, 33 (9): 1499-1510.

[71] Laggoune R, Chateauneuf A, Aissani D. Impact of few failure data on the opportunistic replacement policy for multi-component systems. Reliability Engineering & System Safety, 2010, 95 (2): 108-119.

[72] Laggoune R, Chateauneuf A, Aissani D. Preventive maintenance scheduling for a multi-component system with non-negligible replacement time. International Journal of Systems Science, 2010, 41 (7): 747-761.

[73] Cheng J. Condition based maintenance optimization for multi-component systems based on neural network health prediction. Concordia University, 2010.

[74] Zhu Q S, Peng H, van Houtum G J. A condition-based maintenance policy for multi-component systems with a high maintenance setup cost. OR Spectrum, 2015, 37 (4): 1007-1035.

[75] Wang R, Chen N. A survey of condition-based maintenance modeling of multi-component systems. IEEE International Conference on Industrial Engineering & Engineering Management, 2016.

[76] Machado M M, Haskins C. Maintenance optimization approaches for condition based maintenance: a review and analysis. INCOSE International Symposium, 2016, 26(1): 445-460.

[77] Rasmekomen N, Parlikad A K. Condition-based maintenance of multi-component systems with degradation state-rate interactions. Reliability Engineering & System Safety, 2016, 148: 1-10.

[78] Duan C Q, Deng C, Wang B R. Optimal multi-level condition-based maintenance policy for multi-unit systems under economic dependence. The International Journal of Advanced Manufacturing Technology, 2017, 91 (9/10/11/12): 4299-4312.

[79] Keizer M C A O, Flapper S D P, Teunter R H. Condition-based maintenance policies for systems with multiple dependent components: a review. European Journal of Operational Research, 2017, 261 (2): 405-420.

[80] Wijnmalen D J D, Hontelez J A M. Coordinated condition-based repair strategies for components of a multi-component maintenance system with discounts. European Journal of

Operational Research，1997，98（1）：52-63.

[81] Barbera F，Schneider H，Watson E. A condition based maintenance model for a two-unit series system. European Journal of Operational Research，1999，116（2）：281-290.

[82] Castanier B，Grall A，Bérenguer C. A condition-based maintenance policy with non-periodic inspections for a two-unit series system. Reliability Engineering & System Safety，2005，87（1）：109-120.

[83] Zhu Q S，Peng H，van Houtum G J. A condition-based maintenance policy for multi-component systems with a high maintenance setup cost. BETA Working Paper 400，Eindhoven University of Technology，2012.

[84] Tian Z G，Liao H T. Condition based maintenance optimization for multi-component systems using proportional hazards model. Reliability Engineering & System Safety，2011，96（5）：581-589.

[85] Tian Z G，Jin T D，Wu B R，et al. Condition based maintenance optimization for wind power generation systems under continuous monitoring. Renewable Energy，2011，36（5）：1502-1509.

[86] Qian X B. Control-limit policy of condition-based maintenance optimization for multi-component system by means of Monte Carlo simulation. IAENG International Journal of Computer Science，2014，41（4）：269-273.

[87] Koochaki J，Bokhorst J A C，Wortmann H，et al. Condition based maintenance in the context of opportunistic maintenance. International Journal of Production Research，2012，50（23）：6918-6929.

[88] Nguyen K A，Do P，Grall A. Condition-based maintenance for multi-component systems using importance measure and predictive information. International Journal of Systems Science：Operations & Logistics，2014，1（4）：228-245.

[89] van Horenbeek A，Pintelon L. A dynamic predictive maintenance policy for complex multi-component systems. Reliability Engineering & System Safety，2013，120：39-50.

[90] Bian L，Gebraeel N. Stochastic modeling and real-time prognostics for multi-component systems with degradation rate interactions. IIE Transactions，2014，46（5）：470-482.

[91] Zhou X J，Xi L F，Lee J. Opportunistic preventive maintenance scheduling for a multi-unit series system based on dynamic programming. International Journal of Production Economics，2009，118（2）：361-366.

[92] Zhou X J，Lu Z Q，Xi L F. Preventive maintenance optimization for a multi-component system under changing job shop schedule. Reliability Engineering & System Safety，2012，101：14-20.

[93] Golmakani H R，Moakedi H. Periodic inspection optimization model for a two-component repairable system with failure interaction. Computers & Industrial Engineering，2012，63（3）：540-545.

[94] Hong H P，Zhou W，Zhang S，et al. Optimal condition-based maintenance decisions for systems

with dependent stochastic degradation of components. Reliability Engineering & System Safety, 2014, 121: 276-288.

[95] Wang H, Pham H. Optimal preparedness maintenance of multi-unit systems with imperfect maintenance and economic dependence. Series on Quality, Reliability and Engineering Statistics Recent Advances in Reliability and Quality Engineering, 2001: 75-92.

[96] Acharya D, Nagabhushanam G, Alam S S. Jointly optimal block-replacement and spare provisioning policy. IEEE Transactions on Reliability, 1986, 35 (4): 447-451.

[97] Chelbi A, Aït-Kadi D. Spare provisioning strategy for preventively replaced systems subjected to random failure. International Journal of Production Economics, 2001, 74 (1/2/3): 183-189.

[98] Al-Bahi A M. Spare provisioning policy based on maximization of availability per cost ratio. Computers & Industrial Engineering, 1993, 24 (1): 81-90.

[99] Huang R Q, Meng L L, Xi L F, et al. Modeling and analyzing a joint optimization policy of block-replacement and spare inventory with random-leadtime. IEEE Transactions on Reliability, 2008, 57 (1): 113-124.

[100] Vaughan T S. Failure replacement and preventive maintenance spare parts ordering policy. European Journal of Operational Research, 2005, 161 (1): 183-190.

[101] Diallo C, Ait-Kadi D, Chelbi A. (s, Q) Spare parts provisioning strategy for periodically replaced systems. IEEE Transactions on Reliability, 2008, 57 (1): 134-139.

[102] Wang W B. A stochastic model for joint spare parts inventory and planned maintenance optimisation. European Journal of Operational Research, 2012, 216 (1): 127-139.

[103] 陈晓慧，盛天文，易树平，等. 周期预防维修下多部件系统的备件订货策略. 华南理工大学学报（自然科学版），2009，37（4）：95-99.

[104] Kabir A B M Z, Al-Olayan A S. Joint optimization of age replacement and continuous review spare provisioning policy. International Journal of Operations & Production Management, 1994, 14 (7): 53-69.

[105] Kabir A B M Z, Al-Olayan A S. A stocking policy for spare part provisioning under age based preventive replacement. European Journal of Operational Research, 1996, 90 (1): 171-181.

[106] 陈童，黄卓，郭波. 基于PH分布和MAP的备件（s，S）库存模型. 系统工程理论与实践，2009，29（6）：107-114.

[107] 司书宾. 基于故障预测的装备维修备件协同库存控制系统研究. 西安：西北工业大学，2006.

[108] de Smidt-Destombes K S, van der Heijden M C, van Harten A. Availability of k-out-of-N systems under block replacement sharing limited spares and repair capacity. International Journal of Production Economics, 2007, 107 (2): 404-421.

[109] de Smidt-Destombes K S, van der Heijden M C, van Harten A. Joint optimisation of spare part inventory, maintenance frequency and repair capacity for k-out-of-n systems. International

Journal of Production Economics，2009，118（1）：260-268.

[110] de Smidt-Destombes K S，van der Heijden M C，van Harten A. On the interaction between maintenance，spare part inventories and repair capacity for a k-out-of-N system with wear-out. European Journal of Operational Research，2006，174（1）：182-200.

[111] Kennedy W J，Patterson J W，Fredendall L D. An overview of recent literature on spare parts inventories. International Journal of Production Economics，2002，76（2）：201-215.

[112] Wang L，Chu J，Mao W J. A condition-based replacement and spare provisioning policy for deteriorating systems with uncertain deterioration to failure. European Journal of Operational Research，2009，194（1）：184-205.

[113] Elwany A H，Gebraeel N Z. Sensor-driven prognostic models for equipment replacement and spare parts inventory. IIE Transactions，2008，40（7）：629-639.

[114] Lanza G，Niggeschmidt S，Werner P. Optimization of preventive maintenance and spare part provision for machine tools based on variable operational conditions. CIRP：Manufacturing Technology，2009，58（1）：429-432.

[115] Rausch M，Liao H. Joint production and spare part inventory control strategy driven by condition based maintenance. IEEE Transactions on Reliability，2010，59（3）：507-516.

[116] Chien Y H，Chen J A. Optimal spare ordering policy for preventive replacement under cost effectiveness criterion. Applied Mathematical Modelling，2010，34（3）：716-724.

[117] Louit D，Pascual R，Banjevic D，et al. Condition-based spares ordering for critical components. Mechanical Systems and Signal Processing，2011，25（5）：1837-1848.

[118] Lin X，Basten R J I，Kranenburg A A，et al. Condition based spare parts supply. Reliability Engineering & System Safety，2017，168：240-248.

[119] Zhou W，Wang D F，Sheng J Y，et al. Collaborative optimization of maintenance and spare ordering of continuously degrading systems. Journal of Systems Engineering and Electronics，2012，23（1）：63-70.

[120] Yu M M，Tang Y H，Fu Y H，et al. A deteriorating repairable system with stochastic lead time and replaceable repair facility. Computers & Industrial Engineering，2012，62（2）：609-615.

[121] Nguyen T P K，Yeung T G，Castanier B. Optimal maintenance and replacement decisions under technological change with consideration of spare parts inventories. International Journal of Production Economics，2013，143（2）：472-477.

[122] Tracht K，Westerholt J，Schuh P. Spare parts planning for offshore wind turbines subject to restrictive maintenance conditions. Procedia CIRP，2013，7：563-568.

[123] van Horenbeek A，Pintelon L. A joint predictive maintenance and inventory policy//Tse P W，Mathew J，Wang K，et al. Engineering Asset Management-Systems，Professional Practices and Certification. London：Springer International Publishing，2015：387-399.

[124] Keizer M C A O，Teunter R H，Veldman J. Joint condition-based maintenance and inventory

optimization for systems with multiple components. European Journal of Operational Research, 2017, 257 (1): 209-222.

[125] 蔡景. 民用飞机系统维修规划方法研究. 南京：南京航空航天大学，2007.

[126] Cui L R, Li H J. Opportunistic maintenance for multi-component shock models. Mathematical Methods of Operations Research, 2006, 63 (3): 493-511.

[127] Zhou B H, Yu J D, Shao J Y, et al. Bottleneck-based opportunistic maintenance model for series production systems. Journal of Quality in Maintenance Engineering, 2015, 21(1): 70-88.

[128] Cavalcante C A V, Lopes R S. Multi-criteria model to support the definition of opportunistic maintenance policy: a study in a cogeneration system. Energy, 2015, 80: 32-40.

[129] 程志君，杨征，谭林. 基于机会策略的复杂系统视情维修决策模型. 机械工程学报，2012，48 (6): 168-174.

[130] Press W H, Teukolsky S A, Vetterling W T, et al. Numerical Recipes in C: The Art of Scientific Computing. 2nd ed. Cambridge: Cambridge University Press, 1992: 788-803.

[131] 韩帮军，范秀敏，马登哲，等. 用遗传算法优化制造设备的预防性维修周期模型. 计算机集成制造系统，2003，9 (3): 206-209.

[132] Ilgin M A, Tunali S. Joint optimization of spare parts inventory and maintenance policies using genetic algorithms. The International Journal of Advanced Manufacturing Technology, 2007, 34 (5/6): 594-604.

[133] Manwell J F, McGowan J G, Rogers A L. Wind energy explained: theory, design and application. Wind Engineering, 2006, 30 (2): 169-170.

[134] Ding F F, Tian Z G. Opportunistic maintenance for wind farms considering multi-level imperfect maintenance thresholds. Renewable Energy, 2012, 45: 175-182.

[135] Chan P K W, Downs T. Two Criteria for preventive maintenance. IEEE Transactions on Reliability, 1978, R-27 (4): 272-273.

[136] Chaudhuri D, Sahu K C. Preventive maintenance interval for optimal reliability of deteriorating system. IEEE Transactions on Reliability, 1977, R-26 (5): 371-372.

[137] Li C Y, Zhang Y M, Xu M Q. Reliability-based maintenance optimization under imperfect predictive maintenance. Chinese Journal of Mechanical Engineering, 2012, 25 (1): 160-165.

[138] Zhang C, Gao W, Guo S, et al. Opportunistic maintenance for wind turbines considering imperfect, reliability-based maintenance. Renewable Energy, 2017, 103: 606-612.

[139] Nodem F I D, Kenne J P, Gharbi A. Hierarchical decision making in production and repair/replacement planning with imperfect repairs under uncertainties. European Journal of Operational Research, 2009, 198 (1): 173-189.

[140] Liu B, Xie M, Xu Z G, et al. An imperfect maintenance policy for mission-oriented systems subject to degradation and external shocks. Computers & Industrial Engineering, 2016, 102: 21-32.

[141] 李志栋，张涛. 多状态串联维修系统的检测及维修优化. 计算机仿真，2017，(3)：385-390，399.

[142] Van P D，Bérenguer C. Condition-based maintenance with imperfect preventive repairs for a deteriorating production system. Quality & Reliability Engineering International，2012，28(6)：624-633.

[143] Do P，Voisin A，Levrat E，et al. A proactive condition-based maintenance strategy with both perfect and imperfect maintenance actions. Reliability Engineering & System Safety，2015，133：22-32.

[144] 汪赵新. 基于Gamma过程的步进应力加速退化试验设计方法. 长沙：国防科学技术大学，2011.

[145] Zhang X H，Zeng J C. Deterioration state space partitioning method for opportunistic maintenance modelling of identical multi-unit systems. International Journal of Production Research，2014，53(7)：2100-2118.

附　　录

附录A

对于式（4-42）中 $\boldsymbol{K}^{i1}=\{k^{i1}\}_{i_{\max}\times i_{\max}}$，$\boldsymbol{K}^{i2}=\{k^{i2}\}_{i_{\max}\times i_{\max}}$ $(i=1,2,\cdots,9,A)$ 的定义。

$$K_{i_1j_1}^{11}=\begin{cases}g_1(i_1h_1) & i_1=1,\cdots,i_{\max};j_1=1,\cdots,m_1\\0 & 否则\end{cases} \tag{A-1}$$

$$k_{i_2j_2}^{12}=\begin{cases}g_2(i_2h_2) & i_2=1,\cdots,i_{\max};j_2=1,\cdots,m_2\\0 & 否则\end{cases} \tag{A-2}$$

$$k_{i_1j_1}^{21}=\begin{cases}g_1(i_1h_1) & i_1=1,\cdots,i_{\max};j_1=1,\cdots,n_1\\0 & 否则\end{cases} \tag{A-3}$$

$$k_{i_2j_2}^{22}=g_2(i_2h_2)\quad i_2=1,\cdots,i_{\max};j_2=1,\cdots,i_{\max} \tag{A-4}$$

$$k_{i_1j_1}^{31}=k_{i_1j_1}^{21} \tag{A-5}$$

$$k_{i_2j_2}^{32}=k_{i_2j_2}^{12} \tag{A-6}$$

$$k_{i_1j_1}^{41}=g_1(i_1h_1)\quad i_1=1,\cdots,i_{\max};j_1=1,\cdots,i_{\max} \tag{A-7}$$

$$k_{i_2j_2}^{42}=\begin{cases}g_2(i_2h_2) & i_2=1,\cdots,i_{\max};j_2=1,\cdots,n_2\\0 & 否则\end{cases} \tag{A-8}$$

$$k_{i_1j_1}^{51}=K_{i_1j_1}^{11} \tag{A-9}$$

$$k_{i_2j_2}^{52}=k_{i_2j_2}^{42} \tag{A-10}$$

$$k_{i_1j_1}^{61}=\begin{cases}g_1(i_1h_1) & i_1=1,\cdots,i_{\max};j_1=n_1,\cdots,i_{\max}\\0 & 否则\end{cases} \tag{A-11}$$

$$k_{i_2j_2}^{62}=\begin{cases}g_2(i_2h_2-j_2h_2) & i_2=1,\cdots,i_{\max};j_2=1,\cdots,\min(i_2,n_2)\\0 & 否则\end{cases} \tag{A-12}$$

$$k_{i_1 j_1}^{71} = \begin{cases} g_1(i_1 h_1) & i_1 = 1, \cdots, i_{\max}; j_1 = n_1, \cdots, m_1 \\ 0 & \text{否则} \end{cases} \quad (\text{A-13})$$

$$k_{i_2 j_2}^{72} = k_{i_2 j_2}^{62} \quad (\text{A-14})$$

$$k_{i_1 j_1}^{81} = \begin{cases} g_1(i_1 h_1 - j_1 h_1) & i_1 = 1, \cdots, i_{\max}; j_1 = 1, \cdots, \min(i_1, n_1) \\ 0 & \text{否则} \end{cases} \quad (\text{A-15})$$

$$k_{i_2 j_2}^{82} = \begin{cases} g_2(i_2 h_2) & i_2 = 1, \cdots, i_{\max}; j_2 = n_2, \cdots, i_{\max} \\ 0 & \text{否则} \end{cases} \quad (\text{A-16})$$

$$k_{i_1 j_1}^{91} = k_{i_1 j_1}^{81} \quad (\text{A-17})$$

$$k_{i_2 j_2}^{92} = \begin{cases} g_2(i_2 h_2) & i_2 = 1, \cdots, i_{\max}; j_2 = n_2, \cdots, m_2 \\ 0 & \text{否则} \end{cases} \quad (\text{A-18})$$

$$k_{i_1 j_1}^{A1} = \begin{cases} g_1(i_1 h_1 - j_1 h_1) & i_1 = 1, \cdots, i_{\max}; j_1 = 1, \cdots, \min(i_1, m_1) \\ 0 & \text{否则} \end{cases} \quad (\text{A-19})$$

$$k_{i_2 j_2}^{A2} = \begin{cases} g_2(i_2 h_2 - j_2 h_2) & i_2 = 1, \cdots, i_{\max}; j_2 = 1, \cdots, \min(i_2, m_2) \\ 0 & \text{否则} \end{cases} \quad (\text{A-20})$$

附录B

三部件系统联合状态稳态概率密度函数 $\pi(x_1, x_2, x_3)$ 的数值近似解。

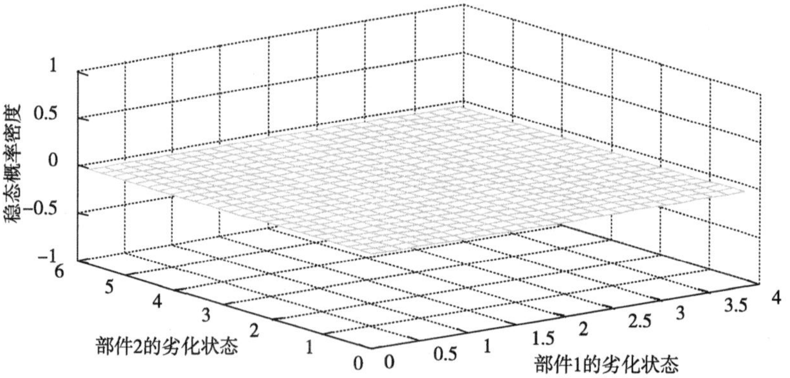

（a）$x_3 = 0$

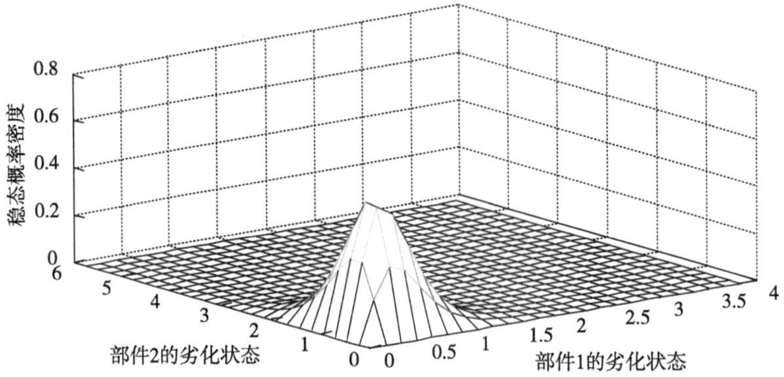

（b） $x_3 = 2h_3$

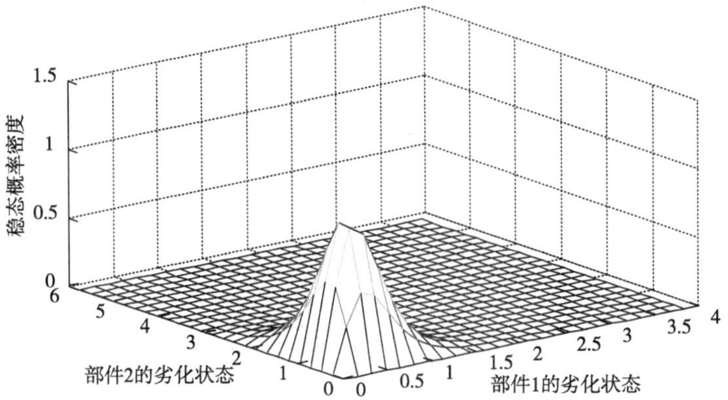

（c） $x_3 = 3h_3$

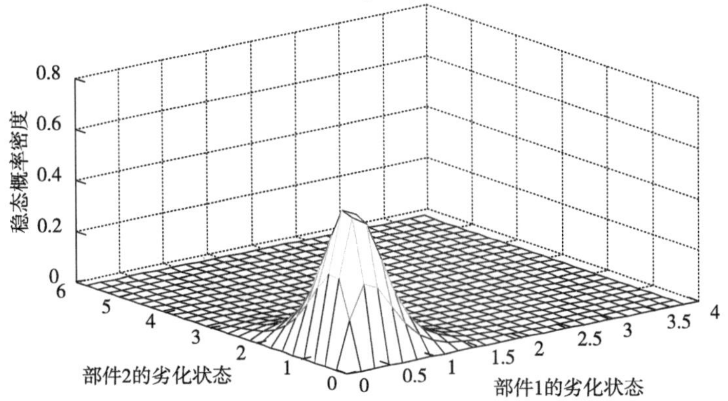

（d） $x_3 = 5h_3$

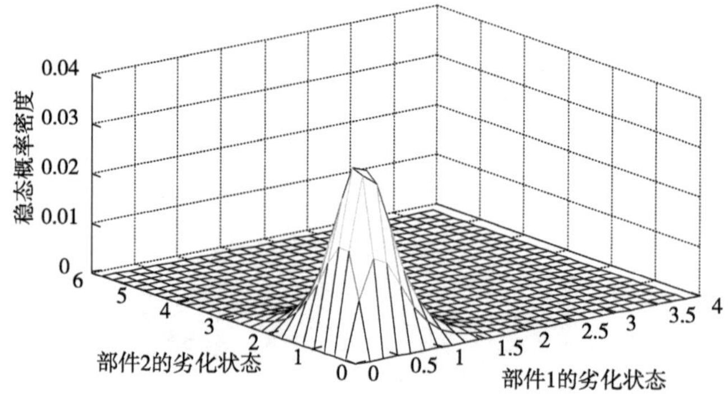

（e）$x_3 = 10h_3$

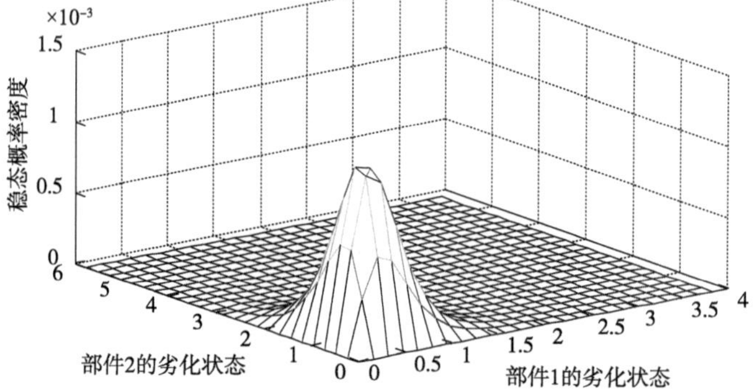

（f）$x_3 = 15h_3$

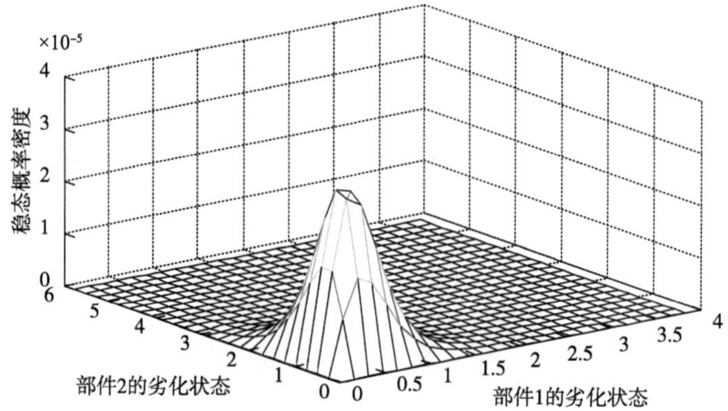

（g）$x_3 = 20h_3$

附图B-1　稳态概率密度函数 $\pi(x_1, x_2, x_3)$ 的数值近似解

附录C

附表C-1　不同组合状态下的维修活动及备件活动

维修需求：$C_{l_k}P_{m_k}O_{n_k}$ 库存状态（开始时刻）：u_k	维修活动 $C_{l_k^*}P_{m_k^*}O_{n_k^*}$	剩余备件 u_k'	备件订购 u_k^*	延迟的维修 $C_{l_k'}P_{m_k'}O_{n_k'}$	剩余备件 u_k''	结束时刻库存状态：u_{k+1}
$0 \leqslant u_k < l_k$	$C_{u_k}P_0O_0$	0	$l_k - u_k + m_k + n_k + s$	$C_{l_k - u_k}P_{m_k}O_{n_k}$	s	s
$l_k \leqslant u_k < l_k + m_k$	$C_{l_k}P_{u_k - l_k}O_0$	0	$m_k - (u_k - l_k) + n_k + s$	$C_0P_{m_k-(u_k-l_k)}O_{n_k}$	s	s
$l_k + m_k \leqslant u_k < l_k + m_k + n_k$	$C_{l_k}P_{m_k}O_{u_k - l_k - m_k}$	0	$n_k - (u_k - l_k - m_k) + s$	$C_0P_0O_{n_k-(u_k-l_k-m_k)}$	s	s
$l_k + m_k + n_k \leqslant u_k < l_k + m_k + n_k + s$	$C_{l_k}P_{m_k}O_{n_k}$	$u_k - l_k - m_k - n_k$	$s - (u_k - l_k - m_k - n_k)$	$C_0P_0O_0$	s	s
$l_k + m_k + n_k + s \leqslant u_k$	$C_{l_k}P_{m_k}O_{n_k}$	$u_k - l_k - m_k - n_k$	0	$C_0P_0O_0$	$u_k - l_k - m_k - n_k$	$u_k - l_k - m_k - n_k$

附录D

$M(M \geqslant 2)$ 部件系统所有维修需求分组维修概率的非递归求解算法如下。

步骤1：计算 $k(k=1,2,\cdots,M)$ 部件系统的维修需求分组个数 $J(k)=\sum_{i=1}^{k}[(i+1)\cdot(i+2)/2]$。

步骤2：定义零数组 $P_1[J(1)], P_2[J(2)], \cdots, P_k[J(k)], \cdots, P_M[J(M)]$ 作为 $k(k=1, 2, \cdots, M)$ 部件系统的维修需求概率数组；$P_k[j]$ 表示 k 部件系统中第 j 个维修需求 $C_lP_mO_n$ 的维修概率。

步骤3：按照式（5-3）~式（5-5）计算 $k=1$ 时单部件系统的维修需求概率 $P_1[J(1)]$

$$P_1[1]=P_{U_0}^1,\quad P_1[2]=P_{U_1}^1,\quad P_1[3]=P_{C_0P_1O_0}^1,\quad P_1[4]=P_{C_1P_0O_0}^1$$

步骤4：循环步骤（4-1）~步骤（4-5），依次计算 $k(k=2,\cdots,M)$ 部件系统的维修需求概率 $P_k[J(k)]$

步骤（4-1）对所有的 $P_{k-1}[j]$，计算其对应维修需求与 U_0、U_1、$C_0P_1O_0$、$C_1P_0O_0$ 区域叠加后的维修需求在 $P_k[J(k)]$ 中的下标 j_1、j_2、j_3、j_4

步骤（4-2）$P_k[j_1] = P_k[j_1] + P_{k-1}[j] \times P_1[1]$

步骤（4-3）$P_k[j_2] = P_k[j_2] + P_{k-1}[j] \times P_1[2]$

步骤（4-4）$P_k[j_3] = P_k[j_3] + P_{k-1}[j] \times P_1[3]$

步骤（4-5）$P_k[j_4] = P_k[j_4] + P_{k-1}[j] \times P_1[4]$

步骤5：将 $P_M[J(M)]$ 中对应于维修需求 $C_0P_0O_q(q=0,1,\cdots,M)$ 的元素累加到维修需求 $C_0P_0O_0$ 对应的元素中。

步骤6：将 $P_M[J(M)]$ 中对应于维修需求 $C_0P_0O_q(q=1,\cdots,M)$ 的元素赋值为0。

附录E

式（8-64）中 $\boldsymbol{A}$ 和 $\boldsymbol{b}$ 的定义如下：

$$\boldsymbol{A}=\sum_{i=a}^{z}\boldsymbol{A}_i+\sum_{i=1}^{10}\boldsymbol{A}_i \tag{E-1}$$

$$\boldsymbol{A}_a=\begin{bmatrix}\boldsymbol{A}_{a1} & \mathbf{O} & \mathbf{O} & \mathbf{O}\\ \boldsymbol{A}_{a2} & \mathbf{O} & \mathbf{O} & \mathbf{O}\\ \boldsymbol{A}_{a3} & \mathbf{O} & \mathbf{O} & \mathbf{O}\\ \boldsymbol{A}_{a4} & \mathbf{O} & \mathbf{O} & \mathbf{O}\end{bmatrix},\boldsymbol{A}_{a1}=\boldsymbol{A}_{a2}=\boldsymbol{A}_{a3}=\boldsymbol{A}_{a4}=\boldsymbol{I}_{i_{\max}\times i_{\max}} \tag{E-2}$$

$$\boldsymbol{A}_b=\begin{bmatrix}\mathbf{O} & \mathbf{O} & \mathbf{O} & \mathbf{O}\\ \mathbf{O} & \boldsymbol{A}_{b2} & \mathbf{O} & \mathbf{O}\\ \mathbf{O} & \mathbf{O} & \boldsymbol{A}_{b3} & \mathbf{O}\\ \mathbf{O} & \mathbf{O} & \mathbf{O} & \boldsymbol{A}_{b4}\end{bmatrix},\boldsymbol{A}_{b2}=\boldsymbol{A}_{b3}=\boldsymbol{A}_{b4}=\boldsymbol{I}_{i_{\max}\times i_{\max}} \tag{E-3}$$

$$\boldsymbol{A}_c=\begin{bmatrix}\boldsymbol{A}_{c1} & \mathbf{O} & \mathbf{O} & \mathbf{O}\\ \boldsymbol{A}_{c2} & \mathbf{O} & \mathbf{O} & \mathbf{O}\\ \boldsymbol{A}_{c3} & \mathbf{O} & \mathbf{O} & \mathbf{O}\\ \boldsymbol{A}_{c4} & \mathbf{O} & \mathbf{O} & \mathbf{O}\end{bmatrix},\boldsymbol{A}_{c1}=\boldsymbol{A}_{c2}=\boldsymbol{A}_{c3}=\boldsymbol{A}_{c4}=\boldsymbol{G}'_{c1}\boldsymbol{G}_{c2}$$

$$\boldsymbol{G}_{c1}=\begin{cases}h_1g_1(i_1h_1) & i_1=1,\cdots,i_{\max};j_1=1,\cdots,i_{\max}\\ 0 & \text{否则}\end{cases} \tag{E-4}$$

$$\boldsymbol{G}_{c2}=\begin{cases}h_2g_2(i_2h_2) & i_2=1,\cdots,i_{\max};j_2=1,\cdots,i_{\max}\\ 0 & \text{否则}\end{cases}$$

$$\boldsymbol{A}_d=\begin{bmatrix}\mathbf{O} & \boldsymbol{A}_{d1} & \mathbf{O} & \mathbf{O}\\ \mathbf{O} & \boldsymbol{A}_{d2} & \mathbf{O} & \mathbf{O}\\ \mathbf{O} & \boldsymbol{A}_{d3} & \mathbf{O} & \mathbf{O}\\ \mathbf{O} & \boldsymbol{A}_{d4} & \mathbf{O} & \mathbf{O}\end{bmatrix},\boldsymbol{A}_{d1}=\boldsymbol{A}_{d2}=\boldsymbol{A}_{d3}=\boldsymbol{A}_{d4}=\boldsymbol{G}'_{d1}\boldsymbol{G}_{d2}$$

$$\boldsymbol{G}_{d1}=\boldsymbol{G}_{c1} \tag{E-5}$$

$$\boldsymbol{G}_{d2}=\boldsymbol{G}_{c2}$$

$$\boldsymbol{A}_e=\begin{bmatrix}\mathbf{O}&\mathbf{O}&\boldsymbol{A}_{e1}&\mathbf{O}\\\mathbf{O}&\mathbf{O}&\boldsymbol{A}_{e2}&\mathbf{O}\\\mathbf{O}&\mathbf{O}&\boldsymbol{A}_{e3}&\mathbf{O}\\\mathbf{O}&\mathbf{O}&\boldsymbol{A}_{e4}&\mathbf{O}\end{bmatrix},\boldsymbol{A}_{e1}=\boldsymbol{A}_{e2}=\boldsymbol{A}_{e3}=\boldsymbol{A}_{e4}=\boldsymbol{G}'_{e1}\boldsymbol{G}_{e2}$$

$$\boldsymbol{G}_{e1}=\boldsymbol{G}_{c1}$$

$$\boldsymbol{G}_{e2}=\boldsymbol{G}_{c2} \tag{E-6}$$

$$\boldsymbol{A}_f=\begin{bmatrix}\mathbf{O}&\mathbf{O}&\mathbf{O}&\boldsymbol{A}_{f1}\\\mathbf{O}&\mathbf{O}&\mathbf{O}&\boldsymbol{A}_{f2}\\\mathbf{O}&\mathbf{O}&\mathbf{O}&\boldsymbol{A}_{f3}\\\mathbf{O}&\mathbf{O}&\mathbf{O}&\boldsymbol{A}_{f4}\end{bmatrix},\boldsymbol{A}_{f1}=\boldsymbol{A}_{f2}=\boldsymbol{A}_{f3}=\boldsymbol{A}_{f4}=\boldsymbol{G}'_{f1}\boldsymbol{G}_{f2}$$

$$\boldsymbol{G}_{f1}=\begin{cases}h_1g_1(i_1h_1) & i_1=1,\cdots,i_{\max};j_1=1,\cdots,n_1\\0 & \text{否则}\end{cases} \tag{E-7}$$

$$\boldsymbol{G}_{f2}=\begin{cases}h_2g_2(i_2h_2) & i_2=1,\cdots,i_{\max};j_2=1,\cdots,n_2\\0 & \text{否则}\end{cases}$$

$$\boldsymbol{A}_g=\begin{bmatrix}\mathbf{O}&\mathbf{O}&\mathbf{O}&\boldsymbol{A}_{g1}\\\mathbf{O}&\mathbf{O}&\mathbf{O}&\boldsymbol{A}_{g2}\\\mathbf{O}&\mathbf{O}&\mathbf{O}&\boldsymbol{A}_{g3}\\\mathbf{O}&\mathbf{O}&\mathbf{O}&\boldsymbol{A}_{g4}\end{bmatrix},\boldsymbol{A}_{g1}=\boldsymbol{A}_{g2}=\boldsymbol{A}_{g3}=\boldsymbol{A}_{g4}=\boldsymbol{G}'_{g1}\boldsymbol{G}_{g2}$$

$$\boldsymbol{G}_{g1}=\boldsymbol{G}_{f1} \tag{E-8}$$

$$\boldsymbol{G}_{g2}=\begin{cases}h_2g_2(i_2h_2) & i_2=1,\cdots,i_{\max};j_2=m_2,\cdots,i_{\max}\\0 & \text{否则}\end{cases}$$

$$\boldsymbol{A}_h=\begin{bmatrix}\mathbf{O}&\mathbf{O}&\mathbf{O}&\boldsymbol{A}_{h1}\\\mathbf{O}&\mathbf{O}&\mathbf{O}&\boldsymbol{A}_{h2}\\\mathbf{O}&\mathbf{O}&\mathbf{O}&\boldsymbol{A}_{h3}\\\mathbf{O}&\mathbf{O}&\mathbf{O}&\boldsymbol{A}_{h4}\end{bmatrix},\boldsymbol{A}_{h1}=\boldsymbol{A}_{h2}=\boldsymbol{A}_{h3}=\boldsymbol{A}_{h4}=\boldsymbol{G}'_{h1}\boldsymbol{G}_{h2}$$

$$\boldsymbol{G}_{h1}=\begin{cases}h_1g_1(i_1h_1) & i_1=1,\cdots,i_{\max};j_1=m_1,\cdots,i_{\max}\\0 & \text{否则}\end{cases} \tag{E-9}$$

$$\boldsymbol{G}_{h2}=\boldsymbol{G}_{f2}$$

$$\boldsymbol{A}_i=\begin{bmatrix}\mathbf{O}&\mathbf{O}&\mathbf{O}&\boldsymbol{A}_{i1}\\\mathbf{O}&\mathbf{O}&\mathbf{O}&\boldsymbol{A}_{i2}\\\mathbf{O}&\mathbf{O}&\mathbf{O}&\boldsymbol{A}_{i3}\\\mathbf{O}&\mathbf{O}&\mathbf{O}&\boldsymbol{A}_{i4}\end{bmatrix},\boldsymbol{A}_{i1}=\boldsymbol{A}_{i2}=\boldsymbol{A}_{i3}=\boldsymbol{A}_{i4}=\boldsymbol{G}_{i1}'\boldsymbol{G}_{i2}$$

$$\boldsymbol{G}_{i1}=\begin{cases}h_1 g_1(i_1 h_1) & i_1=1,\cdots,i_{\max};j_1=n_1,\cdots,m_1\\0 & \text{否则}\end{cases}\tag{E-10}$$

$$\boldsymbol{G}_{i2}=\begin{cases}h_2 g_2(i_2 h_2) & i_2=1,\cdots,i_{\max};j_2=n_2,\cdots,m_2\\0 & \text{否则}\end{cases}$$

$$\boldsymbol{A}_j=\begin{bmatrix}\mathbf{O}&\mathbf{O}&\boldsymbol{A}_{j1}&\mathbf{O}\\\mathbf{O}&\mathbf{O}&\boldsymbol{A}_{j2}&\mathbf{O}\\\mathbf{O}&\mathbf{O}&\boldsymbol{A}_{j3}&\mathbf{O}\\\mathbf{O}&\mathbf{O}&\boldsymbol{A}_{j4}&\mathbf{O}\end{bmatrix},\boldsymbol{A}_{j1}=\boldsymbol{A}_{j2}=\boldsymbol{A}_{j3}=\boldsymbol{A}_{j4}=-\boldsymbol{G}_{j1}'\boldsymbol{G}_{j2}$$

$$\boldsymbol{G}_{j1}=\boldsymbol{G}_{h1}\tag{E-11}$$

$$\boldsymbol{G}_{j2}=\begin{cases}h_2 g_2(i_2 h_2-j_2 h_2) & i_2=1,\cdots,i_{\max};j_2=1,\cdots,\min(i_2,l_2)\\0 & \text{否则}\end{cases}$$

$$\boldsymbol{A}_k=\begin{bmatrix}\mathbf{O}&\mathbf{O}&\boldsymbol{A}_{k1}&\mathbf{O}\\\mathbf{O}&\mathbf{O}&\boldsymbol{A}_{k2}&\mathbf{O}\\\mathbf{O}&\mathbf{O}&\boldsymbol{A}_{k3}&\mathbf{O}\\\mathbf{O}&\mathbf{O}&\boldsymbol{A}_{k4}&\mathbf{O}\end{bmatrix},\boldsymbol{A}_{k1}=\boldsymbol{A}_{k2}=\boldsymbol{A}_{k3}=\boldsymbol{A}_{k4}=-\boldsymbol{G}_{k1}'\boldsymbol{G}_{k2}$$

$$\boldsymbol{G}_{k1}=\begin{cases}h_1 q_1(i_1 h_1) & i_1=1,\cdots,i_{\max};j_1=n_1,\cdots,i_{\max}\\0 & \text{否则}\end{cases}\tag{E-12}$$

$$\boldsymbol{G}_{k2}=\begin{cases}h_2 q_2(i_2 h_2) & i_2=1,\cdots,i_{\max};j_2=n_2,\cdots,i_{\max}\\0 & \text{否则}\end{cases}$$

$$\boldsymbol{A}_l=\begin{bmatrix}\mathbf{O}&\mathbf{O}&\boldsymbol{A}_{l1}&\mathbf{O}\\\mathbf{O}&\mathbf{O}&\boldsymbol{A}_{l2}&\mathbf{O}\\\mathbf{O}&\mathbf{O}&\boldsymbol{A}_{l3}&\mathbf{O}\\\mathbf{O}&\mathbf{O}&\boldsymbol{A}_{l4}&\mathbf{O}\end{bmatrix},\boldsymbol{A}_{l1}=\boldsymbol{A}_{l2}=\boldsymbol{A}_{l3}=\boldsymbol{A}_{l4}=\boldsymbol{G}_{l1}'\boldsymbol{G}_{l2}$$

$$\boldsymbol{G}_{l1}=\begin{cases}h_1 q_1(i_1 h_1) & i_1=1,\cdots,i_{\max};j_1=n_1,\cdots,m_1\\0 & \text{否则}\end{cases}\tag{E-13}$$

$$\boldsymbol{G}_{l2}=\begin{cases}h_2 q_2(i_2 h_2) & i_2=1,\cdots,i_{\max};j_2=n_2,\cdots,m_2\\0 & \text{否则}\end{cases}$$

$$\boldsymbol{A}_m=\begin{bmatrix}\mathbf{O} & \boldsymbol{A}_{m1} & \mathbf{O} & \mathbf{O}\\ \mathbf{O} & \boldsymbol{A}_{m2} & \mathbf{O} & \mathbf{O}\\ \mathbf{O} & \boldsymbol{A}_{m3} & \mathbf{O} & \mathbf{O}\\ \mathbf{O} & \boldsymbol{A}_{m4} & \mathbf{O} & \mathbf{O}\end{bmatrix}, \boldsymbol{A}_{m1}=\boldsymbol{A}_{m2}=\boldsymbol{A}_{m3}=\boldsymbol{A}_{m4}=-\boldsymbol{G}'_{m1}\boldsymbol{G}_{m2} \tag{E-14}$$

$$\boldsymbol{G}_{m1}=\begin{cases}h_1 g_1(i_1 h_1-j_1 h_1) & i_1=1,\cdots,i_{\max};\ j_1=1,\cdots,\min(i_1,l_1)\\ 0 & 否则\end{cases}$$

$$\boldsymbol{G}_{m2}=\boldsymbol{G}_{g2}$$

$$\boldsymbol{A}_n=\begin{bmatrix}\boldsymbol{A}_{n1} & \mathbf{O} & \mathbf{O} & \mathbf{O}\\ \boldsymbol{A}_{n2} & \mathbf{O} & \mathbf{O} & \mathbf{O}\\ \boldsymbol{A}_{n3} & \mathbf{O} & \mathbf{O} & \mathbf{O}\\ \boldsymbol{A}_{n4} & \mathbf{O} & \mathbf{O} & \mathbf{O}\end{bmatrix}, \boldsymbol{A}_{n1}=\boldsymbol{A}_{n2}=\boldsymbol{A}_{n3}=\boldsymbol{A}_{n4}=-\boldsymbol{G}'_{n1}\boldsymbol{G}_{n2} \tag{E-15}$$

$$\boldsymbol{G}_{n1}=\boldsymbol{G}_{m1}$$

$$\boldsymbol{G}_{n2}=\boldsymbol{G}_{j2}$$

$$\boldsymbol{A}_o=\begin{bmatrix}\boldsymbol{A}_{o1} & \mathbf{O} & \mathbf{O} & \mathbf{O}\\ \boldsymbol{A}_{o2} & \mathbf{O} & \mathbf{O} & \mathbf{O}\\ \boldsymbol{A}_{o3} & \mathbf{O} & \mathbf{O} & \mathbf{O}\\ \boldsymbol{A}_{o4} & \mathbf{O} & \mathbf{O} & \mathbf{O}\end{bmatrix}, \boldsymbol{A}_{o1}=\boldsymbol{A}_{o2}=\boldsymbol{A}_{o3}=\boldsymbol{A}_{o4}=-\boldsymbol{G}'_{o1}\boldsymbol{G}_{o2} \tag{E-16}$$

$$\boldsymbol{G}_{o1}=\boldsymbol{G}_{m1}$$

$$\boldsymbol{G}_{o2}=\begin{cases}h_2 q_2(i_2 h_2) & i_2=1,\cdots,i_{\max};\ j_2=m_2,\cdots,i_{\max}\\ 0 & 否则\end{cases}$$

$$\boldsymbol{A}_p=\begin{bmatrix}\mathbf{O} & \boldsymbol{A}_{p1} & \mathbf{O} & \mathbf{O}\\ \mathbf{O} & \boldsymbol{A}_{p2} & \mathbf{O} & \mathbf{O}\\ \mathbf{O} & \boldsymbol{A}_{p3} & \mathbf{O} & \mathbf{O}\\ \mathbf{O} & \boldsymbol{A}_{p4} & \mathbf{O} & \mathbf{O}\end{bmatrix}, \boldsymbol{A}_{p1}=\boldsymbol{A}_{p2}=\boldsymbol{A}_{p3}=\boldsymbol{A}_{p4}=-\boldsymbol{G}'_{p1}\boldsymbol{G}_{p2} \tag{E-17}$$

$$\boldsymbol{G}_{p1}=\boldsymbol{G}_{k1}$$

$$\boldsymbol{G}_{p2}=\boldsymbol{G}_{k2}$$

$$\boldsymbol{A}_q=\begin{bmatrix}\mathbf{O} & \boldsymbol{A}_{q1} & \mathbf{O} & \mathbf{O}\\ \mathbf{O} & \boldsymbol{A}_{q2} & \mathbf{O} & \mathbf{O}\\ \mathbf{O} & \boldsymbol{A}_{q3} & \mathbf{O} & \mathbf{O}\\ \mathbf{O} & \boldsymbol{A}_{q4} & \mathbf{O} & \mathbf{O}\end{bmatrix}, \boldsymbol{A}_{q1}=\boldsymbol{A}_{q2}=\boldsymbol{A}_{q3}=\boldsymbol{A}_{q4}=\boldsymbol{G}'_{q1}\boldsymbol{G}_{q2} \tag{E-18}$$

$$\boldsymbol{G}_{q1}=\boldsymbol{G}_{l1}$$

$$\boldsymbol{G}_{q2}=\boldsymbol{G}_{l2}$$

$$\boldsymbol{A}_r=\begin{bmatrix}\boldsymbol{A}_{r1} & \mathbf{O} & \mathbf{O} & \mathbf{O}\\ \boldsymbol{A}_{r2} & \mathbf{O} & \mathbf{O} & \mathbf{O}\\ \boldsymbol{A}_{r3} & \mathbf{O} & \mathbf{O} & \mathbf{O}\\ \boldsymbol{A}_{r4} & \mathbf{O} & \mathbf{O} & \mathbf{O}\end{bmatrix},\boldsymbol{A}_{r1}=\boldsymbol{A}_{r2}=\boldsymbol{A}_{r3}=\boldsymbol{A}_{r4}=-\boldsymbol{G}'_{r1}\boldsymbol{G}_{r2} \tag{E-19}$$

$$\boldsymbol{G}_{r1}=\begin{cases}h_1q_1(i_1h_1) & i_1=1,\cdots,i_{\max};j_1=m_1,\cdots,i_{\max}\\ 0 & \text{否则}\end{cases}$$

$$\boldsymbol{G}_{r2}=\boldsymbol{G}_{j2}$$

$$\boldsymbol{A}_s=\begin{bmatrix}\boldsymbol{A}_{s1} & \mathbf{O} & \mathbf{O} & \mathbf{O}\\ \boldsymbol{A}_{s2} & \mathbf{O} & \mathbf{O} & \mathbf{O}\\ \boldsymbol{A}_{s3} & \mathbf{O} & \mathbf{O} & \mathbf{O}\\ \boldsymbol{A}_{s4} & \mathbf{O} & \mathbf{O} & \mathbf{O}\end{bmatrix},\boldsymbol{A}_{s1}=\boldsymbol{A}_{s2}=\boldsymbol{A}_{s3}=\boldsymbol{A}_{s4}=-\boldsymbol{G}'_{s1}\boldsymbol{G}_{s2} \tag{E-20}$$

$$\boldsymbol{G}_{s1}=\boldsymbol{G}_{k1}$$

$$\boldsymbol{G}_{s2}=\boldsymbol{G}_{k2}$$

$$\boldsymbol{A}_t=\begin{bmatrix}\boldsymbol{A}_{t1} & \mathbf{O} & \mathbf{O} & \mathbf{O}\\ \boldsymbol{A}_{t2} & \mathbf{O} & \mathbf{O} & \mathbf{O}\\ \boldsymbol{A}_{t3} & \mathbf{O} & \mathbf{O} & \mathbf{O}\\ \boldsymbol{A}_{t4} & \mathbf{O} & \mathbf{O} & \mathbf{O}\end{bmatrix},\boldsymbol{A}_{t1}=\boldsymbol{A}_{t2}=\boldsymbol{A}_{t3}=\boldsymbol{A}_{t4}=\boldsymbol{G}'_{t1}\boldsymbol{G}_{t2} \tag{E-21}$$

$$\boldsymbol{G}_{t1}=\boldsymbol{G}_{q1}$$

$$\boldsymbol{G}_{t2}=\boldsymbol{G}_{q2}$$

$$\boldsymbol{A}_u=\begin{bmatrix}\mathbf{O} & \mathbf{O} & \mathbf{O} & \mathbf{O}\\ \mathbf{O} & \mathbf{O} & \mathbf{O} & \boldsymbol{A}_{u2}\\ \mathbf{O} & \mathbf{O} & \mathbf{O} & \mathbf{O}\\ \mathbf{O} & \mathbf{O} & \mathbf{O} & \mathbf{O}\end{bmatrix},\boldsymbol{A}_{u2}=-\boldsymbol{G}'_{u1}\boldsymbol{G}_{u2} \tag{E-22}$$

$$\boldsymbol{G}_{u1}=\boldsymbol{G}_{h1}$$

$$\boldsymbol{G}_{u2}=\begin{cases}h_2g_2(i_2h_2-j_2h_2) & i_2=1,\cdots,i_{\max};j_2=1,\cdots,\min(i_2,n_2)\\ 0 & \text{否则}\end{cases}$$

$$\boldsymbol{A}_v=\begin{bmatrix}\mathbf{O} & \mathbf{O} & \mathbf{O} & \mathbf{O}\\ \mathbf{O} & \mathbf{O} & \boldsymbol{A}_{v2} & \mathbf{O}\\ \mathbf{O} & \mathbf{O} & \mathbf{O} & \mathbf{O}\\ \mathbf{O} & \mathbf{O} & \mathbf{O} & \mathbf{O}\end{bmatrix},\boldsymbol{A}_{v2}=-\boldsymbol{G}'_{v1}\boldsymbol{G}_{v2} \tag{E-23}$$

$$\boldsymbol{G}_{v1}=\boldsymbol{G}_{h1}$$

$$\boldsymbol{G}_{v2}=\begin{cases}h_2g_2(i_2h_2-j_2h_2) & i_2=1,\cdots,i_{\max};j_2=l_2,\cdots,\min(i_2,n_2)\\ 0 & \text{否则}\end{cases}$$

$$\boldsymbol{A}_w=\begin{bmatrix}\mathbf{O}&\mathbf{O}&\mathbf{O}&\mathbf{O}\\\mathbf{O}&\boldsymbol{A}_{w2}&\mathbf{O}&\mathbf{O}\\\mathbf{O}&\mathbf{O}&\mathbf{O}&\mathbf{O}\\\mathbf{O}&\mathbf{O}&\mathbf{O}&\mathbf{O}\end{bmatrix},\boldsymbol{A}_{w2}=-\boldsymbol{G}_{w1}'\boldsymbol{G}_{w2}$$

$$\boldsymbol{G}_{w1}=\boldsymbol{G}_{m1}$$

$$\boldsymbol{G}_{w2}=\begin{cases}h_2g_2(i_2h_2-j_2h_2) & i_2=1,\cdots,i_{\max};j_2=1,\cdots,\min(i_2,m_2)\\0 & \text{否则}\end{cases} \tag{E-24}$$

$$\boldsymbol{A}_x=\begin{bmatrix}\mathbf{O}&\mathbf{O}&\mathbf{O}&\mathbf{O}\\\boldsymbol{A}_{x2}&\mathbf{O}&\mathbf{O}&\mathbf{O}\\\mathbf{O}&\mathbf{O}&\mathbf{O}&\mathbf{O}\\\mathbf{O}&\mathbf{O}&\mathbf{O}&\mathbf{O}\end{bmatrix},\boldsymbol{A}_{x2}=-\boldsymbol{G}_{x1}'\boldsymbol{G}_{x2}$$

$$\boldsymbol{G}_{x1}=\boldsymbol{G}_{m1}$$

$$\boldsymbol{G}_{x2}=\begin{cases}h_2g_2(i_2h_2-j_2h_2) & i_2=1,\cdots,i_{\max};j_2=l_2,\cdots,\min(i_2,m_2)\\0 & \text{否则}\end{cases} \tag{E-25}$$

$$\boldsymbol{A}_y=\begin{bmatrix}\mathbf{O}&\mathbf{O}&\mathbf{O}&\mathbf{O}\\\mathbf{O}&\boldsymbol{A}_{y2}&\mathbf{O}&\mathbf{O}\\\mathbf{O}&\mathbf{O}&\mathbf{O}&\mathbf{O}\\\mathbf{O}&\mathbf{O}&\mathbf{O}&\mathbf{O}\end{bmatrix},\boldsymbol{A}_{y2}=-\boldsymbol{G}_{y1}'\boldsymbol{G}_{y2}$$

$$\boldsymbol{G}_{y1}=\boldsymbol{G}_{r1}$$

$$\boldsymbol{G}_{y2}=\boldsymbol{G}_{u2} \tag{E-26}$$

$$\boldsymbol{A}_z=\begin{bmatrix}\mathbf{O}&\mathbf{O}&\mathbf{O}&\mathbf{O}\\\boldsymbol{A}_{z2}&\mathbf{O}&\mathbf{O}&\mathbf{O}\\\mathbf{O}&\mathbf{O}&\mathbf{O}&\mathbf{O}\\\mathbf{O}&\mathbf{O}&\mathbf{O}&\mathbf{O}\end{bmatrix},\boldsymbol{A}_{z2}=-\boldsymbol{G}_{z1}'\boldsymbol{G}_{z2}$$

$$\boldsymbol{G}_{z1}=\boldsymbol{G}_{r1}$$

$$\boldsymbol{G}_{z2}=\boldsymbol{G}_{v2} \tag{E-27}$$

$$\boldsymbol{A}_1=\begin{bmatrix}\mathbf{O}&\mathbf{O}&\mathbf{O}&\mathbf{O}\\\mathbf{O}&\mathbf{O}&\mathbf{O}&\mathbf{O}\\\mathbf{O}&\mathbf{O}&\mathbf{O}&\boldsymbol{A}_{13}\\\mathbf{O}&\mathbf{O}&\mathbf{O}&\mathbf{O}\end{bmatrix},\boldsymbol{A}_{13}=-\boldsymbol{G}_{11}'\boldsymbol{G}_{12}$$

$$\boldsymbol{G}_{11}=\begin{cases}h_1g_1(i_1h_1-j_1h_1) & i_1=1,\cdots,i_{\max};j_1=1,\cdots,\min(i_1,n_1)\\0 & \text{否则}\end{cases} \tag{E-28}$$

$$\boldsymbol{G}_{12}=\boldsymbol{G}_{g2}$$

$$\boldsymbol{A}_2=\begin{bmatrix}\mathbf{O}&\mathbf{O}&\mathbf{O}&\mathbf{O}\\\mathbf{O}&\mathbf{O}&\mathbf{O}&\mathbf{O}\\\mathbf{O}&\mathbf{O}&\boldsymbol{A}_{23}&\mathbf{O}\\\mathbf{O}&\mathbf{O}&\mathbf{O}&\mathbf{O}\end{bmatrix},\boldsymbol{A}_{23}=-\boldsymbol{G}_{21}'\boldsymbol{G}_{22}$$

$$\boldsymbol{G}_{21}=\begin{cases}h_1g_1(i_1h_1-j_1h_1) & i_1=1,\cdots,i_{\max};j_1=1,\cdots,\min(i_1,m_1)\\0 & \text{否则}\end{cases}$$

$$\boldsymbol{G}_{22}=\boldsymbol{G}_{j2} \tag{E-29}$$

$$\boldsymbol{A}_3=\begin{bmatrix}\mathbf{O}&\mathbf{O}&\mathbf{O}&\mathbf{O}\\\mathbf{O}&\mathbf{O}&\mathbf{O}&\mathbf{O}\\\mathbf{O}&\mathbf{O}&\boldsymbol{A}_{33}&\mathbf{O}\\\mathbf{O}&\mathbf{O}&\mathbf{O}&\mathbf{O}\end{bmatrix},\boldsymbol{A}_{33}=-\boldsymbol{G}_{31}'\boldsymbol{G}_{32}$$

$$\boldsymbol{G}_{31}=\boldsymbol{G}_{11}$$

$$\boldsymbol{G}_{32}=\boldsymbol{G}_{o2} \tag{E-30}$$

$$\boldsymbol{A}_4=\begin{bmatrix}\mathbf{O}&\mathbf{O}&\mathbf{O}&\mathbf{O}\\\mathbf{O}&\mathbf{O}&\mathbf{O}&\mathbf{O}\\\mathbf{O}&\boldsymbol{A}_{43}&\mathbf{O}&\mathbf{O}\\\mathbf{O}&\mathbf{O}&\mathbf{O}&\mathbf{O}\end{bmatrix},\boldsymbol{A}_{43}=-\boldsymbol{G}_{41}'\boldsymbol{G}_{42}$$

$$\boldsymbol{G}_{41}=\begin{cases}h_1g_1(i_1h_1-j_1h_1) & i_1=1,\cdots,i_{\max};j_1=l_1,\cdots,\min(i_1,n_1)\\0 & \text{否则}\end{cases}$$

$$\boldsymbol{G}_{42}=\boldsymbol{G}_{g2} \tag{E-31}$$

$$\boldsymbol{A}_5=\begin{bmatrix}\mathbf{O}&\mathbf{O}&\mathbf{O}&\mathbf{O}\\\mathbf{O}&\mathbf{O}&\mathbf{O}&\mathbf{O}\\\boldsymbol{A}_{53}&\mathbf{O}&\mathbf{O}&\mathbf{O}\\\mathbf{O}&\mathbf{O}&\mathbf{O}&\mathbf{O}\end{bmatrix},\boldsymbol{A}_{53}=-\boldsymbol{G}_{51}'\boldsymbol{G}_{52}$$

$$\boldsymbol{G}_{51}=\begin{cases}h_1g_1(i_1h_1-j_1h_1) & i_1=1,\cdots,i_{\max};j_1=l_1,\cdots,\min(i_1,m_1)\\0 & \text{否则}\end{cases}$$

$$\boldsymbol{G}_{52}=\boldsymbol{G}_{j2} \tag{E-32}$$

$$\boldsymbol{A}_6=\begin{bmatrix}\mathbf{O}&\mathbf{O}&\mathbf{O}&\mathbf{O}\\\mathbf{O}&\mathbf{O}&\mathbf{O}&\mathbf{O}\\\boldsymbol{A}_{63}&\mathbf{O}&\mathbf{O}&\mathbf{O}\\\mathbf{O}&\mathbf{O}&\mathbf{O}&\mathbf{O}\end{bmatrix},\boldsymbol{A}_{63}=-\boldsymbol{G}_{61}'\boldsymbol{G}_{62}$$

$$\boldsymbol{G}_{61}=\boldsymbol{G}_{41}$$

$$\boldsymbol{G}_{62}=\boldsymbol{G}_{o2} \tag{E-33}$$

$$\boldsymbol{A}_7=\begin{bmatrix}\mathbf{O}&\mathbf{O}&\mathbf{O}&\mathbf{O}\\\mathbf{O}&\mathbf{O}&\mathbf{O}&\mathbf{O}\\\mathbf{O}&\mathbf{O}&\mathbf{O}&\mathbf{O}\\\mathbf{O}&\mathbf{O}&\mathbf{O}&\boldsymbol{A}_{74}\end{bmatrix},\boldsymbol{A}_{74}=-\boldsymbol{G}_{71}'\boldsymbol{G}_{72}$$
$$\boldsymbol{G}_{71}=\boldsymbol{G}_{21}$$
$$\boldsymbol{G}_{72}=\boldsymbol{G}_{w2}\tag{E-34}$$

$$\boldsymbol{A}_8=\begin{bmatrix}\mathbf{O}&\mathbf{O}&\mathbf{O}&\mathbf{O}\\\mathbf{O}&\mathbf{O}&\mathbf{O}&\mathbf{O}\\\mathbf{O}&\mathbf{O}&\mathbf{O}&\mathbf{O}\\\mathbf{O}&\mathbf{O}&\boldsymbol{A}_{84}&\mathbf{O}\end{bmatrix},\boldsymbol{A}_{84}=-\boldsymbol{G}_{81}'\boldsymbol{G}_{82}$$
$$\boldsymbol{G}_{81}=\boldsymbol{G}_{21}$$
$$\boldsymbol{G}_{82}=\boldsymbol{G}_{x2}\tag{E-35}$$

$$\boldsymbol{A}_9=\begin{bmatrix}\mathbf{O}&\mathbf{O}&\mathbf{O}&\mathbf{O}\\\mathbf{O}&\mathbf{O}&\mathbf{O}&\mathbf{O}\\\mathbf{O}&\mathbf{O}&\mathbf{O}&\mathbf{O}\\\mathbf{O}&\boldsymbol{A}_{94}&\mathbf{O}&\mathbf{O}\end{bmatrix},\boldsymbol{A}_{94}=-\boldsymbol{G}_{91}'\boldsymbol{G}_{92}$$
$$\boldsymbol{G}_{91}=\boldsymbol{G}_{51}$$
$$\boldsymbol{G}_{92}=\boldsymbol{G}_{w2}\tag{E-36}$$

$$\boldsymbol{A}_{10}=\begin{bmatrix}\mathbf{O}&\mathbf{O}&\mathbf{O}&\mathbf{O}\\\mathbf{O}&\mathbf{O}&\mathbf{O}&\mathbf{O}\\\mathbf{O}&\mathbf{O}&\mathbf{O}&\mathbf{O}\\\boldsymbol{A}_{10-4}&\mathbf{O}&\mathbf{O}&\mathbf{O}\end{bmatrix},\boldsymbol{A}_{10-4}=-\boldsymbol{G}_{10-1}'\boldsymbol{G}_{10-2}$$
$$\boldsymbol{G}_{10-1}=\boldsymbol{G}_{51}$$
$$\boldsymbol{G}_{10-2}=\boldsymbol{G}_{x2}\tag{E-37}$$

$$\boldsymbol{b}=[\boldsymbol{b}_1\quad\boldsymbol{b}_2\quad\boldsymbol{b}_3\quad\boldsymbol{b}_4]'$$
$$\boldsymbol{b}_1=\boldsymbol{b}_2=\boldsymbol{b}_3=\boldsymbol{b}_4=h_1h_2\boldsymbol{g}_1'\boldsymbol{g}_2$$
$$\boldsymbol{g}_1=[g_1(h_1)\quad g_1(2h_1)\quad\cdots\quad g_1(i_{\max}h_1)]$$
$$\boldsymbol{g}_2=[g_2(h_2)\quad g_2(2h_2)\quad\cdots\quad g_2(i_{\max}h_2)]\tag{E-38}$$

附录F

不同退化参数及决策变量对不相同两部件系统的稳态概率密度函数的影响。

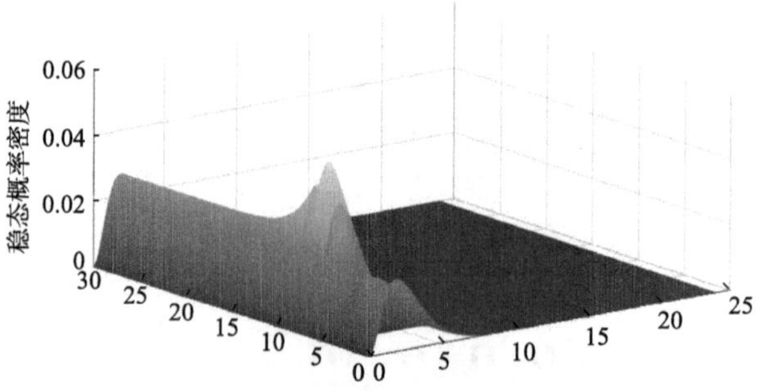

（a）$(0,0,x_1,x_2)$

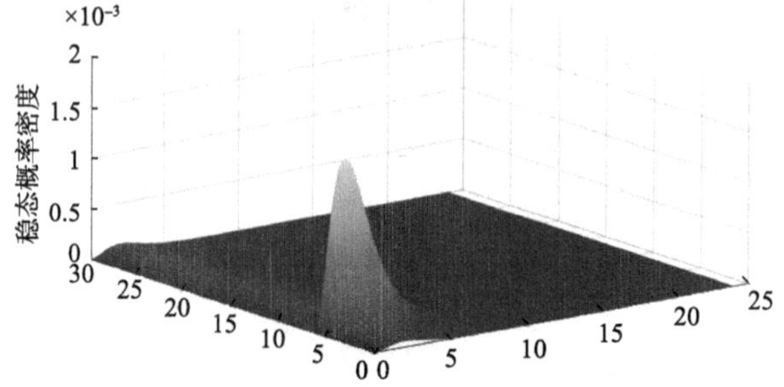

（b）$(0,1,x_1,x_2)$

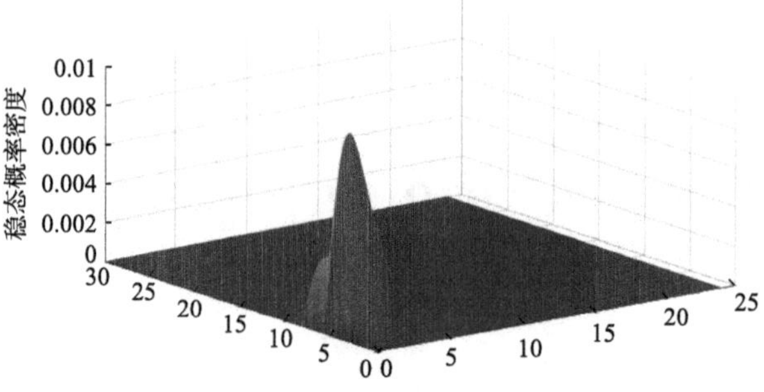

（c）$(1,0,x_1,x_2)$

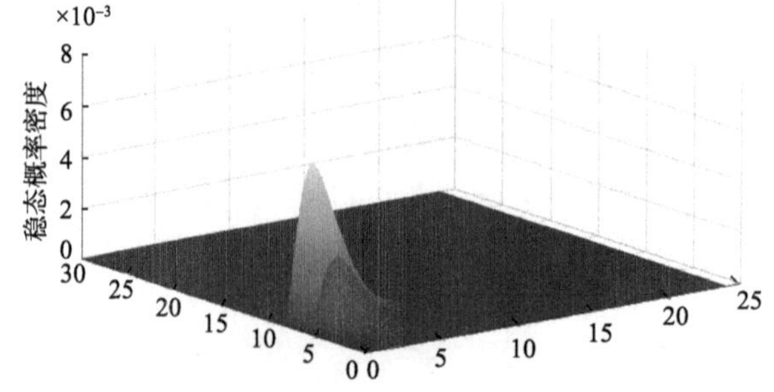

（d）$(1,1,x_1,x_2)$

附图 F-1　$t=3$ 时的系统稳态概率密度函数

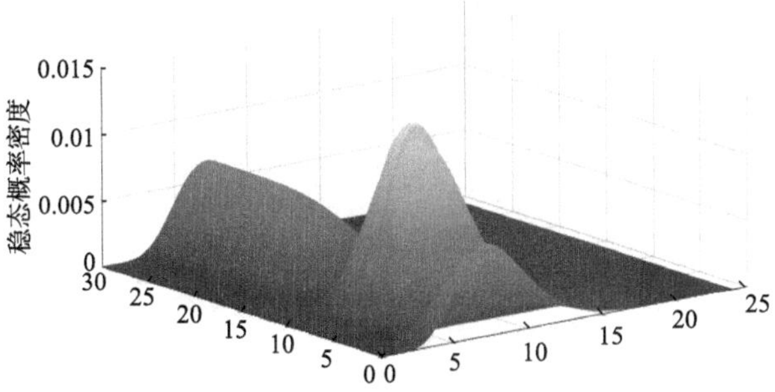

（a）（$0,0,x_1,x_2$）

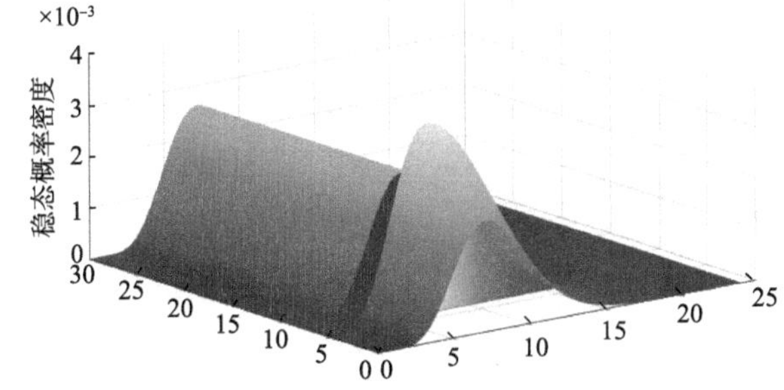

（b）（$0,1,x_1,x_2$）

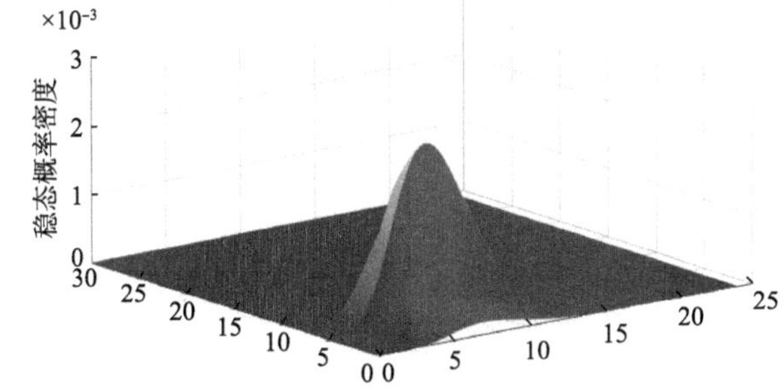

（c）（$1,0,x_1,x_2$）

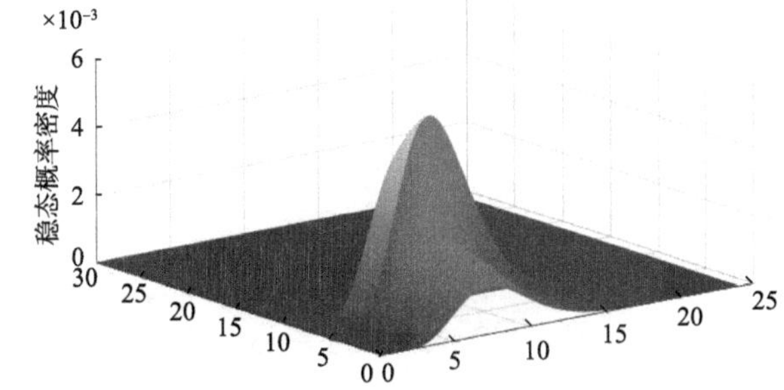

（d）（$1,1,x_1,x_2$）

附图 F-2　$\alpha_1 = 2$ 时的系统稳态概率密度函数

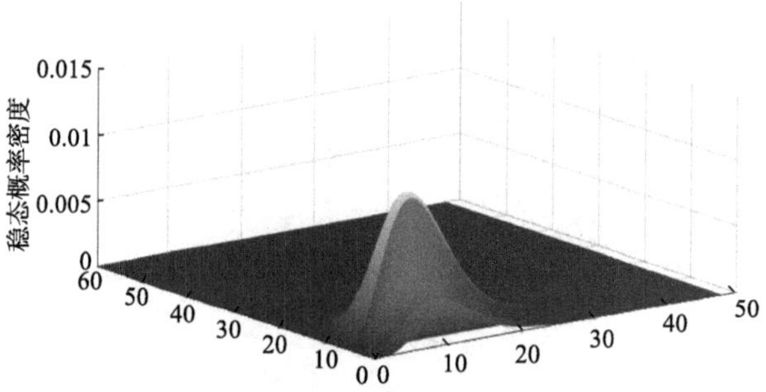

（a）（$0,0,x_1,x_2$）

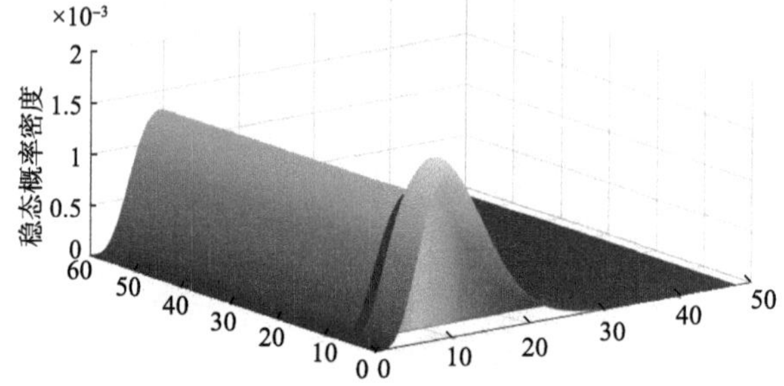

（b）（$0,1,x_1,x_2$）

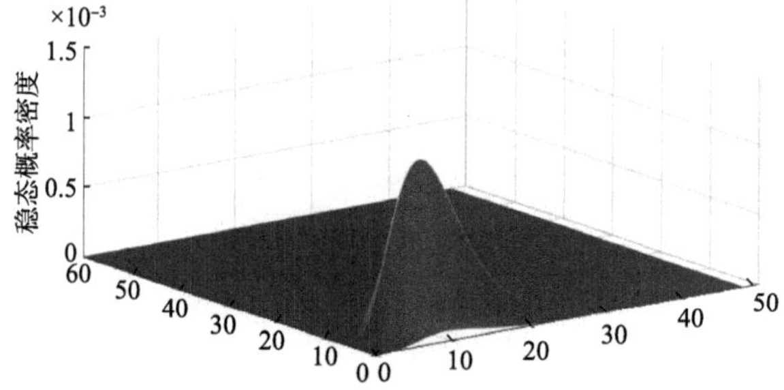

（c）（$1,0,x_1,x_2$）

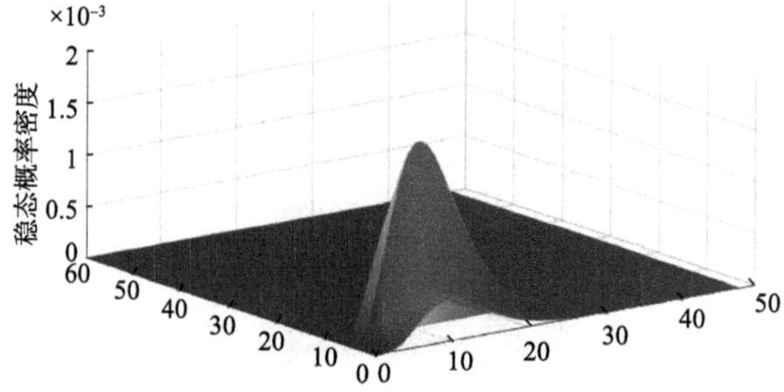

（d）（$1,1,x_1,x_2$）

附图 F-3　$\beta_1 = 2$ 时的系统稳态概率密度函数

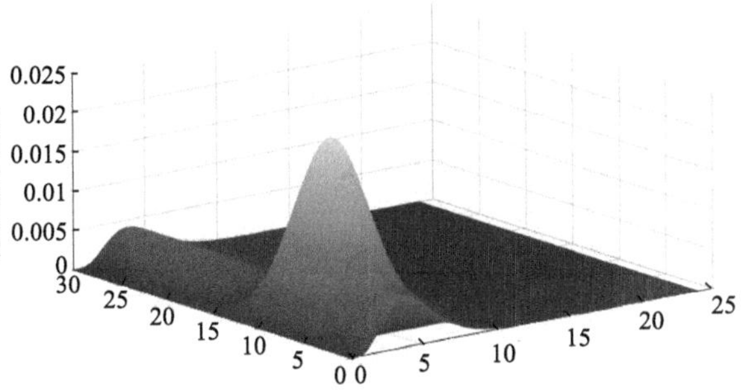

（a）（0,0, x_1, x_2）

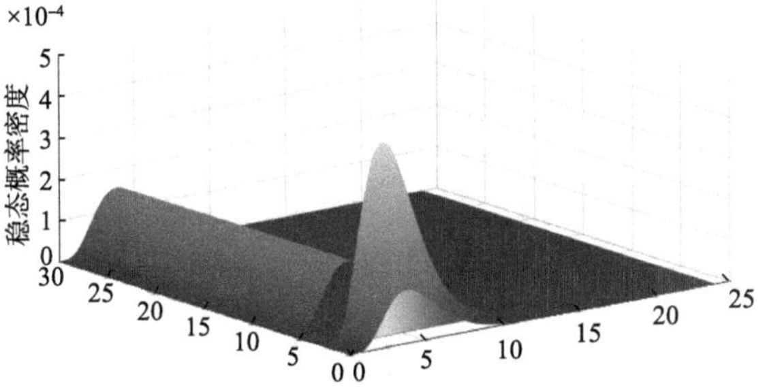

（b）（0,1, x_1, x_2）

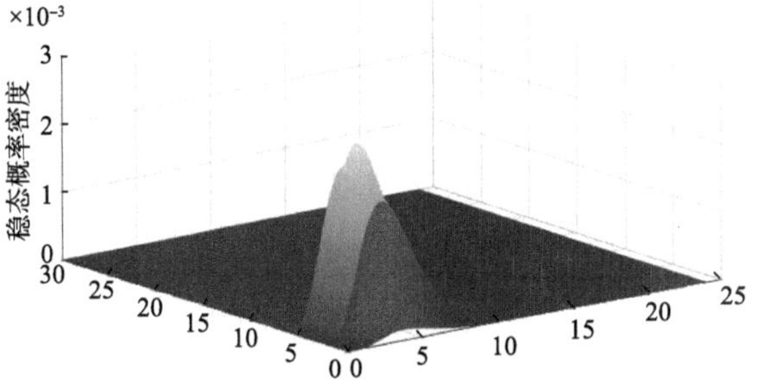

（c）（1,0, x_1, x_2）

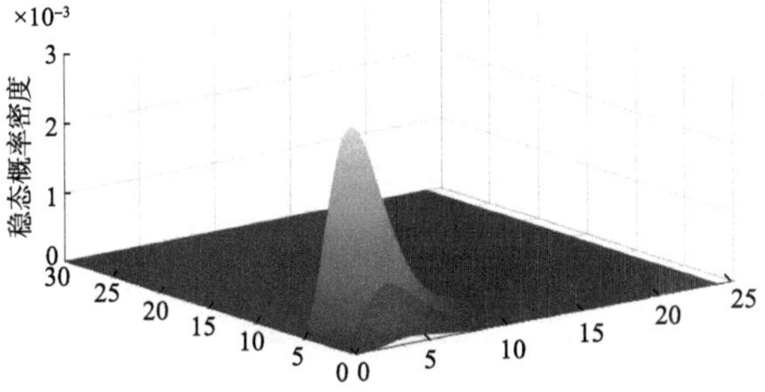

（d）（1,1, x_1, x_2）

附图 F-4　$D_p^{(1)}=5$ 时的系统稳态概率密度函数

附录G

对于式（9-14）中 $\boldsymbol{K}_1,\boldsymbol{K}_{21},\cdots,\boldsymbol{K}_{62}$ 的定义。

$$\boldsymbol{K}_* = \left\{K_{ij}^*\right\}_{i_{\max}\times i_{\max}}$$

$$\boldsymbol{K}_1 = \begin{cases} s\left(i_1h - j_1h\right) & i_1 = 1,\cdots,d; j_1 = 1,\cdots,\min(i_1,a) \\ 0 & \text{否则} \end{cases} \tag{G-1}$$

$$\boldsymbol{K}_{21} = \begin{cases} g\left(k_2, j_2\right) & j_2 = a,\cdots,c; k_2 = 1,\cdots,j_2 \\ 0 & \text{否则} \end{cases} \tag{G-2}$$

$$\boldsymbol{K}_{22} = \begin{cases} s\left(i_2h - k_2h\right) & i_2 = k_2,\cdots,d; k_2 = 1,\cdots,j_2 \\ 0 & \text{否则} \end{cases} \tag{G-3}$$

$$\boldsymbol{K}_3 = \begin{cases} -s\left(i_3h\right) & i_3 = 1,\cdots,d; j_3 = 1,\cdots,c \\ 0 & \text{否则} \end{cases} \tag{G-4}$$

$$\boldsymbol{K}_4 = \begin{cases} 1 & j_4 = 1,\cdots,b \\ 0 & \text{否则} \end{cases} \tag{G-5}$$

$$\boldsymbol{K}_5 = \begin{cases} s\left(i_5h - j_5h\right) & i_5 = 1,\cdots,d; j_5 = \min(i_5,a),\cdots,\min(i_5,b) \\ 0 & \text{否则} \end{cases} \tag{G-6}$$

$$\boldsymbol{K}_{61} = \begin{cases} g\left(k_6, j_6\right) & j_6 = a,\cdots,b; k_6 = 1,\cdots,j_6 \\ 0 & \text{否则} \end{cases} \tag{G-7}$$

$$\boldsymbol{K}_{62} = \begin{cases} s\left(i_6h - k_6h\right) & i_6 = k_6,\cdots,d; k_6 = 1,\cdots,j_6 \\ 0 & \text{否则} \end{cases} \tag{G-8}$$

$$\boldsymbol{S} = \begin{cases} s\left(ih\right) & i = 1,\cdots,d \\ 0 & \text{否则} \end{cases} \tag{G-9}$$

附录H

对于式（10-9）中 $\boldsymbol{K}_1,\boldsymbol{K}_{21},\cdots,\boldsymbol{K}_{62}$ 的定义。

$$\boldsymbol{K}_* = \left\{K_{ij}^*\right\}_{i_{\max}\times i_{\max}}$$

$$\boldsymbol{K}_1 = \begin{cases} s\left(i_1h - j_1h\right) & i_1 = 1,\cdots,d; j_1 = 1,\cdots,\min(i_1,a) \\ 0 & \text{否则} \end{cases} \tag{H-1}$$

$$\boldsymbol{K}_{21}=\begin{cases}g\left(k_2/j_2\right) & j_2=a,\cdots,c;k_2=1,\cdots,j_2\\0 & \text{否则}\end{cases}\tag{H-2}$$

$$\boldsymbol{K}_{22}=\begin{cases}s\left(i_2h-k_2h\right) & i_2=k_2,\cdots,d;k_2=1,\cdots,j_2\\0 & \text{否则}\end{cases}\tag{H-3}$$

$$\boldsymbol{K}_{3}=\begin{cases}s\left(i_3h\right) & i_3=1,\cdots,d;j_3=c,\cdots,d\\0 & \text{否则}\end{cases}\tag{H-4}$$

$$\boldsymbol{K}_{4}=\begin{cases}1 & j_4=1,\cdots,b\\0 & \text{否则}\end{cases}\tag{H-5}$$

$$\boldsymbol{K}_{5}=\begin{cases}s\left(i_5h-j_5h\right) & i_5=1,\cdots,d;j_5=\min(i_5,a),\cdots,\min(i_5,b)\\0 & \text{否则}\end{cases}\tag{H-6}$$

$$\boldsymbol{K}_{61}=\begin{cases}g\left(k_6/j_6\right) & j_6=a,\cdots,b;k_6=1,\cdots,j_6\\0 & \text{否则}\end{cases}\tag{H-7}$$

$$\boldsymbol{K}_{62}=\begin{cases}s\left(i_6h-k_6h\right) & i_6=k_2,\cdots,d;k_6=1,\cdots,j_6\\0 & \text{否则}\end{cases}\tag{H-8}$$

附录I

$M(M>2)$部件系统的维修组合及其维修概率通式的证明。

M部件系统的寿命空间是在$M-1$部件系统寿命空间的基础上与剩余一个部件的寿命空间的叠加，即将$M-1$维寿命空间分别与第M个部件的正常运行区Z_M、等待机会更换区域U_M和预防性更换区域P_M进行叠加。设$M-1$部件系统中有m'个部件需要进行预防性更换，q'个部件需要进行机会更换，n'个部件的寿命落在了正常区域，p'个部件的寿命落在了等待机会更换区域，$M-1$部件系统的维修组合及其概率计算表示如下：

1）若$m'+q'+n'=M-1$，

$$P^{M-1}_{P_{i_1}P_{i_2}\cdots P_{im'}O_{k_1}O_{k_2}\cdots O_{kq'}Z_{j_1}Z_{j_2}\cdots Z_{j_{n'}}}=\int_0^{T_o^{jn'}}\cdots\int_0^{T_o^{j2}}\int_0^{T_o^{j1}}\int_{T_o^{kq'}}^{T_p^{kq'}}\cdots\int_{T_o^{k2}}^{T_p^{k2}}\int_{T_o^{k1}}^{T_o^{k1}}\int_{T_p^{im'}}^{\infty}\cdots\int_{T_p^{i2}}^{\infty}\int_{T_p^{i1}}^{\infty}g(t_1,t_2,\cdots,t_{M-1})\mathrm{d}t_{i_1}\cdots\mathrm{d}t_{i_{m'}}\mathrm{d}t_{k_1}\cdots\mathrm{d}t_{k_{q'}}\mathrm{d}t_{j_1}\cdots\mathrm{d}t_{j_{n'}}\tag{I-1}$$

其中，$i_1,i_2\cdots i_{m'},k_1,k_2\cdots k_{q'},j_1,j_2\cdots j_{n'}\in\{1,2,\cdots,M-1\}$，且各不相等。

2）若$m'+q'=M-1$，

$$P^{M-1}_{P_{i_1}P_{i_2}\cdots P_{i_{m'}}O_{k_1}O_{k_2}\cdots O_{k_{q'}}}=\int_{T_o^{k_{q'}}}^{T_p^{k_{q'}}}\cdots\int_{T_o^{k_2}}^{T_p^{k_2}}\int_{T_o^{lq}}^{T_p^{lq}}\int_{T_p^{i_{m'}}}^{\infty}\cdots\int_{T_p^{i_2}}^{\infty}\int_{T_p^{i_1}}^{\infty}g(t_1,t_2,\cdots,t_{M-1})\,\mathrm{d}t_{i_1}\mathrm{d}t_{i_2}\cdots\mathrm{d}t_{i_{m'}}\mathrm{d}t_{k_1}\mathrm{d}t_{k_2}\cdots\mathrm{d}t_{k_{q'}} \tag{I-2}$$

其中，$i_1,i_2\cdots i_{m'},k_1,k_2\cdots k_{q'}\in\{1,2,\cdots,M-1\}$，且各不相等。

3）若 $m'+n'=M-1$，

$$P^{M-1}_{P_{i_1}P_{i_2}\cdots P_{i_{m'}}Z_{j_1}Z_{j_2}\cdots Z_{j_{n'}}}=\int_0^{T_o^{j_{n'}}}\cdots\int_0^{T_o^{j_2}}\int_0^{T_o^{j_1}}\int_{T_p^{i_{m'}}}^{\infty}\cdots\int_{T_p^{i_2}}^{\infty}\int_{T_p^{i_1}}^{\infty}g(t_1,t_2,\cdots,t_{M-1})\,\mathrm{d}t_{i_1}\mathrm{d}t_{i_2}\cdots\mathrm{d}t_{i_{m'}}\mathrm{d}t_{j_1}\mathrm{d}t_{j_2}\cdots\mathrm{d}t_{j_{n'}} \tag{I-3}$$

其中，$i_1,i_2\cdots i_{m'},j_1,j_2\cdots j_{n'}\in\{1,2,\cdots,M-1\}$，且各不相等。

4）若 $p'+n'=M-1$，

$$P^{M-1}_{U_{h_1}U_{h_2}\cdots U_{h_{p'}}Z_{j_1}Z_{j_2}\cdots Z_{j_{n'}}}=\int_0^{T_o^{j_{n'}}}\cdots\int_0^{T_o^{j_2}}\int_0^{T_o^{j_1}}\int_{T_o^{h_{q'}}}^{T_p^{h_{q'}}}\cdots\int_{T_o^{h_2}}^{T_p^{h_2}}\int_{T_o^{h_1}}^{T_o^{h_1}}g(t_1,t_2,\cdots,t_{M-1})\,\mathrm{d}t_{h_1}\mathrm{d}t_{h_2}\cdots\mathrm{d}t_{h_{q'}}\mathrm{d}t_{j_1}\mathrm{d}t_{j_2}\cdots\mathrm{d}t_{j_{n'}} \tag{I-4}$$

其中，$h_1,h_2\cdots h_{q'},j_1,j_2\cdots j_{n'}\in\{1,2,\cdots,M-1\}$，且各不相等。

5）若 $p'=M-1$，

$$P^{M-1}_{U_{h_1}U_{h_2}\cdots U_{h_{p'}}}=\int_{T_o^{h_{n'}}}^{T_p^{h_{n'}}}\cdots\int_{T_o^{h_2}}^{T_p^{h_2}}\int_{T_o^{h_1}}^{T_p^{h_1}}g(t_1,t_2,\cdots,t_{M-1})\mathrm{d}t_{h_1}\mathrm{d}t_{h_2}\cdots\mathrm{d}t_{h_{p'}} \tag{I-5}$$

其中，$h_1,h_2\cdots h_{p'}\in\{1,2,\cdots,M-1\}$，且各不相等。

6）若 $m'=M-1$，

$$P^{M-1}_{P_{i_1}P_{i_2}\cdots P_{i_{m'}}}=\int_{T_p^{i_{m'}}}^{\infty}\cdots\int_{T_p^{i_2}}^{\infty}\int_{T_p^{i_1}}^{\infty}g(t_1,t_2,\cdots,t_{M-1})\mathrm{d}t_{i_1}\mathrm{d}t_{i_2}\cdots\mathrm{d}t_{i_{m'}} \tag{I-6}$$

其中，$i_1,i_2\cdots i_{m'}\in\{1,2,\cdots,M-1\}$，且各不相等。

7）若 $n'=M-1$，

$$P^{M-1}_{Z_{j_1}Z_{j_2}\cdots Z_{j_{n'}}}=\int_0^{T_o^{j_{n'}}}\cdots\int_0^{T_o^{j_2}}\int_0^{T_o^{j_1}}g(t_1,t_2,\cdots,t_{M-1})\mathrm{d}t_{j_1}\mathrm{d}t_{j_2}\cdots\mathrm{d}t_{j_{n'}} \tag{I-7}$$

其中，$j_1,j_2\cdots j_{n'}\in\{1,2,\cdots,M-1\}$，且各不相等。

将以上7种情况分别与第 M 个部件的正常运行区 Z_M、等待机会更换区域 U_M 和预防性更换区域 P_M 进行叠加。

1）与 Z_M 区域的叠加

该区域是正常工作区域，与该区域的叠加不会增加系统中维修部件的数量，只是在原来的 $M-1$ 部件的维修组合上添加了一个 Z_M，即 M 部件系统中正常工作部件数量为 $n'+1$（其中 $n'\in\{0,1,2,\cdots,M-1\}$）。

2）与 U_M 区域的叠加

（1）该区域是等待机会更换区域，若前 $M-1$ 部件系统中至少有一个部件需要进行预防性更换，那么第 M 个部件就需要进行机会更换，即

若 $m' \geqslant 1$，则机会更换的数量为 $q'+1$（其中 $q' \in \{0,1,2,\cdots,M-1\}$）。

（2）否则，若原 $M-1$ 部件系统中没有部件需要进行预防性更换，不对第 M 部件采取任何维修活动，即

若 $m'=0$，则等待机会更换的数量为 $p'+1$（其中 $p' \in \{0,1,2,\cdots,M-1\}$）。

3）与 P_M 区域的叠加

（1）若原 $M-1$ 部件系统中有等待机会更换的部件时，那么就为等待机会更换的部件提供了更换该部件的维修机会，原 $M-1$ 部件系统中的等待机会维修的部件就会同时被机会更换，预防性更换的数量增加一个，即

若 $p' \geqslant 1$，那么机会更换的部件的数量为 $p'+q'$，预防性更换的数量 $m'+1$（其中 $(p'+q'+m') \in \{0,1,2,\cdots,M-1\}$）。

（2）若原 $M-1$ 部件系统中没有等待机会更换的部件时，那么只会增加预防性更换的部件的数量，即

若 $p'=0$，则预防性更换的数量为 $m'+1$（其中 $m \in \{0,1,2,\cdots,M-1\}$）。

综上，M 部件系统的维修组合及其维修概率总结为式（12-16）~式（12-20）所示的表达式。

附录J

式（12-29）中 $\boldsymbol{K}^h = h_1 h_2 \cdot \{\boldsymbol{K}_{ij}^h\}(h=1,2,3,4,5)$，在 $\boldsymbol{K}^i$ 中的 K_{ij}^h 是一个1行 $i_{\max}$ 列的行矩阵 $K_{ij}^h = \{k_{1j_1}^h\}_{1\times i_{\max}}$，$K^h, h=1,2,3,4,5$ 的具体定义如下各个矩阵的定义如下：

$$\boldsymbol{K}_{ij}^1 = \begin{cases} \{k_{1j_1}^1\}_{1\times i_{\max}} & i_1 = 1,2,\cdots,i_{\max}; i_2 = 1,2,\cdots,i_{\max}; \\ & i=(i_2-1)\times i_{\max}+i_1; j=1,2,\cdots,m_2 \\ 0 & 否则 \end{cases} \tag{J-1}$$

$$k_{1j_1}^1 = \begin{cases} \sum_{a=\min(i_1,i_2)}^{m_1} h_1 f_1(ah_1) \sum_{b=\min(i_1,i_2)}^{m_2} h_2 f_2(bh_2) & j_1 = 1,2,\cdots,m_1 \\ 0 & 否则 \end{cases} \tag{J-2}$$

$$\boldsymbol{K}_{ij}^2 = \begin{cases} \{k_{1j_1}^2\}_{1\times i_{\max}} & i_1 = 1,2,\cdots,i_{\max}; i_2 = 1,2,\cdots,i_{\max}; \\ & i=(i_2-1)\times i_{\max}+i_1; j=1,2,\cdots,n_2 \\ 0 & 否则 \end{cases} \tag{J-3}$$

$$k_{1j_1}^2 = \begin{cases} \sum_{a=\min(i_1,i_2)}^{m_1} h_1 f_1(ah_1) \sum_{b=\min(i_1,i_2)}^{m_2} h_2 f_2(bh_2) & j_1 = m_1,\cdots,i_{\max} \\ 0 & 否则 \end{cases} \tag{J-4}$$

$$\boldsymbol{K}_{ij}^{3}=\begin{cases}\{k_{1j_1}^{3}\}_{1\times i_{\max}} & i_1=1,2,\cdots,i_{\max};i_2=1,2,\cdots,i_{\max}\\ & i=(i_2-1)\times i_{\max}+i_1;j=m_2,\cdots,i_{\max}\\ 0 & 否则\end{cases} \tag{J-5}$$

$$k_{1j_1}^{3}=\begin{cases}\sum_{a=\min(i_1,i_2)}^{m_1}h_1f_1(ah_1)\sum_{b=\min(i_1,i_2)}^{m_2}h_2f_2(bh_2) & j_1=1,2,\cdots,n_1\\ 0 & 否则\end{cases} \tag{J-6}$$

$$\boldsymbol{K}_{ij}^{4}=\begin{cases}\{k_{1j_1}^{4}\}_{1\times i_{\max}} & i_1=1,2,\cdots,i_{\max};i_2=1,2,\cdots,i_{\max};\\ & i=(i_2-1)\times i_{\max}+i_1;j=1,\cdots,\min(n_2,i_2)\\ 0 & 否则\end{cases} \tag{J-7}$$

$$k_{1j_1}^{4}=\begin{cases}\sum_{a=\min(i_1,i_2-j_2)}^{m_1}h_1f_1(ah_1)\sum_{b=\min(i_1,i_2-j_2)+j_2}^{m_2}h_2f_2(ah_2) & j_1=m_1,\cdots,i_{\max};j_2=j\\ 0 & 否则\end{cases} \tag{J-8}$$

$$\boldsymbol{K}_{ij}^{5}=\begin{cases}\{k_{1j_1}^{5}\}_{1\times i_{\max}} & i_1=1,2,\cdots,i_{\max};i_2=1,2,\cdots,i_{\max};\\ & i=(i_2-1)\times i_{\max}+i_1;j=m_2,\cdots,i_{\max}\\ 0 & 否则\end{cases} \tag{J-9}$$

$$k_{1j_1}^{5}=\begin{cases}\sum_{a=\min(i_1-j_1,i_2)+j_1}^{m_1}h_1f_1(ah_1)\sum_{b=\min(i_1-j_1,i_2)}^{m_2}h_2f_2(ah_2) & j_1=1,2,\cdots,\min(n_1,i_1);j_2=j\\ 0 & 否则\end{cases} \tag{J-10}$$

$$\boldsymbol{b}=\begin{cases}\{b_{1j_1}^{5}\}_{1\times i_{\max}} & i_1=1,2,\cdots,i_{\max};i_2=1,2,\cdots,i_{\max};\\ & i=(i_2-1)\times i_{\max}+i_1;j=1,2,\cdots,m_2\\ 0 & 否则\end{cases} \tag{J-11}$$

$$b_{1j_1}^{1}=\begin{cases}\sum_{a=\min(i_1,i_2)}^{m_1}h_1f_1(ah_1)\sum_{b=\min(i_1,i_2)}^{m_2}h_2f_2(bh_2) & j_1=1,2,\cdots,m_1\\ 0 & 否则\end{cases} \tag{J-12}$$